U0139000

行政法概要

| 2022最新版 |

陳 意 編著

五南圖書出版公司 印行

作者的話

在教學上，為了幫助學生整理歷屆考試重點，往往需要考古題的配合。可是我們發現市面上的考試用書，有兩種形式。

第一種形式，通常會把考古題放在各章節之後，甚至全書之後，這樣對學生來說，必須閱讀完課文，然後自己練習考古題。這種編排形式的缺點，就是有時候在練習考古題時，就算看到答案，也不一定知道關鍵解題理由。

第二種形式，則是以考題解答為主，沒有課文，直接針對不同的考題，在其下面進行解析。但這種編排形式的缺點，則是欠缺課文內容，也欠缺體系架構，只以個別考題為主。

本書就是思考，想要對考題書籍作更進一步的提升，希望更密切結合考題和課文內容，讓學生在學習上發揮最大的綜合效果。

因此，編者就花盡心思，想出一個全新的結合考題和內文的方法。這個方法，就是直接把考題，找出解答該題的關鍵，以「插入註腳」的方式，插入在課文的相關位置處。編者為了編輯這本書，先蒐集了數以千計的考題，然後再以解考題的精神，針對每一題的關鍵解析，去找課文內容。若發現本來的課文內容說明不足，則再補充正文的說明。並要求自己務必做到兩點：1. 考題的註腳插在正確的正文處；2. 正文也的確清楚解答了該題目。

之所以這樣做的用意，是希望讓讀者可以一邊閱讀課文，一邊搭配考題練習。當然，讀者也可以只練習考題，若每一題都會做，則不需要閱讀正文，但若出現不會的題目，再找註腳數字座落的內文來看。

這種方式，不只是對想掌握考試重點的學生來說，這種編排非常有趣，對老師教學來說，也可以教完每一概念或一小段，即可指示學生注意這裡考過哪類的考題。

由於這種編排方式非常耗費時間，編者前後花了兩年時間才完成。當然期間也經過許多學生及助理的協助。希望編者編寫本書的用心與誠意，能夠讓讀者感受到。這種編排方式也將出版成一整個系列，若讀者支持這種編法，我們也將盡快出版後續其他科目。

編著者 陳意

目　錄

第九章　行政處分 187

第一章　行政法之基本概念

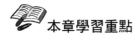 **本章學習重點**

1. 各種行政種類的區分。
2. 公權力行政與私經濟行政的區別。
3. 不確定法律概念之判斷餘地，以及法律效果之裁量。
4. 判斷公法與私法區別。
5. 特別權力關係理論。

第一節　行政之特徵

一、行政之意義

何謂行政？行政是國家統治權作用的一種，係由實質公行政主體以實現公益為目的，就其職權範圍內有關組織與業務事項，依法所做各種效果、性質與形式，並受監督的公務處理行為。其特徵[1]：

(一) 行政是廣泛、多樣、複雜且不斷形成社會生活的國家作用，具形成性、整體性及延續性。

(二) 行政是追求公共利益的國家作用。

(三) 行政是積極主動的國家作用[2]。

(四) 行政應受法的支配。

(五) 行政的運作應注重配合及溝通。

---

[1] (C) 下列何者不屬於行政的特性：(A)形成性、延續性、未來性；(B)積極性與主動性；(C)不告不理之被動性；(D)具體性與個案性。

[2] (C) 下列何者不屬於政府行政之特質？(A)行政是社會共同生活所形成；(B)行政是以公益為取向；(C)行政是被動消極性；(D)行政係以具體措施處理個案為主。

(六) 行政係作成具體決定的國家作用。

第二節　行政之種類

在現代國家中，行政權呈現不斷擴充的趨勢，內容也日益複雜，行政種類也逐漸增多，分類標準目前尚不一致，擇要以行政行為的態樣及行政手段對人民法律效力兩類，加以說明如下：

一、以行政行為的態樣加以區分

(一) 公權力行政

公權力行政亦稱為高權行政，指國家居於統治主體的地位，行使公權力所從事的行政行為[3]，帶有某種強制性。其範圍甚為廣泛，人民與國家或人民與地方自治團體間之權利義務關係事項，均屬公權力之對象[4]。所使用的行政作用方式包括行政命令、行政處分、行政契約、行政指導或地方自治規章等等。其類別包括干預行政、稅捐行政、計畫行政、給付行政、需求行政等。在公權力的行使上而言，例如拆除違建、管理交通[5]、徵收人民土地、各地方政府以自治條例強制飼主為家犬植入識別晶片[6]，

---

[3] (B) 下列何者稱之為「公權力行政」？(A)輔助行政任務而取得設備者；(B)國家居於統治主體適用公法規定所為各種行政行為；(C)以私法方式，達成公行政任務；(D)以私法組織，所為營利行為。

[4] (D) 國家居於統治主體適用公法規定所為之各種行政行為，舉凡人民與國家或人民與地方自治團體之間權利義務關係事項，均屬於此種行政之對象，該行政行為稱為：(A)行政營利行為；(B)行政輔助行為；(C)行政私法行為；(D)公權力行政。

[5] (D) 下列何者屬於公權力行政？(A)出售政府持股移轉民營；(B)採購消防器材；(C)公有耕地放領於人民，其因放領所發生之爭執；(D)警察之交通管制。

[6] (A) 下列何者屬於公權力行政之範圍？(A)各地方政府以自治條例強制飼主為家犬植入識別晶片；(B)某市政府出資魚市場或肉品市場而為該市場之股東；(C)各級政府購入辦公室用品；(D)某縣政府提供縣內清寒學生助學貸款。

都有公權力的行使[7]。如果只是提供服務，沒有強制性，就不算行使公權力。例如行政機關興建大樓、市公所舉行世界宗教博覽會與宗教藝術節[8]等等。

(二) 私經濟行政

　　私經濟行政亦稱之為國庫行政，係指國家居於私人相當的法律地位，並在私法的支配下所為的各種行為，應適用私法規定[9]。例如台灣銀行與存戶間依據定期契約所發生之行為[10]或租借農地給予榮民耕作[11]。

　　這種行政使國家行政得以私法的法律行為，和人民立於平等的地位來直接達成，或間接輔助達成國家之任務。例如國家可以透過私法的買賣方式，取得私人土地來建築軍事基地、學校、公路，或行政機關為辦公使用向廠商購買電腦設備[12]採購武器[13]、向民間業者採購防彈背心[14]或其他必需設備，而與私人訂立私法契約之行為。

　　有時國家會為了增進國庫收入，而以私法方式參加經濟活動，其性

---

[7] (C) 下列何者不屬於高權行政？(A)拆除違建；(B)管理交通；(C)行政機關興建大樓；(D)徵收人民土地。

[8] (B) 下列何者不屬於公權力行政之類型？(A)警察驅離超過集會遊行法申請時間之群眾；(B)市公所舉行世界宗教博覽會與宗教藝術節；(C)未依法進行垃圾分類，遭清潔稽查員依廢棄物清理法處罰；(D)開闢道路進行公用徵收。

[9] (B) 國家以私法之法律形式作成行政行為者，在行政法學上稱：(A)單純高權行政；(B)國庫行政；(C)間接之國家行政；(D)直接之國家行政。

[10] (A) 台灣銀行與存戶依據定期存款契約所發生的行為，屬於：(A)私經濟行政；(B)公權力行政；(C)干預行政；(D)行政計畫。

[11] (D) 依據大法官釋字第457號解釋之內容，國家辦理農場給榮民租用耕作，性質上屬於何種行為？(A)干涉行政；(B)營利行政；(C)計畫行政；(D)私經濟行政。

[12] (D) 行政機關向廠商購買電腦設備以為辦公使用，其法律性質係屬於：(A)行政上事實行為；(B)行政處分；(C)行政契約；(D)一般民法上的買賣契約。

[13] (B) 私經濟行政又稱國庫行政，下列何者屬之？(A)都市計畫之變更；(B)採購武器；(C)紅綠燈交通號誌之啟用；(D)徵收土地。

[14] (D) 新北市政府警察局向民間業者採購防彈背心，屬於下列何種行為：(A)干涉行政；(B)給付行政；(C)公權力行政；(D)私經濟行政。

質為私法契約。例如公開標售國營事業之股權[15]、出售或出租公有財產[16]、菸酒公賣、自來水公司賣水或經營大眾運輸系統[17][18]。而行政機關之私經濟行政若產生損害或爭議,此時應循民事訴訟之途徑加以解決[19],並且沒有國家賠償之適用[20]。

1. **國庫行政行為可分為下列三種[21]**
   (1) 行政輔助行為:行政機關為滿足一般行政事務所必須,而與私人訂立契約之行為[22][23][24]。

---

[15] (B) 政府為籌措財源,乃將其所持有公營事業之股權公開標售。此一出售官股之行為係下列何者?(A)計畫行政;(B)私經濟行政;(C)公權力行使;(D)給付行政。

[16] (C) 行政機關代表國庫出售或出租公有財產之行為,為下列何種行為?(A)行政處分;(B)行政契約;(C)私法契約;(D)事實行為。

[17] (D) 下列何者不屬於私經濟行為?(A)自來水公司供應民眾自來水;(B)公立學校購置個人電腦設備;(C)台鐵運輸旅客;(D)建築主管機關與起造人簽訂停車場代金契約。

[18] (B) 下列何者屬於私經濟行政?(A)警察之交通管制;(B)市政府經營公車系統;(C)機長之緊急處置;(D)私立大學之頒授學位。

[19] (D) 下列有關行政種類之敘述,何者正確?(A)地方政府執行中央委辦事項係直接行政;(B)行政機關採購公務用品係公權力行政;(C)行政契約係私經濟行政;(D)國庫行政所生之損害,應循民事訴訟途徑處理。

[20] (A) 關於私經濟行政之敘述,下列何者錯誤?(A)因行政機關之私經濟活動所生之損害,亦有國家賠償法之適用;(B)私經濟行政之事項,適用私法之規定;(C)行政程序法對於私經濟行政原則上並無適用餘地;(D)因私經濟行政產生之爭議,應循民事訴訟途徑解決。

[21] (A) 行政輔助行為、行政營利行為、行政私法行為等國庫行政,在性質上屬於:(A)私經濟行政;(B)公權力行政;(C)高權行政;(D)委託行政。

[22] (B) 公家機關於中午休息時間,購買便當作為開會使用,在性質上屬於:(A)行政營利行為;(B)行政輔助行為;(C)行政私法行為;(D)公權力行政。

[23] (A) 行政院勞工委員會舉辦全國績優勞工表揚大會,就該次大會所需場地布置,向民間進行物品(獎品、紀念牌)採購,該行為稱為:(A)行政輔助行為;(B)行政營利行為;(C)公權力行為;(D)委託行使公權力行為。

[24] (B) 公行政以私法契約,取得其行政活動必需之物品、人力之行為,例如行政機關

(2) 行政營利行為：國家以私法方式參與社會經濟活動，藉此增進國庫收入或推動特定經濟，而以從事營利性質之企業任務，經公營事業完成[25]。

(3) 行政私法行為（即私法形成之給付行政）：行政主體以私法方式直接達成行政任務之行為，其主要用於給付行政[26]。給付行政係指對個人或大眾給予扶助或提供公共設施，以改善人民生活條件[27]。例如政府提供購屋優惠[28]、提供水電、瓦斯[29]。

2. **關於公權力行政與私經濟行政之區別實益**

(1) 爭訟程序之差異：公法事件是以行政程序加以救濟，而私法事件是以民事訴訟之管道為救濟。

(2) 人民受損害之賠償：公權力行政係以公法方式為之，受到依法行政原則的拘束，人民於受有損害時應向國家請求損害賠償。私經濟行政係國家立於私人地位，以私法方式為之，若因此受有損害時應向普通法院請求救濟[30]。

購買文具、車輛，其性質為：(A)行政事實行為；(B)行政輔助行為；(C)行政營利行為；(D)單純高權行為。

[25] (A) 台灣中油公司為政府單位年度歲入重要來源之一，試問政府以公司型態經營能源事業，在性質上屬於：(A)行政營利行為；(B)行政輔助行為；(C)行政私法行為；(D)公權力行政。

[26] (A) 下列何者屬於私經濟行政？(A)私法形成之給付行政；(B)作成行政處分；(C)訂定行政命令；(D)訂定行政契約。

[27] (C) 下列何者不屬於私經濟行政？(A)對清寒學生給予助學貸款；(B)對民眾提供國民住宅；(C)對民眾提供氣象報告；(D)對廠商提供紓困。

[28] (C) 政府對於經濟衰竭欲振興買氣，推出五年五百億的優惠購屋貸款，在性質上屬於：(A)行政營利行為；(B)行政輔助行為；(C)行政私法行為；(D)公權力行政。

[29] (A) 行政機關設立機構，收費提供人民水電、瓦斯等行為，係屬於何種行政行為？(A)行政私法行為；(B)干涉行政行為；(C)計畫行政行為；(D)租稅行政行為。

[30] (C) 下列何者並非私經濟行政與公經濟行政的區別：(A)因公權力行政受有損害，可請求國家賠償；(B)私經濟行政管轄法院原則上為普通法院；(C)私經濟行政致人民權益受有損害時，可請求國家賠償；(D)公權力行政受到依法行政原則

(3) 行政執行不同：行政上之執行不適用私法事件，僅適用公法事件。

(4) 行政程序法之適用：公法行為應遵行行政程序法，私法行為則無行政程序法之適用。

二、以行政手段對人民法律效力加以區分

(一) 干預行政

　　干預行政又稱干涉行政或侵害行政，在十八、十九世紀學者稱為「夜警國家」的時代，就是說國家的行政機關大部分就是警察、軍人，對內維持秩序，對外抵禦強敵，對人民的各種生活進行干涉、管制。所以當時只有警察、外政、軍政、財政這類干預性質的行政。

　　行政機關為達成下命、禁止或確認之效果，所採取之抽象或具體措施，以及必要時所使用之強制手段。因干涉人民自由、權力，故須有較嚴格之法律明文規定[31]，例如徵收人民土地[32]。徵收人民土地之行為並非是一種私經濟行為，徵收是以國家的強制力取得人民土地，非以私法行為取得，而是具有公法性質之行為[33]，或是稽徵稅捐、徵召役男[34]、勒令歇業、禁止通行、各種警察處分[35]及行政執行之處置等，均屬典型之干涉

強大的拘束。

[31] (A) 涉及限制、侵害人民權利、自由，則需有法律明文的依據，才具備合法性之行政行為，稱為：(A)干涉行政；(B)營利行政；(C)計畫行政；(D)私經濟行政。

[32] (B) 國家徵收私人土地，係屬於何種行政？(A)給付行政；(B)干預行政；(C)保護行政；(D)行政私法。

[33] (A) 政府為了興建高速鐵路，遂於沿線辦理土地徵收。此一徵收行為之性質為何？(A)公法性質；(B)私法事件；(C)買賣關係；(D)事實行為。

[34] (B) 下列哪一行為為干涉行政？(A)政府發行公益彩券；(B)徵召役男；(C)政府採購武器；(D)公營當舖。

[35] (A) 對於交通違規事件，違規人收到交通罰單應繳納罰鍰，性質上屬於：(A)干涉行政；(B)給付行政；(C)行政私法行為；(D)行政營利行為。

行政[36][37][38][39]。

(二) 給付行政

　　二十世紀福利國家成立之後，因為團體生活的發達，人和人間的關係極為密切，又因為公共事務的增加，使政府的職責益加繁重。例如，保健是否適當？求學是否得所？生活是否充裕？都是政府職責上應該注意的問題。於是，給付行政日漸發達，有關給付行政的法規，也日漸增加，有凌駕警察、軍事等行政而上的趨勢。

　　給付行政係指有關社會保險、社會救助、生活必需品之供給、舉辦職業訓練、給予經濟補助、為新生兒童免費注射預防疫苗，及提供文化服務等措施而言[40][41]，皆是為人民之生活給予保障的行政行為，並非屬於所謂負擔處分[42]。又給付行政實際包含下列四種類型：

---

[36] (A) 何者不屬於干涉行政？(A)健保給付；(B)徵收土地；(C)徵召役男；(D)稽徵稅捐。

[37] (C) 下列何者不屬於干預行政？(A)課徵租稅；(B)勒令歇業；(C)提供社會救助；(D)禁止通行。

[38] (C) 下列何者不屬於干涉行政？(A)交通安全管制；(B)公共安全管理；(C)社會保險辦理；(D)徵兵處分。

[39] (C) 下列何者不屬於干涉行政？(A)徵召役男；(B)徵收土地；(C)政府採購；(D)警察處分。

[40] (C) 政府有提供社會保險、社會救助、生活必需品之供給、舉辦職業訓練、給與經濟補助及提供文化服務措施等生存照顧之義務者，為何種行政？(A)干涉行政；(B)文化行政；(C)給付行政；(D)財務行政。

[41] (B) 國家為新生兒童免費注射預防疫苗，屬於：(A)干涉行政；(B)給付行政；(C)行政私法行為；(D)行政營利行為。

[42] (D) 從不同觀點可得出各種各樣之行政分類，下列有關行政種類之敘述，何者錯誤？(A)公權力行政又稱為高權行政，指國家居於統治主體適用公法規定所為之各種行政行為；(B)私經濟行政亦可稱為國庫行政，國家基於私法之法律地位所為之各種行為；(C)干涉行政為公權力行政常見的行為方式，指行政機關為達成下令、禁止或確認等效果；(D)給付行政指有關社會保險、社會救助、生活必需品之供給等措施而言，多屬負擔處分。

1. 供給行政

提供國民社會生活不可或缺之工業或技術服務行政。例如水電瓦斯、電信郵政、職業訓練、文化機構等等。

2. 社會行政

提供國民社會生活最低限制的直接保障之行政。例如對集水區遷村計畫，發放安遷救濟金[43]、對受災戶提供救助金及各種重建措施[44]、對颱風受災戶提供金錢物資救助[45]、提供低收入戶「生活扶助」，以維持其經濟生活[46]及相關之社會救助、全民健康保險之社會保險[47]或其他像是敬老津貼[48]、國民年金[49]、中低收入老人生活津貼之相關社會福祉[50]、公共衛生等等。

3. 助長行政

經由特殊目的所制定的社會、經濟、文化政策，給予個人生計改善之行政。例如對於私人財力的資助、知識技術的傳授、公共資源的借貸

---

[43] (B) 集水區遷村計畫，發放安遷救濟金行為，為何種行政？(A)干預行政；(B)給付行政；(C)國庫行政；(D)私經濟行政。

[44] (B) 民國 88 年九二一震災後，政府對受災戶提供救助金及各種重建措施，其性質上多屬於何種行政？(A)干涉行政；(B)給付行政；(C)計畫行政；(D)負擔行政。

[45] (B) 台北市政府對颱風受災戶提供金錢、物資救助，其性質屬下列何種行政？(A)干預行政；(B)給付行政；(C)計畫行政；(D)行政指導。

[46] (C) 內政部按月由國庫提供低收入戶「生活扶助」，以維持其經濟生活，屬於哪一種行政？(A)國庫行政；(B)計畫行政；(C)給付行政；(D)公權力行政。

[47] (C) 我國目前法制中的公務人員保險、全民健康保險，因保險事故發生所為的給付事項，屬於：(A)公權力行政；(B)干涉行政；(C)給付行政；(D)侵害行政。

[48] (D) 政府提供 65 歲以上老人「敬老津貼」，屬於哪一種行政？(A)計畫行政；(B)文化行政；(C)干涉行政；(D)給付行政。

[49] (B) 為達到基本國策的理想與照顧國家中弱勢的族群，政府積極推動國民年金制度，在性質上屬於：(A)干涉行政；(B)給付行政；(C)行政私法行為；(D)行政營利行為。

[50] (B) 依老人福利法發給中低收入老人生活津貼，性質上是：(A)干涉行政；(B)給付行政；(C)行政私法；(D)公權力行政。

等等。

4. 計畫行政

為達成行政上之預定目標（包括抽象的精神建設或具體的創新之事實狀態），或實現構想有關方法、步驟或措施等所為之設計與規劃，於兼顧各種利益之調和以及斟酌一切相關情況下，準備或鼓勵將各項手段及資源作合理運用之一種行政作用[51] [52]。例如推動職業訓練、區域發展計畫[53]、年度預算規劃[54]及發展地區觀光等行政事務[55]。但立法院通過之年度預算案是否也屬於一種計畫行政？依大法官會議釋字第 391 號解釋意旨認為立法院通過之年度預算案應屬一種措施性法律[56]，而非屬計畫行政。

　　在干涉行政與給付行政兩者間之區別實益，在於二者受法律羈束程度強弱的不同[57]。給付行政並非限制相對人之自由與權利，故法律保留原則之適用不若干涉行政嚴格，通常情形給付行政只有國會通過之預算為依

---

[51] (D) 行政機關為將來一定期限內達成特定之目的或實現一定之構想，事前就達成該目的或實現該構想有關之方法、步驟或措施等所為之設計與規劃，為何種法律行為？(A)行政處分；(B)法規命令；(C)行政規則；(D)行政計畫。

[52] (C) 行政以作成計畫的方式來達成施政目標，於兼具各種利益調和及斟酌一切相關情況下，準備或鼓勵將各項手續及資源作合理運用的一種行政作用。一般稱為：(A)干涉行政；(B)營利行政；(C)計畫行政；(D)私經濟行政。

[53] (C) 雲林縣政府積極推動職業訓練、區域發展計畫等行政事務，該等行政行為屬於：(A)干涉行政；(B)營利行政；(C)計畫行政；(D)行政私法行為。

[54] (C) 各級政府每年的年度預算規劃，性質上屬於何種行政行為？(A)干涉行政；(B)給付行政；(C)計畫行政；(D)行政營利行為。

[55] (C) 政府為提升觀光事業之品質，訂定「五年發展觀光方案」，此行政行為為行政法上之：(A)行政處分；(B)行政契約；(C)行政計畫；(D)行政指導。

[56] (A) 司法院大法官釋字第 391 號解釋意旨認為，立法院通過之年度預算案，係何種性質？(A)措施性法律；(B)替代法律之法規命令；(C)行政規則；(D)行政處分。

[57] (C) 給付行政與干涉行政最大的差異在於：(A)是否為行政機關所為的行為；(B)具有國家行政目的與否；(C)受到依法行政拘束的強弱不同；(D)行為的相對人是否為一般人民。

據，其措施之合法性即無疑義，而在干涉行政範圍內則應有法律明文之依據，行政機關始能作成行政處分。

第三節　行政法之概念

一、行政法之意義

　　所謂行政法，是指跟行政機關有關的法律，都叫做行政法。行政法規規定的內容包括行政的組織、職權、任務與程序，以及行政機關與人民之間的權利義務關係。因此，行政法規不像刑法、民法那樣有一部統一的法典，只要與行政權有關的各項法規都稱為行政法。例如：行政程序法、訴願法、行政訴訟法、行政罰法、行政執行法等等。

二、行政法的性質

(一) 行政法為國內法

　　原則上行政法是國內法[58]。可是也有人提出所謂的「國際行政法」的概念。所謂國際行政法係指規定行政機關與行政法院對行政事件如何適用本國法或外國法。因此，國際行政法係本國行政法與他國行政法相衝突時，就應如何適用法律為規範之衝突法。國際行政法雖冠以國際之名，但其性質如同國際私法，為國內法。例如，避免雙重課稅之國際協定是國際行政法[59]。

---

[58] (D) 下列關於行政法的概念，何者有誤？(A)國家行政範圍日益擴大，行政性質亦趨於複雜；(B)傳統行政法內容著重組織、公務員法、機關之權限；(C)行政法規範行政權之作用，最終為表現權利義務關係；(D)行政法涉及國際間，國與國之經濟管制。

[59] (C) 有關行政法的概念，下列敘述何者正確？(A)行政法具有統一的法典；(B)商事法是普通行政；(C)避免雙重課稅之國際協定是國際行政法；(D)行政法之性質是私法。

(二) 行政法為公法

行政法為規定國家行政機關與人民或公共團體之關係，暨公共團體與人民關係之法規，並非規範人民之間私權關係之法規[60]，故行政法為公法。

(三) 行政法乃是以國家行政權為規範對象的法規

行政權係指立法、司法、監察等權，行政法是以行政權為其規範對象。例如議事規則規範立法院、法院組織法規範司法院、監察院組織法規範監察院。

(四) 行政法乃是規定行政組織、職權、作用、業務及爭訟事項的法規

行政法分行政組織法及行政作用法兩部分，行政組織法是規定行政機關之組織權限，而行政作用法是規定行政機關與人民之關係，就是行政機關在何種情形下可以授予人民權利。

(五) 行政法乃是有關行政法規的總稱

行政法通常包括行政事項之法律、行政命令，故行政法是指一切有關行政法規的總稱。例如行政程序法、行政罰法、行政訴訟法等均屬行政法的範圍。

三、公法私法如何區分

將眾多法律，依一定的觀點，加以歸類組織而形成的秩序，構成所謂的法律體系。自羅馬法以來，法律在傳統上分為二類，一為公法，一為私法。關於公法與私法的區別，涉及二個基本問題：一為區別標準；另一為區別實益，分敘如下：

---

[60] (B) 下列關於行政法概念之敘述，何者錯誤？(A)行政法係規範行政組織、職權、任務之法規；(B)行政法係規範人民之間私權關係之法規；(C)行政法係規範人民與國家之間權力義務關係之法規；(D)行政法包括規範行政程序之法規。

(一) 區別標準

公法與私法的區分標準，主要有利益說、從屬規範說、舊主體說及新主體說（特別法規說）四說[61]，如下說明：

1. 利益說：公益與私益作為區別標準。以公益為目的者為公法；以私益為目的者為私法。
2. 從屬規範說：規範上下隸屬關係者為公法；規範平等關係者，為私法。公法為規定權力服從關係之法律，例如刑法。私法，為規定公平關係之法律，例如民法。
3. 舊主體說：法律關係主體的一方或雙方為國家或機關者，為公法；法律關係的主體雙方均為私人者，為私法。
4. 新主體說（特別法規說）[62]：國家或機關以公權力主體地位作為法律關係的主體者，該適用的法律為公法；該法律對任何人皆可適用者，則為私法。

中華電信現已民營化，屬於一般民間公司，和人民之間的電信用戶契約，屬於私法契約。相關事件的爭執，也屬於私法事件。如果用戶未繳電話費，被中華電信停話，屬於私法契約中相關權利之行使[63]。

(二) 區別實益

公法與私法的區別，除有助於認識二者的特色外，其兩者間之區別實益大抵有：中央與地方權限之分配、基本權利之適用、行政程序法之適用、行為方式等等，而其主要實益在於訴訟時的法院管轄及救濟程序。此

---

[61] (C) 下列何者非屬於公私法劃分之主要學說？(A)利益說；(B)從屬說；(C)合意說；(D)新主體說。

[62] (D) 關於公法與私法的區別學說，下列說明中何者有誤？(A)利益說：公益或私益作為區別基礎；(B)從屬說：上下隸屬關係為公法、平等關係為私法；(C)舊主體說：法律關係一方為國家或行政主體為公法；(D)新主體說：以歷史上傳統依據作為區別標準。

[63] (D) 電信用戶未繳納電話費，中華電信股份有限公司將之停話，此停話行為之性質為：(A)行政處分；(B)一般處分；(C)直接強制；(D)私法契約中相關權利之行使。

攸關憲法中人民之訴訟權的保障及實踐。法院組織法第 2 條規定：「法院審判民事、刑事及其他法律規定訴訟案件，並依法管轄非訟事件。」所稱「法院」指普通法院，「民事訴訟案件」指私法案件而言，「其他法律規定」，如公職人員選舉罷免法第 126 條規定選舉、罷免之訴訟屬普通法院管轄。至於公法上的爭議，依行政訴訟法第 2 條規定，除法律別有規定外，得依本法提起行政訴訟，歸行政法院管轄。所稱除法律另有規定，除上揭公職人員選舉罷免法外，尚有國家賠償法等。也就是說公法事件，救濟就是採用訴願、行政訴訟等管道。私法事件的救濟，就是用一般的民事訴訟。但是某些事件，按其性質法律會設計不同的救濟途徑。例如在政府採購法中，招標相關的爭議，被認為屬於公法事件，循申訴、訴願、行政訴訟管道處理。惟履約的管理被認為是私法事件，循調解、民事訴訟管道處理[64]。

四、公法私法的輔助判斷

公法私法的判斷標準除前所述外，另有其輔助之判斷，學說有二說：

(一) 傳統說

某類事件究屬公法抑或私法性質，除法律有新規定或出現變更往例之司法判解外，皆遵循約定俗成之規範。例如農田水利會其所屬水利小組成員間，小排水路之養護歲修費，其分擔、管理與使用，基於長久以來之慣行，係由各該小組成員，以互助之方式為之，並自行管理使用及決定費用之分擔，如有爭執係循民事訴訟程序解決[65]。

---

[64] (C) 請問下列哪一行為不屬於公法事件？(A)公務人員退休金爭議；(B)國立大學對學生退學處分；(C)政府採購法上之履約管理；(D)既成道路的徵收行為。

[65] (D) 農田水利會所屬水利小組成員間之掌水費及小給水路、小排水路之養護歲修費，其分擔、管理與使用，基於台灣農田水利事業長久以來之慣行，係由各該小組成員，以互助之方式為之，並自行管理使用及決定費用之分擔，適用關於私權關係之原理，如有爭執自應循民事訴訟程序解決。採用公法與私法區分的哪一種理論：(A)新主體說；(B)舊主體說；(C)從屬說；(D)傳統說。

(二) 事件關聯說

　　指某一事件中一部分事實關係，明顯屬於公法關係者，事件整體均視為公法關係。

　　大法官會議對於公、私法事件之判斷，作過諸多相關解釋，舉幾例如下述：

1. 釋字第 89 號解釋

　　「行政官署依臺灣省放領公有耕地扶植自耕農實施辦法，將公有耕地放領於人民，其因放領之撤銷或解除所生之爭執，應由普通法院管轄。」「查臺灣省放領公有耕地扶植自耕農實施辦法，係政府為扶植自耕農而將公有耕地放領於耕作人私有耕作，其是以承領，承領人本可自由選擇，並非強制，其放領行為屬於代表國家與承領人訂立私法上之買賣契約（下略）。」惟該號解釋現已遭抨擊推翻。

2. 釋字第 115 號解釋

　　「政府依實施耕者有其田條例所為之耕地徵收與放領，人民僅得依行政救濟程序請求救濟，不得以其權利受有損害為理由，提起民事訴訟，請求返還土地。普通法院對此事件所為之相反判決，不得執行。」依上開解釋得知，耕者有其田條例所為之徵收與放領為公法關係。

3. 釋字第 128 號解釋

　　「行政機關就耕地三七五減租條例第 19 條所為耕地准否收回自耕之核定與調處，出租人、承租人如有不服，應循行政訟爭程序請求救濟。」依上開解釋得知，三七五減租條例第 19 條所生之耕地准否收回之核定與調處，屬公法事件。

4. 釋字第 595 號解釋及其協同意見書

　　釋字第 595 號解釋文：「勞動基準法第 28 條第 1 項、第 2 項規定，雇主應繳納一定數額之積欠工資墊償基金（以下簡稱墊償基金）；於雇主歇業、清算或破產宣告時，積欠勞工之工資，未滿六個月部分，由該基金墊償，以保障勞工權益，維護其生活之安定。同條第 4 項規定『雇主積欠之工資，經勞工請求未獲清償者，由積欠工資墊償基金墊償之；雇主應於規定期限內，將墊款償還積欠工資墊償基金』，以及『積欠工資墊償基金

提繳及墊償管理辦法』（以下簡稱墊償管理辦法）第 14 條第 1 項前段規定：『勞保局依本法第 28 條規定墊償勞工工資後，得以自己名義，代位行使最優先受清償權（以下簡稱工資債權）』據此以觀，勞工保險局以墊償基金所墊償者，原係雇主對於勞工私法上之工資給付債務；其以墊償基金墊償後取得之代位求償權（即民法所稱之承受債權，下同），乃基於法律規定之債權移轉，其私法債權之性質，並不因由國家機關行使而改變。勞工保險局與雇主間因歸墊債權所生之私法爭執，自應由普通法院行使審判權。」

釋字第 595 號協同意見書：「民事法院法官就其受理之訴訟事件，認係公法上爭議，而應由行政法院審理者，經闡明法院就審判權所為之判斷後，若原告請求法院將事件移送至行政法院，法院應類推適用民事訴訟法第 28 條第 1 項規定，以裁定將該訴訟事件移送有審判權之行政法院審理，僅在原告仍堅持請求民事法院就同一訴之聲明而為裁判，始得依民事訴訟法第 249 條第 1 項第 1 款以裁定駁回；反之，行政法院就其受理之訴訟事件，認係私法上爭議，而應由民事法院審理者，亦應於當事人請求移送民事法院時，類推適用民事訴訟法第 28 條第 1 項規定，將該訴訟事件移送有受理權限之民事法院審理，不得因該訴訟係私法上爭議而逕以裁定駁回。受移送之法院於移送之裁定確定後固應受其羈束而不得再行移送，惟該法院就其受理訴訟之權限，如與移送法院之見解有異時，當然仍得以裁定停止訴訟程序，並聲請司法院大法官解釋。」

依上開第 595 號解釋及協同意見書得知，勞保局向雇主請求償還墊款，乃行使公法上之金錢請求權，原則上應作成行政處分催繳，例外始得向行政法院提起一般給付訴訟。基於法治國家法院等值之基本原則、司法資源有效利用及發揮訴訟制度最大救濟功能之考量，則應認由普通法院行使審判權為宜。

五、雙階行為理論

行政有分公權力行政與私經濟行政；國家機關在行使私經濟行政之場合，尤其在經濟輔助之場合，國家機關決定是否給予人民輔助，如給予人民低利貸款、補貼等是一種行政處分，決定給予或不給予亦屬公權力行

政即公法行為，乃公法關係；而決定給予之後，要如何履行該給予低利貸款之行為，而與人民所產生的法律關係，則為一種私法關係，稱之為雙階理論。依此理論，有學者認為依耕者有其田條例所為之徵收土地行為係公法行為，後放領給佃農係私法行為。大法官會議釋字第 540 號解釋及「促進民間參與公共建設法」乃實務上以雙階理論為架構的解釋與立法。

(一) 釋字第 540 號解釋

「國家為達成行政上之任務，得選擇以公法上行為或私法上行為作為實施之手段。其因各該行為所生爭執之審理，屬於公法性質者歸行政法院，私法性質者歸普通法院。惟立法機關亦得依職權衡酌事件之性質、既有訴訟制度之功能及公益之考量，就審判權歸屬或解決紛爭程序另為適當之設計。此種情形一經定為法律，即有拘束全國機關及人民之效力，各級審判機關自亦有遵循之義務。

中華民國 71 年 7 月 30 日制定公布之國民住宅條例，對興建國民住宅解決收入較低家庭居住問題，採取由政府主管機關興建住宅以上述家庭為對象，辦理出售、出租、貸款自建或獎勵民間投資興建等方式為之。其中除民間投資興建者外，凡經主管機關核准出售、出租或貸款自建，並已由該機關代表國家或地方自治團體與承購人、承租人或貸款人分別訂立買賣、租賃或借貸契約者，此等契約即非行使公權力而生之公法上法律關係。上開條例第 21 條第 1 項規定：國民住宅出售後有該條所列之違法情事者，『國民住宅主管機關得收回該住宅及基地，並得移送法院裁定後強制執行』，乃針對特定違約行為之效果賦予執行力之特別規定，此等涉及私權法律關係之事件為民事事件，該條所稱之法院係指普通法院而言。對此類事件，有管轄權之普通法院民事庭不得以行政訴訟新制實施，另有行政法院可資受理為理由，而裁定駁回強制執行之聲請。

事件經本院解釋係民事事件，認提起聲請之行政法院無審判權者，該法院除裁定駁回外，並依職權移送有審判權限之普通法院，受移送之法院應依本院解釋對審判權認定之意旨，回復事件之繫屬，依法審判，俾保障人民憲法上之訴訟權。」

由該號解釋得知，對興建國民住宅解決收入較低家庭居住問題，採取由政府主管機關興建住宅以上述家庭為對象，辦理出售、出租、貸款自

建或獎勵民間投資興建等方式為之。其中除民間投資興建者外，凡經主管機關核准出售、出租或貸款自建，並已由該機關代表國家或地方自治團體與承購人、承租人或貸款人分別訂立買賣、租賃或借貸契約者，此等契約係民事契約[66]，屬私經濟行政[67]而非行使公權力而生公法上法律關係之公權力行政。亦即該號解釋說明了國宅申請可分為兩個階段，第一階段即前階段招標、審標等行為及對申請國宅之准駁，屬於行政處分，適用行政爭訟作為救濟途徑；而第二階段為後階段履約、訂立買賣、租賃或借貸契約乃私法行為，若有爭議，則循民事訴訟途徑解決。此外，該號解釋理由書（節錄）：「至於申請承購、承租或貸款者，經主管機關認為依相關法規或行使裁量權之結果（參照國民住宅出售、出租及商業服務設施暨其他建築物標售標租辦法第 4 條）不符合該當要件，而未能進入訂約程序之情形，既未成立任何私法關係，此等申請人如有不服，須依法提起行政爭訟，係另一問題。」此係屬雙階理論之應用的問題。

六、聘任之教師是否為公法關係

聘任之教師是否為公法關係，有否定說及肯定說二說，分述如下：

(一) 否定說：聘任之教職員為私法關係（參照院字第 311 號及院解字第 2986 號解釋），中學以上教員與國家關係為私法關係（院解字第 2928 號解釋，40 台上 1890）。

(二) 肯定說：教育部 90 年 11 月 6 日台（90）人（二）字第 90148219 號書函：關於各級公立學校依教師法等關規定所定之教師聘約或聘書，究否屬於行政程序法第 135 條以下之行政契約或私法契約疑義，經法務部函釋，早期實務上見解多認係屬私法上契約關係（參照司法院院解字第 2928 號解釋），此乃因行政契約尚乏明文規定，且行政訴訟類型不完備，本件疑義，如參照前揭說明及學界多數見

---

[66] (A) 主管機關興建國民住宅並出售給低收入家庭之行為，依大法官釋字第 540 號解釋意旨係屬於：(A)民事契約；(B)公法契約；(C)行政處分；(D)行政規則。

[67] (A) 依司法院大法官釋字第 540 號解釋認為，政府興建國民住宅後，辦理出售、出租契約之行為屬於：(A)私經濟行政；(B)公權力行政；(C)混合行政；(D)公法契約。

解觀之，似應解為公法關係，屬行政契約之一種；惟具體個案如有爭訟時，仍應以法院之見解為準。

七、私立學校教師和學校的關係

學校如不屬政府官立、資助或補助等類別，都歸類為私立學校。就學校而言，公立學校固係各級政府依法令設置實施教育之機構，具有機關之地位，私立學校則係依私立學校法經主管教育行政機關許可設立並製發印信授權使用，係屬由法律在特定範圍內授與行使公權力之教育機構，於處理上述事項時亦具有與機關相當之地位（司法院釋字第 382 號解釋文參照）。則無論公、私立學校，於行使公法上教育主體行為時，當亦受行政程序法之拘束，概無疑義。特別是剝奪教師憲法上所保障之工作權。行政程序法雖排除「學校或其他教育機構為達成教育目的之內部程序」（第 3條）的適用。然而，此所謂為達成教育目的之內部程序，係指學生的「課業指導、成績評量及維持紀律之合理範圍」。

我國目前公立學校與老師之間屬於公法上之僱傭契約，因此可以向行政法院提起行政訴訟作為最後救濟途徑；但是私立學校與老師之間則屬於私法契約，所以，以向普通法院提起司法訴訟作為最後救濟管道。

第四節　行政法之關係

一、行政法與憲法之關係

憲法的內容牽涉行政行為，除了關於行政組織的規定外，最主要在於其對人民基本權利的條款之尊重上。行政行為必須貫徹憲法保障人民基本權利的最高意旨，並且亦應遵循、實踐憲法其他的重要原則，例如，權力分立原則以及我國憲法所追求之三民主義福利國家原則（憲法第十三章的基本國策）。國家之行政行為，是承擔起絕大部分之國家任務。這些行政行為不能逾越憲法理念及制度之界限，法治國家理想也就不能轉變成廣泛被認為是僅以追求行政目的，而忽視法律價值和方法的所謂「行政國家」之型態。

因此憲法與行政法之關係可說是「行政法乃具體實踐憲法的法」。為了維持行政合法性及權力分立原則，行政權力在實行秩序行政時，並不能直接由憲法取得直接限制人民之合法性之依據，仍必須透過法律之規定後，行政權才能取得此種限制行為之合法依據。在服務行政方面，憲法的原理原則，便可以直接地作為拘束其行政行為合法性的依據。所以，憲法的規定，尤其是基本人權及國家理念、法治國原則及基本國策，不論在干涉行政及服務行政，都有直接且積極之效力，行政法與憲法兩者具有極為密切的關係[68]。

(一) 憲法對行政法之指導原則

1. 民主原則。
2. 福利國原則。
3. 法治國原則。
4. 尊重人民基本權利原則。

(二) 行政法對憲法之從屬性[69]

行政法是具體的憲法。其他憲法基本原則皆有賴於行政法加以實現。

(三) 行政法對憲法之獨立性

憲法是行政法的法源，是行政法的基礎，行政法不能離開憲法而獨立，行政法只有「相對的」存在性而無絕對的獨立性。

---

[68] (B) 下列有關憲法與行政法關係之敘述，何者錯誤？(A)憲法多屬原則性規定，有賴行政法予以具體化；(B)憲法與行政法乃分屬不同領域之法律，彼此互不干涉；(C)行政法不得牴觸憲法；(D)憲法為行政法之指導原則。

[69] (C) 行政法作為廣義公法領域之重要部分，其與其他公法領域之關係為何？(A)行政法與憲法之關係為行政法是母法，而憲法是子法；(B)行政法之理論發展比刑法早；(C)行政法是作為具體化之憲法；(D)國內行政法與國際行政法各不相干，均可獨立發展。

二、行政法之法源

行政法的法源大抵可分為成文法與不成文法之法源二種，分述如下：

(一) 成文法法源

行政法的成文法法源包括有憲法、法律、條約及命令[70]。

(二) 不成文法法源

行政法的不成文法法源包括有習慣法、司法解釋、判例及行政法之一般原理原則[71]。

(三) 國際法作為法源

國際法可作為行政法之法源，其方式有三：

1. 直接作為法規適用：例如我國與他國間所簽之引渡條約。此種條約當然需經立法院審議。
2. 另行制定法規以資配合：例如我國與美國有關智慧財產權保護之協議，需我國另行制定著作權法始能進一步落實。
3. 國際法上之原則，直接由司法機關引用，並作為判決先例者。

(四) 條約可否作為法源

1. 條約是否得作為行政法之法源？

關於條約可否作為行政法法源？學者間見解不一，有認為基於憲法第 23 條規定之法律保留原則，以及憲法第 170 條明示法律之意義乃在於立法院通過，總統公布之規定，認為條約僅係間接之法源。惟多數之見解仍肯定條約得作為行政法之法源，蓋憲法第 141 條規定：「中華民國之外

---

[70] (D) 下列何者非行政法之成文法源？(A)憲法；(B)條約；(C)自治法規；(D)司法解釋。

[71] (B) 下列何者非行政法之不成文法源？(A)行政法之一般原則；(B)國際法；(C)司法院大法官解釋；(D)習慣法。

交，應本獨立自主之精神，平等互惠之原則，敦睦邦交，尊重條約及聯合國憲章，以保護僑民權益，促進國際合作，提倡國際正義，確保世界和平。」而憲法第 63 條中明示條約案之審查為立法院之職權，審查之程序與法律案相同，故此，條約得作為行政法之法源應無問題。

2. 條約成為法源之條件為何及其限制？

條約如何成為行政法法源？因條約在國際法上雖有約束締約國之效力，然因簽署之當事人乃國家，而非個人，故必須經「內國化法」，方得直接拘束人民。學者認為，條約成為行政法法源的可能性有三：(1)直接作為法規適用；(2)需制定法規始能使用；(3)國際法之原則經由司法機關採用，並作為判決先例者。

而司法院釋字第 329 號解釋則認為，如係經立法院審議通過者之條約，則即得作為國內法之法源依據。而無須另行重新立法將條約之內容重新改為法律。

3. 我國與其他國家所締結之國際書面協定在行政法上之法源位階為何？

條約既得作為行政法之法源，則其位階如何，即屬重要，惟此問題無法一概而論，必須區別條約之種類：如係兩個國家以「國家」名義簽署，並經立法院批准，屬於條約；若經兩國「政府」名義簽署，而僅經行政院批准，因其未經立法院批准，乃屬「行政協定」。其位階為何？由釋字第 329 號解釋可知：「總統依憲法之規定，行使締結條約之權；行政院院長、各部會首長，須將應行提出於立法院之條約案提出於行政院會議議決之；立法院有議決條約案之權，憲法第 38 條、第 58 條第 2 項、第 63 條分別定有明文。依上述規定所締結之條約，其位階同於法律。」故「條約」之位階，應等同法律；然如係「行政協定」者，因其未經立法院批准者，故其位階應較條約為低，而僅有法規命令之位階。

4. 如與其他成文法源相互牴觸時，應以何者優先？

如條約與成文法源相牴觸時，又如何處理？此應分別觀之。

(1) 條約與憲法牴觸：憲法乃國內之最高秩序，作為保障人民基本權利之依據。故此，於國內法秩序中，不得存在違背憲法之秩序。如前所述，條約之效力位階乃等同於法律，行政協定之效力位階乃等同於法規命令，則依憲法第 171 條第 1 項：「憲法與法律牴觸

者無效。」第 172 條:「命令與憲法或法律牴觸者無效。」故而如條約或行政協定與憲法相牴觸者,應屬無效,而以憲法擁有優先之地位。

(2) 條約與法律牴觸:條約之地位與法律相同,則如相互之牴觸又如何處理?學說上認為,雖然二者同屬法律位階,但基於我國憲法第 141 條所明示之「尊重條約」之要求,二者牴觸時應以條約優先。而若係行政協定與法律牴觸者,因未經立法院批准,故不可能取得法律之地位。此時,依憲法第 172 條、行政程序法第 158 條第 1 項第 1 款規定應屬無效。

三、特別權力關係

(一) 特別權力關係之意義

所謂特別權力關係者,係指國家基於特別的法律原因,對於該特定人民,如公務員、軍人、受刑人或學生[72],享有概括的支配權能,並使該特定人民立於服從的地位。特別權力關係理論的提出,乃是強調行政主體的優越性與受支配者的服從性,藉以創設一種免於法律支配的行政領域。行政主體對於人民享有概括的管制權力,而人民則負有不確定且不定量的義務。於特別權力關係中,人民不得主張其享有基本權利,故以保護人民基本權利為宗旨的法律保留原則,自無適用的餘地。從而,基於特別權力關係所生之爭議事項,通常亦不得向法院尋求救濟。

(二) 特別權力關係特徵

特別權力關係特徵有:當事人地位之不平等[73]、相對人義務之不確定性、國家得制定特別規定、對相對人有懲戒權、救濟手段的限制,即不得

---

[72] (C) 學理上所謂的特別權力關係,不包括下列何者?(A)軍人與軍隊;(B)學生與學校;(C)勞工與雇主;(D)受刑人與監獄。

[73] (A) 下列何者不是傳統特別權力關係理論之特徵?(A)當事人地位對等;(B)義務不確定;(C)有特別規則;(D)不得爭訟。

提起行政訴訟及訴願[74]等等；亦即人民不得主張享有基本權利，無法律保留原則的適用，亦無司法救濟之可言[75]。

四、特別權力關係理論的演變

(一) 人權理論之重視

二次大戰以後，德國基本法第 19 條第 4 項規定，人民的權利受到公權力之侵害者，皆得向法院請求救濟，而其行政訴訟亦改採概括主義，加以法治國家之要求與人權理念之重視，益發使得特別權力關係理論之合法性與合理性受到嚴重質疑。昔日對於居於特別權力關係下的人民，例如軍人、公務員之基本權利，採較漠視的態度，時至今日，由於現代政治思潮對於人權保障的重視而不得不修正。

(二) 基礎關係與管理關係理論

德國學者烏勒教授將特別權力關係分成基礎關係（外部關係）與管理關係（內部關係）兩種[76]。主張凡屬前者之行政上處置，應視為行政處分，如有不服得提起訴訟；後者則非行政處分，不得提起訴訟。凡是有關特別權力關係之產生、變更、消滅事項者，為基礎關係，例如公務員、軍人及公立學生資格的取得、喪失以及降級、改敘、學生的留級，皆屬之。所謂管理關係，指單純的管理措施，例如軍人、公務員及學生的服裝儀容規定、工作作息時間規定、考試考核的評定、宿舍規則，以及課餘時間的生活管理，如不准抽菸、跳舞、打牌、涉足特別場所等是[77]。

---

[74] (B) 下列何者為行政法學理上所謂特別權力關係之特徵？(A)當事人地位平等；(B)不得提起行政爭訟；(C)契約自由訂定；(D)義務確定。

[75] (A) 下列何者不屬於傳統特別權力關係之特徵？(A)相對人得提起行政爭訟；(B)相對人之義務不確定；(C)對相對人有懲戒權；(D)得以行政規則限制相對人之自由權利。

[76] (D) 在行政法學中所謂「基礎關係」與「管理關係（或稱：經營關係）」的分類，是涉及下列哪種法律關係的問題？(A)一般權力關係；(B)公物關係；(C)中央與地方之關係；(D)特別權力關係。

[77] (B) 特別權力關係可區分成基礎關係（即外部關係）與管理關係（即內部關係）兩

(三) 重要事項理論之興起

著眼於對基本人權之尊重，係發端於德國聯邦憲法法院於 1972 年 3 月 14 日所公布之「刑事執行法判決」。該判決認為，對受刑人通訊自由之限制，應有法律保留原則之適用。德國聯邦憲法法院日後更揭示重要性理論，並擴張其適用範圍。基此，不論是基礎關係或管理關係，只要是關涉人民「基本權的行使或實現」，即屬重要事項，除了有法律保留原則之適用外，亦有被定性為行政處分之可能性，而有司法權介入之餘地。

五、特別權力關係演變之趨勢

特別權力關係在民主化及嚴格的法治國原則之下，已有重大改變，其演變之趨勢表現在三個方面：特別權力關係範圍縮小、涉及基本權利限制者應有法律依據及許可提起行政爭訟[78]，如下述：

(一) 特別權力關係範圍縮小

現時的理論僅限於學校關係及刑罰執行關係，使用郵政、博物館、圖書館或保育性之設施等均排除於特別權力關係事項之外。理由有二：
1. 短暫性質的利用關係，不應視為特別權力關係。
2. 利用者居於一般身分之權利義務並未受影響。

(二) 涉及基本權利限制者，亦應有法律之依據

傳統理論一向認為行政機關得自行訂定行政規則，為必要之規律。重要性理論則主張在特別權力關係範圍內，個人權利應受目的合理之限制，固屬事實，但涉及基本權利時，仍須有法律之依據，惟法律不可能規

種，下列何者屬於管理關係？(A)軍人及公立學生資格的取得；(B)軍人、公務員及學生的服裝儀容規定；(C)學生的留級；(D)公務員資格的喪失。

[78] (A) 特別權力關係在民主化及嚴格的法治國原則之下，已有重大改變，此種改變表現在三方面，下列何者不包括在內？(A)國家賠償制度的建立；(B)特別權力關係範圍縮小；(C)涉及基本權利限制者，亦應有法律之依據；(D)許可提起行政爭訟。

範一切細節，故應判斷何者有其重要性，而以法律自行規定。法律尚未完備之時，應允許習慣法上久已存在之制度（特別命令），在過渡時期繼續適用。各種懲戒罰須以法律定之，但構成要件則可委由命令補充。

(三) 許可提起行政爭訟

特別權力關係事項並非全然不得爭訟，凡認有行政處分存在者，即許其爭訟。

(四) 適用行政程序法

行政程序法適用對象的除外，包括了學校，或其他教育機構，為達成教育目的之內部程序，以及對公務員所為之人事行政行為等等。

1. 學校或其他教育機構為達成教育目的之內部程序部分

例如學校內部秩序的管理、課程安排、教室及學生宿舍的分配管理、學科成績的考評、違規警告、記過（記過對於學生身分或受教育的權利沒有發生重大影響，不同於退學處分，因此不是行政處分的性質，僅屬內部管理措施[79]）等。如為維持學校秩序、實現教育目的所必要，且未侵害學生受教育之權利者，屬於內部經營關係，不適用行政程序法。

倘若涉及學生受教育權利的得喪變更的外部關係（基本關係），例如入學許可、授予學位的許可、退學處分、開除學籍、留級處分等足以改變其學生身分及損害其受教育之機會，已非內部程序（參照釋字第 382 號解釋），仍應適用行政程序法。

有關校規的訂定，如單純涉及學校內部經營關係，不適用行政程序法。倘若也涉及上述外部基本關係，則也有行政程序法的適用餘地，惟校規的法律性質是特別權力關係中的特別命令，並非一般的法規命令，也非行政規則，但其仍屬於規範學校與學生之間法規的性質，故宜參照行政程序法中有關法規命令的規定辦理。

---

[79] (B) 各級學校對於學生之記過處分，法律性質為何？(A)行政處分；(B)內部管理措施；(C)行政規則；(D)職權命令。

2. 對公務員所為之人事行政行為部分

此是指人事指揮監督權限的事項（經營關係內的事項），例如調動職務、職務升遷、處理事務的方式；不包括公務員基本關係得喪變更的事項，例如任用、退休、免職、停職等任免事項，退休金、撫恤金、俸給等財產上權利事項。

六、重要大法官解釋

特別權力關係在公務員及學生之部分不同於以往，已有所突破，如下述：

(一) 公務員部分

1. 釋字第 187 號解釋

「公務人員依法辦理退休請領退休金，乃行使法律基於憲法規定所賦予之權利，應受保障。其向原服務機關請求核發服務年資或未領退休金之證明，未獲發給者，在程序上非不得依法提起訴願或行政訴訟。本院院字第 339 號及院字第 1285 號解釋有關部分，應予變更。行政法院 50 年判字第 98 號判例，與此意旨不合部分，應不再援用。」

由該號解釋得知，在公務員關係方面，司法院大法官於民國 73 年所作成釋字第 187 號解釋，確認公務員依法辦理退休領取退休金，乃行使法律基於憲法所賦予的權利，應受保障，從而公務員向原服務機關請求核發服務年資或未領取退休金的證明而未獲發給者，得依法提起訴願及行政訴訟[80]。

2. 釋字第 243 號解釋

「中央或地方機關依公務人員考績法或相關法規之規定，對公務員所為之免職處分，直接影響其憲法所保障之服公職權利，受處分之公務員自得行使憲法第 16 條訴願及訴訟之權。該公務員已依法向該管機關申請

---

[80] (A) 公務員向原服務機關請求核發服務年資或未領退休金之證明，未獲發給者，可如何救濟？(A)得依法提起行政訴訟；(B)得向原機關申請復查；(C)僅得對原服務機關申訴；(D)僅得向保訓會提起再申訴。

復審及向銓敘機關申請再復審或以類此之程序謀求救濟者，相當於業經訴願、再訴願程序，如仍有不服，應許其提起行政訴訟，方符有權利即有救濟之法理。行政法院 51 年判字第 398 號、53 年判字第 229 號、54 年裁字第 19 號、57 年判字第 414 號判例與上開意旨不符部分，應不再援用。至公務人員考績法之記大過處分，並未改變公務員之身分關係，不直接影響人民服公職之權利，上開各判例不許其以訴訟請求救濟，與憲法尚無牴觸。行政法院 40 年判字第 19 號判例，係對公務員服務法第 2 條及第 24 條之適用所為之詮釋，此項由上級機關就其監督範圍內所發布之職務命令，並非影響公務員身分關係之不利益處分，公務員自不得訴請救濟，此一判例，並未牴觸憲法。」

由該號解釋得知，攸關公務員身分關係的爭議事件，在民國 78 年的釋字第 243 號解釋始有重大突破。其係以是否改變公務員身分關係，直接影響公務員服公職之權利為標準。

(二) 學生部分

1. 釋字第 382 號解釋

「各級學校依有關學籍規則或懲處規定，對學生所為退學或類此之處分行為，足以改變其學生身分並損及其受教育之機會[81]，自屬對人民憲法上受教育之權利有重大影響，此種處分行為應為訴願法及行政訴訟法上之行政處分[82]。受處分之學生於用盡校內申訴途徑，未獲救濟者，自得依法提起訴願及行政訴訟[83]。行政法院 41 年判字第 6 號判例，與上開意旨不符

---

[81] (C) 依我國現行法制，下列何種行為，可以提起司法救濟？(A)學校學生被安排作校內勞動服務；(B)學生受到學校記大過之處分；(C)申請私立大學研究所甄試入學被拒絕；(D)學生對老師教學品質不滿意。

[82] (C) 大法官釋字第 382 號解釋對各級學校依校規規定，對學生所為退學之處分行為：(A)並非訴願法及行政訴訟法上之行政處分；(B)受處分之學生無申訴及行政救濟管道；(C)對人民憲法上受教育之權利有重大影響，故得訴願及行政訴訟；(D)仍受特別權力關係支配，不得請求司法審查。

[83] (B) 台北市某私立大學學生某甲遭退學處分時某甲應如何救濟？(A)可以不必向學校申訴，即可直接向教育部訴願；(B)必需先向學校申訴未獲救濟後，再向教育部訴願；(C)直接向台北高等行政法院提起撤銷訴訟；(D)無任何救濟途徑。

部分，應不予援用，以符憲法保障人民受教育之權利及訴訟權之意旨。」

　　由該號解釋得知，特別權力關係對於學校與學生的關係，則以釋字第382號解釋有所突破。初步肯定學生的行政爭訟權，並對學生與學校間的法律關係，做了初步的闡釋，以「是否改變學生身分關係，直接影響其受教育之權利」作為判斷尺度，深具意義。

2.　釋字第 684 號解釋

　　「本院釋字第 382 號解釋就人民因學生身分受學校之處分得否提起行政爭訟之問題，認為應就其處分內容分別論斷，凡依有關學籍規則或懲處規定，對學生所為退學或類此之處分行為，足以改變其學生身分及損害其受教育之機會時，因已對人民憲法上受教育之權利有重大影響，即應為訴願法及行政訴訟法上之行政處分，而得提起行政爭訟。至於學生所受處分係為維持學校秩序、實現教育目的所必要，且未侵害其受教育之權利者（例如記過、申誡等處分），則除循學校內部申訴途徑謀求救濟外，尚無許其提起行政爭訟之餘地。惟大學為實現研究學術及培育人才之教育目的或維持學校秩序，對學生所為行政處分或其他公權力措施，如侵害學生受教育權或其他基本權利，即使非屬退學或類此之處分，本於憲法第 16 條有權利即有救濟之意旨，仍應許權利受侵害之學生提起行政爭訟，無特別限制之必要。在此範圍內，本院釋字第382號解釋應予變更。」

　　本號解釋改變了釋字第 382 號解釋之見解，認為只要是學校對學生所為的行政處分或其他公權力措施，於學校申訴之後，仍然可以提起行政爭訟。

 作者小叮嚀

　　公權力行政與私經濟行政的區別、公權力行政之概念，以及判斷公法與私法關係，是考題常出現的觀念。公法與私法判決的學說與決定該事件公私法性質，其救濟管道應屬於行政訴訟或民事訴訟的判決標準等，應詳加區分。至於特別權力關係理論，須仔細認識各種特別權力關係類型，以及其開放救濟的類型。

第二章　行政法一般原則

📖 本章學習重點

1. 各種行政法一般原則的認識。
2. 法律保留原則與層級化保留體系。
3. 平等原則與行政自我拘束原則。
4. 信賴保留原則。
5. 不確定法律概念之判斷與專業判斷餘地。
6. 法律效果之裁量與裁量限縮。

第一節　行政程序應遵守之一般法律原則

　　一般法律原則係指不限定於特別之事項，而得普遍適用於各行政行為之法律原則。一般法律原則又稱為「超實證法」或「法理」。大抵有依法行政原則、明確性原則、平等原則、比例原則、誠實信用原則、信賴保護原則、有利不利應予注意原則及裁量權正當行使原則等十二種，如下說明：

一、依法行政原則

　　國家行政機關這麼多，權力那麼大，若沒有以法律約束行政機關的權力，人民的生活就可能隨時被行政機關騷擾。所以我們很強調依法行政原則，任何行政機關的行為，都必需有法律依據，也都不可以違法。行政程序法第 4 條明文規定：「行政行為應受法律及一般法律原則之拘束。」重點有：

(一) 行政權的行使不得和法規相牴觸。

(二) 行政權非有法律依據，不得侵害人民的權利或不得使人民負擔

義務。

(三) 行政權非有法律依據，不得免除特定人在法律上所應負擔的義務，
或為特定人創設權利。例如：主管機關對於違法傾倒垃圾者，未予
依法處理，可能違反依法行政原則之規定[1]。

二、法律優越原則

依法行政原則又有兩個次原則，一個是法律優位原則，一個是法律
保留原則。法律優位原則很簡單，就是法律不得牴觸憲法，命令不得抵觸
法律[2]或憲法。

三、法律保留原則

(一) 意義

法律保留原則，又稱為「積極的依法行政」[3]，為依法行政原則之一
環[4]；亦即侵害限制人民的權利之事，必需由立法院來制定相關法律，約
束行政機關的權力，惟並非事事均以法律定之[5]；亦即立法院不可能事事
都自己規定，有的時候還是會授權行政機關制定行政命令。我國憲法第
23 條規定，乃典型之「一般保留」條款；同法第 24 條規定之「依法律向

1　(D) 主管機關對於違法傾倒垃圾者，未予依法處理，可能違反下列何原則？(A)誠
　　　信原則；(B)信賴保護；(C)比例原則；(D)依法行政原則。

2　(B) 命令牴觸法律者無效，為何種行政法原則的表現？(A)法律保留原則；(B)法律
　　　優越原則；(C)比例原則；(D)公益原則。

3　(C) 下列有關「依法行政原則」之敘述，何者錯誤？(A)法律優越原則旨在防止行
　　　政行為違背法律；(B)我國憲法第 23 條規定，乃典型之「一般保留」條款；(C)
　　　法律保留原則又稱「消極的依法行政」；(D)我國憲法第 24 條規定之「依法律
　　　向國家請求賠償」，屬「特別保留」規定。

4　(B) 法律保留原則屬於下列何者之子原則？(A)法官保留原則；(B)依法行政原則；
　　　(C)依法審判原則；(D)行政保留原則。

5　(C) 下列有關法律保留原則之敘述，何者錯誤？(A)法律保留原則為依法行政原則
　　　之一環；(B)法律保留原則又稱為積極的依法行政原則；(C)國家之一切事務，
　　　均應以法律規定之；(D)給付行政中，亦可能有法律保留原則之適用。

國家請求賠償」，屬「特別保留」規定。而釋字第 380 號解釋認為，大學法施行細則明定軍訓及體育課程為大學必修課程違反法律保留原則[6][7]。

(二) 階層性法律保留

釋字第 443 號解釋理由書（屬階層性法律保留）

「如果是剝奪人民生命身體自由之可罰條件、各種時效制度等比較嚴重的事項，必需以法律規定，不得委由行政命令補充，例如：罪刑法定主義就是最明顯的一例。至於有關其他人民自由權利限制之重要事項，亦即干涉行政，得以法律或具體明確之法律授權之法律授權條款，委由命令規定。至於執行法律之技術性、細節性及對人民影響輕微之事項，或者比較偏給付行政的事項，此時行政機關就有較大制定行政命令的空間。」（節錄）司法院大法官在釋字第 443 號解釋理由書中，建立了所謂「層級化法律保留體系」的觀點，認為人民之基本權利於憲法中有不同層次的保障。根據釋字第 443 號解釋，大法官認為基本權之保障，其規範密度乃可區分為四個層次：

1. 第一層次屬憲法保留事項

縱令立法機關亦不得制定法律加以限制，例如憲法第 8 條規定之人身自由即是。

2. 第二層次屬國會保留事項

例如剝奪人民生命或限制人民身體自由者，必需遵守罪刑法定主義，以制定法律之方式為之；又如時效制度不僅與人民權利義務有重大關係，且其目的在於尊重既存之事實狀態，及維持法律秩序之安定，與公益

---

[6]　(A) 司法院大法官釋字第 380 號解釋認為，大學法施行細則明定軍訓及體育課程為大學必修課程違反哪一個法律原則？(A)法律保留原則；(B)信賴保護原則；(C)平等原則；(D)比例原則。

[7]　(D) 司法院大法官解釋關於法律保留原則之敘述，下列何者正確？(A)處以有期徒刑之犯罪構成要件，得授權由法規命令定之；(B)納稅主體及稅目等稅捐構成要件，得以財政部之釋示定之；(C)執行法律之技術性、細節性規定不得概括授權由行政機關以法規命令訂定之；(D)警察實施臨檢之要件、程序及對違法臨檢行為之救濟，均應有法律之明確規範。

有關，須逕由法律明定，自不得授權行政機關衡情以命令訂定或由行政機關依職權以命令訂之（參閱釋字第 474 號）。惟法律本身若已就人身之處置為明文之規定者，應非不得以法律具體明確之授權委由主管機關執行之。至主管機關依法律概括授權所發布之命令若僅屬細節性、技術性之次要事項者，並非法所不許（參閱釋字第 559 號）。

3. 第三層次屬可授權之法律保留事項

一般多屬此層次，此又可分兩部分，倘係涉及人民其他自由權利之限制而應由法律加以規定者，亦可以法律在符合具體明確授權原則的前提下，授權主管機關發布命令以為補充規定；倘係屬給付行政措施，其受法律規範之密度，雖較限制人民權益者寬鬆，但如涉及公共利益之重大事項者，仍應有法律或法律授權之命令為依據之必要。法律授權主管機關依一定程序訂定法規命令以補充法律規定不足者，該機關即應予以遵守，不得捨法規命令不用，而發布規範行政體系內部事項之行政規則為之替代，倘法律並無轉委任之授權，該機關即不得委由其所屬機關逕行發布相關規章（參閱釋字第 524 號）。

4. 第四層次屬非法律保留事項

亦即行政機關依其職權執行法律時，僅得就執行法律之細節性、技術性次要事項（非重要事項）為必要之規範，此雖可能對人民產生不便或輕微影響，但尚非憲法所不許。

釋字第 524 號解釋（授權制定法規命令，不可以用行政規則制定）

「全民健康保險為強制性之社會保險，攸關全體國民之福祉至鉅，故對於因保險所生之權利義務應有明確之規範，並有法律保留原則之適用[8]。若法律就保險關係之內容授權以命令為補充規定者，其授權應具體明確，且須為被保險人所能預見。又法律授權主管機關依一定程序訂定法

---

[8]　(B) 釋字第 524 號對於全民健康保險之解釋，下列何者有誤？(A)全民健康保險為強制性之社會保險；(B)因健保所生之權利義務之規範，無法律保留原則之適用；(C)法律就保險關係之內容授權以命令為補充規定者，其授權應具體明確；(D)倘法律並無轉委任之授權，該機關即不得委由其所屬機關逕行發布相關規章。

規命令以補充法律規定不足者，該機關即應予以遵守，不得捨法規命令不用，而發布規範行政體系內部事項之行政規則為之替代[9]。倘法律並無轉委任之授權，該機關即不得委由其所屬機關逕行發布相關規章。」例如：甲自民國 83 年 1 月服務於某家工廠，該工廠遷至大陸，而於今年 1 月將甲資遣。甲失業後，因為無收入而欠繳全民健保費一年，經健保局催繳後辦理分期付款，但甲仍無力繳納。民國 96 年 8 月初因心臟病發至台北榮總掛急診，醫院告知其為健保局為拒絕給付對象，而要求甲須自費，否則拒絕為其醫療。醫院除違反憲法條文所定之比例原則、法律保留原則外，依釋字第 524 號（第 472 號、第 473 號）等解釋文得知，全民健保為強制性之社會保險，攸關全體國民之福祉至鉅，故對於因保險所生之權利義務應有明確之規範，並有法律保留原則之適用。

(三) 授權明確性原則

所謂明確授權，就是該立法委員在制定法律授權給行政機關時，其授權的目的、內容、範圍都要規定得很具體明確。

過去台灣的行政機關不太重視授權明確性原則，行政機關往往說有法律的概括授權，就隨意制定法律侵害人權。自從開始強調授權明確性原則之後，行政機關就比較會控制在法律授權的範圍內來制定相關的命令。

相關大法官會議解釋：

釋字第 313 號解釋

「對人民違反行政法上義務之行為科處罰鍰，涉及人民權利之限制，其處罰之構成要件及數額，應由法律定之。若法律就其構成要件，授權以命令為補充規定者，授權之內容及範圍應具體明確，然後據以發布命令，始符憲法第 23 條以法律限制人民權利之意旨。民用航空運輸業管理規則雖係依據民用航空法第 92 條而訂定，惟其中因違反該規則第 29 條第 1 項規定，而依同規則第 46 條適用民用航空法第 87 條第 7 款規定處罰部分，法律授權之依據，有欠明確，與前述意旨不符，應自本解釋公布日起，至遲於屆滿一年時，失其效力。」

---

[9] (A) 釋字第 524 號認為法律授權主管機關依一定程序訂定法規命令，不可以用何者制定？(A)行政規則；(B)行政命令；(C)授權命令；(D)行政指導。

　　（編按：參照舊民用航空法第 87 條第 7 款：「其他違反本法或依本法所發布命令者」，現行法已刪除該條）

四、法律明確性原則

　　行政行為的內容應該明確。所謂的行政行為要明確，包括一般的行政處分的內容必需很明確，甚至一些法規命令，也必需很明確，才能讓當事人有所適從。例如：假設教育部要對各大學進行評鑑，但評鑑的依據、標準很不明確，評鑑完的結果，到底會受到怎樣的不利益處分，相關的行政命令都很模糊，一點都不明確，讓各大學無所適從，無從準備，這樣就可能違反內容明確原則。

　　相關大法官會議解釋：

釋字第 432 號解釋

　　「專門職業人員違背其職業上應遵守之義務，而依法應受懲戒處分者，必需使其能預見其何種作為或不作為構成義務之違反及所應受之懲戒為何，方符法律明確性原則。對於懲戒處分之構成要件，法律雖以抽象概念表示，不論其為不確定概念或概括條款，均須無違明確性之要求。法律明確性之要求，非僅指法律文義具體詳盡之體例而言，立法者於立法定制時，仍得衡酌法律所規範生活事實之複雜性及適用於個案之妥當性，從立法上適當運用不確定法律概念或概括條款而為相應之規定。有關專門職業人員行為準則及懲戒之立法使用抽象概念者，苟其意義非難以理解，且為受規範者所得預見，並可經由司法審查加以確認[10]，即不得謂與前揭原則相違。」

　　法明確性原則三要件：可理解性、可預見性、審查可能性。

五、平等原則

　　行政行為，沒有正當理由，不得為差別待遇。怎樣才是平等呢？相同的事情要為相同的對待，不同的事情，才能為不同的對待。而且，不得

---

[10] (C) 行政行為應具有明確性，下列哪一項標準不能用作判斷的準據？(A)可理解性；(B)可預測性；(C)可裁量性；(D)審查可能性。

將與「事物本質」不相關的因素納入考慮，而作為差別對待的標準，這又可稱為「不當連結禁止原則」。例如：公務員考試或公立學校之考試，以應考人的「身家清白」為錄取要件，就屬於非本質要素的考量[11]。又如行政院發函各級行政機關，要求非有正當理由不得拒絕提供政府資訊給予依法申請之人民，即為適例[12]。此外，釋字第 485 號解釋，關於國軍老舊眷村改建條例之立法意旨與平等原則之關係得斟酌合理之區別對待而非絕對形式上的平等[13]。

　　行政程序法第 6 條規定：「行政行為，非有正當理由，不得為差別待遇[14]。」

　　平等原則的產生又衍生出行政自我拘束原則，即於作成行政行為時，如無正當理由應受合法之行政慣例所拘束。其要件[15]有：

1. 有行政慣例之存在。
2. 行政慣例本身須合法。
3. 必須行政機關享有決定餘地。

---

[11] (A) 公務員考試或公立學校之考試，以應考人的「身家清白」為錄取要件，主要是涉及何種基本原則之違反？(A)平等原則；(B)民主原則；(C)信賴保護原則；(D)權力分立原則。

[12] (A) 行政院發函各級行政機關，要求非有正當理由不得拒絕提供政府資訊給予依法申請之人民，其主要是涉及憲法何種基本原則之保障？(A)平等原則；(B)民主原則；(C)信賴保護原則；(D)權力分立原則。

[13] (A) 依司法院大法官釋字第 485 號解釋，對國軍老舊眷村改建條例之立法意旨與平等原則之關係：(A)平等原則得斟酌合理之區別對待；(B)平等原則為絕對形式上平等；(C)平等原則與福利資源之分配無關；(D)可因受益人之特定身分給予明顯之過度照顧。

[14] (A) 行政程序法第 6 條規定，「行政行為，非有正當理由，不得為差別待遇」此稱為：(A)平等原則；(B)比例原則；(C)誠信原則；(D)信賴保護原則。

[15] (D) 哪一項不是行政自我拘束原則的要件？(A)有行政慣例之存在；(B)行政慣例本身須合法；(C)必需行政機關享有決定餘地；(D)具有信賴保護之必要。

六、行政自我拘束原則

(一) 意義

行政機關於作成行政行為時，假如無正當的理由，則應受合法之行政先例所拘束。包括不成文的行政慣例、行政指導、行政處分、行政規則。行政規則原本僅為行政內部之規範，然而行政規則經由一貫的適用而建立公平的行政實務處理模式，久而久之，並因此使行政機關本身自我受到拘束。如果行政機關在具體案件中，欠缺正當的合理之理由，卻背離一貫透過行政規則所產生的行政實務慣例時，即有違平等原則。於此情形，人民固然不得指摘其違反行政機關內部有效的行政規則，但卻可主張因系爭案件中未遵守一貫處理的行政規則，而有違憲法第 7 條的平等原則。因而行政規則經由慣行與平等原則之適用，乃產生法律上之外部效力。

(二) 法理依據

憲法平等權之保障、依法行政原則之要求、信賴保護原則之要求、誠實信用原則之要求。

(三) 要件

行政規則具有行政自我拘束力所需具備之要件：
1. 須有合於目的之裁量性準則。
2. 須依該裁量性準則所為之裁量已形成慣例。
3. 行政慣例係屬行政裁量之結果。

七、禁止恣意原則

所謂禁止恣意，即行政機關不得於「欠缺合理、充分的實質上理由」時作成決定，否則即屬有瑕疵之決定。但是如有具備以下的要件者，即為合理之差別待遇，而為憲法、法律所允許：
(一) 事實狀態確有不利的差異存在。例如身心障礙者在就業市場之不利地位。
(二) 採取差別待遇是為追求實質平等的正當目的。例如對原住民考試加

分，是為提高其對多數民族之競爭力。

(三) 事項的本質有必要予以差別待遇。例如禁止未成年人吸菸，乃因吸菸對其健康戕害較大。

(四) 差別待遇的方式及程度，須為社會通念所容許，同時不能出現逆差別（優惠性差別待遇）。例如對實際成長於國內之「華僑」給予考試加分優待，即屬社會通念所不許。

八、比例原則

行政機關實施公權力時，手段和目的之間，須符合一定的比例關係。也就是一般常講的「不可用大砲打小鳥」，亦即對人民不利的處分，要選擇緩和的手段，侵害人民權利最小的方式。比例原則，又稱為「禁止過當原則」、「損害最小原則」。係指為達成某一特定目的（結果）而採取某一種方法或措施，必須符合合理、比例之原則。亦即不得為求目的不擇手段。因此，方法與目的之間必須符合「適當性」、「必要性」與「狹義之比例性」。其三項子原則：適當性原則、必要性原則、衡量性原則[16]，如下述：

(一) 適當性原則

行政行為應合於行政目的之達成。例如殺雞通常不足以儆猴，此時殺雞欲以儆猴，即屬不適當之手段。

(二) 必要性原則

又稱最小損害原則，係指行政行為不超越實現目的的必要程度，亦即達成目的時應採影響最輕微的手段，而不得逾越必要之程度。又警察對在高速公路違規超速的駕駛人，予以開槍警告，亦可能違反必要性原則[17]。建築物在施工中，直轄市、縣（市）（局）主管建築機關勘驗時如

---

[16] (B) 行政法上之比例原則，包括三項子原則，下列何者不屬之？(A)必要性原則；(B)信賴性原則；(C)適當性原則；(D)衡量性原則。

[17] (D) 警察對在高速公路違規超速的駕駛人，予以開槍警告，可能違反下列何原則？(A)信賴保護；(B)誠信原則；(C)衡平原則；(D)比例原則。

發現有危害公共安全者，必要時得強制拆除，亦符合必要性原則之要求[18]。

(三) 衡量性原則（狹義比例原則）

係指手段應與目的加以衡判。質言之，指採取之方法所造成的侵害不得與欲達成目的之利益顯失均衡。亦即行政目的與手段間應維持適當的比例關係。例如殺雞取卵、以炮擊雀、竭澤而魚，手段與目的顯失均衡。

行政程序法第 7 條規定：「行政行為，應依下列原則為之：一、採取之方法應有助於目的之達成。二、有多種同樣能達成目的之方法時，應選擇對人民權益損害最少者。三、採取之方法所造成之損害不得與欲達成目的之利益顯失均衡。」釋字第 471 號解釋，不問對受保安處分之人有無預防矯治其社會危險性之必要，一律規定強制工作三年係違反比例原則[19]。

九、信賴保護原則

行政行為，應該以誠實信用的方法為之，並應保護人民正當合理的信賴（信賴保護原則）。例如：如果公務員信賴政府會發給高額退休金，而政府突然決定將退休金縮水，就可能違反信賴保護原則。學者認為，信賴保護原則可以適用在下述議題上：法規之禁止溯及既往、行政處分之撤銷與廢止、行政契約、行政規則及行政先例、行政計畫、錯誤行政指導或消息之提供等。

---

[18] (D) 建築物在施工中，直轄市、縣（市）（局）主管建築機關勘驗時如發現有危害公共安全者，必要時，得強制拆除，此之「必要時」，係指下列何種原則？(A)平等原則；(B)公益原則；(C)信賴保護原則；(D)比例原則。

[19] (D) 下列何規定經司法院大法官解釋違反比例原則？(A)要求菸品業者對於所含之尼古丁及焦油含量，應以中文標示於菸品容器上，否則處以罰鍰；(B)限制人民散布以兒童少年性交易或促使其為性交易為內容之訊息，否則處以刑罰；(C)在公告禁止設攤之處擺設攤位者，除責令行為人即時停止並消除障礙外，處行為人或雇主罰鍰；(D)不問對受保安處分之人有無預防矯治其社會危險性之必要，一律規定強制工作三年。

要主張信賴保護原則，必須符合三種條件[20]：

(一) 信賴基礎

所謂信賴基礎，包括行政機關自己先前作成之行為，都可以成為人民之信賴基礎，包括行政處分、行政命令、行政契約、行政計畫、行政指導等。

(二) 信賴表現

所謂信賴表現，就是因信賴行政機關之行為，人民做了後續行為，尤其是財產或其他投資行為。純屬願望、期待而未有表現其已生信賴之事實者，則欠缺信賴要件，不在保護範圍。

(三) 信賴值得保護

善意的信賴值得保護，惡意的信賴不值得保護。但就算信賴值得保護，還是要與公益進行衡量。有下列情形，其信賴不值得保護：
1. 以詐欺、脅迫或賄賂方法，使行政機關作成行政處分者。
2. 對重要事項提供不正確資料或為不完整陳述，導致使行政機關依據該資料或陳述而作成行政處分者。
3. 明知行政處分違法或因重大過失而不知者。

相關大法官會議解釋：

釋字第 525 號解釋

「信賴保護原則攸關憲法上人民權利之保障，公權力行使涉及人民信賴利益而有保護之必要者，不限於授益行政處分之撤銷或廢止（行政程序法第 119 條、第 120 條及第 126 條參照），即行政法規之廢止或變更亦有其適用。行政法規公布施行後，制定或發布法規之機關依法定程序予以修改或廢止時，應兼顧規範對象信賴利益之保護。除法規預先定有施行期間或因情事變遷而停止適用，不生信賴保護問題外，其因公益之必要廢止法規或修改內容，致人民客觀上具體表現其因信賴而生之實體法上利益受

---

[20] (C) 行政法上「信賴保護原則」，其值得保護之信賴，至少應具備三要件，下列何者不屬之？(A)信賴基礎；(B)信賴表現；(C)信賴保險；(D)信賴值得保護。

損害，應採取合理之補救措施，或訂定過渡期間之條款，俾減輕損害，方符憲法保障人民權利之意旨。至經廢止或變更之法規有重大明顯違反上位規範情形，或法規（如解釋性、裁量性之行政規則）係因主張權益受害者以不正當方法或提供不正確資料而發布者，其信賴即不值得保護；又純屬願望、期待而未有表現其已生信賴之事實者，則欠缺信賴要件，不在保護範圍。」

十、誠實信用原則

行政程序法第 8 條規定：「行政行為，應以誠實信用之方法為之，並應保護人民正當合理之信賴。」此原則類似民法第 148 條第 2 項：「行使權利、履行義務，應依誠實及信用方法。」所謂誠實信用原則，就是行政機關或人民，在主張權利前，本身不可有不誠實信用的情況。所以，行政機關若有違反誠信原則之行政處分，應屬違法處分；人民若有違反誠信原則之行為，也屬違法，不能主張權利。

十一、有利不利應予注意

行政程序法第 9 條規定：「行政機關就該管行政程序，應於當事人有利及不利之情形，一律注意[21]。」該原則又稱一體注意原則。又行政程序法第 36 條亦規定，行政機關調查證據時，對於當事人有利不利之事項一律注意，無須受當事人主張之拘束。

十二、裁量權正當行使原則

行政程序法第 10 條規定：「行政機關行使裁量權，不得逾越法定之裁量範圍，並應符合法規授權之目的。」行政機關行使裁量權，不得逾越法定之裁量範圍，並應符合法規授權之目的，又稱裁量禁止濫用原則。亦

---

[21] (A) 下列何者非屬比例原則之敘述？(A)行政機關就該管行政程序，應於當事人有利及不利之情形，一律注意；(B)行政行為採取之方法所造成之損害不得與欲達成目的之利益顯失均衡；(C)行政行為有多種同樣能達成目的之方法時，應選擇對人民權益損害最少者；(D)行政行為採取之方法應有助於目的之達成。

即行政機關為裁量時[22]，應遵守下列各點：

(一) 以公共利益為依歸。

(二) 不得與憲法上基本原則及由基本原則演繹出來的原則相牴觸，例如自律原則。

(三) 不得與禁止裁量濫用原則相牴觸。

(四) 不得與禁止裁量逾越原則相牴觸。

第二節　不確定法律概念與適用

一、不確定法律概念之意義

法條的組成一般而言，可分為構成要件及法律效果二部分，基於法明確性原則的要求，立法者在制定法律構成要件時，其所使用的概念或用語，應力求明確，但是因規範事實多樣性與歧異性，立法者往往無法做完全明確性的規定，而必須選用內容較具多義性而非單義確定性[23]的不確定法律概念，以涵蓋錯綜複雜的社會事實。在法律用語中，例如「誠實信用」、「公共利益」、「公序良俗」等等[24]。

二、不確定法律概念之判斷餘地

針對不確定法律概念，行政機關有權先加以判斷，判斷結果若符合當時普遍之價值觀時，宜受法院之尊重。但遇有爭執時，法院可就行政機關之判斷予以審查，最後以法院之見解為依歸。此即所謂之「判斷餘地」，判斷餘地即指行政機關針對不確定法律概念為判斷時，有其活動空

---

[22] (D) 依據行政程序法的規定，下列何者非屬行政行為應遵循之原則？(A)非有正當理由，不得為差別待遇；(B)應保護當事人正當合理之信賴；(C)行政行為之內容應明確；(D)行政機關為達公益目的，必要時得逾越法定裁量權範圍。

[23] (A)法律使用概念在內涵上並非單義確定者，稱為：(A)不確定法律概念；(B)裁量；(C)創造性的模糊概念；(D)多階段處分。

[24] (D)在法律用語中，例如：「誠實信用」、「公共利益」、「公序良俗」等，稱為：(A)訓示規定；(B)列舉規定；(C)概括規定；(D)不確定法律概念。

間，在該空間內有其自主性，司法審查應受限制。

三、判斷餘地類型化

　　我國司法實際上承認行政機關適用不確定法律概念時，享有判斷餘地之情形，其中包含有考試成績評定、高度屬人性事項之判斷、社會多元利益代表之決定、專家判斷、獨立行使職權之委員會之決定，以及行政機關之預測性或評估性決定或具高度政策或計畫性決定等六種不同之類型[25]，如下述：

(一) 關於考試成績的評定

　　考試成績的評定，多涉及學術與知識能力之評價，屬於不確定法律概念之部分，排除行政程序法之適用。參閱釋字第 319 號解釋文：「考試機關依法舉行之考試，其閱卷委員係於試卷彌封時評定成績，在彌封開拆後，除依形式觀察，即可發見該項成績有顯然錯誤者外，不應循應考人之要求任意再行評閱，以維持考試之客觀與公平。考試院於中華民國 75 年 11 月 12 日修正發布之『應考人申請複查考試成績處理辦法』，其第 8 條規定『申請複查考試成績，不得要求重新評閱、提供參考答案、閱覽或複印試卷。亦不得要求告知閱卷委員之姓名或其他有關資料』，係為貫徹首開意旨所必要，亦與典試法第 23 條關於『辦理考試人員應嚴守秘密』之規定相符，與憲法尚無牴觸。惟考試成績之複查，既為兼顧應考人之權益，有關複查事項仍宜以法律定之。」釋字第 319 號之不同意見書：「國家考試之評分專屬於典試委員之職權，此項評分之法律性質有認為行政機關裁量權之行使者，亦有認為屬於行政機關適用不確定法律概念之『判斷餘地』者。無論從裁量之理論或不確定法律概念之見解，典試委員之評分應受尊重，其他機關甚至法院亦不得以其自己之判斷，代替典試委員評定之分數。因依典試法規定，國家考試之評分權賦予典試委員而不及於他人。」

---

[25] (D) 下列何者不屬於「判斷餘地」之範疇？(A)考試成績之評定；(B)高度科技性之專業判斷；(C)由具有獨立性專家委員會所作成之決定；(D)處以罰鍰申誡之選擇。

(二) 高度屬人性事項之判斷

係指對於個人功績、品行、操守等事項之判斷，例如公務員年終之考績評等、老師對學生成績之評量等。參閱釋字第 462 號解釋文：「各大學校、院、系（所）教師評審委員會關於教師升等評審之權限，係屬法律在特定範圍內授予公權力之行使，其對教師升等通過與否之決定，與教育部學術審議委員會對教師升等資格所為之最後審定，於教師之資格等身分上之權益有重大影響，均應為訴願法及行政訴訟法上之行政處分。受評審之教師於依教師法或訴願法用盡行政救濟途徑後，仍有不服者，自得依法提起行政訴訟，以符憲法保障人民訴訟權之意旨。行政法院 51 年判字第398 號判例，與上開解釋不符部分，應不再適用。大學教師升等資格之審查，關係大學教師素質與大學教學、研究水準，並涉及人民工作權與職業資格之取得，除應有法律規定之依據外，主管機關所訂定之實施程序，尚須保證能對升等申請人專業學術能力及成就作成客觀可信、公平正確之評量，始符合憲法第 23 條之比例原則。且教師升等資格評審程序既為維持學術研究與教學之品質所設，其決定之作成應基於客觀專業知識與學術成就之考量，此亦為憲法保障學術自由真諦之所在。故各大學校、院、系（所）教師評審委員會，本於專業評量之原則，應選任各該專業領域具有充分專業能力之學者專家先行審查，將其結果報請教師評審委員會評議。教師評審委員會除能提出具有專業學術依據之具體理由，動搖該專業審查之可信度與正確性，否則即應尊重其判斷。受理此類事件之行政救濟機關及行政法院自得據以審查其是否遵守相關之程序，或其判斷、評量有無違法或顯然不當之情事。現行有關各大學、獨立學院及專科學校教師資格及升等評審程序之規定，應本此解釋意旨通盤檢討修正。」

(三) 由社會多元利益代表所為之決定

行政事務之決定，若由社會公正人士或專家組成之委員會所為者，因其成員多係代表各種利益，其決定須經一定程序，故行政法院原則上應予尊重。例如：地價評議委員會所評定之建築物價格、都市計畫委員會審議之主要計畫。

(四) 專家所為之判斷

專家證人所為之鑑定意見，因其具有特殊領域的專業知識，法院沒有特別的理由，自無審查的餘地，事實上也無審查的能力。

(五) 由獨立行使職權之委員會所為之決定

具有獨立行使職權之委員會，多具準司法性質，法院原則上應尊重其決定，例如：公平交易委員會之決定。

(六) 行政機關預測性或評估性之決定具有高度政策或計畫性決定

特別是關於自然科學、環境生態、科技或經濟領域之預測性或評估性之判斷，因其多少涉及風險評估，屬行政保留之範疇，宜由行政機關作終局的決定。而對於將來之預測與高度政策性之判斷，法院原則上應尊重行政機關決定，例如：是否開放外勞進入本國及其名額之核定、大陸人士來台居留之限額等等。

四、判斷餘地之例外

判斷餘地仍有例外，當行政機關在恣意濫用及其他違法情事時，法院亦得加以審查。法院得對判斷餘地進行司法審查的情形，包括：(一)行政機關所為之判斷，是否出於錯誤之事實認定或不完全之資訊；(二)法律概念涉及事實關係時，其涵攝有無明顯錯誤；(三)對法律概念之解釋有無明顯違背解釋法則或牴觸既存之上位規範；(四)行政機關之判斷，是否有違一般公認之價值判斷標準；(五)行政機關之判斷，是否出於與事物無關之考量，亦即違反不當連結之禁止；(六)行政機關之判斷，是否違反法定之正當程序；(七)作成判斷之行政機關，其組織是否合法且有判斷之權限；(八)行政機關之判斷，是否違反相關法治國家應遵守之原理原則，如平等原則、公益原則等[26]。

---

[26] 台北高等行政法院 96 年度訴字第 1117 號判決（2008/1/31）。

五、行政機關的裁量空間

(一) 裁量之意義

　　立法機關通常會讓行政機關享有一定程度的自由空間，當符合行政法規要件時，行政機關通常仍得依照個別具體情況，就「法律效果」之是否發生或如何發生，給予「裁度推量」，一般稱為「行政裁量」。例如：社會秩序維護法第 82 條第 1 項規定，「於公共場所或公眾得出入之場所唱演或播放淫詞、穢劇或其他妨害善良風俗之技藝者」、「處三日以下拘留或新臺幣一萬二千元以下罰鍰」，前述行政機關處以幾日之拘留或多少元之罰鍰即屬行政裁量[27]。

(二) 裁量之分類

1. 決定裁量與選擇裁量

(1)　決定裁量

　　法律授權行政機關得決定是否想要作成某一個合法的處置。

(2)　選擇裁量

　　行政機關得就數個不同的合法處置中，選擇作成某一個處置。

2. 個案裁量與一般裁量

(1)　個案裁量

　　立法者賦予行政機關在達成目的時，自己斟酌重要的情況，並衡量所有正反觀點後，決定其行為之自由。行政裁量尤其有助於實現個別案件的正義，行政機關為行政裁量時，也可以進行合目的性及妥當性的裁量。

(2)　一般裁量

　　上級機關經由制定裁量準則，規定下級機關統一處理行政裁量。此

---

[27] (C) 社會秩序維護法第 82 條規定，於「公共場所或公眾得出入之場所唱演或播放淫詞、穢劇或其他妨害善良風俗之技藝者」、「處三日以下拘留或新台幣壹萬二千元以下罰鍰」，前述行政機關處以幾日之拘留或多少元之罰鍰屬於何種範圍？ (A)法律審查；(B)不確定法律概念；(C)行政裁量；(D)行政指導。

種裁量傾向於「典型的」案件類型，非取向於特殊個別案件，乃在於增加效率，減輕行政機關之負擔。

(三) 裁量界限

　　行政機關行使裁量權，並非不受任何拘束之自由裁量，其行政裁量除應遵守一般法律原則外，也應符合法令授權之目的，並不得逾越法定之裁量範圍。行政程序法第 10 條：「行政機關行使裁量權，不得逾越法定之裁量範圍，並應符合法規授權之目的。」行政訴訟法第 201 條：「行政機關依裁量權所為之行政處分，以其作為或不作為逾越權限或濫用權力者為限，行政法院得予撤銷。」行政訴訟法第 4 條第 2 項規定：「逾越權限或濫用權力之行政處分，以違法論。」即亦本此意旨。故行政裁量亦應受法律的拘束，而有其內部界限與外部界限。

1. 外部界限

(1) 最高之法律原則。如誠信原則、人類尊嚴的尊重等。

(2) 憲法。特別是基本權利，包括不成文但憲法固有之原則，如禁止過分之原則。

(3) 規定行政行為成立之法律。如行政程序法、公務員法等。

(4) 具體對於個別行政行為有效之特別法，包括僅一般性規定的，法律上指導原則及其目的。如不能為使國庫收入增加而適用警察法，否則即為違背目的性之禁止。

(5) 行政機關由於日常實務所產生，具有拘束力之有關裁量行為原則，而為行政習慣法。

2. 內部界限

　　法律對裁量行為於授權之範圍內，被授權之機關有充分之活動領域，不論政治、文化、經濟之措施，均具有合法性。

(四) 行政裁量之司法審查

　　行政裁量應否受法院之審查？其審查之範圍如何？早年曾有激烈之爭論。目前在理論上較為趨於一致，即除因裁量瑕疵之情形，已影響裁量處分之合法性外，行政法院不予審查。蓋法律既許可行政機關有選擇或判

斷之自由，則其所做成之處置，在法律上之評價均屬相同，僅發生適當與否問題，而不構成違法，行政法院係以執行法的監督為職責，自不宜行使審查權限。

(五) 裁量瑕疵之類型

但若存在裁量瑕疵，仍受行政法院之審查，其可分為三種。

1. 裁量逾越

指行政機關裁量之結果，超出法律授權之範圍，例如某一稅法之罰則規定，對違反者得科漏稅額二倍至五倍之罰鍰，主管機關竟科處六倍之罰鍰。

2. 裁量濫用

指行政機關作成裁量與法律授權之目的不符，或係出於不相關之動機之謂。例如外國人申請歸化為我國國民，國籍法對於裁量之條件均有明文規定，假設主管機關於裁量時，以該外國人之本國與中華民國無外交關係或非友好國家而拒絕其歸化，則顯屬裁量濫用之情形。又裁量違背一般法律原則（如平等原則、比例原則等），通常亦認為係裁量之濫用。違背行政法上一般法律原則如平等原則、比例原則等，均是裁量之客觀界限，如有違反，其裁量決定便有瑕疵。

釋字第 423 號解釋理由書：「空氣污染防制法第 23 條第 1 項規定：『交通工具排放空氣污染物，應符合排放標準。』同法第 43 條第 1 項對違反前開規定者，明定其處罰之方式與罰鍰之額度；同條第 3 項並授權中央主管機關訂定罰鍰標準。法律既明定罰鍰之額度，又授權行政機關於該範圍內訂定裁罰標準，其目的當非僅止於單純的法適用功能，而係尊重行政機關專業上判斷之正確性與合理性，就交通工具排放空氣污染物不符排放標準者，視違規情節，依客觀、合理之認定，訂定合目的性之裁罰標準，並可避免於個案裁決時因恣意而產生不公平之結果。主管機關於中華民國 82 年 2 月 15 日修正發布之交通工具排放空氣污染物罰鍰標準第 5 條，僅以當事人接到違規舉發通知書後之『到案時間及到案與否』，為設定裁決罰鍰數額下限之唯一準據，並非根據受處罰之違規事實情節，依立法目的所為之合理標準。縱其罰鍰之上限並未逾越法律明定得裁罰之額

度，然以到案之時間為標準，提高罰鍰下限之額度，與母法授權之目的未
盡相符，且損及法律授權主管機關裁量權之行使。」此乃行政機關所制定
的裁量基準，未根據法規的目的進行裁量，而乃根據與法規目的無關之因
素為裁量，也為一種裁量濫用。

3. 裁量怠惰

指行政機關依法有裁量之權限，但因故意或過失而消極的不行使裁
量權之謂。例如對於有事實認為有涉及內亂罪、外患罪重大嫌疑者，入出
境主管機關有權不予許可其入出境（參照入出國及移民法第 6 條、第 7
條），假設主管機關對申請入出境之個別事件，應斟酌此項因素而不予斟
酌，即屬此類瑕疵。

(六) 裁量限縮至零

行政機關作成裁量處分時，本有多數不同之選擇，若因為特殊之事
實關係，致使行政機關除採取某種措施之外，別無其他選擇，稱為裁量限
縮或稱裁量縮減至零[28]。例如水利法第 79 條第 1 項規定：「水道沿岸之種
植物或建造物，主管機關認為有礙水流者，得報經上級主管機關核準，限
令當事人修改、遷移或拆毀之，但應酌予補償。」假設妨礙水流之建築
物，依通常情形本可命當事人修改或遷移等不同之處置，若遇有嚴重情
況，非徹底拆毀不足維持水流者，主管機關之裁量即縮減至別無他種選
擇。

釋字第 469 號解釋理由書：「……惟法律之種類繁多，其規範之目的
亦各有不同，有僅屬賦予主管機關推行公共事務之權限者，亦有賦予主管
機關作為或不作為之裁量權限者，對於上述各類法律之規定，該管機關之
公務員縱有怠於執行職務之行為，或尚難認為人民之權利因而遭受直接之
損害，或性質上仍屬適當與否之行政裁量問題，既未達違法之程度，亦無
在個別事件中因各種情況之考量，例如：斟酌人民權益所受侵害之危險迫
切程度、公務員對於損害之發生是否可得預見、侵害之防止是否須仰賴公

---

[28] (B) 行政機關在作成裁量處分時，原本有多種不同選擇，但因為特殊的事實關係，
導致行政機關除了採取特定的某種措施外，別無其他選擇，稱之為：(A)裁量
怠惰；(B)裁量限縮至零；(C)裁量濫用；(D)裁量逾越。

權力之行使始可達成目的而非個人之努力可能避免等因素，已致無可裁量之情事者，自無成立國家賠償之餘地。倘法律規範之目的係為保障人民生命、身體及財產等法益，且對主管機關應執行職務行使公權力之事項規定明確，該管機關公務員依此規定對可得特定之人負有作為義務已無不作為之裁量空間，猶因故意或過失怠於執行職務或拒不為職務上應為之行為，致特定人之自由或權利遭受損害，被害人自得向國家請求損害賠償。至前開法律規範保障目的之探求，應就具體個案而定，如法律明確規定特定人得享有權利，或對符合法定條件而可得特定之人，授予向行政主體或國家機關為一定作為之請求權者，其規範目的在於保障個人權益，固無疑義；如法律雖係為公共利益或一般國民福祉而設之規定，但就法律之整體結構、適用對象、所欲產生之規範效果及社會發展因素等綜合判斷，可得知亦有保障特定人之意旨時，則個人主張其權益因公務員怠於執行職務而受損害者，即應許其依法請求救濟。」

作者小叮嚀

　　同學最須留意的是法律構成要件有不確定法律概念，須進行判斷，此時法官有判斷權，但法官須尊重專業判斷餘地，但也出現例外，就是判斷餘地之例外等，頗為複雜，請同學留意。另外，法律效果上，原則上由行政機關之自由裁量，但也有例外，就是裁量限縮至零，也須留意。

第三章　行政組織

🖼📖 本章學習重點

1. 公法人、農田水利會、行政法人。
2. 行政機關與內部單位。
3. 公營事業、營造物。
4. 受委託行使公權力、行政助手。

第一節　行政組織體

　　行政法，可以分為行政組織法和行政作用法兩大類。前者規定行政機關的組織和權限，即某行政機關的組織如何、有何權限、在國家整個政治體制上居於何種地位、行政機關的編制和各單位的主管事項如何。後者是指國家或公共團體的機關，在從事一切行動作用時，所應遵守的法律。國家為表達其意思，發揮其功能，須有完整之組織體，只要其係依據公法所設立，為達成行政目的兼受國家監督之組織體皆屬之。其一般可類分為：

一、國家及地方自治團體，而以行政機關為對外之代表。
二、行政法人。
三、營造物。
四、公營事業。

第二節　行政機關

一、概念

(一) 行政機關是行政組織法的核心

行政程序法第 2 條第 2 項規定:「本法所稱行政機關,係指代表國家、地方自治團體或其他行政主體表示意思,從事公共事務,具有單獨法定地位之組織[1]。」此外,受託行使公權力之個人或團體,於委託範圍,視同行政機關(同條第 3 項)。行政組織法規定行政機關的組織和權限,在國家整個政治體制上居於何種地位、行政機關的編制和各單位的主管事項如何,是以,行政機關可說係行政組織法所討論的核心。

(二) 行政機關組織法定原則

從法律保留及法明確性原則而言,行政機關之組織應以法令定之,接受民意監督,落實主權在民之理念。國家機關之組織應以法律定之(例如憲法第 61 條;憲法增修條文第 3 條第 3 項、第 4 項;中央行政機關組織基準法第 38 條),而地方機關之組織以自治條例(地方制度法第 62 條)定之。

(三) 法源依據

1. 行政程序法第 2 條第 2 項

本法所稱行政機關,係指代表國家、地方自治團體或其他行政主體表示意思,從事公共事務,具有單獨法定地位之組織。

2. 行政程序法第 2 條第 3 項

又受委託行使公權力之個人或團體,於委託範圍內,視為行政機關。

---

[1] (D) 代表國家、地方自治團體或其他行政主體表示意思,從事公共事務,具有單獨法定地位之組織,稱為:(A)行政主體;(B)行政官署;(C)公法人;(D)行政機關。

3. 中央行政機關組織基準法第 4 條

下列機關之組織以法律定之,其餘機關之組織以命令定之:(1)一級機關、二級機關及三級機關;(2)獨立機關。前項以命令設立之機關,其設立、調整及裁撤,於命令發布時,應即送立法院。

二、行政機關的型態

(一) 行政機關的類型

所謂「機關」係指就法定事務,有決定並表示國家意思於外部,而依組織法律或命令設立,行使公權力之組織[2];「行政機關」則指代表國家、地方自治團體或其他行政主體表示意思,從事公共事務,具有單獨法定地位之組織。而行政機關的型態分幾個面向加以說明:

1. 中央或地方

可分為國家行政機關(採嚴格法律保留)與地方行政機關(不用法律保留,由地方議會通過)。

2. 組織成員

分為獨任制(首長制)機關與合議制機關;合議制機關底下又分為合議制委員會、獨任制委員會及混合型委員會。

3. 設置依據

係依據憲法、法規設置;法規又分法律設置及命令設置。

4. 特殊型態

分為受委託行使公權力之私人團體以及營造物(特定目的的行政機構)。

5. 法制上分類

行政機關若在法制上加以分類,依據中央行政機關組織基準法第 3 條又可分為:

(1) 機關:就法定事務,有決定並表示國家意思於外部,而依組織法

---

[2] (A) 就法定事務,有決定並表示國家意思於外部,而依組織法律或命令設立,行使公權力之組織為何?(A)機關;(B)公營事業;(C)附屬機關;(D)單位。

律或命令設立，行使公權力之組織。

(2) 獨立機關：指依據法律獨立行使職權，自主運作，除法律另有規定外，不受其他機關指揮監督之合議制機關。例如：中央選舉委員會[3]、公平交易委員會、國家通訊傳播委員會。

(3) 機構：機關依組織法規將其部分權限及職掌劃出，以達成其設立目的之組織。

(4) 單位：基於組織之業務分工，於機關內部設立之組織。

(二) 行政機關的名稱

1. 院：一級機關（例如行政院、司法院）[4]。
2. 部：二級機關（例如內政部、法務部）[5]。
3. 委員會：二級機關或獨立機關用之。
4. 署、局：三級機關用之[6]。
5. 分署、分局：四級機關用之。

　此外，機關因性質特殊，得另訂名稱。

(三) 相關問題之探討

1. 行政院是首長制機關

(1) 憲法第 58 條（行政院會議）：「行政院設行政院會議，由行政院院長、副院長、各部會首長及不管部會之政務委員組織之，以院長為主席[7]。行政院院長、各部會首長，須將應行提出於立法院之法

---

[3] (C) 下列何者屬於合議制機關？(A)行政院退除役官兵委員會；(B)行政院僑務委員會；(C)中央選舉委員會；(D)行政院會議。

[4] (A) 依中央行政機關組織基本法之規定，司法院屬於：(A)一級機關；(B)二級機關；(C)三級機關；(D)四級機關。

[5] (B) 依中央行政機關組織基本法之規定，內政部屬於：(A)一級機關；(B)二級機關；(C)三級機關；(D)四級機關。

[6] (B) 依中央行政機關組織基準法第 6 條之規定，下列何行政機關名稱定名為三級機關：(A)部；(B)局；(C)委員會；(D)分署。

[7] (C) 關於行政院會議之敘述，下列何者錯誤？(A)不管部會之政務委員亦為會議成員；(B)行政院長為會議主席；(C)為合議制機關；(D)行政院應向立法院所提

律案、預算案、戒嚴案、大赦案、宣戰案、媾和案、條約案及其他重要事項，或涉及各部會共同關係之事項，提出於行政院會議議決之。」

(2) 行政院會議議事規則第 5 條：「行政院會議議案經出席人員討論後，由主席作成決議。」第 8 條第 1 項：「各種議案由行政院綜合業務處編擬，經院長或授權之人核定後列入議程；必要時需變更、調整者，亦同。」

結論： 學者一般認為，行政院會議由院長作成決議，且主導施政方針與任命各部會首長之權，行政院是獨任制即首長制機關。但是，怎麼可以由一個行政命令，來推論行政院的屬性？值得商榷。

2. 獨立機關是否真的獨立

(1) 任期：任期的獨立（似乎沒有問題）。

(2) 任命：任命的獨立；由釋字第 613 號解釋觀之，似乎有問題：

A. 立法院可以剝奪行政院人事提名權？例如 NCC 全部都由立法院決定。

B. 立法院可以限制之？例如規定同一政黨不能超過多少人。

(3) 決策：其決定會不會受到行政院的推翻？例如在訴願的時候，行政院訴願委員會推翻 NCC 作成的決定。

三、內部單位與行政機關

(一) 意義

基於業務分工，行政機關之內部通常均劃分為若干小規模之分支組織，稱為內部單位。例如：行政院主計處第一局[8]。其特徵為：非獨立組織體、無單獨法定地位、僅分擔機關一部分職掌等等[9]。

出之法律案，須經行政院會議議決。

[8] (D) 下列何者非「行政機關」？(A)行政院人事行政局；(B)台北縣政府警察局；(C)行政院衛生署；(D)行政院主計處第一局。

[9] (D) 下列何者屬於「內部單位」的特徵？(A)非獨立組織體；(B)無單獨法定地位；

(二) 行政機關與內部單位的區分標準[10]

1. 有無單獨之組織法規

　　所謂組織法規包括組織法、組織條例、組織通則或規程，例外者亦有以組織編制表（如各級警察機關）代替組織規程之情形。例如：立法院組織法、司法院組織法、內政部警政署組織法、法務部行政執行署各分署組織準則、內政部法規委員會組織規程。

2. 有無獨立之編制及預算

　　有獨立之編制及預算者，通常均設有人事及會計（或主計）單位。例如：行政院金融監督管理委員會、國家通訊傳播委員會、行政院公平交易委員會。

3. 有無印信

　　指因印信條例頒發之大印或關防而言。例如內政部、新北市政府即為行政機關；縣政府之市地重劃委員會即為內部單位[11]。

　　據上所述，具有單獨之組織法規、獨立之編制與預算，及具有依印信條例頒發之大印或關防，三項標準皆具備之組織體即為行政機關，否則即屬於內部單位。

(三) 二者區別之實益

　　行政機關依訴願法第 1 條規定得為行政處分，行政單位並無作成行政處分之權能。惟實務上基於分層負責及增進效率之原因，授權以單位或單位主管之名義對外發文，如具備行政處分之必要條件，判例一向視單位之意思表示為其隸屬機關之行政處分，俾相對人有提起行政救濟之機會。

　　(C)僅分擔機關一部分職掌；(D)以上皆是。

[10] (D) 下列何者非判斷是否為「行政機關」的基準？(A)有無單獨之組織法規；(B)有無獨立之編制及預算；(C)有無依據印信條例頒發之大印或關防；(D)有無獨任之機關首長。

[11] (A) 下列何者為行政機關的內部單位？(A)縣政府之市地重劃委員會；(B)內政部；(C)農田水利會；(D)財團法人海峽交流基金會。

(四) 內部單位名稱定名

1. **一級內部單位**
   (1) 處：一級機關、相當二級機關之獨立機關及二級機關委員會之業務單位用之。
   (2) 司：二級機關部之業務單位用之。
   (3) 組：三級機關業務單位用之。
   (4) 課：四級機關業務單位用之。
   (5) 處、室：各級機關輔助單位用之。

2. **二級內部單位：科**

3. **各種專家委員會**
   行政機關常常邀請各種專家學者，組成委員會，幫忙行政機關審查案件，作成行政處分。行政程序法第 114 條提到：「參與行政處分作成之委員會……」其只是內部單位，而非獨立機關。例如新竹市地價及標準地價評議委員會、行政院衛生署醫事審議委員會、內政部訴願審議委員會[12]等。

四、營造物

(一) 意義

營造物係指行政機關為了達成公共行政上的特定目的，將人與物件功能性的結合，以法規作為其組織上的設置依據的組織體，與公眾或特定人之間發生法律上的利用關係。根據中央行政機關組織基準法第 16 條（附屬機構）規定第 1 項：「機關於其組織法規規定之權限、執掌範圍內，得設實（試）驗、檢驗、研究、文教、醫療、社福、矯正、收容、訓練等機構。」此就是行政機關設立營造物的依據。惟營造物將來可能轉型為行政法人。

---

[12] (B) 下列何者屬行政程序法第 2 條第 2 項所稱之行政機關？(A)新竹市地價及標準地價評議委員會；(B)行政院公平交易委員會；(C)行政院衛生署醫事審議委員會；(D)內政部訴願審議委員會。

(二) 營造物種類

營造物種類包括：

1. 服務性營造物：例如郵局、機場[13]、港口。
2. 文教性營造物：例如公立學校[14]、博物館、圖書館[15]、紀念館、文化中心。
3. 保育性營造物：例如公立醫院、療養院、榮民之家[16]、勒戒所[17]。
4. 民俗性營造物：例如孔廟、忠烈祠、公立殯儀館[18]。
5. 營業性營造物：例如公有果菜市場、漁市場等。

(三) 營造物利用關係

營造物之利用關係可以為公法或私法之性質，有時亦可能在不同階段分別為公、私法之性質。其為公法之利用關係者，以行政處分或行政契約成立之，例如：公立學校、郵局、監獄、勒戒所、榮民之家等等；在私法之利用關係，則締結私法契約，例如：電信、醫院、博物館、文化中心等等。營造物之給付，有時須以特別方式建立法律關係；有時則得以事實之提供給付以及社會上通常之利用給付，代替成立利用關係之表示。

---

[13] (A) 機場在性質上屬於哪一種組織體：(A)服務性營造物；(B)公法人；(C)行政機關；(D)行政法人。

[14] (A) 下列何者不是公法人？(A)中壢高級中學；(B)桃園縣；(C)桃園農田水利會；(D)桃園市。

[15] (A) 以下機構，何者不屬於營造物性質？(A)大台北捷運公司；(B)公立學校；(C)博物館；(D)圖書館。

[16] (C) 榮民之家性質上屬於哪一種組織體：(A)行政法人；(B)公法人；(C)保育性營造物；(D)行政機關。

[17] (A) 下列何者，不屬於營造物之類型？(A)文化局；(B)療養院；(C)榮民之家；(D)勒戒所。

[18] (D) 孔廟、忠烈祠、公立殯儀館等設施，在學理上屬於哪一類行政組織之概念？(A)行政機關；(B)國營事業機構；(C)行政法人；(D)民俗性之營造物。

(四) 相關問題之探討

1. 向市場租攤位是什麼關係

(1) 裁判字號：55 年判字第 10 號

(2) 裁判案由：市場攤位分配

(3) 裁判日期：民國 55 年 2 月 5 日

(4) 裁判要旨：國家或其他公法人與人民因租賃關係發生爭執，係屬私法上權益關係之爭執，應適用民法規定，由該管司法機關受理審判，非行政官署所能處斷。本件雙方所爭執者，厥為租用攤位應否變更分配，亦即被告官署是否仍應就原地位出租攤位於原告，自純屬私法上關於租賃權利義務關係之爭執，應依民事訴訟程序訴由普通法院解決，不容依行政爭訟以求救濟[19]。

結論：向市場租攤位係屬私法上之爭執，應依民事訴訟程序訴由普通法院解決。

2. 人民和以前的電信局是什麼關係

(1) 裁判字號：49 年判字第 112 號

(2) 裁判日期：民國 49 年 11 月 5 日

(3) 人民不服官署之處分，固得循訴願程序以求救濟，但官署基於私法關係所為之意思通知，則屬私法上之行為，不得視為基於公法上權力服從關係之處分。人民對之有所爭執，自非訴願及行政訴訟所能解決。本件原電話用戶與被告官署（苗栗電信局）間，關於電話利用之關係，係基於兩方所訂立之租用契約，原告申請電話過戶，則為契約之更改，均屬人民與營造物間之私法關係。被告官署通知原告拒絕其申請過戶，此乃被告官署就私法關係所為之意思通知，顯與基於公法上權力服從關係之處分有別。原告對於此項通知，自不得提起訴願。

結論：人民和以前的電信局係屬人民與營造物間之私法關係。

---

[19] (B) 國家如果與人民因民法上之租賃契約及賠償費用問題發生爭執時，應由下列何者審理？(A)行政法院；(B)普通法院；(C)大法官會議；(D)司法院。

第三節　行政主體

一、意義

行政出於行政主體，而行政主體必須仰賴機關來形成意思及為行為。故所謂行政主體，係指公法上之獨立組織體，有特定職權得設立機關或置備人員，以達成其任務者。換言之，即在行政法關係上，被賦予實現行政目的之任務，具有權利能力，得為行政法上權利義務歸屬之主體。

二、種類

行政主體若不以是否具公法人地位區分之，則另可分為四類：
(一) 國家及地方自治團體。
(二) 行政法人。
(三) 其他公法團體（包括有完全權利能力及部分權利能力）。
(四) 受託行使公權力之私人（包括自然人、法人與非法人團體）。

三、私人受委託行使公權力時，得作為行政主體

國家及地方自治團體之所以被稱為行政主體，固因其為實現行政任務，從而，私人若係受託行使公權力，亦是在實現行政任務，亦得為行政主體。若私人僅係為遂行法律所保障其自身之權利，則僅為行政法關係上之權利主體當事人，而非行政主體。

(一) 受委託行使公權力

國家或自治團體在特殊考量下，將自己執行特定之行政職務，不交由公法上組織體執行，而將該行政職務之執行移轉予私人，並授與該私人以自己名義行使公權力，此種私人，即所謂受委託行使公權力之人[20]，包

---

[20] (A) 行政機關得依法規將其權限之一部分，委託民間團體或個人辦理，此在行政法學上稱為：(A)公權力之委託；(B)權限之委任；(C)行政事務之委辦；(D)行政職務之協助。

括自然人、私法人或非法人團體，例如私立學校在實施教育之範圍內，有錄取學生、確定學籍、獎懲學生、核發畢業或學業證書等權限[21]。又例如：商船船長受託簽發死亡證明及維持船舶內部秩序。

(二) 行政助手

若私人受委託協助公務執行，但沒有被授與公權力，而是在公務員的監督下執行任務，則只是行政助手。例如，拖吊業者雖然受政府委託，但是必須警察在旁開罰單並決定拖吊，拖吊業者才能將汽機車拖吊。此時，警察是監督者，而拖吊業者只是警察的行政助手。

四、法人組織

法人組織係指在法律上具有人格，可以成為權利義務的主體，又稱為權利能力組織。在我國有三種方式成為法人組織：
(一) 法律直接規定，例如：中華郵政股份有限公司設置條例。
(二) 經主管機關許可且向法院登記才取得法人人格，例如：財團法人、公益性質的社團法人，如民法第46條、第59條。
(三) 經主管機關登記取得許可，例如：營利社團法人，如公司、銀行、合作社。

五、公法人

公法人係指組織所設立的準據法是公法，其組織目標在於國家或社會公共性質，在法律上能獨立享有權利，負擔義務的能力主體。行政主體被歸類於公法人的實益有三：職員就是公務員、適用相關行政法規、是權利義務的主體，得行使公權力。我國法制上公法人僅有國家、地方自治團體及行政法人數種，如下述：

---

[21] (A) 私立學校在實施教育之範圍內，有錄取學生、確定學籍、獎懲學生、核發畢業或學業證書等權限屬於：(A)受委託行使公權力；(B)權限之委任；(C)行政事務之委辦；(D)行政助手。

(一) 國家

中華民國。行政院只是中華民國下面的一級行政機關[22]。

(二) 地方自治團體

地方制度法第 14 條：「直轄市、縣（市）、鄉（鎮、市）為地方自治團體，依本法辦理自治事項，並執行上級政府委辦事項。」目前我國的地方自治團體只有三種：直轄市、縣市和鄉鎮市（例如：台北市、新北市、桃園市、高雄市；而「台北市政府」、「新北市議會」則是機關）。至於台灣省，在凍省之後，根據釋字第467號解釋：「中華民國86年7月21日公布之憲法增修條文第9條施行後，省為地方制度層級之地位仍未喪失，惟不再有憲法規定之自治事項，亦不具備自主組織權，自非地方自治團體性質之公法人[23]。符合上開憲法增修條文意旨制定之各項法律，若未劃歸國家或縣市等地方自治團體之事項，而屬省之權限且得為權利義務之主體者，於此限度內，省自得具有公法人資格。」由該號解釋得知，地方自治團體的公法人，係就自治事項有制定規章並執行之權限，且具有自主組織權，得為權利義務之主體[24]。而省則依據憲法增修條文第9條第1項，為行政院之派出機關，依命監督縣市自治，已不具有地方自治團體性質之公法人資格。

(三) 農田水利會從公法人改制為行政機關

過去長期以來，農田水利會係秉承國家推行農田水利事業之宗旨，

---

[22] (C) 下列何者不屬於公法人？(A)新北市；(B)新竹市；(C)行政院；(D)農田水利會。

[23] (C) 下列何者不是地方制度法所規定之「地方自治團體」？(A)臺北市；(B)桃園縣；(C)臺灣省；(D)大溪鎮。

[24] (B) 依據大法官釋字第467號解釋，自治團體須具備法人格之要件，下列何者為非？(A)有自治規章制定權與執行之權限；(B)應冠以地方或全國性名稱；(C)有自主組織權；(D)對構成員資格取得具有強制性，而有行使公權力之權能且得為權利義務之主體。

依法律設立（農田水利會組織通則第 1 條第 2 項）之公法人[25]，為地方水利自治團體，在法律授權範圍內享有自治之權限（釋字第 518 號解釋參照）。但 2020 年通過農田水利法，成立農田水利署，將各地之農田水利會，改制為農田水利署下轄之「農田水利管理處」。自 2020 年 10 月 1 日起，各地之農田水利會不再是公法人，而為行政機關。

（四）農會、漁會為社團法人（私法人）

農會、漁會係公法人或私法人？私法人可分為財團法人與社團法人，前者係財產的集合體，例如私立學校、私立醫院、慈善機構、宗教團體、消費者文教基金會、海基會……等。後者例如公司、銀行、工會、律師公會……等是。最高行政法院 75 年判字第 2106 號認為：「農會屬私法人組織之人民團體，其聘任人員不具公務員資格，原告如認其農會據以計算之退休金與其應領取之金額不符，仍可循民事途徑，請求普通法院判令其隸屬之農會補發，殊無向縣政府請求補發退休金之餘地。」是以，農會、漁會其性質相同，應同屬私法人。

（四）行政法人

行政法人之法律依據係指中央行政機關組織基準法第 37 條：「為執行特定公共事務，於國家及地方自治團體以外，得設具公法性質之行政法人，其設立、組織、營運、職能、監督、人員進用及其現職人員隨同移轉前、後之安置措施及權益保障等，應另以法律定之。」行政法人其組織設計之特徵有三點：

1. 具獨立性：法律人格。而且其財務獨立，不再仰賴政府預算支應[26]。
2. 具企業性：企業化經營。
3. 具公共性：達成特定公共行政目的[27]。

---

[25] (D) 依我國法制，下列何項組織為公法人？(A)財政部；(B)證券交易所；(C)海峽交流基金會；(D)農田水利會。

[26] (C) 何者不屬於行政法人之特徵？(A)具有法律人格；(B)達成特定公共行政目的；(C)預算來源為中央政府所編列；(D)企業化經營。

[27] (D) 行政法人其組織設計之特徵？(A)具有獨立性；(B)具有企業性；(C)具有公共

例如依國立中正文化中心設置條例，所成立的第一所行政法人中正文化中心[28]，其實際組成機構是兩廳院。未來國立大學將轉為行政法人，但目前國立大學仍為行政機關的附屬機構[29]。

六、公營企業

(一) 定義

公營事業，指各級政府對公眾服務，或提供物質，以收取費用為手段，並以私經濟經營方式所設置之組織體，其通常係採公司之組織型態，此外，公營事業依據公營事業移轉民營條例第 3 條之規定：「本條例所稱公營事業，指下列各款之事業：一、各級政府獨資或合營者。二、政府與人民合資經營，且政府資本超過百分之五十者。三、政府與前二款公營事業或前二款公營事業投資於其他事業，其投資之資本合計超過該投資事業資本百分之五十者[30]。」

(二) 種類

公營企業種類繁多，大抵可分成四類，如下述：

1. 生產事業機構

經濟部所監督之十餘所國營公司，包括中油[31]、中鋼、中船、台糖等生產公用事業均屬之。

性；(D)以上皆是

[28] (C) 依國立中正文化中心設立條例之規定，國立中正文化中心之性質為：(A)社團法人；(B)財團法人；(C)行政法人；(D)非法人團體。

[29] (D) 下列何者具有行政法人之地位？(A)桃園機場；(B)高雄港務局；(C)國立台灣大學；(D)中正文化中心。

[30] (C) 公營事業中政府所持有之股份必須達到：(A)百分之三十；(B)百分之四十；(C)百分之五十；(D)百分之七十。

[31] (D) 下列何者為公營事業機構？(A)台北市捷運局；(B)海峽兩岸交流基金會；(C)農產運銷中心；(D)台灣中油公司。

2. **金融事業機構**

　　各級政府設立或持股之公股銀行、公營保險公司等。

3. **交通事業機構**

　　如郵政、電信、公路等交通事業機構，包括各級政府經營之汽車客運公司。

4. **其他事業機構**

　　包括文化事業（出版公司）、消費事業（農產運銷公司）。

(三) 公營事業的組織型態

1. 公營事業通常採公司之組織型態，依據一般私法人法規成立。
2. 其行為屬於私經濟範疇，原則上受私法規範。
3. 但在現行法制下，公營事業之財務審計、人事行政等事項，幾乎與行政機關一樣（可參考國營事業管理法）。
4. 從公營事業轉任公務員，年資併計（參閱釋字第 614 號解釋）。

 **作者小叮嚀**

　　本章命題焦點為公法人、農田水利會、行政法人；行政機關的概念、行政機關與內部單位的分別、行政機關的判別標準、公營事業機構；營造物的概念、營造物的類型；受委託行使公權力（行政委託）、行政助手。在行政組織權限的部分：行政機關屬於獨任制或合議制。尤其對於中央行政機關組織基準法的內容，必須熟讀。

第四章　地方自治

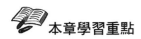

本章學習重點

> 1. 自治事項、委辦事項。
> 2. 中央對地方的監督方式。
> 3. 地方自治法規類型。

　　國家之行政任務，不由國家自有之行政機關執行，而移轉或交由其他具有法律上之獨立性之組織執行，即為所謂「間接之國家行政」，即稱之為地方自治。

第一節　地方制度團體

一、憲法上的規定

憲法增修條文第 9 條

　　「省、縣地方制度[1]，應包括左列各款，以法律定之，不受憲法第一百零八條第一項第一款、第一百零九條、第一百十二條至第一百十五條及第一百二十二條之限制[2]：一、省設省政府，置委員九人[3]，其中一人為主席，均由行政院院長提請總統任命之[4]。二、省設省諮議會，置省諮議會

---

[1] (D) 依憲法規定，地方自治團體共有幾級？(A)五級；(B)四級；(C)三級；(D)二級。

[2] (D) 依據憲法及增修條文之規定，下列哪一種地方組織之自治，並不受憲法之保障？(A)直轄市；(B)縣；(C)與縣同級之市；(D)鄉（鎮、市）。

[3] (A) 依據憲法增修條文規定，省設省政府，置委員幾人？(A)九人；(B)十人；(C)十五人；(D)十九人。

[4] (A) 依據憲法增修條文規定，下列敘述何者正確？(A)省主席由行政院院長提請總

議員若干人,由行政院院長提請總統任命之。三、縣設縣議會,縣議會議員由縣民選舉之。四、屬於縣之立法權,由縣議會行之[5]。五、縣設縣政府,置縣長一人,由縣民選舉之。六、中央與省、縣之關係。七、省承行政院之命,監督縣自治事項(I)[6][7]。台灣省政府之功能、業務與組織之調整,得以法律為特別之規定(II)[8]。」依憲法本文及憲法增修條文規定,「縣」是最基層之地方自治單位[9],而省縣地方制度係以地方制度法為特別之規定[10]。

二、地方自治團體之任務

地方自治團體之任務,傳統上區分為「自治事項」及「委辦事項」二大類。此種分類除憲法中有其根據外,地方制度法第 14 條亦明文規定:「直轄市、縣(市)、鄉(鎮、市)為地方自治團體,依本法辦理自治事項,並執行上級政府委辦事項[11]。」

統任命;(B)省主席由省諮議會議員選出;(C)省諮議會議員由行政院院長任命;(D)省主席由行政院院長任命。

[5] (C) 依據憲法增修條文規定,屬於縣之立法權,如何行之?(A)由縣長與縣議會;(B)由縣承省之命令行之;(C)縣議會;(D)由省議會行之。

[6] (A) 依據憲法增修條文規定,省承何者之命,監督縣自治事項?(A)行政院;(B)省主席;(C)總統;(D)立法院。

[7] (A) 依據憲法增修條文第 19 條規定,省於修憲後承行政院之命,處理下列何種事項?(A)監督縣自治事項;(B)有關省自治事項;(C)協調各縣市爭議事項;(D)行政院所交付之任務。

[8] (C) 下列何項非憲法增修條文第 9 條之內容?(A)省設省主席,由行政院院長提請總統任命;(B)省議員改為省諮議會議員;(C)縣與鄉鎮之地方自治團體的地位仍維持之;(D)台灣省政府之功能、業務與組織之調整,得以法律為特別之規定。

[9] (B) 依憲法規定,下列何者為最基層之地方自治單位?(A)省;(B)縣;(C)鄉鎮;(D)村里。

[10] (B) 依據憲法增修條文規定,省縣地方制度以法律定之,目前已制定何法律?(A)省縣自治通則;(B)地方制度法;(C)地方自治法;(D)省縣自治法。

[11] (B) 依地方制度法第 14 條規定,地方自治團體不包括下列何者?(A)直轄市;(B)省;(C)縣(市);(D)鄉(鎮、市)。

(一) 自治事項

「自治事項」者，乃地方自治團體固有之事務，亦即由地方所產生或涉及地方之事務。地方制度法第 2 條第 2 款即規定：「自治事項：指地方自治團體依憲法或本法規定，得為立法並執行，或法律規定應由該團體辦理之事務，而負其政策規劃及行政執行責任之事項[12]。」

地方自治團體對其自治事項，原則上得自行管理，無須另有特別之指示；因此，地方自治團體在其固有之事務範圍內，具有「全面之管轄權」。惟地方自治法權並不包括司法權在內[13]。

(二) 委辦事項

「委辦事項」係指交由地方自治團體執行之國家事務，或交由下級地方自治團體執行之上級地方自治團體之事務。地方制度法第 2 條第 3 款即規定：「委辦事項：指地方自治團體依法律、上級法規或規章規定，在上級政府指揮監督下，執行上級政府交付辦理之非屬該團體事務，而負其行政執行責任之事項。」

(三) 自治事項與委辦事項之比較

地方自治團體所辦理或執行之事務，因性質為「自治事項」或「委辦事項」之不同，而有種種不同之法律效果：

1. 地方自治團體對自治事項有管轄權；對委辦事項則須法律之逐項授權，始具有管轄權。

2. 地方自治團體對地方自治事項有全面之執行，自行負責達成；委辦事項係地方自治團體在上級政府指揮監督下，執行上級政府所交付辦理原非屬該團體事務，其與自治事項係屬地方自治團體的固有事務而有所不同。

---

[12] (B) 地方自治團體依憲法或地方自治法規定，得為立法並執行，或法律規定應由該團體辦理之事務，而負其政策規劃及行政執行責任之事項，稱為：(A)委辦事項；(B)自治事項；(C)自治監督；(D)委託事項。

[13] (A) 地方自治法權並不包括何者在內？(A)司法權；(B)財政權；(C)人事權；(D)立法權。

3. 地方自治團體對自治事項得制定自治法規；對委辦事項如未經授權應不得制定自治法規。

4. 有關自治事項之自治團體內部管轄權之分配，依自治規章定之；有關委辦事項之管轄權，則無須地方議會之決議。

5. 地方自治團體執行自治事項，應受國家及上級地方自治團體之「法律監督」；執行委辦事項並應受「專業監督」。

第二節　地方自治之行政監督

一、監督類別

地方自治團體所執行之行政事項，視該事項為「自治事項」或「委辦事項」，而由自治監督機關，僅就其「合法性」或兼就其「合法性」及「適當性監督」為監督：

(一) 自治事項之監督：地方自治團體對於自治事項，雖以自行負責之方式執行之，但仍受法律拘束。地方自治團體是否遵守法律拘束，由國家及上級地方自治團體予以監督，必要時並予以貫徹。在此國家及上級地方自治團體，僅就其行為之「合法性」[14]為監督，是為「法律監督」。

(二) 委辦事項之監督：地方自治團體執行委辦事項時，國家及上級地方自治團體應兼就其行為之「合法性」及「適當性監督」為監督，是為「專業監督」，或稱「事務監督」。

(三) 問題探討

里長選舉是自治事項還是委辦事項

(1) 聲請事實：台北市政府因決定延期辦理里長選舉，中央主管機關內政部認其決定違背地方制度法第 83 條第 1 項規定，經報行政院依同法第 75 條第 2 項予以撤銷，該條項規定「直轄市政府辦理自

---

[14] (A) 地方行政機關辦理本身自治事項，國家機關對其有何種監督權？(A)合法性；(B)妥當性；(C)合法性與妥當性；(D)妥當性與專業性。

治事項違背憲法、法律或基於法律授權之規定者，由中央各主管機關報行政院予以撤銷、變更、廢止或停止執行」。台北市政府不服，乃依同條第 8 項規定逕向司法院聲請解釋。

(2) 解釋要旨：憲法設立釋憲制度之本旨，係授予釋憲機關從事規範審查，惟尚不及於具體處分行為違憲或違法之審理。本件行政院撤銷台北市政府延期辦理里長選舉之決定係行政處分，台北市政府如有所不服，可依訴願法第 1 條第 2 項、行政訴訟法第 4 條提起救濟請求撤銷，並由訴願受理機關及行政法院就上開監督機關所為處分之適法性問題為終局之判斷。

(3) 釋字第 553 號解釋（節錄）：蓋地方自治團體處理其自治事項與承中央主管機關之命辦理委辦事項不同，前者中央之監督僅能就適法性為之，其情形與行政訴訟中之法院行使審查權相似（參照訴願法第 79 條第 3 項）；後者除適法性之外，亦得就行政作業之合目的性等實施全面監督。本件既屬地方自治事項又涉及不確定法律概念，上級監督機關為適法性監督之際，固應尊重該地方自治團體所為合法性之判斷，但如其判斷有恣意濫用及其他違法情事，上級監督機關尚非不得依法撤銷或變更。

(4) 結論：里長選舉係屬自治事項。

二、監督機關

對地方自治之監督機關，地方制度法除於第 8 條第 1 款明示，省政府受行政院指揮監督，監督縣（市）自治事項外，並未明文規定監督機關。惟依該法各有關規定，尤其第四章「中央與地方及地方間之關係」之各規定，可知地方自治監督機關，依各該地方自治團體之層級，分別為上級地方政府、中央各該主管機關及行政院。

行政院為全國最高行政機關（憲法§53），其下設有各部會。除內政部依其組織法第 2 條、第 3 條及第 10 條規定，對地方自治之實施有監督權外。其他各部會之組織法亦皆規定，就其主管事務，對各地方最高行政長官之命令或處分，認為有違背法令或權限者，得提經行政院會議議決後，停止或撤銷之。惟地方制度法公布施行後，行政院及其所屬各部會對

地方自治監督，自應依該法所規定方式辦理。

三、監督方法

國家或上級地方自治團體得採用之自治行政監督方法，受法律之規定及限制。可分為一般之抑制性監督方法及特別之預防監督方法，分述如下：

(一) 一般之抑制性監督方法

對於地方自治行政之監督，依地方制度法之規定，可以採行之監督方法，主要有「糾正」、「代行處理」及「函告議會議決事項無效」三種[15]：

1. 糾正

地方除辦理自治事項外，並執行上級政府委辦事項，在執行委辦事項時，地方亦應遵守上級政府依職權發布之命令，所受限制較多。因此，得糾正地方政府辦理事項之情形，因自治事項或委辦事項而有不同：

(1) 直轄市政府辦理自治事項，違背憲法、法律或基於法律授權之法規者，由中央各該主管機關報請行政院予以撤銷、變更、廢止或停止其執行 （地制§75II）。

(2) 直轄市政府辦理委辦事項，違背憲法、法律、中央法令或逾越權限者，由中央各該主管機關報請行政院予以撤銷、變更、廢止或停止其執行 （地制§75III）。

(3) 省雖非自治團體，並無自治事項或委辦事項之可言。但省政府辦理地方制度法第 8 條事項，違背憲法、法律，中央法令或逾越權限者，亦由中央各該主管機關報請行政院予以撤銷、變更、廢止或停止其執行（地制§75I）。

(4) 縣（市）政府辦理自治事項，違背憲法、法律或基於法律授權之

---

[15] (D) 國家或上級地方自治團體得採用之自治行政監督方法，依地方制度法之規定，可以採行之監督方法，主要有：(A)糾正；(B)代行處理；(C)函告議會議決事項無效；(D)以上皆是。

法規者，由中央各該主管機關報請行政院予以撤銷、變更、廢止或停止其執行（地制§75IV）；縣（市）政府辦理委辦事項，違背憲法、法律、中央法令或逾越權限，由委辦機關報請行政院予以撤銷、變更、廢止或停止其執行（地制§75V）。

(5) 鄉（鎮、市）公所辦理自治事項，違背憲法、法律、中央法規或縣規章者，由縣政府予以撤銷、變更、廢止或停止其執行（地制§75VI）；鄉（鎮、市）公所辦理委辦事項，違背憲法、法律、中央法令、縣規章、縣自治規則或逾越權限者，由委辦機關予以撤銷、變更、廢止或停止其執行（地制§75VII）。

(6) 對自治事項有無違背憲法、法律、中央法規、縣規章發生疑義時，得聲請司法院解釋之：司法院解釋前，不得予以撤銷、變更、廢止或停止其執行（地制§75VIII）。

2. 代行處理（干預）

直轄市、縣（市）、鄉（鎮、市），依法應作為而不作為，致嚴重危害公益或妨礙地方政務正常運作，其適於代行處理者，得分別由行政院、中央各該主管機關、縣政府命其於一定期限內為之；逾期仍不作為者，得代行處理。但情況急迫時，得逕行代行處理（地制§76I）[16]。

3. 函告自治法規及議會議決事項無效

地方制度法第 30 條及第 43 條，分別就自治法規或地方議會決議因牴觸法規而無效之情形，規定監督機關得予以函告。惟自治法規中之自治條例亦屬各級地方議會議決之事項。既然「自治法規」因牴觸上位階法規無效，而由監督機關予以函告之，地方制度法第 30 條已有特別規定，應無同法第 43 條之適用。至於所謂之「函告」，當係由監督機關行文有關之地方政府或地方議會，告以有關之法規或議決，因有違反上級法規或法令情事應屬無效，僅對有關法規或議決之無效為確認之表示，並無形成作用，如有關法規或議決實質上並無無效原因，不因該函告而無效。

---

[16] (C) 下列何者不屬於「代行處理」之法定要件？(A)地方自治團體依法應作為而不作為；(B)該不作為導致嚴重危害公益或妨礙地方政務正常運作；(C)由法院命其於一定期限內為一定作為；(D)逾期仍不作為。

(二) 特別之預防監督方法

對個別情形，得依法律規定採行核定及備查等預防性之監督方法[17]，以防止不法行為或確保審查之可能性，包括核定及備查，如下述之：

1. 核定

地方自治團體之特定決定事項，須經監督機關「核定」或「核可」始能發生法律效力（地制§2④）；亦即，上級政府或主管機關，對於下級政府或機關所陳報之事項，加以審查，並作成決定，以完成該事項之法定效力之謂。例如，地方名稱變更之核定（地制§6）、定有罰則之自治條例之核可（地制§26IV）、各級自治團體立法機關組織自治條例之核定（地制§54）、地方首長及民意代表辭職之核可（地制§82）、地方政府首長及民意代表延期辦理改選補選之核可（地制§83）。

2. 備查

指下級政府或機關間就其得全權處理之業務，依法完成法定效力後，陳報上級政府或主管機關知悉之謂。其在事前為之者，為「備案」；其在事後為之者，則為「備查」（地制§2⑤）。例如，任用直轄市及縣（市）副首長之備查（地制§55 I、56 I）、制定地方自治法規之備查（地制§26IV、27III）、地方立法機關自律規則之備查（地制§31II）。

第三節　地方自治之其他行政監督

地方自治之監督，除上述之「行政監督」外，尚有「立法監督」、「司法監督」、「考試監督」及「監察監督」[18]，分述如下：

---

[17] (B) 國家或上級地方自治團體對於地方自治行政之監督，依地方制度法之規定，所採行之預防性之監督方法，除核定之外尚有：(A)糾正；(B)備查；(C)代行處理；(D)函告議會議決事項無效。

[18] (D) 地方自治之監督，除行政監督及監察監督外，尚有：(A)立法監督；(B)司法監督；(C)考試監督；(D)以上皆是。

一、立法監督

(一) 由立法院解決之（參照憲法§111）

有關權限或事權爭議之處理

　　由立法院上級地方議會對下級政府之組織及職權為規定，雖非直接之自治監督，但仍可產生監督之作用。例如，中央與直轄市、縣（市）間，權限遇有爭議時，由立法院院會議決之[19][20]；縣與鄉（鎮、市）間，自治事項遇有爭議時，由內政部會同中央各該主管機關解決之。直轄市間、直轄市與縣（市）間，事權發生爭議時，由行政院解決之；縣（市）間，事權發生爭議時，由中央各該主管機關解決之；鄉（鎮、市）間，事權發生爭議時，由縣政府解決之（地制§77）。

二、司法監督

　　自治法規或各級地方議會議決事項，發生有無牴觸上級法規及自治規章之疑義時，由司法院解釋之（地制§30V、43V）。各級地方政府辦理自治事項，發生有無違背中央或地方法規之疑義時，亦由司法院解釋之[21]；在司法院解釋前，不得予以撤銷、變更、廢止或停止其執行（地制§75VIII）。

三、考試監督

　　各級地方議會、地方政府與其所屬機關及學校之組織準則、規程及組織自治條例，其有關考銓業務事項，不得牴觸中央考銓法規；各權責機

---

[19] (B) 依地方制度法第 77 條之規定，中央與直轄市、縣（市）間，權限遇有爭議時，應如何處理？(A)報請行政院出面協調解決；(B)由立法院院會議決之；(C)聲請司法院大法官會議解釋；(D)向向行政院提出行政訴訟。

[20] (C) 中央政府與直轄市、縣（市）間，權限遇有爭議時，由何機關議決之？(A)司法院大法官會議；(B)行政院會議；(C)立法院會議；(D)司法院會議。

[21] (D) 自治法規與中央或地方法規牴觸發生疑義時，由何機關解釋？(A)行政院；(B)立法院；(C)內政部；(D)司法院。

關於核定或同意後，應函送考試院備查（地制§54V、62VI）。

四、監察監督

(一) 屬於監察院之審計機關，依審計法之規定，亦得對地方政府之公務、財物等審計稽察及糾正。

(二) 地方制度法第 42 條規定：「直轄市、縣（市）決算案，應於會計年度結束後四個月內，提出於該管審計機關，審計機關應於決算送達後三個月內完成其審核，編造最終審定數額表，並提出決算審核報告於直轄市議會、縣（市）議會。總決算最終審定數額表，由審計機關送請直轄市、縣（市）政府公告。直轄市議會、縣（市）議會審議直轄市、縣（市）決算審核報告時，得邀請審計機關首長列席說明（I）。鄉（鎮、市）決算報告應於會計年度結束後六個月內送達鄉（鎮、市）民代表會審議，並由鄉（鎮、市）公所公告（II）。」

(三) 監察院依憲法第 97 條第 2 項及監察法之有關規定，得對失職或違法之地方公務人員提出糾舉或彈劾。

第四節　地方自治法規類型

一、地方自治法規之類型

地方自治法規之類型大抵可分為下列數種，分述如下[22]：

(一) 自治條例（地方立法機關通過）

依地方制度法第 28 條之規定，依法規應經地方議會議決者、創設、剝奪或限制地方居民權利義務[23]有關事項、地方團體及其事業機構之組織

---

[22] (A) 下列何者不是地方制度法自治法規之法定名稱？(A)自治命令；(B)自治規則；(C)自治條例；(D)鄉鎮市規約。

[23] (B) 對於創設、剝奪或限制地方自治團體居民之權利義務之事項得訂定：(A)自治規則；(B)自治條例；(C)自律規則；(D)委辦規則。

以及其他重要事項，必須經地方議會以自治條例規定之，並由各該行政機關公布[24]。自治條例應分別冠以各該地方自治團體之名稱，自治條例在直轄市稱某直轄市法規；在縣（市）稱某縣（市）規章；在鄉（鎮、市）稱某鄉（鎮、市）規約（地制§26I）。

(二) 自治規則（地方行政機關制定）

由地方行政機關發布，名稱適用中央法規標準法第 3 條所定之命令七種名稱，如規程、規則、細則、辦法、綱要、標準或準則[25]。各級地方行政機關就其地方自治事項，得依其法定職權或基於法律、自治條例之授權，訂定自治規則[26]（地制§27I）。

(三) 委辦規則

地方行政機關為辦理上級機關委辦事項，得依其法定職權或基於法律、中央法規之授權，訂定委辦規則[27]，其與中央法令牴觸者無效[28]。委辦規則應函報委辦機關核定後發布之；其名稱準用自治規則之規定[29]（地制§29）。

---

[24] (A) 依地方制度法規定，自治法規經地方議會議決，並由各該行政機關公布，稱為：(A)自治條例；(B)自治規則；(C)自治規章；(D)單行規章。

[25] (D) 依據中央法規標準法第3條所定，地方行政機關所定之自治規則之名稱並不包含？(A)規程；(B)細則；(C)綱要；(D)規要。

[26] (B) 各級地方行政機關就其地方自治事項，得依其法定職權或基於法律之授權，訂定何者？(A)自律規則；(B)自治規則；(C)自治條例；(D)單行規章。

[27] (A) 地方行政機關為辦理上級機關委辦事項，得依其法定職權或基於法律、中央法規之授權，訂定何者？(A)委辦規則；(B)自律規則；(C)自治規則；(D)委任規則。

[28] (A) 地方行政機關為辦理上級機關委辦事項，得訂定委辦規則，其與何者牴觸者無效：(A)中央法令；(B)自治條例；(C)自治規則；(D)自律規則。

[29] (A) 委辦規則之名稱，依地方制度法規定，準用下列何者之規定？(A)自治規則；(B)行政規則；(C)法律；(D)自治條例。

(四) 自律規則（地方立法機關自律規則）

即地方立法機關之內部規範，由地方立法機關自行訂定。自律規則除法律或自治條例另有規定外，由各該立法機關發布，並報各該上級政府備查。自律規則與憲法、法律、中央法規或上級自治法規牴觸者，無效（地制§31）。

二、問題探討

(一) 問題 1：自治條例可否有罰則

1. 直轄市法規、縣（市）規章就違反地方自治事項之行政業務者，得規定處以罰鍰或其他種類之行政罰。但法律另有規定者，不在此限。其為罰鍰之處罰，逾期不繳納者，得依相關法律移送強制執行（地制§26II）。

2. 前項罰鍰之處罰，最高以新臺幣十萬元為限；並得規定連續處罰之。其他行政罰之種類限於勒令停工、停止營業、吊扣執照或其他一定期限內限制或禁止為一定行為之不利處分（地制§26III）。

3. 自治條例經各該地方立法機關議決後，如規定有罰則時，應分別報經行政院、中央各該主管機關核定後發布[30]；其餘除法律或縣規章另有規定外，直轄市法規發布後，應報中央各該主管機關轉行政院備查；縣（市）規章發布後，應報中央各該主管機關備查；鄉（鎮、市）規約發布後，應報縣政府備查（地制§26IV）。

(二) 問題 2：還沒有組織自治條例可否任用人事

1. 地方自治團體在受憲法及法律規範之前提下，享有自主組織權及對自治事項制定規章並執行之權限。地方自治團體及其所屬機關之組織，應由地方立法機關依中央主管機關所擬定之準則制定組織自治條例加以規定，復為地方制度法第 28 條第 3 款、第 54 條及第 62 條所明定。

---

[30] (D) 自治條例經各該地方立法機關議決後，規定有罰則，應分別報經中央各該主管機關及何者核定後發布？(A)經濟部；(B)內政部；(C)立法院；(D)行政院。

2. 在該法公布施行後，凡自治團體之機關及職位，其設置自應依前述程序辦理。惟職位之設置法律已有明確規定，倘訂定相關規章須費相當時日者，先由各該地方行政機關依地方制度法相關規定設置並依法任命人員，乃為因應業務實際需要之措施，於過渡期間內，尚非法所不許。至法律規定得設置之職位，地方自治團體既有自主決定設置與否之權限，自應有組織自治條例之依據方可進用，乃屬當然。

3. 結論：依釋字第 527 號解釋，於各地方自治團體尚無組織自治條例之時，得先由各該地方行政機關依地方制度法相關規定設置，並依法任命人員[31]。

(三) 問題 3：直轄市、縣市自治法規牴觸法律者，由何機關函告無效

釋字第 527、553 號解釋

1. 自治法規有無牴觸上級法規：地方制度法第 30 條第 5 項[32]。
2. 議會議決自治事項有無牴觸上級法規：地方制度法第 43 條第 5 項。
3. 地方政府辦理自治事項是否違反上級法規：地方制度法第 75 條第 8 項。

(四) 問題 4：地方首長之停職

1. 地方制度法第 78 條：「直轄市長、縣（市）長、鄉（鎮、市）長、村（里）長，有下列情事之一者，分別由行政院、內政部、縣政府、鄉（鎮、市、區）公所停止其職務，不適用公務員懲戒法第三條之規定：一、涉嫌犯內亂、外患、貪污治罪條例或組織犯罪防制條例之罪，經第一審判處有期徒刑以上之刑者。但涉嫌貪污治罪條例上之圖利罪者，須經第二審判處有期徒刑以上之刑者。二、涉嫌犯前款以外，法定刑為死刑、無期徒刑或最輕本刑為五年以上有期徒刑之罪，

---

[31] (B) 在各地方自治團體尚未訂定組織自治條例之時，得先由各該地方行政機關依地方制度法相關規定設置職位，並依法任命人員，係依第幾號大法官會議解釋？(A)第 382 號；(B)第 527 號；(C)第 392 號；(D)第 539 號。

[32] (B) 自治條例如發生與法律牴觸而無效之情形，上級監督機關應如何處理？(A)聲請司法院解釋；(B)予以函告無效；(C)向行政法院起訴；(D)由立法院調處。

經第一審判處有罪者。三、依刑事訴訟程序被羈押或通緝者（I）。依前項第一款或第二款停止職務之人員，如經改判無罪時，或依前項第三款停止職務之人員，經撤銷通緝或釋放時，於其任期屆滿前，得准其先行復職（II）。依第一項規定予以停止其職務之人員，經依法參選，再度當選原公職並就職者，不再適用該項之規定（III）。依第一項規定予以停止其職務之人員，經刑事判決確定，非第七十九條應予解除職務者，於其任期屆滿前，均應准其復職（IV）。直轄市長、縣（市）長、鄉（鎮、市）長，於本法公布施行前，非因第一項原因被停職者，於其任期屆滿前，應即准其復職（V）。」

2. 按公務員懲戒法第 4 條規定之當然停職，係指公務員因具備被通緝羈押、依刑事確定判決受褫奪公權之宣告、受徒刑之宣告尚在執行中等情形者，其職務當然停止，無待所屬單位為任何處分行為。若直轄市長、縣（市）長、鄉（鎮、市）長、村（里）長具備上揭被通緝等之情形，地方制度法第 78 條第 1 項明文排除公務員懲戒法當然停職規定之適用，須待行政院、內政部、縣政府、鄉（鎮、市、區）公所停止其職務，做出一停止其職務之處分，才算停職。

3. 結論：地方制度法第 78 條第 1 項明文排除公務員懲戒法當然停職規定之適用，須待行政院、內政部、縣政府、鄉（鎮、市、區）公所停止其職務，做出停止其職務之處分，才算停職。

作者小叮嚀

　　本章命題範圍包括憲法第十章中央與地方之權力、憲法第十一章地方制度及地方制度法。就準備考試而言，中央與地方權限爭議之解決、地方自治團體、地方自治法規等類型之基本概念，考生務必熟悉地方制度法。

第五章 公物法

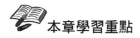**本章學習重點**

> 1. 公物的概念與種類。
> 2. 公物的形成、變更與廢止。
> 3. 釋字 400 號解釋。

第一節 公物法的概念

一、公物的概念

公物法，係指關於公物之法律地位之法，公物雖提供於人民共同使用，然而對公物上之私所有權，仍然予以承認，其公物之所有權非皆屬行政機關[1]。此外，公物法除出自法律特別規定外，亦出自判例與學說所發展之一般法律原則。

二、公物的定義

「公物」，係指直接供「公」的目的使用之物，並處於國家或地方等行政主體所得支配者而言。是故成為公物須具備兩項條件：其一為直接供「公」的目的使用，另一為處於國家或其他行政主體支配之下。如下說明：

---

[1] (C) 下列關於公物之敘述，何者為錯誤？(A)公物在公法之目的範圍內，一般而言不具有融通性；(B)債務人所管有之公物，如屬於推行公務所必需或其移轉違反公共利益者，債權人不得為強制執行；(C)公物因提供於人民共同使用，其所有權皆屬於行政機關；(D)道路、河川等公共公物之利用，若超出道路等使用目的之範圍而為特別使用時，須經公物主管機關許可後始得為之。

(一) 直接供「公」的目的使用[2]

若非直接使用者，而存放於國外之外匯、投資於營利事業之公股等，稱為財政財產，非此所稱之公物。

(二) 處於國家或其他行政主體支配之下

處於國家或其他行政主體支配之下之有體物屬公物之範圍，如國道公路[3]；惟公物並不以有體物為限，無體物亦得成為公物，例如廣播電視頻道，為無體而稀少珍貴的公共財，此外，公物若非行政主體所得支配者，例如「江上之清風，山間之明月」，又如私有之公園、博物館雖供公眾使用，均非公物之範圍。

三、公物的特徵

(一) 公物原則上為不融通物：不融通物就是不得為交易之標的。

(二) 公物不適用民法取得時效規定[4]：公物若能以時效取得所有權，即與公物之目的相違背。

(三) 公物原則上不得為民事強制執行之標的：公物既屬不融通物，那麼就不得為民事強制執行之標的為原則[5]。但在使用目的不受影響情形下，有例外情形。

(四) 公物原則上不得為公用徵收：公用徵收之對象為私人所有物，公有

---

[2]　(D) 有關「公物」之敘述，下列何者為正確？(A)公物必定是國家所有之物；(B)政府存放於國外之外匯亦屬公物；(C)陽光、空氣亦屬公物；(D)公物必須是直接供公的目的使用之物。

[3]　(C) 公物係指下列何者？(A)江上清風；(B)山間明月；(C)第三號國道；(D)私有公園。

[4]　(B) 有關公物之敘述，下列何者為不正確？(A)公物原則上為不融通物；(B)公物適用民法取得時效之規定；(C)公物原則上不得為民事強制執行之標的；(D)公物原則上不得為公用徵收。

[5]　(C) 下列對於公物特徵之敘述，何者正確？(A)公物原則上為融通物；(B)公物適用民法取得時效之規定；(C)公物原則上不得為民事強制執行之標的；(D)公物原則上得為公用徵收。

之財政財產或行政財產，如果需要徵收，只要經過財產主管機關依規定程序撥用即可。

四、公物種類

公物種類概分為四種，如下說明：

(一) 公共用物

直接供人民使用，無須特別之許可。例如道路[6]、橋樑、廣場、公園[7]、河川、街道自行投幣停車設施[8]；而公共用物之使用上可分為一般使用及特殊使用：

1. 一般使用：無須許可。
2. 特殊使用：須許可。例如舉辦路跑。

私人土地也可能成為公用地役關係，性質上屬他有公物而非公有公物，例如：私人土地上既成巷道[9] [10]；故公物之所有權不一定皆屬行政機關。若有須移轉之情形，應在不影響公用目的之情形下為之，於必要時得加以徵收並補償之。

(二) 行政用物（行政內部使用）

行政使用之公物，指為達成行政任務，直接使用之物，但僅為行政主體或行政機關供內部使用之物，行政用物又稱行政財產或公務用物。例

---

[6] (A) 中山高速公路是屬於下列何種性質之物？(A)公共用物；(B)特別用物；(C)營造物用物；(D)行政用物。

[7] (D) 每個人均得自由進出的公園，性質上屬於什麼？(A)財政物；(B)行政用物；(C)特別用物；(D)公共用物。

[8] (D) 街道自行投幣停車設施屬於哪一類公物？(A)營造物用物；(B)行政用物；(C)特別用物；(D)公共用物。

[9] (A) 下列何者屬「他有公物」？(A)私人所有之既成巷道；(B)行政機關之辦公廳舍；(C)市立公園；(D)國立大學。

[10] (C) 關於私人土地上既成巷道之性質，下列何者錯誤？(A)他有公物；(B)在不妨害公物目的下得移轉他人；(C)公有公物；(D)必要時得加以徵收並補償。

如：辦公廳舍[11]、公務員執行職務之器材設備及軍警機關之武器裝備[12][13]、消防車輛[14]等等。

(三) 特別用物（需經特別許可）

特別用物，指並非任何人皆可使用之公物（即公共用物），而係應經主管機關許可（或承諾）始得使用之公物，在許可範圍內使用人並有排他之權利。特別用物在我國現行法制中不乏其例，諸如依山坡地保育利用條例，山坡地之利用均在主管機關監督管制之列，其中公有山坡地適於農牧，造林者應由主管機關放租、放領或承受（本條例第 18 條、第 19 條），始得利用，例如山坡地管理。

(四) 營造物用物

即構成營造物之公物，亦即供民眾使用之公物，然營造物之特質係依其組織，並非單純由物組成，必須結合人之運作始能發揮其功能。例如飛機場、港口及其設備、博物館、圖書館、學校及其典藏等皆屬營造物用物。營造物用物之一般使用及例外使用均須經許可。

第二節　公物的形成、變更與廢止

經由設定而將一物提供公共使用，此為公用的開始。最常用的公物設定方式就是以行政處分為之[15]，公物的設定、變更或廢止，都是行政機

---

[11] (B) 行政機關使用之辦公廳舍係屬：(A)營造物用物；(B)行政用物；(C)通常使用之公共用物；(D)特殊使用之公共用物。

[12] (B) 警察機關購置之裝備，性質上係屬於：(A)公共用物；(B)行政用物；(C)營造物用物；(D)特別用物。

[13] (A) 下列何種公物係行政用物？(A)軍隊之武器；(B)博物館；(C)道路；(D)經政府許可使用之河川地。

[14] (B) 消防隊購置之消防器材，在性質上係屬於：(A)公共用物；(B)行政用物；(C)營造物用物；(D)特別用物。

[15] (C) 行政機關創設公共用物，係何種性質之行為？(A)事實行為；(B)行政規則；

關就公法上具體事件所為之決定，對外直接發生法律效果的單方行政行為。

(一) 公物的形成

公物之形成有兩種可能性：

1. 經由公物之設定

設定使物取得公物的性質，亦即確定了公物存立之公共目的以及對其所生的公法法律關係。換言之，經由設定而將一物提供公共使用，此為公用之開始。例如公共道路開闢、修築完成，經宣布通車之意思表示後使用。公物設定如由法令為直接規定者，例如地方制度法第 16 條第 3 款規定，居民對於地方公共設施有使用之權，其已將具有公物性質之公共設施，作提供公用之一般性宣示。又如公路法第 2 條第 1 款：「公路：指國道、省道、市道、縣道、區道、鄉道、專用公路及其用地範圍內之各項公路有關設施。」已明白將公路提供公用。此外，最常用之公物設定方式，是以行政處分為之，其實公物之設定、變更或廢止，皆係行政機關就公法上具體事件所為之決定，為對外直接發生法律效果之單方行政行為，然而其處分之相對人往往非特定，但依一般性特徵可得確定，因此，屬一般處分之性質。

2. 未經設定程序但事實上已供公共使用

例如自然水流及海岸，它的自然特質並無公用開始或設定之觀念，而是經由公共使用之後，才構成公物。

(二) 公物的變更

公物經設定後，除法律特別規定不得任意變更其用途或須經一定程序者外，原則上皆可隨時變更為其他公物，例如將道路變成廣場。

(三) 公物的廢止

公物之廢止，即指廢止物之公物性質，其有二種情形，如下：

(C)行政處分；(D)行政指導。

1. 明示廢止

　　係由公物主管機關本於職權或依申請以意思表示，明示廢止公用，屬法定廢止。

2. 自然廢止

　　是基於自然因素致使公物型態消失，如海濱地因洪水或其他自然變化，而失其公共用物之外形。

第三節　公物的法律關係

一、人民使用公物的關係

　　人民利用公物的關係，大抵可分為二種關係：
(一) 若是核准或提供使用，屬於公法關係：例如河川地。
(二) 若是放領放租，屬私法關係：例如山坡地。

二、公物啟用、廢止

(一) 視為一般處分。
(二) 前項決定或措施之相對人雖非特定，而依一般性特徵可得確定其範圍者，亦為行政處分。有關公物之設定、變更、廢止或一般使用者，亦同[16]（訴願法§3II）。

三、公用地役關係

釋字第 400 號解釋

　　既成道路符合一定要件而成立公用地役關係者，其所有權人對土地既已無從自由使用收益，形成因公益而特別犧牲其財產上之利益，國家自

---

[16] (B) 公物之廢止公用行為，行政程序法上視為下列何種行為？(A)法規命令；(B)行政處分；(C)行政指導；(D)行政規則。

應依法律之規定辦理徵收給予補償[17]，各級政府如因經費困難，不能對上述道路全面徵收補償，有關機關亦應訂定期限籌措財源逐年辦理或以他法補償[18]。若在某一道路範圍內之私有土地均辦理徵收，僅因既成道路有公用地役關係而以命令規定繼續使用，毋庸同時徵收補償，顯與平等原則相違[19]。至於因地理環境或人文狀況改變，既成道路喪失其原有功能者，則應隨時檢討並予廢止（節錄）。

　　一條巷道是否為既成道路，參考釋字第 400 號理由書，大抵有幾個條件：

(一) 須為不特定之公眾通行所必要，而非僅為通行之便利或省時。

(二) 於公眾通行之初，土地所有權人並無阻止之情事。

(三) 須經歷之年代久遠而未曾中斷[20]。所謂年代久遠雖不必限定其期間，但仍應以時日長久，一般人無復記憶其確實之起始，僅能知其梗概為必要。

　　惟既成道路和私有地是可以併存的概念，既成道路可能是私人所有，但是因為形成公用地役關係，故所有權人的使用收益權利會被限制，亦即所有權人不得將該地圍起來自己使用或出租或設置障礙，仍應供公眾通行使用。私設道路在法律上似沒有特別定義，依字面解釋，應是私人設置的道路，在自己的土地上未供公眾使用者。如果這樣解釋，土地所有權人要如何使用則是所有權人之自由。

---

[17] (D) 依據司法院大法官釋字第 400 號解釋，認為既成道路符合一定要件而成立公用地役關係者，國家對於土地所有權人應如何處理？(A)民事賠償；(B)國家賠償；(C)依地價現值收買；(D)依法律辦理徵收給予補償。

[18] (B) 我國司法院大法官釋字第 400 號解釋，關於徵收補償如何計算，是採取何種見解？(A)完全補償；(B)相當補償；(C)不予補償；(D)減半。

[19] (C) 道路拓寬單獨不徵收既成道路之私有土地，此時行政機關違反何種原則？(A)依法行政原則；(B)經濟性原則；(C)平等原則；(D)比例原則。

[20] (D) 依據大法官會議釋字第 400 號理由書，成為既成道路需具備幾個條件？(A)不特定之公眾通行所必要；(B)公眾通行之初，土地所有權人並無阻止之情事；(C)經歷之年代久遠而未曾中斷；(D)以上皆是。

作者小叮嚀

　　本章較為冷門，但同學仍必須熟悉公物的特性及類型，並且瞭解釋字第
400 號公用地役關係形成原因。

第六章　公務員法

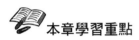 **本章學習重點**

1. 公務員定義。
2. 政務官與事務官。
3. 公務員任用資格。
4. 公務員權利義務。
5. 公務員懲處與保障。
6. 公務員懲戒。

第一節　公務員的概念

一、公務員的意義

　　公務員法，係學界所謂一般行政法之研究對象[1]，其界定，一般可以分為四種，最廣義、廣義、狹義、最狹義。其法律上之依據，由最廣義、廣義、狹義到最狹義，作如下說明：

---

[1] (C) 下列何者屬於學界所謂一般行政法之研究對象？(A)經濟行政法；(B)環境法；
(C)公務員法；(D)財稅法。

(一) 最廣義公務員

指依刑法第 10 條[2]、國家賠償法第 2 條第 1 項[3] [4] [5]之規定；係依法令從事公務之人員。

(二) 廣義公務員

係指依公務員服務法第 24 條[6]之規定；受有俸給之文武職人員、其他公營事業機關人員[7]；不包含行政機關之聘僱人員。

(三) 狹義公務員

係指依公務員懲戒法之規定；文職政務官（特任）與事務官（簡任、委任、薦任）。

(四) 最狹義公務員

係指依公務人員任用法施行細則第 2 條[8]之規定；文職事務官（指各

---

[2] (C) 下列公務員之概念，何者範圍為最廣泛？(A)公務人員任用法上公務員；(B)公務員服務法上公務員；(C)刑法上公務員；(D)公教人員保險法上公務員。

[3] (A) 下列何種法律所規範之公務人員範圍最廣？(A)國家賠償法；(B)公務員服務法；(C)公務人員考績法；(D)公務人員保險法。

[4] (D) 最廣義之公務員係規定於下列哪一法律？(A)公務員服務法；(B)公務人員保障法；(C)公務人員任用法；(D)國家賠償法。

[5] (A) 我國各個法律對「公務員」概念之界定，未必一致，下列四種法律，何者所界定之範圍最廣？(A)國家賠償法；(B)公務員服務法；(C)公教人員保險法；(D)公務人員任用法。

[6] (C) 現行法律上公務員定義繁多，公立學校教師兼任學校行政職務者，係屬何種法上之公務員？(A)公務人員任用法；(B)刑法及國家賠償法；(C)公務員服務法；(D)公教人員保險法。

[7] (D) 下列何種人員，不適用公務員服務法之規定？(A)受有俸給之文職人員；(B)受有俸給之武職人員；(C)公營事業機關服務人員；(D)行政機關之聘僱人員。

[8] (C) 有關公務人員任用法、公務員服務法及國家賠償法上公務員概念，下列何者敘述錯誤？(A)公務員服務法之公務員為廣義概念；(B)公務人員任用法之公務員為最狹義概念；(C)公立學校教師為公務員服務法及公務員懲戒法之公務員概

機關組織法規中，除政務人員、民選人員外，中央或地方政府定有職稱官等職等之文職人員）[9]（簡任、委任、薦任）。

二、公務人員任用法第 3 條

公務人員任用法第 3 條規定：「本法所用名詞意義如下：一、官等：係任命層次及所需基本資格條件範圍之區分。二、職等：係職責程度及所需資格條件之區分[10]。三、職務：係分配同一職稱人員所擔任之工作及責任。四、職系：係包括工作性質及所需學識相似之職務。五、職組：係包括工作性質相近之職系。六、職等標準：係敘述每一職等之工作繁、簡、難、易，責任輕、重及所需資格條件程度之文書。七、職務說明書：係說明每一職務之工作性質及責任之文書。八、職系說明書：係說明每一職系工作性質之文書。九、職務列等表：係將各種職務，按其職責程度依序列入適當職等之文書。」

三、公務員的層級

依據公務人員任用法第 5 條規定：「公務人員依官等及職等任用之（Ⅰ）。官等分委任、薦任、簡任（Ⅱ）[11]。職等分第一至第十四職等，以第十四職等為最高職等（Ⅲ）。委任為第一至第五職等；薦任為第六至第九職等[12]；簡任為第十至第十四職等（Ⅳ）。」而依該法任用之人員，其

念；(D)國家賠償法上公務員為最廣義之概念。

[9] (A) 下列何者屬於公務人員任用法所稱之公務人員？(A)中央或地方政府定有職稱官等職等之文職人員；(B)各級公立學校之聘僱人員；(C)中央機關之武職人員；(D)民選人員。

[10] (A) 依公務人員任用法第 3 條之規定，「職責程度及所須資格條件之區分」，稱為？(A)職等；(B)職務；(C)職系；(D)職組。

[11] (D) 下列何者不屬於公務人員任用法第 5 條所列之官等？(A)委任；(B)薦任；(C)簡任；(D)特任。

[12] (B) 委任升薦任考試及格者，取得什麼樣的任用資格？(A)委任第五職等；(B)薦任第六職等；(C)簡任第七職等；(D)特任第八職等。

任命之法律性質係屬須相對人同意之行政處分[13][14]。

第二節　政務官與事務官

　　公務員在分類上，大抵可分為政務官與事務官，任命人員與聘僱人員、文官與武官、行政官與司法官等四種。任命人員即官吏，係指經任命或派用之公務員；聘僱人員，大都只是任職專門學術或機械性質的事務，而不參與國家權力的行使，非如官吏對國家負有忠勤之義務，民法上的僱傭關係及允許兼職之顧問、參議、委員等，均包括在內。武官，係指從事於戰鬥行為為目的或其他法定軍務的公務員；文官則係指武官以外的公務員。司法官，係指從事審判職務的公務員；而行政官為行使行政權的公務員。在分類上最重要者係屬政務官與事務官，如下說明：

一、政務官與事務官

　　政務官，係指決定國家政策方面的公務員，例如：各部部長、政務次長[15]；事務官，則係指依據既定的方針執行的公務員，例如：各部的常務次長及司長、科長、科員、各級法院法官[16]等。

　　事務官與政務官的法律上地位亦不同；事務官的任用，必須經考試及格，累積一定的年資才能升等，法律對於事務官有嚴密的保障，非有一定的原因，依法定程序，不得將事務官免職；退休時又有退休制度的保障。

　　至於政務官的任用，則不須經考試及格，也沒有身分的保障[17]，政務

---

[13] (B) 依公務人員任用法之公務員，其任命係屬：(A)須經申請之行政處分；(B)須經同意之行政處分；(C)多階段行政處分；(D)行政契約。

[14] (A) 依公務人員任用法任用公務人員之行為，其法律性質為何？(A)行政處分；(B)行政契約；(C)私法契約；(D)事實行為。

[15] (A) 下列人員，何者為學理上所稱之政務官？(A)交通部政務次長；(B)大法官；(C)台北市長；(D)審計長。

[16] (D) 依政務人員退職酬勞給與條例，下列何者非屬於政務官之列？(A)台北市長；(B)行政院人事行政局局長；(C)財政部政務次長；(D)最高法院法官。

[17] (D) 下列何者不屬於「公務人員保障法」所稱之公務人員？(A)法定機關依法任用

官應隨政策而進退，沒有任期保障[18]及退休制度的保障[19]，因此有不適任時，得將政務官免職，擔負行政責任，並有公務員懲戒法之適用[20]。

二、政務官與事務官之比較

政務官與事務官之職權、任用、免職、退休之比較，與一般人員任用之法規依據、資格要求、適用對象及法律關係等等，用簡單之表格表示以及說明，如表 6-1 所示。

表 6-1　政務官與事務官之比較

	政務官	事務官
職權	決定國家政策	依據既定方針執行
依據	政務人員退職撫卹條例	各科常務次長及司長、科長、科員
人員	1.依憲法規定由總統任命之人員 2.依憲法規定由總統提名，經立法院同意任命之人員 3.依憲法規定由行政院院長提請總統任命之人員 4.前三款以外之特任、特派人員 5.其他依法律規定之中央或地方政府比照簡任第十二職等以上職務之人員	

之有給專任人員；(B)法定機關依法派用之有給專任人員；(C)公立學校編制內依法任用之職員；(D)政務官。

[18] (D) 關於政務官之敘述，下列何者正確？(A)政務官之任用，應具一定資格；(B)適用公務人員退休法之規定；(C)適用公務人員考績法之規定；(D)無任職期間之保障，以政策之成敗與否為進退之依據，但有法定任期者不在此限。

[19] (B) 下列何者非政務官具有之特性？(A)原則上無任用資格限制；(B)適用公務人員退休法之規定；(C)原則上得隨時命其去職；(D)不適用公務人員年度考績規定。

[20] (D) 政務官與事務官在行政實務上有明顯區別，下列敘述何者錯誤？(A)政務官係隨政黨同進退，其任用無須依照常業公務員之資格予以任命；(B)事務官係依照公務人員任用法所任命之常業公務員，原則上只負責依既定方針及法規執行；(C)政務官既然負政治責任，其任職不受公務員之保障，亦無公務人員考績法及公務人員退休法之適用；(D)政務官不負行政責任，只受民、刑事追訴，無公務員懲戒法之適用。

表 6-1　政務官與事務官之比較（續）

	政務官	事務官
任用	首長直接挑選，不用考試及格	必須經考試及格，累積一定的年資才能升等
免職	1.選舉成敗進退 2.首長可直接換人	1.永業性公務員 2.非有一定原因，依法定程序，不得將事務官免職
退休	無退休金，但有政務人員退職酬勞金	有退休金

三、公務員任用資格

(一) 積極資格

1. 中華民國國籍。
2. 年滿十八歲[21]。
3. 須具備法定之任用資格（參照公務人員任用法§9）。
   (1) 依法考試及格。
   (2) 依法銓敘合格。
   (3) 依法升等合格。

(二) 消極資格（參照公務人員任用法§28）

　　有下列情事之一者，不得為公務人員：
1. 未具或喪失中華民國國籍者。
2. 具中華民國國籍兼具外國國籍者[22]。但本法或其他法律另有規定者，

---

[21] (B) 依據公務人員任用法規定，下列何者非擔任公務員應具備之積極條件？(A)具有中華民國國籍；(B)需年滿二十歲；(C)需具備所任官等之資格；(D)需具備所任職務之資格。

[22] (A) 下列對於公務員關係須具備要件之敘述，何者有誤？(A)外國籍者均不得擔任我國之公務人員；(B)受監護或輔助宣告，尚未撤銷者，不得為公務人員；(C)褫奪公權尚未復權者，不得為公務人員；(D)經合格醫師證明有精神疾病者，不得為公務人員。

不在此限。

3. 動員戡亂時期終止後，曾犯內亂罪、外患罪，經判決確定或通緝有案尚未結案者。
4. 曾服公務有貪污行為，經判決確定或通緝有案尚未結案者。
5. 犯前兩款以外之罪，判處有期徒刑以上之刑確定，尚未執行或執行未畢者[23]。但受緩刑宣告者，不在此限[24]。
6. 曾受免除職務懲戒處分。
7. 依法停止任用。
8. 褫奪公權尚未復權。
9. 經原住民族特種考試及格，而未具或喪失原住民身分。但具有其他考試及格資格者，得以該考試及格資格任用之。
10. 依其他法律規定不得任用為公務人員。
11. 受監護或輔助宣告，尚未撤銷。

(三) 任用限制（參照公務人員任用法§26）

1. 迴避任用配偶及三等親以內血親、姻親。
2. 禁止任用其他機關。

第三節　公務員的權利

　　公務員的權利保障主要有身分上與財產上兩種。公務員身分上所保障的權利係指公務員保持身分或地位的權利，即公務員對於國家有主張非依法定理由，不受免官、免職、休職或降職、降調、減俸的權利；而公務員財產上所保障的權利，係指公務員有領受俸給、退休金及撫卹金的權

---

[23] (C) 下列何人得被任用為公務員？(A)動員勘亂時期終止後，曾犯內亂罪經判刑確定者；(B)曾服公務有貪污行為，經判刑確定者；(C)犯內亂罪、外患罪與貪污罪以外之罪，執行完畢者；(D)褫奪公權尚未復權者。

[24] (A) 下列何者非屬公務人員任用法第28條之消極任用資格？(A)犯偽造文書罪，經判刑確定並受緩刑宣告者；(B)喪失中華民國國籍者；(C)曾服公務有貪污行為，經判刑確定並已執行完畢者；(D)經合格醫師證明有精神疾病者。

利。與公務員有關之重要權利做如下之說明：

(一) 俸給（俸給權）（本俸、年功俸、加給）

公務人員之俸給名目及數額，依法律規定，不得約定[25]。公務人員保障法係對公務人員俸給制度之保障，公務人員經銓敘審定之俸級應予保障，非依法律不得降級或減俸[26]。

(二) 退休金（退休權）

1. 自願退休：任滿 5 年以上，滿 60 歲；任滿 25 年。
2. 屆齡退休：任職滿 5 年，且年滿 65 歲者。
3. 命令退休：心神喪失、身體殘廢等。

(三) 撫卹金（撫卹金權）

公務員無論因公死亡或意外死亡，其遺族均得依撫卹法規定，請求國家給予撫卹金[27]。

(四) 考績（考績權）

年終考績可分為甲等、乙等、丙等、丁等之等第，而分別予以升職、獎金、降級及免職；專案考績可隨時辦理，平時記大功、大過二次或累積達二次者，即辦理專案考績。其中記二大過免職之專案考績，雖為行政懲處，但有懲戒之實。考核程序上則依次由主管人員評擬，接著考績委員會初核，再由機關長官覆核，經過主管機關或授權機關核定，最後則由

---

[25] (B) 我國公務員的俸給係採：(A)機動調整；(B)法定主義；(C)約定主義；(D)預算決定。

[26] (B) 關於公務人員保障法對公務人員俸給制度之保障，下列敘述何者正確？(A)加班費、不休假獎金及考績獎金屬法定俸給，其調整只能增加，不能減少；(B)公務人員應銓敘審定之俸級應予保障，非依法律不得降級或減俸；(C)人事行政局得隨時衡酌國家財政負擔情形以要點調整公務人員俸給；(D)公務人員之法定俸給係依其每年個人績效決定領取之級數。

[27] (B) 甲警員緝捕犯人時受傷死亡，甲妻因此可領之金錢係基於甲之何種權利？(A)退休金權；(B)撫卹金權；(C)參加考績權；(D)俸給權。

銓敘部審定[28]。

(五) 保險（保險權）（公教人員保險法：公務員、公立學校老師、私立學校老師）

公教人員保險為社會保險之一，其法律關係屬公法性質，關於公務人員保險給付之爭議，應循行政訴訟程序救濟。此外，核發服務年資或未領退休金之證明，未獲發給者，亦應循行政訴訟程序救濟[29]。

(六) 公務、公款（費用請求權）

公務員如職務上需要，得依法使用公物或支用公款，公務人員於執行職務時所代墊之費用，得請求國家返還。

(七) 身分保障（公務人員保障法）

公務員身分受公務人員保障法所保障，非有法定原因，並經法定程序，公務員之身分不得剝奪，或對其身分為重大不利益之處分。

(八) 結社自由（結社權；但不可以罷工）

例如公務員為維護公務員權益可組成公務人員協會，該協會之理事、監事由全體會員或會員代表就會員中選任，發生爭議事件時，可由銓敘部組成爭議裁決委員會處理爭議案件，惟該協會並不具團體協約之權能[30]。

---

[28] (A) 公務員之年終考績由誰核定？(A)銓敘部；(B)考績委員會；(C)主管機關；(D)單位主管。

[29] (A) 公務員向原服務機關請求核發服務年資或未領退休金之證明，未獲發給者，可如何救濟？(A)得依法提起行政訴訟；(B)得向原機關申請復查；(C)僅得對原服務機關申訴；(D)僅得向保訓會提起再申訴。

[30] (B) 下列關於公務人員協會之敘述，何者錯誤？(A)公務人員協會係維護公務員權益之團體；(B)公務人員協會具有團體協約之權能；(C)公務人員協會理事、監事由全體會員或會員代表就會員中選任；(D)銓敘部應組成爭議裁決委員會處理爭議案件。

(九) 無給職之村、里長

依地方制度法第 61 條第 3 項規定:「村（里）長，為無給職，由鄉（鎮、市、區）公所編列村（里）長事務補助費，其補助項目及標準，以法律定之。」是以，村（里）長，為無給職人員，惟可支領村（里）長事務補助費[31]。

第四節　公務員的義務

公務員的義務為公務員關係的核心，關於公務員的義務主要規定於公務員服務法。依據公務員服務法的規定，公務員的義務主要有忠誠執行職務、服從上級長官命令、嚴守公務上秘密、保持品位及不為損失名譽的行為、切實執行職務、堅守崗位及依法定時間辦公、不經營商業或投機事業、不兼任他項公職或業務、不推薦人員及關說或請託、不受贈財物、不接受招待餽贈、不任意動用公款、善盡保管文書財物等義務[32]。簡述如下:

(一) 忠誠執行職務，不得假借權力圖本身利益[33]。

(二) 忠誠義務。

(三) 服從命令（公務員服務法§2、公務人員保障法§17）:公務人員對於長官監督範圍內所發之命令認為有違法疑義時，負報告義務[34]，長官

---

[31] (C) 依地方制度法第 61 條規定，彰化縣溪州鄉水尾村村長可以支領下列何種費用？(A)薪給；(B)退職金；(C)事務補助費；(D)遺族撫卹金。

[32] (D) 公務員應負有的義務，不包括下列何者？(A)忠實義務；(B)保密義務；(C)保持品位義務；(D)服無定量義務。

[33] (C) 有關公務員之義務，下列何者正確？(A)一律禁止赴大陸地區；(B)一律禁止兼職；(C)一律禁止假借權力圖本身利益；(D)一律應申報財產。

[34] (B) 依公務人員保障法之規定，公務員之服從義務有何意涵？(A)公務人員對於長官監督範圍內所發之命令，如認為該命令違法，可拒絕執行；(B)公務人員如認為長官於監督範圍內所發之命令違法，負報告之義務；(C)命令有違反刑事法律者，公務人員仍有服從之義務；(D)該管長官如認其命令並未違法，不論是否以書面下達，公務人員均應服從。

認為無違法時應以書面下達命令[35]，此時公務人員即應服從[36]。

(四) 嚴守秘密：公務員有絕對保守行政機關機密之義務，對機密事件，無論是否現職、退職或者是否係其主管事務，均不得洩漏[37] [38]。

(五) 保持品格。

(六) 不為一定行為（不得違法兼職[39] [40]、公務員服務法並規定離職後三年內[41]不得擔任與其離職前五年內之職務直接相關之事業任職，違反者

---

[35] (C) 依據現行公務人員保障法之規定，公務人員對長官於監督範圍內所發命令，認為有違法疑義時，如何履行其服從義務？(A)可以陳述意見，但縱使違法仍應服從；(B)毫無怨言，絕對服從；(C)可請求長官以書面下達；(D)書面下達後，即應服從，公務員應自行負擔因此所生之責任。

[36] (C) 下列關於公務人員服從義務之敘述，何者錯誤？(A)服從義務乃維繫行政一體之重要機制；(B)下命之長官對公務人員須有指揮監督權；(C)長官命令有違反行政法律者，公務人員經向長官報告後，即無服從之義務；(D)長官命令有違反刑事法律者，公務人員無服從之義務。

[37] (B) 下列關於公務員義務之敘述，何者錯誤？(A)公務員對長官之命令無絕對服從之義務；(B)公務員對政府機關機密，即使退職後亦須守密，但退職後之保密對象，以其在職時之主管為限；(C)依照公務員服務法規定，公務員非依法令不得兼職，其依法令兼職者，亦不得兼薪；(D)行政中立要求公務員獨立於政黨之外，但並非皆不得加入政黨。

[38] (D) 有關公務人員之「保密義務」，下列敘述何者錯誤？(A)公務員有絕對保守政府機關機密之義務；(B)對於機密事件無論是否主管事務，均不得洩漏；(C)未得長官許可，不得以私人或代表機關名義，任意發表有關職務之談話；(D)退職公務員撰寫回憶錄，不適用公務員服務法之保密規定。

[39] (C) 公務員得為下列何種行為？(A)向屬官推薦人員；(B)關說營建工程；(C)依法令兼職；(D)擔任有限公司執行業務股東。

[40] (A) 下列對於公務員義務之敘述，何者錯誤？(A)公務人員一律不得兼職；(B)公務人員應行政中立；(C)公務人員應依法行政；(D)公務人員應忠實執行義務。

[41] (B) 公務員於其離職後幾年內，不得擔任與其離職前五年內之職務直接相關之事業任職？(A)二年；(B)三年；(C)四年；(D)十年。

應處刑罰[42][43]。旋轉門條款[44][45]，依釋字第 637 號解釋：（節錄）旨在維護公務員公正廉明之重要公益，而對離職公務員選擇職業自由予以限制，其目的洵屬正當；其所採取之限制手段與目的達成間具實質關聯性，乃為保護重要公益所必要，並未牴觸憲法第 23 條之規定，與憲法保障人民工作權之意旨尚無違背。是以，據上述大法官解釋，旋轉門條款並不違憲。

(七) 申報財產義務：公職人員有申報財產之義務；公職人員故意不依公職人員財產申報法申報財產者，最高處罰新台幣四百萬元。惟並非所有公務員都需要申報財產，例如公務員服務法所指受有俸給之文武職人員[46]、其他公營事業機關人員即無申報財產之義務[47]。

---

[42] (D) 公務員退休後違反公務員服務法第 14 條之 1「旋轉門條款」之規定，應如何處罰？(A)因已退休故無法處罰；(B)應停發退休金；(C)應處以行政罰；(D)應處以刑罰。

[43] (B) 離職公務員有下列何種行為，依法得處二年以下有期徒刑，得併科新台幣一百萬元以下罰金？(A)公務員與其職務有關係者私相借貸；(B)公務員於其離職後三年內擔任與其離職前五年內之職務直接相關之營利事業經理；(C)公務員經營商業或投機事業；(D)公務員洩漏政府機關機密。

[44] (C) 禁止公務員於離職後一定期間內，不得擔任與其離職前五年內，不得擔任與其離職前五年內之職務相關之營利事業董事，有稱為「旋轉門條款」，係規定於哪一個法律中？(A)公務人員任用法；(B)公務人員保障法；(C)公務員服務法；(D)公務人員考績法。

[45] (A) 關於公務員服務法之敘述，下列何者正確？(A)公務員於其離職後 3 年內，不得擔任與離職前 5 年內之職務直接相關之營利事業董事、監察人等職務；(B)長官就其監督範圍以內所發命令，屬官有完全服從之義務；(C)公務員接奉派令後不得拒絕，應即赴任；(D)公務員奉派出差，至遲應於 3 天內出發，不得藉故遲延，或私自回籍，或往其他地方逗留。

[46] (D) 下列何者，不必依法申報財產？(A)台中市市議員；(B)梧棲鎮鎮長；(C)國立台中一中校長；(D)國立中興大學上校教官。

[47] (A) 下列何者不屬於公務員服務法所規定之一般公務員義務？(A)申報財產；(B)服從；(C)保密；(D)保持品位。

(八) 行政中立：公職人員可加入政黨，惟應超越黨派為人民服務，不介入政治派系或政治紛爭，並不得利用公務上之便利從事政黨活動[48]。

第五節 公務員的責任與保障

公務員違反其義務時，在法律上應受一定的制裁，是為公務員之責任。公務員的責任主要有懲戒責任、刑事責任及民事責任三種。對公務員的監督，採取雙軌制，在外部，有監察院和司法院的監督，而在內部，公務員的長官也可以對公務員的平時操守與能力打考績，然後決定其年終獎金。公務員的懲戒係依公務員懲戒法，而懲處則依公務人員考績法規定[49]。懲戒處分之種類包括撤職、休職、降級、減俸、記過、申誡，以上處分中，對政務官適用者，限於撤職與申誡兩種；長官在對下屬考核時，若表現不佳，可以懲處，懲處分為申誡、記過、記大過、免職。

有關公務員之責任與相關保障，就下列幾個部分做說明之：

一、行政懲處

(一) 懲處概說

依據公務人員考績法，公務員的長官乃有行政懲處之權。考績分成兩種，一種是「年終考績」，一種是「專案考績」。專案考績中的懲處，包括申誡、記過、記大過、一次記兩大過免職。由於一次記兩大過有免職的效果，使長官擁有「實質懲戒權」，影響公務人員身分甚鉅。

(二) 懲處程序：釋字第 491 號解釋

憲法第 18 條規定人民有服公職之權利，旨在保障人民有依法令從事

---

[48] (A) 下列何者，不屬於公務員之義務？(A)應行政中立而退出政黨；(B)應忠實依法令執行職務；(C)應保守公務機密，退職後亦同；(D)利益衝突迴避。

[49] (A) 下列有關公務員懲戒與懲處之論述，何者正確？(A)懲戒依公務員懲戒法，懲處依公務人員考績法；(B)處罰權行使主體與程序相同；(C)法律效果相同；(D)均有功過相抵。

於公務之權利，其範圍不惟涉及人民之工作權及平等權，國家應建立相關
制度，用以規範執行公權力及履行國家職責之行為，亦應兼顧對公務人員
之權益之保護。公務人員之懲戒乃國家對其違法、失職行為之制裁。此項
懲戒得視其性質，於合理範圍內，以法律規定由其長官為之。中央或地方
機關依公務人員考績法或相關法規之規定對公務人員所為免職之懲處處
分，為限制人民服公職之權利，實質上屬於懲戒處分，其構成要件應由法
律定之，方符憲法第 23 條之意旨。公務人員考績法第 12 條第 1 項第 2 款
規定各機關辦理公務人員之專案考績，一次記二大過者免職。同條第 2 項
復規定一次記二大過之標準由銓敘部定之，與上開解釋意旨不符。又懲處
處分之構成要件，法律以抽象概念表示者，其意義須非難以理解，且為一
般受規範者所得預見，並可經由司法審查加以確認，方符法律明確性原
則[50]。對於公務人員之免職處分既係限制憲法保障人民服公職之權利，自
應踐行正當法律程序，諸如作成處分應經機關內部組成立場公正之委員會
決議，處分前並應給予受處分人陳述及申辯之機會[51]，處分書應附記理
由，並表明救濟方法、期間及受理機關等，設立相關制度予以保障。復依
公務人員考績法第 18 條規定，服務機關對於專案考績應予免職之人員，
在處分確定前得先行停職[52]。受免職處分之公務人員既得依法提起行政爭
訟[53]，則免職處分自應於確定後方得執行。相關法令應依本解釋意旨檢討

---

[50] (C) 關於公務員之懲戒與憲法人權保障，司法院大法官解釋認為：(A)公務員之懲
　　　戒，與人權無關；(B)公務員懲戒標準，得授權行政機關訂定；(C)抽象概念之
　　　懲戒標準，違反法律明確性原則；(D)免職處分之訴訟確定前，不得先令停
　　　職。

[51] (C) 司法院大法官釋字第 491 號解釋認為，對於公務人員之免職處分，係限制憲法
　　　保障人民服務公職權利，故處分之作成，應經機關內部組成立場公正之委員會
　　　決議，處分前應給予受處分人陳述及申辦之機會等，即應踐行所謂：(A)平等
　　　保護程序；(B)信賴保護程序；(C)正當法律程序；(D)無罪推定程序。

[52] (C) 依據司法院大法官解釋意旨，對於警察免職案件之法律規定與適用，下列敘述
　　　何者錯誤？(A)免職之構成要件應符合法律保留原則；(B)免職處分應符何法
　　　律明確性原則；(C)免職處分不因提起救濟而停止執行；(D)對於公務人員免職
　　　處分應踐行正當法律程序。

[53] (A) 依據司法院大法官之解釋，依公務人員考績法對公務人員所為之免職處分，該

改進,其與本解釋不符部分,應自本解釋公布之日起,至遲於屆滿 2 年時失其效力。

二、公務人員保障法

為保障公務人員之權益,制定公務人員保障法。公務人員身分、官職等級、俸給、工作條件、管理措施等有關權益之保障,適用公務人員保障法之規定。公務人員保障法第 3 條規定:「本法所稱公務人員,係指法定機關(構)及公立學校依公務人員任用法律任用之有給專任人員[54]。」前述公務人員不包括政務人員[55]及民選公職人員[56]。

下列人員準用本法之規定:

(一) 教育人員任用條例公布施行前已進用未經銓敘合格之公立學校職員。

(二) 私立學校改制為公立學校未具任用資格之留用人員。

(三) 公營事業依法任用之人員。

(四) 各機關依法派用、聘用[57]、聘任、僱用或留用人員。

(五) 應各種公務人員考試錄取參加訓練之人員,或訓練期滿成績及格未獲分發任用之人員。

上開準用本法之對象,其中派用人員係用於臨時性機關或臨時性職位,其進用亦不經國家考試,縱其定有官職等級,惟仍與依法任用之公務

公務人員得尋求權利救濟的終審機關為何?(A)行政法院;(B)所屬行政最高層級機關;(C)調任較低官等職務;(D)調任非主管職務。

[54] (B) 公務員保障法中之保障對象中,下列何者不屬之?(A)依法任用之機關建制內審計人員;(B)公營事業為公司型態者之官派董事長;(C)機關建制內依法聘僱之研究人員;(D)機關長年約僱之建制外駕駛人員。

[55] (A) 下列何者不適用公務人員保障法之規定?(A)縣長;(B)警政署署長;(C)警察分局長;(D)交通隊隊員。

[56] (C) 適用公務人員保障法之公務員不包括何者?(A)稅務人員;(B)警察人員;(C)民選公職人員;(D)公平交易委員會科長。

[57] (C) 下列何者準用公務人員保障法之規定?(A)公營事業聘僱人員;(B)私立學校人員;(C)各機關依法聘用人員;(D)公務人員考試錄取等候受訓人員。

人員有別，實不應等同看待，故改列準用規定範圍。

三、審議機關

　　公務人員提起之復審、再申訴事件（以下簡稱保障事件），由公務人員保障暨培訓委員會（以下簡稱保訓會）審議決定。保障事件審議規則，由考試院定之。

四、申訴、再申訴

　　所謂申訴，是指不服行政行為，向原行為機關之監督機關請求適正之表示。公務人員對於服務機關所為之管理措施[58]或有關工作條件之處置認為不當[59]，致影響其權益者，得向服務機關[60]提起申訴[61]、再申訴[62]。

　　申訴、再申訴程序依序如下述：

1. 申訴人向原處分機關提起申訴[63]。
2. 若有不服，於 30 日內向保訓會提起再申訴。

---

[58] (C) 公務員主張服務機關提供之辦公室照明設備不足，致損害其視力，得循下列何項程序救濟？(A)訴願；(B)復審；(C)申訴；(D)國家賠償。

[59] (D) 公務員對行政機關之何種處置，應以申訴為救濟方式？(A)違法之免職處分；(B)損害其公法上財產請求權；(C)違法降敘其級俸；(D)惡化其工作條件。

[60] (A) 依據公務人員保障法之規定，公務人員對於服務機關所為之管理認為不當者，應誰提出申訴？(A)服務機關；(B)服務機關之直接上屬機關；(C)行政院人事行政局；(D)公務員保障暨培訓委員會。

[61] (B) 公務人員對於服務機關所為之管理措施或有關工作條件之處置認為不當，致影響其權益者，得提起：(A)異議；(B)申訴；(C)復審；(D)訴願。

[62] (D) 有關公務人員之權益保障事項，下列敘述何者正確？(A)依公務人員保障法所提起之復審、再申訴事件，由銓敘部審議決定；(B)公務員因年終考績不及格而受免職處分者，得提起救濟之終審機關為公務人員保障暨培訓委員會；(C)縣市長適用公務人員保障法；(D)公務人員對於服務機關所提供之工作條件及所為之管理認為不當，致影響其權益，得提請申訴、再申訴。

[63] (A) 公務人員保障法規定之申訴，由下列哪一個機關決定？(A)原服務機關；(B)公務人員保障暨培訓委員會；(C)行政院人事行政局；(D)銓敘部。

3. 再申訴期間，可以進行調處。
4. 再申訴決定後，申訴人不得聲明不服[64]。

五、復審

(一) 事由

　　公務人員對於服務機關或人事主管機關所為對於改變公務人員身分，對公務人員權益有重大影響之人事行政處分[65]，如考績丁等免職[66] [67]或基於公務人員身分所生之公法上財產請求權遭受侵害等事項之行政處分，認為違法或顯然不當，致損害其權利或利益者，得依公務人員保障法向保訓會提起復審。或公務人員因原處分機關對其依法申請之案件，於法定期間內應作為而不作為，認為損害其權利或利益者，亦得提起復審，復審之救濟程序相當於訴願程序之特別救濟制度[68]。

(二) 程序

　　復審程序依序如下述：
1. 經由原處分機關向保訓會提出復審申請[69]。

---

[64] (C) 申訴人不符公務人員保障暨培訓委員會之再申訴決定者，實務上如何處理？(A)得提起行政訴訟；(B)得聲請再復審；(C)申訴人不得聲明不服；(D)得提起訴願。

[65] (B) 根據公務人員保障法之規定，公務人員不服行政機關對其所為之人事行政處分者，首應尋求何等權利救濟途徑？(A)申訴；(B)復審；(C)訴願；(D)行政訴訟。

[66] (B) 遭免職處分之公務員，可依下列何者聲明不服？(A)申訴、再申訴；(B)復審；(C)復議、再復議；(D)異議、再異議。

[67] (B) 公務員甲年終考績丁等不及格，遭免職處分，甲應如何救濟？(A)依訴願法，行政訴訟法分別提出訴願、行政訴訟；(B)依復審，行政訴訟之程序；(C)向懲戒法院聲請再審議；(D)依申訴、再申訴，行政訴訟之程序。

[68] (C) 下列何種救濟係取代訴願程序之特別救濟制度？(A)專利法之再審查；(B)稅捐稽徵法之複查；(C)公務人員保障法之復審；(D)檢肅流氓條例之聲明異議。

[69] (C) 公務人員所提起之復審事件，由何者審議決定？(A)該公務人員服務機關；

2. 原處分機關自己可以變更處分。
3. 若不肯變更處分，撰寫答辯書，由保訓會做成復審決定。
4. 若不服復審決定，可以提出行政訴訟[70][71]。

六、相關實務見解

釋字第 243 號解釋（免職處分可提起行政訴訟）

「中央或地方機關依公務人員考績法或相關法規之規定，對公務員所為之免職處分，直接影響其憲法所保障之服公職權利，受處分之公務員自得行使憲法第 16 條訴願及訴訟之權。該公務員已依法向該管機關申請復審及向銓敘機關申請再復審或以類此之程序謀求救濟者，相當於業經訴願、再訴願程序，如仍有不服，應許其提起行政訴訟[72][73]，方符有權利即有救濟之法理。

行政法院 51 年判字第 398 號、53 年判字第 229 號、54 年裁字第 19號、57 年判字第 414 號判例與上開意旨不符部分，應不再援用。至公務人員考績法之記大過處分，並未改變公務員之身分關係，不直接影響人民服公職之權利，上開各判例不許其以訴訟請求救濟，與憲法尚無牴觸。」

(B)該公務人員服務機關之上級機關；(C)公務人員保障暨培訓委員會；(D)考試院會議。

[70] (C) 關於考績決定之敘述，下列何者錯誤？(A)考績分為年終考績與專案考績；(B)年終考績列丁等者，免職；(C)對於年終考績決定，不得提起行政訴訟；(D)考績委員會對於擬予考績列丁等人員，處分前應給予當事人陳述及申辯之機會。

[71] (D) 依據現行公務人員保障法關於復審程序之規定，下列敘述何者錯誤？(A)復審提起不以現職公務人員為限；(B)復審標的為服務機關或人事主管機關所為之行政處分；(C)復審由保訓會審議；(D)當事人不服復審決定，得提起再復審。

[72] (C) 受免職處分之公務員得尋求何種救濟？(A)民事訴訟；(B)再申訴；(C)行政訴訟；(D)異議。

[73] (B) 公務人員權益保障之案件，關於復審之救濟途徑，下列敘述何者正確？(A)復審以公務人員之上級機關為管轄機關；(B)不服復審可提起行政訴訟；(C)復審程序不服之客體為工作條件或管理行為不當；(D)復審之決定性質為機關內部行為。

結論：依上開解釋，現行懲處之救濟，若是免職可依公務人員保障法第 25 條提出復審，甚至提出行政訴訟；但若只是記大過、記過、申誡（甚至是考績打丙、職務地點的調動等），依據現行制度僅能申訴、再申訴而不能提出行政訴訟[74]，同法第 77 條第 1 項規定：「公務人員對於服務機關所為之管理措施或有關工作條件之處置認為不當，致影響其權益者，得依本法提起申訴、再申訴。」

七、復審、申訴、再申訴之比較

關於公務員之復審、申訴、再申訴之比較，用表 6-3 加以說明。

表 6-3　公務員復審、申訴、再申訴之比較

類型	標的	受理機關	決定救濟期間	調處	再救濟
復審	行政處分	由原處分機關轉送保訓會	30 日	無	提行政訴訟
申訴	管理措施及工作條件之處置	服務機關	30 日	無	提再申訴
再申訴	工作條件之處置及申訴函覆	保訓會	30 日	可進行調處	不得再救濟

---

[74] (D) 關於依公務人員考績法所作成之懲處的敘述，下列何者錯誤？(A)實質上屬於懲戒處分；(B)懲處處分包括申誡、記過、記大過、免職（一次記二大過）；(C)對於政務官不得懲處；(D)對於職務地點的調動，得提起行政訴訟以求救濟。

第六節　公務員懲戒

如何懲戒公務員呢？原則上能夠懲戒公務員的，只有司法院懲戒法院[75][76]。

懲戒之程序，一般由主管長官先將事由及相關證據交給監察院，由監察院決定是否做出「彈劾」，彈劾類似對公務員起訴，最後還是要由懲戒法院做出決定[77]。當然，監察院自己也可以接受人民的陳情，主動調查，若發現公務員有違法、失職[78]或廢弛職務[79]，也可以主動提出彈劾。

一、懲戒種類

懲戒種類可分為：1.免除職務；2.撤職；3.剝奪；減少退休（職、伍）金；4.休職；5.降級[80]；6.減俸；7.罰款；8.記過；9.申誡等九種[81][82]，如下述：

(一) 免除職務

如依其應受懲戒之具體情事，足認其已不適任公務員，應將其淘

---

[75] (C) 下列何機關得對公務員為撤職之懲戒處分？(A)公務員之直屬長官；(B)監察院；(C)懲戒法院；(D)考試院。

[76] (B) 懲戒法院屬於哪一機關？(A)行政院；(B)司法院；(C)考試院；(D)監察院。

[77] (A) 依照公務員懲戒法規定，下列何者不屬於懲戒程序的發動者？(A)司法院懲戒法院；(B)監察院；(C)部會主管長官；(D)地方最高首長。

[78] (C) 公務員因執行業務違法失職，在行政上所負之責任為：(A)賠償責任；(B)補償責任；(C)懲戒責任；(D)政治責任。

[79] (A) 下列何者，非屬公務員接受懲戒之原因？(A)違紀；(B)違法；(C)失職；(D)廢弛職務。

[80] (C) 下列事項何者屬於對於公務人員之懲戒行為？(A)調任偏遠外島地區服務；(B)調任政務人員予以免職；(C)調任較低官等職務；(D)調任非主管職務。

[81] (D) 何者不屬於懲戒處分？(A)撤職；(B)休職；(C)減俸；(D)記大過。

[82] (A) 下列何者非屬於公務員懲戒法之懲戒種類？(A)停職；(B)撤職；(C)休職；(D)降級。

汰，以維持官紀。

(二) 撤職

「撤職」乃指，除了撤銷公務員的現職外，並於一定期間內停止任用，其期間至少為 1 年[83]。撤職期間屆滿前，不得在任何機關任職。

(三) 剝奪、減少退休（職、伍）金

公務員於任職時涉有違失行為，嗣發覺時業已退休（職、伍）或資遣而離職者，亦應受懲戒。故增加剝奪、減少退休（職、伍）金之懲戒處分種類。剝奪退休（職、伍）金，此一懲戒處分，以退休（職、伍）或其他原因離職之公務員為限。

(四) 休職

指休其現職、停發薪給，並不得在其他機關任職，其期間 6 個月以上。休職期滿，許其復職。自復職之日起，2 年內不得晉敘、升職或調任主管職務。故休職處分是在一定期間（6 個月以上）[84]予被懲戒者停職停薪之處分。

(五) 降級

乃就現任的官級降一級或二級改敘。自改敘之日起 2 年內不得晉敘、升職或是調任主管職務。若無級等可降，則按每級差額減其月俸。減俸期間為 2 年。

(六) 減俸

是就月俸減百分之十或百分之二十支給。減俸期間為 6 個月以上，1 年以下。自減俸之日起 1 年內不得晉敘、升職或調任主管職務。

---

[83] (C) 公務員受撤職處分者，並於一定期間內停止任用，其期間至少多久？(A)6 個月；(B)8 個月；(C)1 年；(D)2 年。

[84] (A) 對公務員休職處分，其期間至少為：(A)6 個月以上；(B)1 年以上；(C)2 年以上；(D)3 年以上。

(七) 罰款

為達到對公務員輕度至中度違失行為懲戒之效果，增加罰款之懲戒類型。

(八) 記過

自記過之日起 1 年內不能晉敘、升職或調任主管職務。1 年內記過三次者，依其現職之俸級降一級改敘，無級可降者，按每級差額減其月俸，其期間 2 年。

(九) 申誡

是指對被懲戒人的一種申斥告誡，也是一種對被懲戒人最輕的，屬於名譽式的處罰，而非實質式的懲罰，而且應以書面為之。

政務官，除受民、刑事追訴之外亦有公務員懲戒法之適用[85]，惟由於其身分特殊所以行政責任上只能受撤職和申誡兩種處分[86] [87]，例如交通部部長在其行政責任上，只能受撤職和申誡兩種處分[88]。

此外，依公務員懲戒法第 4 條規定，有下列三種情形其公務員之職

---

[85] (D) 政務官與事務官在行政實務上有明顯區別，下列敘述何者錯誤？(A)政務官係隨政黨同進退，其任用無須依照常業公務員之資格予以任命；(B)事務官係依照公務人員任用法所任命之常業公務員，原則上只負責依既定方針及法規執行；(C)政務官既然負政治責任，其任職不受公務員之保障，亦無公務人員考績法及公務人員退休法之適用；(D)政務官不負行政責任，只受民、刑事追訴，無公務員懲戒法之適用。

[86] (C) 關於政務官與事務官之區別，下列何者正確？(A)政務官應經高等考試及格；(B)政務官之年終考績由上級機關主管考評；(C)政務官之懲戒僅有撤職與申誡兩種；(D)政務官於退職後，皆可領月退休金。

[87] (C) 公務員懲戒共分六種：撤職、休職、降級、減俸、記過、申誡。其中何者可適用於政務官？(A)全部皆可適用於政務官；(B)因政務官無職等，故僅撤職休職減俸申誡可適用於政務官；(C)僅撤職、申誡可適用於政務官；(D)因政務官負政治責任，不同於事務官，故既無行政懲戒外，亦不受公務員司法懲戒。

[88] (B) 依據公務員懲戒法之規定，對交通部部長應適用下列何種懲戒處分？(A)休職；(B)撤職；(C)記過；(D)減俸。

務可以先行停職[89]：

1. 依刑事訴訟程序被通緝或羈押。
2. 依刑事確定判決，受褫奪公權之宣告。
3. 依刑事確定判決，受徒刑之宣告，在監所執行中。

二、追究期間

(一) 釋字第 583 號解釋

憲法第 18 條規定人民有服公職之權，旨在保障人民得依法擔任一定職務從事公務，國家自應建立相關制度予以規範。國家對公務員違法失職行為應予懲罰，惟為避免對涉有違失之公務員應否予以懲戒，長期處於不確定狀態，懲戒權於經過相當期間不行使者，即不應再予追究，以維護公務員權益及法秩序之安定。公務員懲戒法第 25 條第 3 款規定，懲戒案件自違法失職行為終了之日起，至移送懲戒法院之日止，已逾 10 年者，懲戒法院應為免議之議決，即本此意旨而制定。公務人員經其服務機關依中華民國 79 年 12 月 28 日修正公布之公務人員考績法第 12 條第 1 項第 2 款規定所為免職之懲處處分，實質上屬於懲戒處分為限制人民服公職之權利，未設懲處權行使期間，有違前開意旨。為貫徹憲法上對公務員權益之保障，有關公務員懲處權之行使期間，應類推適用公務員懲戒法相關規定。又查公務員懲戒法概以 10 年為懲戒權行使期間，未分別對公務員違法失職行為及其懲戒處分種類之不同，而設合理之規定，與比例原則未盡相符，有關機關應就公務員懲戒構成要件、懲戒權行使期間之限制通盤檢討修正。公務人員考績法有關懲處之規定亦應一併及之，附此指明。

(二) 現行規定

公務員懲戒法第 20 條：「應受懲戒行為，自行為終了之日起，至案

---

[89] (A) 依公務員懲戒法第 3 條規定，下列何種情形公務員職務非當然停止？(A)依刑事訴訟程序被提起公訴者；(B)依刑事訴訟程序被通緝或羈押者；(C)依刑事確定判決，受褫奪公權之宣告者；(D)依刑事確定判決，受徒刑之宣告，仍在執行中者。

件繫屬懲戒法院之日止，已逾十年者，不得予以休職之懲戒（I）。應受懲戒行為，自行為終了之日起，至案件繫屬懲戒法院之日止，已逾五年者，不得予以減少退休（職、伍）金、降級、減俸、罰款、記過或申誡之懲戒（II）。」

三、移送懲戒程序

懲戒程序區分二種情形說明，如下述：

(一) 十職等以上，移送監察院，由監察院提出彈劾，送司法院懲戒法院。

(二) 九職等以下，得逕送司法院懲戒法院處理。

四、審判程序

(一) 一級二審

2020 年修法，將公務員懲戒案件之審理制度改為一級二審制，新增「上訴審程序」及「抗告程序」，當事人對於懲戒法庭第一審判決，得向懲戒法庭第二審提起上訴救濟，懲戒法庭第一審為事實審，第二審則為法律審，第一審、第二審均以行言詞辯論為原則。

懲戒法庭第一審案件由法官 3 人合議審理及裁判，並由資深法官充審判長；第二審案件之審理及裁判，則以法官 5 人合議行之，並由院長充審判長。這項修正將使懲戒法庭第二審能及時糾正錯誤的判決或裁定，不僅更能維持公務紀律，也能使公務員權利獲得審級救濟制度的保障。

(二) 審理程序

釋字第 396 號解釋：「懲戒處分影響憲法上人民服公職之權利，懲戒機關之成員既屬憲法上之法官，依憲法第 82 條及本院釋字第 162 號解釋意旨，則其機關應採法院之體制，且懲戒案件之審議，亦應本正當法律程序之原則，對被付懲戒人予以充分之程序保障，例如採取直接審理、言詞辯論、對審及辯護制度，並予以被付懲戒人最後陳述之機會等，以貫徹憲法第 16 條保障人民訴訟權之本旨。有關機關應就公務員懲戒機關之組

織、名稱與懲戒程序，併予檢討修正。」

　　據上開解釋，懲戒程序必須有充分的程序保障，應本正當法律程序之原則[90]，對被付懲戒人予以充分程序保障，例如採取直接審理、言詞辯論、對審及辯護制度，並予以被付懲戒人最後陳述之機會等。

（三）上訴第二審

　　公務員懲戒法第 64 條規定：「當事人對於懲戒法庭第一審之終局判決不服者，得於判決送達後二十日之不變期間內，上訴於懲戒法庭第二審。但判決宣示或公告後送達前之上訴，亦有效力。」

五、懲戒處分與刑罰、行政罰之關係

　　公務員發生違法或失職行為，同時涉及行政及刑事責任，在程序上採刑懲並行主義，處罰上則採併罰主義。分述如下：

（一）懲戒與刑罰程序並行

　　同一行為在刑事偵查或審判中者，不停止懲戒程序。但懲戒處分應以犯罪是否成立為斷，懲戒法院認為必要時，得議決於刑事裁判確定前，停止審議程序。

　　公務員懲戒法第 39 條第 1 項規定：「同一行為，在刑事偵查或審判中者，不停止審理程序。但懲戒處分牽涉犯罪是否成立者，懲戒法庭認有必要時，得裁定於第一審刑事判決前，停止審理程序。」

（二）懲戒處分與刑罰、行政罰併罰原則

　　我國對懲戒，與刑罰、行政罰之關係，採取併罰原則[91]。公務員懲戒

---

[90]　(B) 公務人員因專案考績免職處分，須經立場公正之委員會決議，處分前應給予處分人陳述及申辯機會，係遵行下列何原則？(A)比例原則；(B)正當法律程序；(C)法律保留原則；(D)罪刑法定主義。

[91]　(C) 公務員在家賭博經查獲者，所涉違反社會秩序維護法（行政罰）及公務員懲戒法規（懲戒罰），應如何適用處罰？(A)從重者處罰；(B)從輕者處罰；(C)分別處罰；(D)視個案處罰。

法第 22 條第 2 項規定：「同一行為已受刑罰或行政罰之處罰者，仍得予以懲戒[92]。其同一行為不受刑罰或行政罰之處罰者，亦同[93]。」

但只有一例外。若同一刑法，已受刑事判決，並受褫奪公權之宣告「確定」，認已無受懲戒處分之必要，則應為「免議」之判決（公務員懲戒法§56②）。

六、懲戒與懲處之競合

當懲戒與懲處發生競合時，原則係以懲戒為先[94]，如果是積極競合，亦即同一事件經直屬長官懲處處分後，又移送懲戒法院，原處分失其效力[95]。公務員懲戒法第 22 條第 3 項規定：「同一行為經主管機關或其他權責機關為行政懲處處分後，復移送懲戒，經懲戒法院為懲戒處分、不受懲戒或免議之判決確定者，原行政懲處處分失其效力。」

消極競合時（懲戒法院不懲戒，原服務機關可否為懲處處分）則需視一個行為是違反一項義務或多項義務，有所不同處理：
(一) 單純一個行為違反一項義務則不得再予懲處。
(二) 一個行為事實違反多個義務也不得再予懲處。
(三) 數個行為事實違反多個義務可再懲處。

---

[92] (C) 依公務員懲戒法，同一行為已為不起訴處分或免訴或無罪之宣告者，仍得為懲戒處分，其免刑或受刑之宣告而未褫奪公權者，亦同；此一規定，稱為：(A)先刑後懲原則；(B)懲先刑後原則；(C)刑懲並行原則；(D)刑罰優先原則。

[93] (C) 依我國法制現況，刑罰（或行政罰）與懲戒之關係，下列何者敘述為不正確？(A)同一行為已受刑之宣告者，仍得予以懲戒；(B)經褫奪公權之宣告，認為本案處分已無必要者，得為免議之議決；(C)同一行為經不起訴處分或免訴或無罪之宣告者，不得為懲戒處分；(D)同一行為在刑事偵查或審判中者，不停止懲戒程序。

[94] (A) 我國懲戒與懲處發生競合時，依法令如何決定其優先適用？(A)以懲戒為先；(B)以懲處為先；(C)由當事人選擇；(D)由該管公務人員決定之。

[95] (C) 同一事件經主管長官已為處分後，復移送懲戒法院審議者：(A)仍可以懲戒；(B)應立即停止審議；(C)其原處分失其效力；(D)應不予受理。

七、懲戒與懲處之比較

表 6-4　公務員懲處與懲戒之比較表

	懲處	懲戒
決定者	上級主管長官	懲戒法院
事由	違法、廢弛職務或其他失職行為	
種類	一次記兩大過免職、記大過、申誡	1.免除職務；2.撤職；3.剝奪、減少退休（職、伍）金；4.休職；5.降級；6.減俸；7.罰款；8.記過；9.申誡
先行停職	受免職之懲處處分者，無停職規定	受撤職之懲處處分者，有停止任用之期間
功過相抵	可以相抵	不能相抵
救濟	向考試院公務人員保障暨培訓委員會提起復審，向行政院提起行政訴訟	向懲戒法院上訴二審

一、刑事責任

　　刑法分則專設瀆職罪一章，對於公務員有委棄守地、貪贓枉法及為枉法裁判等行為時，均加以嚴厲的處罰。公務員假借職務上之權力機會或方法，以故意犯刑法他項罪名者，加重其刑至二分之一（參照刑法第 120 條至第 134 條）。

二、國家賠償責任與民事責任

　　若是因為公務員故意或過失不法侵害他人權益，或者因為怠於執行職務，造成人民損失，人民都可以依國家賠償法請求國家賠償[96]。另外，若是政府有某些公共設施的設置或管理有欠缺，例如馬路有個大破洞，害人民騎機車摔傷，人民也可以向國家求償。而倘若公務員以私法行為執行職務，其地位相當於民法第 188 條之受僱人，而國家之地位則相當於僱用

---

[96] (A) 公務員違法行為之國家賠償責任，所稱公務員之範圍，下列何者屬之？(A)指依法令從事於公務之人員；(B)指依據公務人員任用法任用具有官職等之人員；(C)指領有俸給之文武職公務人員；(D)指行政機關編制內之人員。

人或民法第 28 條之法人，其因故意或重大過失，因而致第三人權利受損
害者，由行為之公務員與國家連帶負民法上損害賠償責任，國家在賠償人
民之後，也可以反過來向公務員求償。

作者小叮嚀

　　本章為歷年來行政法考試重點章節，出題比重相當高。但全盤瞭解必須
熟讀相關公務員法律，包括公務員服務法、公務人員任用法、公務員懲戒
法、公務人員保障法等。命題重點為：公務員的廣義與最狹義概念、政務官
與事務官的概念、公務員的任用、公務員的權利。而公務員懲處、懲戒與救
濟等相關大法官解釋，必須釐清其區分。

第七章　行政作用及其分類

本章學習重點

1. 瞭解各種行政作用之區分。
2. 瞭解各種實例。

第一節　行政作用之概念

　　行政法學的基本內容是在探究行政權之行使、限制及救濟，而行政權之運作即包含了行政權之組織以及行政作用。國家須以法律來規建行政組織，是為行政組織法，此涉及行政權之行使主體。而行政作用法則涉及行政權行使之方式。行政作用是行政主體所為，以達到行政目的的行為總稱[1]。行政作用便是規範行政主體及行政權力之法。這是行政法中最重要的部分，稱之為行政法之靈魂，亦不為過。再者，法治國家的任何行政行為皆必須依循「依法行政」，亦即行政行為的合法性。要求行政行為，尤其是行政處分，皆可受到「法」之拘束。一旦行政行為不能符合上述原則，或有違反之虞時，人民有權利要求國家予以救濟。這種對國家行政行為的違法不當所提起之救濟，可稱為「行政救濟」。

第二節　行政作用之分類

　　行政作用之分類，從其適用法規之性質而言，大抵可分為：公法行為或私法行為。在公法行為中，從作用是否發生法律效果，可分為權力行

---

[1] (B) 何者是行政主體為達到行政目的的行為之總稱？(A)行政組織；(B)行政作用；(C)行政救濟；(D)行政程序。

為或非權力行為。權力行為中依行政之內外部關係，又可分為外部行為（例如行政處分、法規命令）、內部行為（例如行政規則、個別指令）。從作用表示之方式，可分為意思表示之精神作用及以行動表示之物理作用。從參與行政作用者是否單方面，分為單方行為（例如行政命令、行政處分），及非單方行為（例如行政契約、行政合同）。如圖7-1所示。

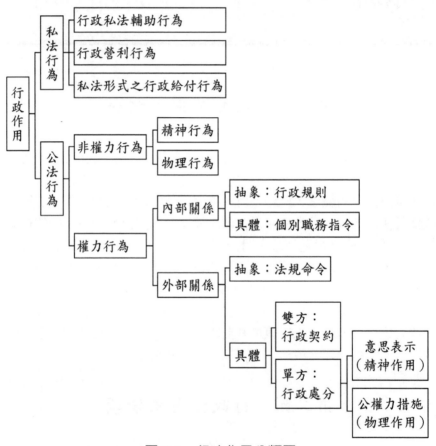

圖 7-1　行政作用分類圖

第三節 行政作用法之範圍

在行政作用法範圍包括有行政權運作的過程及手續，此即為行政程序；行政的立法行為，此即行政命令；行政的個案決定，此即行政處分；行政上的契約行為，此即行政契約；行政上的處罰行為，此即行政罰；行政上的強制執行，此即行政執行；以及行政計畫、行政指導與事實行為等，皆屬之。今就以行政程序法、行政罰法及行政執行法作說明：

一、行政程序法

行政程序，即行政權運作的過程及手續。由於行政權的運作常產生一定行政行為，因此，行政程序亦即公行政作成各種行政行為之程序。依行政程序法第 2 條第 1 項之規定：「本法所稱行政程序，係指行政機關作成行政處分、締結行政契約、訂定法規命令與行政規則、確定行政計畫、實施行政指導及處理陳情等行為之程序。」就法條之重點作如下說明：

(一) 行政命令

行政命令是行政機關經由法律授權，所訂定的法規，發布機關必須要有權限[2]。故亦稱為委任立法，是典型的行政機關之立法行為，而且各機關依其法定職權所制定之行政規則，應受立法審查[3]。一般而言行政命

---

[2] (B) 關於行政命令之合法要件，下列何者正確？(A)內部單位可發布法規命令；(B)發布機關必須有權限；(C)法規命令必須下達；(D)行政規則無涉及人民權利事項，不受立法監督。

[3] (C) 依據立法院職權行使法，關於行政命令之立法審查，何者有誤？(A)各委員會審查行政命令，應於院會交付審查後三個月內完成之；(B)基於法律授權訂定之命令送達立法院後，應提報立法院會議；(C)各機關依其法定職權所制定之行政規則，不受立法審查；(D)認為有違反、變更或抵觸法律者，或應以法律規定事項而以命令定之者，如有三十人以上連署或附議，即交付有關委員會審查。

令之位階除了緊急命令之外,低於法律[4]。行政命令也因之如同一般法律具有抽象規定的特徵,對於一般法律所應該具有的法規特徵,諸如普遍性、抽象性及規範力等原則,在行政命令中亦適用,其可使用之名稱,如規則、細則、辦法等等[5]。行政命令的種類大抵分為緊急命令、法規命令、職權命令與行政規則等四種:

1. 緊急命令

　　係指國家遇有天然災害、疫癘、財政經濟上重大變故以及其他重大危機時,總統可以經行政院會議之決議頒布應變之命令。緊急命令之制度,是為了避免平日法令規定無法適應國家非常時期之需,而正常的立法程序也無法在短時間內完成。所以乃係以行政權力超越立法權為其特色。在頒布緊急命令後,如現存法律或憲法與該緊急命令相牴觸,則憲法或法律之效力可暫時中止,故緊急命令亦可稱為「替代法律之命令」[6]。

2. 法規命令

　　行政機關獲得法律授權行使具有立法作用之權限時,所訂定之行政命令,可稱為「法規命令」。法規命令因為可以規範人民之權利義務,故必須獲得法律之授權[7],所以亦可稱為「授權命令」及「委任命令」,其適

---

[4] (A) 下列關於「行政命令」之敘述,何者正確?(A)除了「緊急命令」以外,一般行政命令位階是低於法律;(B)行政規則係指行政機關基於法律授權,對多數不特定人民就一般事項所作抽象之對外發生法律效果之規定;(C)法規命令以行政體系內部事項為內容,原則上無須法律授權,由行政機關依職權訂定。其規範對象為本機關、下級機關與所屬公務員;(D)緊急命令發布後必須於三十日內送交立法院。

[5] (A) 下列何者不屬於命令所可使用之名稱:(A)通則;(B)規則;(C)細則;(D)辦法。

[6] (D) 下列關於緊急命令的敘述,何者有誤?(A)為了應付現行法規無法有效處理的緊急事故,有發布緊急命令的必要;(B)緊急命令發布後必須於十日內送交立法院;(C)緊急命令的效力可能是替代法律或變更法律;(D)緊急命令不得牴觸法律或憲法。

[7] (A) 下列何者應有法律之授權?(A)法規命令;(B)職權命令;(C)行政規則;(D)事實行為。

用之對象係一般人民[8]，此係一典型的行政命令，其訂定依法應經其他機關核准，而未經核准者，無效[9]。倘若該法規命令無法律之授權而剝奪或限制人民自由、權利時，法院對於該命令可拒絕適用[10]。一般公法所稱的命令，即指此法規命令而言。其在適用上必須遵守一般法律原則，如禁止溯及既往、實體從舊程序從新、信賴保護等原則[11]。

　　實務上司法院大法官解釋認為必須符合下列要件才可成為合法之授權命令：

(1) 法律雖得授權以命令限制人民之自由權利，但授權應有具體明確之目的、範圍與內容。

(2) 法律僅作概括授權時，命令不得違背母法[12]，且其內容僅能就母法有關的細節性及技術性事項加以規範。

(3) 授權命令必須符合比例原則，限制人民自由權利不得逾越必要的程度[13] [14]。

---

[8] (C) 依據行政程序法對於法規命令之規定，何者敘述有誤？(A)直接對外發生效力；(B)必須對外公布；(C)適用對象為機關內部、下屬或下級機關；(D)關於人民權利事項需法律明確授權。

[9] (A) 法規命令其訂定依法應經其他機關核准，而未經核准者，其效力為：(A)無效；(B)經其他機關核准後即生效；(C)得撤銷；(D)效力未定。

[10] (C) 法規命令無法律之授權而剝奪或限制人民自由、權利時，法院對於該命令：(A)可宣告其無效；(B)仍應適用；(C)可拒絕適用；(D)仍應遵守依法行政。

[11] (D) 法規命令在適用上，必須遵守一般法律原則，下列何者屬之？(A)遵守禁止溯及既往；(B)實體從舊程序從新；(C)符合信賴保護；(D)以上皆是。

[12] (B) 下列何者法規命令非屬於無效？(A)牴觸憲法、法律或上級機關命令；(B)在母法授權範圍內，限制人民權利；(C)其訂定應經其他機關核准而未核准；(D)無法律之授權而剝奪或限制人民自由、權利。

[13] (D) 司法院大法官解釋認為必須符合數個要件才可成為合法之授權命令，下列何者非屬於合法要件：(A)授權應有具體明確之目的、範圍與內容；(B)法律僅作概括授權時，命令不得違背母法；(C)內容僅能就母法有關的細節性及技術性事項加以規範；(D)雖然無明確授權來源，依據行政機關職權，即可訂定。

[14] (D) 針對授權命令之概念，以下何者正確：(A)法律授權的目的、範圍及內容具體明確；(B)內容只能就母法技術性、細節性、技術性事項；(C)需符合比例原

3. 職權命令

　　職權命令的解釋應該與所謂的「職務命令」相區別。後者乃是行政機關內部，由上級長官對下級公務員基於職權之下命[15]。這種長官的命令權，不論是針對個案事件的指示；或是概括，抽象的對事件處理；或行政內部紀律的指揮監督之命令，都是屬於對機關內部的職務命令，而非對機關外之人民，具有法規性的行政命令。所謂職權命令是指行政機關依其法律所定機關之職權，而發布之行政命令[16]。職權命令與上述法規命令相同之處，在於兩者皆在補充及執行法律。而其相異之處，則在職權命令是依該機關的「法定職權」而訂定，而該「法定職權」乃以組織法之規定為主，不待法律之明文「授權」。

4. 行政規則

　　行政機關行使行政權力不僅僅只依靠抽象及概括規定的法律及行政命令（法規命令）；而是需要更細節性的規範。行政機關的組織若是愈龐大，人員若是愈眾多，職掌若是愈龐雜，那麼行政機關的運作也就愈需規律化。行政規則便有實際上的必要性，行政規則是上級行政機關所頒布，為下級機關闡明法規真義所為之解釋函令，且拘束其內部人員的法規[17]而非適用一般人民[18]，不能直接限制人民權利[19]，亦不能直接對外發生法規

　　則；(D)以上皆是。

[15] (A) 行政機關內部，由上級長官對下級公務員基於職權之下命稱之為？(A)職務命令；(B)職權命令；(C)行政規則；(D)委任命令。

[16] (B) 行政機關依其法律所定機關之職權，而發布之行政命令？(A)職務命令；(B)職權命令；(C)行政規則；(D)委任命令。

[17] (B) 中央主管機關為下級機關闡明法規真義所為之解釋函令，性質上屬於：(A)法規命令；(B)行政規則；(C)行政契約；(D)行政指導。

[18] (C) 對於行政規則之敘述，下列何者為非？(A)通常為行政內部事項；(B)適用對象為本機關、下級機關及所屬公務員；(C)適用對象為一般人民；(D)以對內生效為原則。

[19] (D) 就行政程序法之規定，下列對行政規則之敘述，何者錯誤？(A)得為有關機關內部組織；(B)得為裁量基準；(C)得為解釋性規定；(D)亦可直接限制人民權利。

範效力之一般、抽象之規定[20][21]。例如財政部為協助下級機關或屬官統一行使裁量權，制頒之「稅務違章案件裁罰金額或倍數參考表」，其法律性質即屬之[22]。而在程序上，行政規則應下達下級機關或屬官[23]。行政規則生效日期分為三種情形：

(1) 解釋性行政規則從法規生效時起適用。

(2) 間接對外生效獨立性規則自公布日起算第三日發生效力。

(3) 純粹對內生效行政規則從下達之日起生效[24]。

此外，這種法規，原則上可以分成兩大類，第一種是作為規範行政內部的行政事務，例如規定上下班之時間、文書的處理、職務的代理、會客須知等等。第二種是針對執行職務的細部規範，主要是對所涉及法令的解釋及執行方面，所作的解釋[25]，例如處理要點、審核須知、注意事項[26]

---

[20] (A) 上級機關對下級機關，或長官對屬官，依其權限或職權為規範機關內部秩序及運作，所為非直接對外發生法規範效力之一般、抽象之規定，稱為：(A)行政規則；(B)法規命令；(C)行政計畫；(D)行政指導。

[21] (D) 假設某縣政府制定違反就業服務法罰鍰案件裁量基準表，做為公務員行使裁量權之參考，此裁量基準表之性質為：(A)法規命令；(B)組織章程；(C)自治規章；(D)行政規則。

[22] (B) 財政部為協助下級機關或屬官統一行使裁量權，制頒之「稅務違章案件裁罰金額或倍數參考表」，法律性質屬於：(A)法規命令；(B)行政規則；(C)行政處分；(D)行政指導。

[23] (B) 訂定行政規則之程序規定為何？(A)除由行政機關自行草擬外，並得由人民或團體提議為之；(B)行政規則應下達下級機關或屬官；(C)人事管理行政規則應由首長簽署，並刊登於政府公報發布；(D)規定業務處理方式之行政規則應由首長簽署，並刊登於政府公報發布。

[24] (A) 行政規則生效之日期，下列何者有誤？(A)因不對外直接發生效力，行政機關擬定後，即日起生效；(B)解釋性行政規則從法規生效時起適用；(C)間接對外生效獨立性規則自公布日起算第三日發生效力；(D)純粹對內生效行政規則從下達之日起生效。

[25] (B) 依行政程序法第160條之規定，下列何種行政規則應由機關首長簽署，並刊登於政府公報發布之？(A)機關內部組織規則；(B)解釋性行政規則；(C)事務分配規則；(D)人事管理規則。

[26] (D) 下列何者不屬於行政規則所使用之名稱：(A)須知；(B)要點；(C)注意事項；

等等[27]。此種解釋性行政規則依行政程序法第 160 條之規定，應由機關首長簽署，並刊登於政府公報發布之。在行政權力依法行使的作用上，上述第二類的行政規則具有重大意義。

(二) 行政處分

　　係指行政機關就公法上具體事件所為之決定或其他公權力措施而對外直接發生法律效果[28]之單方[29]行政行為，其作成之處分不需要書面[30]。例如：依據行政程序法第 92 條之規定，行政機關所核發建築許可執照[31]。

(三) 行政契約

　　「行政契約」是指國家行政機關為達成行政之目的，以契約形成設定、變更或消滅法律關係之法律行為。例如：全民健康保險特約醫事服務機構合約[32]、國家賠償協議之成立、行政訴訟上之和解、公費學生與學校

(D)通則。

[27] (B) 下列何者不屬於行政規則之規範對象？(A)機關業務處理方式；(B)收取行政規費；(C)解釋性規定；(D)裁量基準。

[28] (B) 下列何者非行政處分概念之特徵？(A)由行政機關作成；(B)發生公法上法律效果；(C)就具體事件；(D)單方行政行為。

[29] (A) 下列何者並非行政處分？(A)對於行政機關與人民間互負之公法上債務，所為之抵銷；(B)對於公務員之任命行為；(C)兵役體位之判定；(D)對於交通工具排放空氣污染物，超過排放標準之違規舉發通知書。

[30] (C) 以下那一項並非作行政處分所必須的條件？(A)行政機關之行為；(B)行使公權力；(C)以書面為之；(D)行政機關單方意思行為。

[31] (B) 依據行政程序法第 92 條之規定，下列何者為行政處分？(A)機關發布空氣污染警報；(B)行政機關核發建築許可執照；(C)環境影響評估委員會之報告；(D)土地徵收之補償協議。

[32] (C) 下列何者為行政契約？(A)行政機關之電腦設備採購契約；(B)臺灣鐵路局之旅客運送契約；(C)全民健康保險特約醫事服務機構合約；(D)小學生與學校之在學關係。

簽訂之就學契約[33]、對於公法上金錢債務所締結之抵銷契約、國立醫學院
公費生服務義務協議、委託私人行使公權力之協議等等[34]。該行政契約決
定前，應給予參與競爭者表示意見之機會[35]且契約之締結應以書面訂定
之，但法規另有規定者依其規定[36]。

(四) 行政計畫

行政計畫，即指行政機關為將來一定期限內達成特定之目的或實現
一定之構想，事前就達成該目的或實現該構想有關之方法、步驟或措施等
所為之設計與規劃[37]。

(五) 行政指導

指行政機關在其職權或所掌事務範圍內，為實現一定之行政目的，
以輔導、協助、勸告、建議或其他不具法律上強制力之方法，促請特定人

---

[33] (D) 行政機關與人民之下列何種行為，不具行政契約性質？(A)國家賠償協議之成
立；(B)行政訴訟上之和解；(C)公費學生與學校簽訂之就學契約；(D)公有土
地之標售。

[34] (A) 下列何者非行政契約？(A)公立醫院與病患間之醫療契約；(B)對於公法上金錢
債務所締結之抵銷契約；(C)國立醫學院公費生服務義務協議；(D)委託私人行
使公權力之協議。

[35] (B) 依據行政程序法規定，行政機關與人民締結行政契約，應遵守下列何者？
(A)應一律以甄選或競爭方式決定當事人；(B)決定前，應給予參與競爭者表示
意見之機會；(C)除法規另有規定外，得以書面、言詞或其他方式為之；(D)行
政契約依約定內容履行將侵害第三人之權利者，應經締約機關之上級機關核准
後，始生效力。

[36] (A) 依我國行政程序法之規定，有關行政契約之締結，應以何種方式為之？(A)應
以書面訂定之，但法規另有規定者依其規定；(B)以書面為原則，口頭為例
外；(C)以口頭為原則，書面為例外；(D)基於契約自由，可以口頭或書面為
之。

[37] (A) 行政機關為將來一定期限內達成特定之目的或實現一定之構想，事前就達成該
目的或實現該構想有關之方法、步驟或措施等所為之設計與規劃稱為：(A)行
政計畫；(B)行政指導；(C)行政契約；(D)行政處分。

為一定作為或不作為之行為[38]。例如輔導、協助、勸導[39]、說服、建議、商討、協商、表揚、提倡、宣傳、推薦、示範、推廣、獎勵、調解、發布新聞資訊等。行政指導之功能有：增進行政機動、簡化行政程序及緩和依法行政之嚴格性[40]。

(六) 陳情

人民對於行政興革之建議[41]、行政法令之查詢、行政違失之舉發或行政上權益之維護，得向主管機關陳情。陳情應以書面為之[42]，行政機關對人民之陳情，應訂定作業規定，指派人員迅速確實處理之，受理機關認為人民之陳情有理由者應採適當之措施；認為無理由者，應通知陳情人，並說明其意旨。

二、行政罰法

為維持行政上秩序，達成國家行政目的，對於違法行政上義務之人

---

[38] (D) 行政機關在其職權或所掌事務範圍內，為實現一定之行政目的，以輔導或其他不具法律上強制力之方法，促請特定人為一定作為或不作為之行為稱為：(A)行政計畫；(B)行政契約；(C)行政處分；(D)行政指導。

[39] (C) 下列何者非指行政指導？(A)輔導；(B)勸導；(C)注意事項；(D)協助。

[40] (C) 下列何者不屬於行政指導之功能？(A)增進行政機動；(B)簡化行政程序；(C)取代行政爭訟；(D)緩和依法行政之嚴格性。

[41] (A) 人民對行政機關所做之興革建議或違失之舉發稱之為：(A)陳情；(B)陳報；(C)調解；(D)協商。

[42] (B) 關於陳情之敘述，何者錯誤？(A)人民對於行政興革之建議、行政法令查詢、行政違失之舉發或行政上權益之維護，得向主管機關陳情；(B)陳情應以言詞為之，受理機關應作成紀錄，並向陳情人朗讀或使閱覽後命其簽名或蓋章；(C)行政機關對人民之陳情，應訂定作業規定，指派人員迅速確實處理之；(D)受理機關認為人民之陳情有理由者應採適當之措施；認為無理由者，應通知陳情人，並說明其意旨。

科以制裁。其種類有罰鍰、沒入[43]或其他不利處分如命令歇業等[44]。

三、行政執行法

行政執行，即行政上強制執行，是指行政機關以自己的強制方法，對不履行行政上義務的相對人，強迫其履行，使其實現與已履行義務同一狀態之行政權作用。依行政執行法第 2 條之規定，其強制方法，包括公法上金錢給付義務（其執行機關為行政執行處[45]）、行為或不行為義務之強制執行，以及即時強制，例如警察追捕槍擊要犯，情況緊急，故未持有搜索票即對私人住宅破門而入[46]，或新北市政府環保人員執行環保稽查時，發現業者正進行排放污染物質之行為[47]。

第四節　行政作用之私法行為

一、源起

行政私法行為源起於國庫理論。意即國家之人格，除具有公權力主體外，尚可作為私財產法上之主體，參與私法關係之進行，即以「國庫」代表之。

「國庫」代表具有二種功能：

---

[43] (A) 下列何者非屬行政罰法所規定之行政罰？(A)加計利息；(B)罰鍰；(C)沒入；(D)命令歇業。

[44] (C) 下列何者非屬行政罰？(A)停業；(B)罰鍰；(C)沒收；(D)告誡。

[45] (B) 公法上金錢給付義務逾期不履行者，應如何執行？(A)移送法院所屬民事執行處執行之；(B)移送法務部行政執行署所屬行政執行處執行之；(C)主管機關自為執行；(D)移送行政法院執行之。

[46] (D) 警察追捕槍擊要犯，情況緊急，故未持有搜索票即對私人住宅破門而入，此一行為之性質為何？(A)間接強制；(B)直接強制；(C)行政處分；(D)即時強制。

[47] (D) 新北市政府環保人員執行環保稽查時，發現業者正進行排放污染物質之行為，依法得採下列何項措施？(A)聲請法院裁定假處分；(B)移送行政執行；(C)登請法院假扣押；(D)即時制止其行為。

(一) 基於自我權利保護之思想，由國庫出面，代表國家在法院接受人民控訴，並支付賠償。

(二) 國庫係財產法上之主體，得從事私經濟活動，與私人同樣享有權利負擔義務。

二、類型

(一) 行政私法輔助行為

係指行政機關為行政所需要之物質，而與他人訂立私法契約之行為，亦稱為公行政之私法籌購行為（例如行政機關辦公需用之用具、土地、房舍、車等等）。

(二) 行政營利行為

係指國家之私經濟行為，主要目的為增加國庫收入，或為同時推行社會政策或特定經濟，而以企業家姿態所從事營利性質之企業任務，經由公營事業來完成。其中可分為：

1. 直接自行經營者，如直接經由其內部不具獨立法律主體資格之機關或單位，所從事之企業營利行為。

2. 由國家依特別法或公司法之規定，投資設立具有獨立法律主體資格之公司，而從事之企業營利行為者，例如公營銀行、菸酒、石油、糖業、肥料公司……等。

(三) 私法形式之行政給付行為[48]

係針對人民生存條件及改善上，以保障生存照料為出發點，所為直接之促進或分配之行政[49]。例如為照顧並改善一般社會大眾之日常生活，

---

[48] (D) 私經濟行政之態樣，不包括下列何者？(A)行政營利行為；(B)私法形式之給付行政；(C)行政輔助行為；(D)行政契約。

[49] (A) 針對人民生存條件及改善上，以保障生存照料為出發點，所為直接之促進或分配之行政，例如提供客貨運輸、郵遞、電信等之服務，稱之為：(A)行政給付行為；(B)行政營利行為；(C)行政私法輔助行為；(D)行政指導行為。

而供給瓦斯、水電，或提供客貨運輸、郵遞、電信等之服務；此外設置學校、醫院，提供社會救助亦是；甚至為了追求特定經濟或社會政策，而提供私人企業各項經濟的輔助等等。

第五節　行政作用中的非權力行為

一、類型

非權力行為，係指非權力作用中具有公益目的之公的作用。大抵可分類如下：

(一) 純服務性：例如提供消息、交通訊息、氣象報告、防火防竊宣導、清運垃圾等。

(二) 單純發動公權力：例如巡邏、守望、布置交通崗管制哨等。

(三) 公用事業工程進行：例如綠地、道路之鋪設、修築。

(四) 行政指導性質：例如調解爭議、公害防制之輔導、青少年輔導、職業安定或訓練之協助等。

二、事實行為

上述非權力行為，大抵為學理上所謂之事實行為，即行政主體直接發生事實上效果之行為。其與行政處分或其他基於意思表示之行為不同者，在於後者以對外發生法律效果為要素[50]。而事實行為包含甚廣，舉凡行政機關在其職權或所掌事務範圍內，為實現一定之行政目的，以輔導、協助、勸告、建議或其他不具法律上強制力之方法，促請特定人[51]為一定

---

[50] (A) 關於行政處分與事實行為之區別，下列敘述何者正確？(A)行政處分直接發生法律效果，事實行為不生法律效果；(B)行政處分具有抽象性，事實行為具有具體性；(C)對行政處分得請求國家賠償，對事實行為不得請求國家賠償；(D)行政處分須人民同意，事實行為不須人民同意。

[51] (D) 下列關於行政指導之論述，何者錯誤？(A)行政指導應於該機關之職權或所掌事務範圍內為之；(B)行政指導係為實現一定之行政目的；(C)行政指導係以協助、勸告等不具強制力之方法為之；(D)行政指導係促請不特定人為一定作為

作為或不作為之行政指導行為[52]，例如行政機關之內部行為，對公眾所作之報導（如氣象局的氣象報告）、勸告、建議等[53]；興建公共設施、實施教育及訓練、長官對於屬官所為之職務分配等均屬其範圍[54]。以物理上之強制力為手段的執行行為及與行政處分不易分辨之觀念通知，亦應歸之於事實行為。倘若行政指導遭相對人明確拒絕時，行政機關應立即停止[55]。

類型

事實行為不發生法律效果、僅有事實上效果，依其性質可分為：

1. 行政機關內部行為

係指單位相互間交換意見、文書往返；上下級機關間的指示、請示、視察、主辦員工講習、訓練等是。

2. 認知表示（通知行為、觀念通知）[56]與行政指導

通知行為指常見的觀念通知，例如戶籍謄本之發給、向他機關提供資料、為他機關完成研究報告、外交部對於國內機關所發文件之認證。行政指導則指行政機關對外所作之報導、勸告、警告、建議[57]、調解、資訊提供等行為。例如：行政院環境保護署依空氣污染防制法之規定，對特定

或不作為之行為。

[52] (B) 行政機關在其職權或所掌事務範圍內，為實現一定之行政目的，以輔導、協助、勸告、建議或其他不具法律上強制力之方法，促請特定人為一定作為或不作為之行為，稱為：(A)陳情；(B)行政指導；(C)行政協力；(D)行政處分。

[53] (C) 下列何者為事實行為？(A)法規命令；(B)行政處分；(C)行政指導；(D)行政契約。

[54] (C) 下列何者非行政法上所謂「事實行為」？(A)行政指導；(B)長官對於屬官所為之職務分配；(C)監督機關撤銷地方自治團體之自治行政行為；(D)氣象局的氣象報告。

[55] (B) 行政指導遭相對人明確拒絕時，行政機關應如何？(A)繼續指導；(B)立即停止；(C)據此對相對人為不利處置；(D)請求上級機關協助。

[56] (A) 行政作用法中區別「行政處分」與「觀念通知」為下列哪一「要素」？(A)法效性；(B)個別性；(C)單方性；(D)行政機關之行為。

[57] (D) 交通部觀光局通知旅行業者不宜出團前往國外某地旅遊。該通知行為係：(A)行政命令；(B)行政處分；(C)行政計畫；(D)事實行為。

事業進行輔導，以避免對環境造成不可回復之損害，即屬之[58]。

3. 實施行為

屬單純的動作、工作的完成，通常是指實施行政處分或行政計畫之行為，如課稅處分確定後，稅捐稽徵機關收受稅款之繳納，都市計畫細部計畫核定實施後，豎立樁誌、座標、辦理測量、修築道路、收運垃圾、舉辦展覽、醫療行為等是。

4. 強制措施（行政執行法中的直接強制、即時強制）

行政機關（尤其是警察機關）運用物理之強制力，以實現行政處分之內容，或逕行執行法令之行為[59]。依行政執行法所為之：

(1) 直接強制：指以實力直接實現行政處分內容之方法。

(2) 即時強制：包括人的管束。對物之扣留、使用及處分等、對家宅及處所之侵入。

(3) 逕行執行法令之行為：典型之強制措施，例如對違法遊行且不服從解散命令者之強制驅離、強制拆除違章建築。

5. 行政檢查

行政機關蒐集相關資料，進行調查，通常為依法令對人、物、處所所為之檢驗或訪視、查詢、查察，少數由主管機關以實力強制執行者，亦屬之。

第六節　行政作用之內部行為

一、行政規則

上級行政機關對所屬下級機關或相關首長對所屬公務人員，就機關

---

[58] (A) 行政院環境保護署依空氣污染防制法之規定，對特定事業進行輔導，以避免對環境造成不可回復之損害，是何種行政行為？(A)行政指導；(B)行政處分；(C)行政計畫；(D)行政契約。

[59] (D) 下列何項行政行為為學理上之事實行為？(A)劃定道路禁止停車紅線；(B)消防局作成火場鑑定；(C)否准人民申請調閱資料；(D)警察實施臨檢。

內部職務之分配、細部之組織、執行業務之程序、適用法律與行使裁量權等事項，所下達非直接對外發生法規範效力之一般性、抽象性規定；也就是說行政規則應下達下級機關或屬官[60]。

二、內部指令

在公行政內部行為中，單純地對個別事項加以處理之規定，例如公布法令[61]、任免官吏以及上級機關對下級機關之訓令、指示等所發布之命令、機關內各單位間之會簽意見或機關間交換意見之行文等[62]，均屬之。

作者小叮嚀

> 　　本章只是行政作用與分類的介紹。至於詳細的內容，必須熟讀其餘各章。但在本章中，最重要的是區分實際案例到底屬於哪一種行政作用。

---

[60] (B) 訂定行政規則之程序規定為何？(A)除由行政機關自行草擬外，並得由人民或團體提議為之；(B)行政規則應下達下級機關或屬官；(C)人事管理行政規則應由首長簽署，並刊登於政府公報發布；(D)規定業務處理方式之行政規則應由首長簽署，並刊登於政府公報發布。

[61] (A) 在行政機關內部行為中，單純的對個別事項加以處理之規定，例如公布法令稱之為：(A)內部指令；(B)行政規則；(C)行政命令；(D)行政指導。

[62] (D) 機關內各單位間之會簽意見或機關間交換意見之行文等，在行政機關內部行為中，稱之為：(A)行政指導；(B)行政規則；(C)行政命令；(D)內部指令。

第八章　行政程序法總則

本章學習重點

1. 行政程序法適用範圍。	5. 資訊公開。
2. 行政程序法一般原則。	6. 聽證程序。
3. 行政事件之管轄。	7. 送達。
4. 迴避。	

　　我國行政程序法於中華民國 88 年 2 月 3 日總統公布；並明定自 90 年 1 月 1 日施行[1][2]，係規定行政機關為各種行政行為時，所應遵循的原則性規範[3]。雖然我們對各行政機關，都已經有各類的行政實體法（如兵役法），但如果行政機關在施行權力時，沒有按照一個公平公開的程序，人民可能還是會不服氣。在行政程序法中，會規定各種行政行為所必須遵行的程序，例如：程序公開、聽證、書面記錄、送達、資訊公開等。

---

[1] (D) 我國行政程序法何時開始施行？(A)民國 89 年 1 月 1 日施行；(B)民國 89 年 12 月 27 日施行；(C)民國 88 年 1 月 1 日施行；(D)民國 90 年 1 月 1 日施行。

[2] (A) 行政程序法之生效係：(A)法律直接明定施行日期；(B)以命令指定施行日期；(C)自公佈施行；(D)立法院核定後施行。

[3] (D) 下列哪一項法律是民國 90 年開始施行，作為機關行政行為的原則性規範？(A)行政作用法；(B)行政執行法；(C)行政行為法；(D)行政程序法。

第一節　立法目的

　　行政程序法的立法目的[4][5]，是為了保障人民權益、增進行政效能、擴大民眾參與，以及提升人民對行政的信任[6]，並以公正（係指公務員在行政程序中，除基於職務上之必要外，不得與當事人或代表其利益之人為行政程序外之接觸[7]）、公開與民主之程序[8]，確保依法行政作為目標。

　　行政程序法所稱之行政程序，係指行政機關作成行政處分、締結行政契約、訂定法規命令與行政規則、確定行政計畫、實施行政指導及處理陳情[9][10][11][12]等行為之程序。所稱之行政機關，係指代表國家、地方自治團體或其他行政主體為意思表示，從事公共事務，具有單獨法定地位之組

---

[4]　(C) 下列何者不屬於行政程序法之立法目的？(A)保障人民權益；(B)提高行政效能；(C)使用者付費；(D)增進人民對行政之信賴。

[5]　(B) 下列何者非行政程序法之目的？(A)提高行政效能；(B)增進行政權威；(C)保障人民權益；(D)增進人民對行政之信賴。

[6]　(D) 下列何者不屬於行政程序法之立法目的？(A)為使行政行為遵循公正、公開與民主之程序；(B)確保依法行政之原則，以保障人民權益；(C)提高行政效能，增進人民對行政的信賴；(D)增進公司審查功能，符合法治國原則。

[7]　(B) 「公務員在行政程序中，除基於職務上之必要外，不得與當事人或代表其利益之人為行政程序外之接觸」，係屬下列何種程序的實踐？(A)參與程序；(B)公正程序；(C)民主程序；(D)迅速程序。

[8]　(D) 行政程序法應該遵守的程序原則，下列何者錯誤？(A)公正；(B)公開；(C)民主；(D)自由。

[9]　(D) 行政程序法所稱之行政程序不包括：(A)行政處分；(B)行政指導；(C)陳情；(D)請願。

[10]　(C) 行政機關之何項行為並不在行政程序法之規範範圍內？(A)進行行政指導；(B)締結行政契約；(C)提起行政訴訟；(D)做成行政處分。

[11]　(A) 依行政程序法規定，下列何者非該法所規範之行政行為？(A)事實行為；(B)行政規則；(C)行政指導；(D)陳情。

[12]　(C) 依行政程序法之規定，下列何者不屬於該所稱之行政程序？(A)行政機關作成行政處分；(B)行政機關訂定行政規則；(C)行政機關內部之公文會簽作業；(D)行政機關施行行政指導。

織。受託行使公權力之個人或團體,於委託範圍內,視為行政機關[13]。

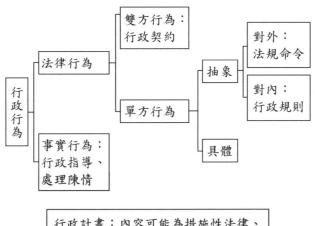

圖 8-1 行政程序法之行政程序範圍

第二節 適用範圍

照理說,行政程序只適用於行政機關[14]或各級地方自治團體[15]之行政

---

[13] (C) 受託行使公權力之個人或團體,在行使公權力時,其法律地位:(A)為行政機關;(B)仍為私法之地位;(C)於委託範圍內,視為行政機關;(D)為公法人。

[14] (D) 下列何者為行政程序法的適用機關?(A)民意機關;(B)地方檢察署;(C)監察機關;(D)行政機關。

[15] (B) 下列何種機關之行政行為,適用行政程序法之程序規定:(A)各級民意機關;(B)各級地方自治團體;(C)司法機關;(D)監察機關。

行為，像是古蹟之指定[16]、各縣市主管機關發給建物使用執照[17] [18]、開除
學籍[19]、對役男發徵兵令之行為[20]、交通部擴建台北松山機場之計畫[21]、
戶政機關所受理之申請戶籍案件[22]與人民申請更改姓名的事件[23]、行政機
關處理人民的申請案件[24]……等等族繁不及備載。司法機關[25]、各級民

---

[16] (A) 下列何項行政事務之作業，有行政程序法程序規定之適用？(A)古蹟之指定；
(B)外交關係之建立；(C)金融犯罪行為之偵查；(D)國家考試之評分作業。

[17] (B) 行政機關處理下列何種事項時，必須適用行政程序法之程序規定？(A)警察機
關協助偵查犯罪；(B)各縣市主管機關發給建物使用執照；(C)外交行為；(D)
外國人入境之許可。

[18] (B) 下列何種事項應適用行政程序法所定之程序規定？(A)檢察官做成不起訴處分
書；(B)各縣市主管機關發給建物使用執照；(C)外交行為；(D)外國人入境之
許可。

[19] (C) 學校對學生所為下列之行為，哪一項必須踐行行政程序法之程序？(A)課業指
導行為；(B)教師成績評量；(C)開除學籍；(D)規定清潔校園時間。

[20] (D) 下列事項，何者適用行政程序法之程序規定？(A)有關國家安全保障事項之行
為；(B)學校為達成教育目的之內部程序；(C)考試院有關考選命題及評分之行
為；(D)對役男發徵兵令之行為。

[21] (C) 下列何項應適用行政程序法之程序規定？(A)立法院議事規則之訂定；(B)立法
院自律規則之訂定；(C)交通部擴建台北松山機場之計畫；(D)考試院有關考選
命題及其評分行為。

[22] (B) 行政機關為行政行為時，何種事項，適用行政程序法之程序規定：(A)外國人
出、入境、難民認定及國籍變更之行為；(B)審理申請戶籍案件；(C)學校或其
他教育機構為達成教育目的之內部程序；(D)對公務員所為之人事行政行為。

[23] (D) 下列何者屬於應適用行政程序法程序規定的事項？(A)鄉鎮市公所之調解委員
會所受理之民事事件之調解程序；(B)檢察官對於刑事案件之偵查程序；(C)海
岸巡防機關依國家安全法之規定，對航行境內之漁船所實施之檢查程序；
(D)戶政機關所受理之人民申請更改姓名的事件。

[24] (C) 下列事項何者適用行政程序法的程序規定？(A)犯罪矯正機關或其他收容處所
為達成收容目的所為之行為；(B)對公務員所為之人事行政行為；(C)行政機關
處理人民的申請案件；(D)外國人出、入境、難民認定及國籍變更之行為。

[25] (A) 下列何機關之行政行為，不適用行政程序法之程序規定？(A)司法機關；(B)銓
敘部；(C)法務部；(D)教育部。

意機關[26]、監察機關[27]（審計部[28]），原則上都不適用[29]。而考試院[30]則比較偏向行政機關，所以也適用於行政程序法。此外，由於過去一些特別權力關係下的人，行政機關享有比較高的權力，在對這些人民做成各種行為時，就不需要採用這麼正式的程序。所以行政程序法也排除這些特別權力關係的適用。包括：

(一) 外交、軍事[31]或國家安全保障事項。

(二) 外國人出、入境、難民認定及國籍變更之行為。

(三) 刑事案件犯罪偵查程序[32]。

(四) 犯罪矯正機關或其他收容處所為達成收容目的所為之行為。

(五) 有關私權爭執之行政裁決程序。

(六) 學校或其他教育機構為達成教育目的之內部程序[33]。

(七) 對公務員所為之人事行政行為[34]。

---

[26] (A) 下列何種機關之行政行為，不適用行政程序法之程序規定？(A)各級民意機關；(B)考試機關；(C)行政機關；(D)受委託行使公權力之民間團體。

[27] (C) 行政程序法明文規定，下列何種機關之行政行為不適用行政程序法之程序規定？(A)行政院環保署；(B)經濟部；(C)監察院；(D)內政部入出國及移民署。

[28] (B) 下列何機關之行政行為，不適用行政程序法之程序規定？(A)銓敘部；(B)審計部；(C)行政院公平交易委員會；(D)公務人員保障暨培訓委員會。

[29] (D) 依行政程序法第 3 條規定，下列何種機關之行政行為，應適用行政程序法之程序規定？(A)民意機關；(B)監察機關；(C)司法機關；(D)警察機關。

[30] (B) 依照我國行政程序法之規定，下列哪一個機關應當適用此法？(A)立法院；(B)考試院；(C)司法院；(D)監察院。

[31] (A) 下列何種事項不適用行政程序法之程序規定？(A)軍事行為；(B)行政契約；(C)法規命令；(D)行政指導。

[32] (A) 下列何種事項不適用行政程序法所定之程序規定？(A)刑事案件之犯罪偵查程序；(B)依申請而發給建造執照；(C)依申請而發給敬老福利津貼；(D)對於違反交通法規者依法科處罰鍰。

[33] (C) 下列何者不適用行政程序法？(A)行政機關作成行政處分；(B)行政機關訂定法規命令；(C)學校為達教育目的的內部程序；(D)行政機關處理陳情。

[34] (D) 下列關於行政程序之敘述，何者正確？(A)委託行使公權力之個人或團體，縱使於委託範圍內，亦不能視為行政機關；(B)各級民意機關之行政行為應適用行政程序法；(C)考試院有關考選命題及評分之行為應適用行政程序法之程序

(八) 考試院有關考選命題及評分行為。

第三節　管轄恆定原則及例外

　　管轄，指行政機關依法規所得從事之公權力行為。其一方面劃分行政機關之任務範圍（管轄權），他方面則確立行政機關處理行政事務之權力（權限）。

一、原則

　　行政機關之權限均係以法規為依據，不得任意設定或變更[35]，尤其不允許當事人協議變動機關之管轄權[36]。

二、例外

　　例外情形有權限之委任、權限之委託、委辦及行政委託四種[37]，如下述：

　　規定；(D)對公務員所為之人事行政行為不適用行政程序法之程序規定。

[35] (A) 下列何者所述屬於「管轄權恆定原則」？(A)行政機關之管轄權非依法規不得設定或變更；(B)行政機關之管轄權非依訴訟不得設定或變更；(C)行政救濟機關之管轄權恆屬行政法院；(D)行政救濟機關之管轄權經當事人約定後，不得變更。

[36] (A) 下列關於管轄權之敘述，何者錯誤？(A)行政機關之管轄權允許當事人協議變動；(B)管轄權非依法規不得設定或變更；(C)管轄權係指行政機關處理行政事務之權力；(D)行政機關之管轄權得依法規移轉給私人行使。

[37] (D) 下列何者不屬於機關管轄恆定原則之例外情形？(A)委任；(B)委託；(C)委辦；(D)代理。

(一) 權限之委任

　　行政機關將權限之一部分委任其下級行政機關[38][39][40]以受任機關名義執行，而委任者與受委任者之關係，自然亦存在有監督之關係，涉及權限之部分轉移。如經濟部依專利法第 3 條，將專利業務指定所屬之智慧財產局辦理；又如教育部將公費留學考試委由某國立大學辦理，其法律性質係委任[41]。法律責任，歸屬於受任人。並應將委任事項及法規依據公告之，並刊登政府公報或新聞紙（參照行政程序法§15III）。委任之要件為：

1. 存在於上下隸屬機關間。
2. 須有法規依據。
3. 應將委任事項及法規依據公告之。

(二) 權限之委託

　　行政機關因業務上之需要，將其權限之一部委託其他不相隸屬之行政機關，以委託機關名義執行者稱之為委託[42][43]（參照行政程序法§15II）。

---

[38] (B) 依行政程序法，行政機關得依法規將其權限之一部分，為如何之處理？(A)委任給民間企業執行；(B)委任所屬下級機關執行；(C)委任不相隸屬之機關執行；(D)委任公益團體執行。

[39] (A) 上級機關將特定事項委由所屬下級機關處理，稱為：(A)委任；(B)委託；(C)行政委託；(D)代行處理。

[40] (D) 依行政程序法規定，上級行政機關將其權限之一部分，交由所屬下級機關執行之，是屬於下列何種行為？(A)代理；(B)代行；(C)委託；(D)委任。

[41] (B) 教育部如將公費留學考試委由某國立大學辦理，其法律性質為何？(A)委託；(B)委任；(C)委辦；(D)委託私人行使公權力。

[42] (B) 依據行政程序法第 15 條規定，行政機關將權限之一部分交由不相隸屬之行政機關執行之，此稱為：(A)委辦；(B)委託；(C)代行；(D)委任。

[43] (B) 依行政程序法有關行政機關權限之規定，下列敘述何者錯誤？(A)依法規將權限一部交由所屬下級機關執行，稱為委任；(B)依法規將權限一部交由不相隸屬之行政機關執行，稱為委辦；(C)依法規將權限一部委託民間團體辦理；(D)依法規為委任或委託均須公告。

　　亦即無隸屬關係行政機關之間管轄權的變動[44]，涉及權限之部分轉移[45]。例如甲機關委由乙機關辦理原屬甲機關之事務，稱之委託[46]；或標準檢驗局依商品檢驗法第 4 條，將標準檢驗局本身之檢驗工作委託其他政府機關代為實施。法律責任，歸屬於委託人。並應將委託事項及法規依據公告之，並刊登政府公報或新聞紙（參照行政程序法§15III）。委託之要件為：

1. 存在不相隸屬機關間。
2. 須因業務上之需要且有法規依據始得委託。
3. 其程序同上述委任。

(三) 委辦

　　係指中央機關將其權限內之事項委由地方自治團體代為辦理。受委辦者對依據法規之委辦，不得拒絕，但得要求撥付必要費用，且應以自己名義執行委辦事項。此外，受委辦者可制定委辦規則，但要函報委辦機關核定後發報。依據地方制度法第 2 條第 3 款規定：「委辦事項，指地方自治團體依法律、上級法規或規章規定，在上級政府指揮監督下，執行上級政府交付辦理之非屬該團體事務，而負其行政執行責任之事項[47]。」例如經濟部將其掌理之工商登記辦理事項委由市政府建設局辦理。可見，委辦為機關內部行為，受委辦者為地方自治團體，屬「團體委辦」之概念，此

---

[44] (B) 無隸屬關係的行政機關間管轄權的變動，稱為：(A)權限委任；(B)權限委託；(C)代理；(D)職務協助。

[45] (C) 依行政程序法第 15 條與第 16 條之規定，下列關於「委任」與「委託」之說明，何者係正確：(A)委任需依法規為之，委任則無限制；(B)委託對象僅限機關，委任對象則包括民間團；(C)均涉及權限之部分轉移；(D)均涉及互相隸屬之機關。

[46] (C) 行政機關之權限非依法規不得設定或變更，稱管轄恆定原則。但管轄恆定原則仍有數種例外，其中不相隸屬機關管轄之變動，即甲機關委由乙機關辦理原屬甲機關之事務，稱之為：(A)委任；(B)委辦；(C)委託；(D)行政協助。

[47] (C) 地方自治團體依法律、上級法規或規章規定，在上級政府指揮監督下，執行上級政府交付辦理之非屬該團體事務，而負其行政執行責任之事項，稱為：(A)委任事項；(B)委託事項；(C)委辦事項；(D)委託行使公權力事項。

與依本法之權限委任或委託不同。

(四) 行政委託

　　乃指行政機關將其權限（公權力行使）之一部委託人民（包括自然人與私法人）以人民自己名義執行者[48]。此等委託私人行使公權力行為必須受法律保留原則之拘束[49]，並應將委託事項及法規依據公告之，並刊登政府公報或新聞紙。委託行使公權力所需費用，除另有約定外，由行政機關支付[50]之（參照行政程序法§16III）。諸如稅捐之扣繳、違規車輛拖吊、國民住宅、公司登記之審核，及各種行政檢查、評鑑之委託、陸委會委託海基會辦理海峽兩岸事宜[51][52]等。其要件為：

1. 受託行使公權力之個人或團體，於委託範圍內，視為行政機關。
2. 其程序係應將委託事項及法規依據公告之，並刊登政府公報或新聞紙。
3. 委託所需費用，除另有約定外，由行政機關支付之。

　　該等受委託行使公權力情形於：

---

[48] (A) 行政機關得依法規將其權限之一部分，委託民間團體或個人辦理，此在行政法學上稱為：(A)公權力之委託；(B)權限之委任；(C)行政事務之委辦；(D)行政職務之協助。

[49] (A) 以下關於國家委託私人行使公權力之敘述，何者正確？(A)必須受法律保留原則之拘束；(B)行政委託重在效率，故並無限制；(C)行政委託之費用，全由私人負擔；(D)私人受託行使公權力致使人民受損害時，人民並無救濟機會。

[50] (D) 下列關於行政程序費用之敘述，何者正確？(A)行政程序之證人，不得請求日費及旅費；(B)行政程序之鑑定人，得請求日費及旅費，但不得請求報酬；(C)因可歸責於當事人之事由，致程序有延滯者，不論其延滯是否顯著，因延滯而生之費用應由該當事人負擔；(D)行政程序所生之費用，除專為當事人或利害關係人之利益所支出者外，由行政機關負擔。

[51] (C) 行政院大陸委員會請財團法人海峽交流基金會處理台灣地區與大陸地區人民往來有關之事務，其性質為：(A)委辦；(B)委任；(C)行政委託；(D)代表

[52] (C) 「財團法人海峽兩岸交流基金會」處理有關台灣及中國大陸往來之事務，在行政組織法制中，屬於：(A)權限委任；(B)權限委託；(C)行政委託；(D)權限移轉。

1. 訴願時→找委託人訴願（參照訴願法§10）。
2. 訴訟時→以受委託人為被告（行政訴訟法§25）。
3. 國賠時→委託機關賠償（國賠§4）。

(五) 除前述委任、委託、委辦外，尚有二個名詞，值得辨別其內涵

1. 事務性或低層技術性業務之委託

　　行政事務若未牽涉公權力之行使，又非法律授權經行政機關辦理之事項，此時將之委由私人行使者，即無本法之適用，但應視其情形，適用政府採購法。

2. 行政助手

　　又稱行政輔助人，乃是私人在行政機關的指揮監督之下，不以自己名義協助執行行政任務，以達成行政目的。行政助手於執行業務時不具獨立性[53]，不屬行政機關的管轄變動原因[54]。如雇工拆除違建，受僱者受在場公務員之指揮監督，執行拆除工作；或民間拖吊汽車業者受交通警察指揮對違規停車進行拖吊[55] [56]、義勇警察[57]、發生交通事故時，私人受警察之委託指揮交通[58]。消防人員則係公務人員或屬之替代役人員，非行政助

---

[53] (B) 在行政機關指示下，協助該機關處理行政事務，並無獨立自主地位者，稱為：(A)受委託行使公權力；(B)行政助手；(C)行政機關；(D)公法人。

[54] (C) 下列何者不屬行政機關的管轄變動原因？(A)委任；(B)委託行使公權力；(C)使用行政助手；(D)代行處理。

[55] (B) 民間拖吊汽車業者受交通警察指揮對違規停車進行拖吊，係以下列何種法律身分？(A)受託行使公權力之個人；(B)行政助手；(C)準公務員；(D)視同指揮之警察。

[56] (C) 政府委由民間業者，在員警指揮執行違規車輛之拖吊業務，該業者在行政法上之法律地位為何？(A)行政受委託人；(B)視為行政機關；(C)行政助手；(D)行政執行官。

[57] (B) 下列何者為行政輔助人？(A)依法確定學生學籍之私立學校；(B)協助執行勤務之義勇警察；(C)維持船上治安之商船船長；(D)評審老師升等大學教師評審委員會。

[58] (D) 發生交通事故時，私人受警察之委託指揮交通，在此情形，該私人在行政法上的地位為：(A)受委託行使公權力之私人；(B)指定當事人；(C)行政程序之參

手[59]。

相關大法官解釋及例示：

1. 釋字第 382 號解釋理由書

「公立學校係各級政府依法令設置實施教育之機構，具有機關之地位，而私立學校係依私立學校法經主管教育行政機關許可設立並製發印信授權使用，在實施教育之範圍內，有錄取學生、確定學籍、獎懲學生、核發畢業或學位證書等權限，係屬由法律在特定範圍內授與行使公權力之教育機構，於處理上述事項時亦具有與機關相當之地位[60]（參照本院釋字第269 號解釋）。」

依據上開解釋理由書，私立大學發放文憑係屬受委託行使公權力之情形[61]。

2. 釋字第 462 號解釋

「各大學校、院、系（所）教師評審委員會關於教師升等評審之權限，係屬法律在特定範圍內授予公權力之行使，其對教師升等通過與否之決定，與教育部學術審議委員會對教師升等資格所為之最後審定，於教師之資格等身分上之權益有重大影響，均應為訴願法及行政訴訟法上之行政處分。受評審之教師於依教師法或訴願法用盡行政救濟途徑後，仍有不服者，自得依法提起行政訴訟，以符憲法保障人民訴訟權之意旨。行政法院51 年判字第398 號判例，與上開解釋不符部分，應不再適用。」

依據上開解釋，大學對老師升等的審查算是一種公權力，對教師升等通過與否之決定，與教育部學術審議委員會對教師升等資格所為之最後審定，於教師之資格等身分上之權益有重大影響，均應為行政處分。受評

加人；(D)行政助手。

[59] (A) 下列何者為行政助手？(A)義警；(B)郵差；(C)消防人員；(D)公立游泳池的救生員。

[60] (B) 私立學校在實施教育之範圍內，有錄取學生、確定學籍、獎懲學生、核發畢業或學位證書等權限，其屬於：(A)行政助手；(B)受委託行使公權力；(C)受委任機關；(D)公法人。

[61] (D) 下列何者屬委託行政公權力之情形？(A)行政機關聘用聘僱人員；(B)民間環保公司清運一般廢棄物；(C)義警指揮交通；(D)私立學校對學生發給畢業證書。

審之教師於依教師法或訴願法用盡行政救濟途徑後，仍有不服者，得依法提起行政訴訟。

3. **釋字第 269 號解釋（原案件背景：中國石油員工爭取退休金）**

　　「依法設立之團體，如經政府機關就特定事項依法授與公權力者，以行使該公權力為行政處分之特定事件為限，有行政訴訟之被告當事人能力。行政法院 60 年裁字第 232 號判例，與此意旨不符部分，嗣後不再援用。至關於勞動基準法第 84 條之爭執，究應提起行政訴訟，或提起民事訴訟，與上開判例無涉，不在本件解釋範圍內；其當事人如已提起民事訴訟經判決確定者，自無訴訟權受侵害之可言，併此說明。」

　　依據上開解釋，受委託行使公權力的私人是行政訴訟的被告。

4. **船長依船員法第 58 條、第 59 條之規定享有之海上警察權及緊急處分權，係受託行使公權力行為。**

5. **國貿局委託財團法人中華民國紡織品外銷拓展協會辦理紡織品配額之分配，係受託行使公權力行為。**

6. **教育部委託高教評鑑中心，算不算行使公權力？**

　　我們的評鑑制度，政府嚴重介入，強迫各校一定要接受評鑑。就算評鑑的過程，教育部可以主張這是私人行為，但最後教育部卻會以評鑑不通過的結果，作為某些處罰依據，則屬於教育部政府自己的行為。按照財團法人高等教育評鑑中心基金會自己網頁上的說明，其認為自己只是接受行政委託，而真正作成處分者（進行行政監督者），是教育部；是以，係委託行使公權力無疑，但行使公權力結果的評鑑報告，是不是行政處分，則是另一問題。

(六) 職務協助

　　職務協助，係指平行或不相隸屬之行政機關為達成其任務，請求另一行政機關在後者權限範圍內，給予必要補充性之協助，而未變更或移轉

事件管轄權（不生管轄移轉之效果[62] [63]）之謂。被請求機關在職務協助範圍內，並非請求機關之內部單位[64]。職務協助之特徵為被動性、臨時性、輔助性[65] [66]三項，如下說明：

1.　被動性：行為之發動，原則上是以其他機關之請求為要件。

2.　臨時性：僅是臨時性，該事件處理完畢，職務協助應停止。

3.　輔助性：請求機關仍是程序上之主體，被請求機關僅居於輔助地位。

　　行政程序法第 19 條規定：「行政機關為發揮共同一體之行政機能，應於其權限範圍內互相協助（I）。行政機關執行職務時，有下列情形之一者，得向無隸屬關係之其他機關請求協助：（請求職務協助之原因）一、因法律上之原因，不能獨自執行職務者。二、因人員、設備不足等事實上之原因，不能獨自執行職務者。三、執行職務所必要認定之事實，不能獨自調查者。四、執行職務所必要之文書或其他資料，為被請求機關所持

---

[62] (D) 下列何種機制，不生管轄移轉之效果？(A)行政（權限）委託；(B)委託行使公權力；(C)委辦；(D)職務協助。

[63] (B) 有關職務協助，下列何者敘述為不正確？(A)職務協助係指行政機關為達成其任務，請求另一行政機關在後者權限範圍內，給予必要之協助；(B)職務協助通常係以變更或移轉事件管轄權為之；(C)職務協助之原因可能係基於法規之規定；(D)職務協助之原因亦可能因事實之需要為之。

[64] (A) 下列關於行政程序法第 19 條所規定職務協助之敘述，何者錯誤？(A)被請求機關在職務協助範圍內，視為請求機關之內部單位；(B)具有臨時性與輔助性之特徵；(C)被請求機關必要時得拒絕協助；(D)因職務協助所生費用，應由請求機關負擔。

[65] (B) 下列有關「職務協助」之敘述，何者正確？(A)政府設官分職、各有所司，不應有職務協助之情勢；(B)職務協助之特性為臨時性、被動性及輔助性；(C)警察緝捕嫌犯，即屬對於檢察官之職務協助；(D)機關間有職務協助之義務，不得拒絕。

[66] (B) 依我國行政程序法第 19 條規定之職務協助，下列何者不屬於職務協助之特徵？(A)被動性；(B)積極性；(C)臨時性；(D)輔助性。

有者[67]。五、由被請求機關協助執行，顯較經濟者[68]。六、其他職務上有正當理由須請求協助者（II）[69]。前項請求，除緊急情形外，應以書面為之（III）[70][71]。被請求機關於有下列情形之一者，應拒絕之：（拒絕協助之事由）一、協助之行為，非其權限範圍或依法不得為之者。二、如提供協助，將嚴重妨害其自身職務之執行者（IV）。被請求機關認有正當理由不能協助者，得拒絕之（V）。被請求機關認為無提供行政協助之義務或有拒絕之事由時，應將其理由通知請求協助機關。請求協助機關對此有異議時，由其共同上級機關決定之，無共同上級機關時，由被請求機關之上級機關決定之（VI）。被請求機關得向請求協助機關要求負擔行政協助所需費用。其負擔金額及支付方式，由請求協助機關及被請求機關以協議定之；協議不成時，由其共同上級機關定之（VII）。」

---

[67] (B) 甲行政機關執行職務所必要之文書或資料，為乙行政機關所持有，甲機關請求提供之情形，行政法上稱為：(A)委任；(B)職務協助；(C)委辦；(D)委託。

[68] (A) 依據行政程序法第 19 條第 2 項之規定，下列何者為請求協助之事由？(A)由被請求機關協助執行，顯較經濟者；(B)請求機關經費不足，無法執行建設方案或專屬業務；(C)請求機關雖無權限，但因關係本機關業務之推行；(D)機關首長因故不能執行任務，可請求其他機關之首長代理職務。

[69] (D) 台北市工務局執行違建拆除時，因民眾抗爭激烈，向台北市警察局請求派員援助已排除民眾抗爭，此為下列何種情形？(A)行政委託；(B)權限委任；(C)權限委託；(D)職務協助。

[70] (B) 有關行政機關間之「職務協助」制度，下列敘述何者錯誤？(A)行政機關為發揮共同一體之行政機能，應於其權限範圍內互相協助；(B)請求協助，以口頭為原則；(C)被請求機關認有正當理由不能協助者，得拒絕之；(D)如提供協助，將嚴重妨害其自身職務執行者，應拒絕之。

[71] (B) 行政程序法第 19 條有關行政協助之規定，下列之敘述何者正確？(A)均得向不論有無隸屬關係之其他機關請求行政協助；(B)請求行政協助，除緊急狀況外，應以書面為之；(C)行政協助所需費用由共同上級機關負責；(D)被請求機關不得以任何理由拒絕協助。

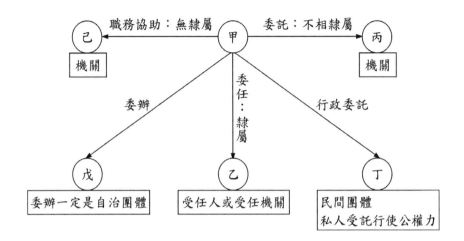

圖 8-2　委辦、委任、委託關係圖

(七) 管轄之分類

管轄可分為事務管轄、土地管轄及層級管轄三類，如下說明：

1. 事務管轄

事務管轄，係指按事務之類別，劃分管轄權之歸屬，諸如內政、外交、環保等均為事務之分類[72][73]。

2. 土地管轄

土地管轄，係指事務管轄所涵蓋之地理範圍，此一地理範圍通常為一國之行政區劃分；中央機關以全國為範圍，地方機關分別以省（市）、縣（市）或鄉鎮等為範圍。

行政程序法第 12 條規定（其他定管轄之方法）：「不能依前條第一項（組織法規或其他行政法規）定土地管轄權者，依下列各款順序定之：一、關於不動產之事件，依不動產之所在地[74]。二、關於企業之經營或其

---

[72] (A) 財政部不得就交通事務行使職權，主要係因其何種管轄權不同所致？(A)事物管轄；(B)土地管轄；(C)層級管轄；(D)專屬管轄。

[73] (A)「外國人之歸化，由內政部管轄」，此稱為：(A)事務管轄；(B)土地管轄；(C)層級管轄；(D)功能管轄。

[74] (D) 關於不動產之事件，不能依組織法或其他行政法規定其土地管轄權者，依序應

他繼續性事業之事件，依經營企業或從事事業之處所，或應經營或應從事之處所。三、其他事件，關於自然人者，依其住所地，無住所或住所不明者，依其居所地，無居所或居所不明者，依其最後所在地。關於法人或團體者，依其主事務所或會址所在地。四、不能依前三款之規定定其管轄權或有急迫情形者，依事件發生之原因定之。」

3. 層級管轄

層級管轄，係指同一種類之事務，分屬於不同層級之機關管轄。此種管轄於行政救濟程序中最為明顯，原處分機關、訴願決定機關，層次分明有如法院審級管轄。

(八) 管轄權調查與移轉

行政程序法第 17 條規定：「行政機關對事件管轄權之有無，應依職權調查；其認無管轄權者，應即移送有管轄權之機關，並通知當事人（I）[75]。人民於法定期間內提出申請，依前項規定移送有管轄權之機關者，視同已在法定期間內向有管轄權之機關提出申請（II）。」

(九) 管轄變更

行政程序法第 11 條規定：「行政機關之組織法規變更管轄權之規定，而相關行政法規所定管轄機關尚未一併修正時，原管轄機關得會同組織法規變更後之管轄機關公告或逕由其共同上級機關公告變更管轄之事項（II）。行政機關經裁併者，前項公告得僅由組織法規變更後[76]之管轄機

如何處理？(A)由行政院定之；(B)由內政部定之；(C)依不動產所有人之住居所定之；(D)依不動產之所在地定之。

[75] (D) 行政機關對事件管轄權之有無，應依職權調查；其認無管轄權者，依法應如何處理？(A)由受理機關繼續處理該案件；(B)交由上級機關指定管轄機關；(C)告知當事人逕向有管轄權機關提出；(D)應即移送有管轄權之機關，並通知當事人。

[76] (C) 有關行政機關之「管轄權」，下列敘述何者錯誤？(A)機關之「管轄權」，依其組織法規或其他法規定之；(B)非依法規不得設定或變更管轄；(C)行政機關變更管轄權之公告，應由組織法變更前之管轄機關為之；(D)移轉管轄權之效

關為之（III）。前二項公告事項，自公告之日起算至第三日起發生移轉管轄權之效力。但公告特定有生效日期者，依其規定（IV）。」

(十) 管轄權變更

行政程序法第 18 條規定：「行政機關因法規或事實之變更而喪失管轄權時，應將案件移送有管轄權之機關，並通知當事人。但經當事人及有管轄權機關之同意，亦得由原管轄機關繼續處理該案件[77]。」（吳庚老師批評）。

(十一) 管轄權競合

行政程序法第 13 條規定：「同一事件，數行政機關依前二條之規定均有管轄權者，由受理在先之機關管轄[78]（優先原則），不能分別受理之先後者，由各該機關協議定之[79] [80]（協商解決），不能協議或有統一管轄之必要時，由其共同上級機關指定管轄[81]（指定管轄）。無共同上級機關

力，自公告日算至第三日發生效力。

[77] (D) 有關行政機關管轄權之敘述，依行政程序法之規定下列何者錯誤？(A)行政機關之管轄權，非依法規不得設定或變更；(B)同一事件，數行政機關依法均有管轄權時，由受理在先之機關管轄；(C)行政機關對事件管轄權之有無，應依職權調查；(D)行政機關因法規或事實變更而喪失管轄權時，非經當事人申請，不得將案件移送其他機關。

[78] (C) 依行政程序法第 13 條規定，同一事件，數行政機關均有管轄權者，如何決定管轄？(A)由上級機關管轄；(B)由較近的轄區機關管轄；(C)由受理在先之機關管轄；(D)由數行政機關管轄。

[79] (A) 依行政程序法第13條之規定，同一事件，數行政機關依規定均有管轄權，且不能分別受理之先後者，如何處理？(A)直接由各該機關協議定之；(B)直接由其共同上級機關指定管轄；(C)直接由各該上級機關協議定之；(D)直接由行政院指定管轄。

[80] (B) 一行為違反同一行政法上義務，數機關均有管轄權者，且不能分別處理之先後者，應如何決定管轄？(A)處理在先之機關；(B)各該機關協議定之；(C)由其共同上級機關指定；(D)由法定罰鍰額最高之主管機關。

[81] (A) 同一事件，數行政機關均有管轄權者，由受理在先之機關管轄，不能分別受理

時，由各該上級機關協議定之（I）。前項機關於必要之情形時，應為必要之職務行為，並即通知其他機關（II）。」由上開法條之規定得知，管轄權競合之解決方法有：優先原則、協商解決、指定管轄等三種方法。

(十二) 管轄爭議之處理

行政程序法第 14 條規定：「數行政機關於管轄權有爭議時，由其共同上級機關決定之[82][83][84]，無共同上級機關時，由各該上級機關協議定之（I）。前項情形，人民就其依法規申請之事件，得向共同上級機關申請指定管轄，無共同上級機關者，得向各該上級機關之一為之。受理申請之機關應自請求到達之日起十日內決定之（II）。在前二項情形未經決定前，如有導致國家或人民難以回復之重大損害之虞時，該管轄權爭議之一方，應依當事人申請或依職權為緊急之臨時處置，並應層報共同上級機關及通知他方（III）。人民對行政機關依本條所為指定管轄之決定，不得聲明不服（IV）。」

第四節　當事人

當事人，一般係指權利和利益直接受行政決定影響之人。亦即在行政程序中具有各種程序法上權利，包括陳述意見、參與聽證、閱覽卷宗及

之先後者，應如何處理？(A)由各該機關協議定之，不能協議或有統一管轄之必要時，由其共同上級機關指定管轄；(B)由各上級機關指定管轄；(C)先作成行政處分機關有管轄；(D)後作成行政處分之機關無管轄權。

[82] (A) 行政程序法規定，數行政機關於管轄權有爭議時，應由下列何機關處理？(A)共同之上級機關；(B)高等行政法院；(C)立法院；(D)公務人員保障暨培訓委員會。

[83] (C) 數機關於管轄權有爭議時，應如何決定訴願之管轄？(A)由高等行政法院決定；(B)由主管院之訴願審議委員會決定；(C)由其共同之直接上級機關確定；(D)由最先受理訴願之機關取得訴願管轄權。

[84] (B) 依地方制度法規定，台北市和新北市事權發生爭議時，由何者解決之？(A)內政部；(B)行政院；(C)立法院；(D)司法院。

受決定通知之人均為當事人。

一、當事人之範圍

行政程序法第 20 條規定：「本法所稱之當事人如下：一、申請人及申請之相對人。二、行政機關所為行政處分之相對人。三、與行政機關締結行政契約[85]之相對人。四、行政機關實施行政指導之相對人。五、對行政機關陳情之人[86]。六、其他依本法規定參加行政程序之人[87][88]。」

二、當事人能力

當事人能力，指有參與行政程序，作為該行政程序當事人之能力。無當事人能力者，固然不能作為合法之當事人，但並非不能成為行政程序之當事人。例如非法人團體，對其法律上不能享有之權利，申請行政機關作成授益處分，雖不具有當事人能力，但於該申請而啟動之行政程序，仍為當事人，具有「當事人地位」。

行政程序法第 21 條規定：「有行政程序之當事人能力者如下：一、自然人。二、法人。三、非法人之團體設有代表人或管理人者。四、行政機關。五、其他依法律規定得為權利義務之主體者。」而法人經破產宣告者，無當事人能力[89]。

---

[85] (C) 下列何者非行政程序的當事人？(A)申請人及申請之相對人；(B)與行政機關締結行政契約之相對人；(C)與行政機關締結民法契約之相對人；(D)對行政機關陳情之人。

[86] (B) 依據行政程序法第20條之規定，下列何者並非行政程序之當事人？(A)申請行政機關做成行政處分之申請人；(B)受理人民陳情之行政機關；(C)行政機關所為行政處分之相對人；(D)依行政程序法規定參加行政程序之參加人。

[87] (D) 下列何者為行政程序法所明定之行政程序當事人？(A)鑑定人；(B)輔佐人；(C)代理人；(D)參加人。

[88] (B) 因程序之進行將影響其權益者，經行政機關通知其參加行政程序後，其在行政程序上之地位為：(A)輔佐人；(B)當事人；(C)證人；(D)無關之第三人。

[89] (D) 行政程序法明定具有當事人能力者，以下何者為非？(A)商號；(B)行政機關；(C)依法律規定得為權利義務之主體者；(D)法人經破產宣告者。

三、行政程序之行為能力

　　行政程序之行為能力，乃得獨立參與行政程序，實施表達其意思行為之資格。

　　行政程序法第 22 條規定：「有行政程序之行為能力者如下：一、依民法規定，有行為能力之自然人[90]。二、法人。三、非法人之團體由其代表人或管理人為行政程序行為者。四、行政機關由首長或其代理人、授權之人為行政程序行為者。五、依其他法律規定者（I）。無行政程序行為能力者，應由其法定代理人代為行政程序行為（II）。外國人依其本國法律無行政程序之行為能力，而依中華民國法律有行政程序之行為能力者，視為有行政程序之行為能力（III）。」無行政程序行為能力者，雖徵得行政機關同意，亦不得為行政程序行為[91]。

四、第三人之程序參加

　　行政程序法第 23 條規定：「因程序之進行將影響第三人之權利或法律上利益者，行政機關得依職權或依申請，通知其參加為當事人[92]。」此係指程序參加之規定。

---

[90] (B) 依行政程序法之規定，下列何者不具備行政程序之行為能力？(A)法人；(B)未滿二十歲者且未婚；(C)非法人團體由其代表人或管理人為行政程序行為者；(D)行政機關由首長或其代理人、授權之人為行政程序行為者。

[91] (B) 依行政程序法，下列何者不符合「行政程序行為能力」之規定？(A)非法人團體由其代表人或管理人為行政程序行為者；(B)無行政程序行為能力者，徵得行政機關同意，即可為行政程序行為；(C)行政機關由首長或其代理人、授權之人為行政程序行為者；(D)依民法規定，有行為能力之自然人，即具備行政程序行為能力。

[92] (A) 因程序之進行將影響第三人之權利或法律上利益者，行政機關得依職權或依申請，通知其：(A)參加為當事人；(B)選定為代理人；(C)選任訴訟代理人；(D)選定輔助人。

五、代理人

代理人，指在行政程序及賦予辯明機會的程序中，能夠代替當事人及參加人，為當事人及參加人進行有關行政程序及賦予辯明機會程序之一切行為者。代理人在其權限範圍內進行的行為，被視為當事人和參加人本人之行為。

(一) 代理人之委任

行政程序法第 24 條規定：「當事人得委任代理人。但依法規或行政程序之性質不得授權者，不得為之（I）。每一當事人委任之代理人，不得逾三人（II）[93]。代理權之授與，及於該行政程序有關之全部程序行為。但申請之撤回，非受特別授權，不得為之（III）。行政程序代理人應於最初為行政程序行為時，提出委任書（IV）。代理權授與之撤回，經通知行政機關後，始對行政機關發生效力（V）。」

(二) 單獨代理權

行政程序法第 25 條規定：「代理人有二人以上者，均得單獨代理當事人（I）。違反前項規定而為委任者，其代理人仍得單獨代理（II）。代理人經本人同意得委任他人為複代理人（III）[94]。」

(三) 代理權之效力

行政程序法第 26 條規定：「代理權不因本人死亡或其行政程序行為能力喪失而消滅[95]。法定代理有變更或行政機關經裁併或變更者，亦同。」

---

[93] (C) 行政程序上每一當事人委任之代理人，不得逾幾人？(A)1 人；(B)2 人；(C)3 人；(D)4 人。

[94] (C) 行政程序中，當代理人有二人以上者，應如何行使職權？(A)應共同為之；(B)除有特約，原則上應共同為之；(C)各個代理人均得單獨代理；(D)應得本人同意，始得單獨代理。

[95] (A) 依行政程序法之規定，下列關於代理人之敘述，何者正確？(A)代理權不因本人死亡而消滅；(B)代理權之授予，及於該行政程序有關之全部程序行為，因此代理人亦得撤回申請，不須特別授權；(C)代理人有二人以上者，應共同代

六、當事人之選定及指定

(一) 選定與指定當事人

　　行政程序法第 27 條規定：「多數有共同利益之當事人，未共同委任代理人者，得選定其中一人至五人為全體為行政程序行為（為選定代理人）（I）[96]。未選定當事人，而行政機關認有礙程序之正常進行者，得定相當期限命其選定；逾期未選定者，得依職權指定之（II）。經選定或指定為當事人者，非有正當理由不得辭退（III）。經選定或指定當事人者，僅得由該當事人為行政程序行為，其他當事人脫離行政程序。但申請之撤回、權利之拋棄或義務之負擔，非經全體有共同利益之人同意，不得為之（IV）。」由上開法條得知，被選（指）定之當事人均得單獨代表全體當事人作所有之程序行為，被選定之當事人原則上不得為捨棄、認諾[97]，但有三種情形，非經全體有共同利益之同意，不得為之[98]：

1. 申請之撤回：例如撤回向地政機關主張時效取得地上權之登記申請。
2. 權利拋棄：例如拋棄祭祀公業派下員所享有之權利。
3. 負擔義務：例如同意行政機關所課負擔之附款條件（自行拆除越界部分）。

(二) 選定或指定當事人之單獨代理權

　　行政程序法第 28 條規定：「選定或指定當事人有二人以上時，均得

理；(D)每一當事人委任之代理人，不得逾五人。

[96] (C) 多數有共同利益之當事人，未共同委任代理人者，得選定其中一人至五人為全體為行政程序行為，此在學理上稱為：(A)選定代理人；(B)選定執行人；(C)選定當事人；(D)選定委任人。

[97] (D) 有關行政訴訟選定當事人之規定，下列何者正確？(A)多數利益相反之人，仍得選定共同當事人；(B)多數當事人得選定其中十人為當事人；(C)被選定當事人中其中一人死亡時，訴訟當然停止；(D)被選定之當事人，原則上不得為捨棄、認諾。

[98] (D) 依行政程序法之規定，被選（指）定之當事人均得單獨代表全體當事人，何種情形，非經全體有共同利益之同意，不得為之？(A)申請之撤回；(B)權利拋棄；(C)負擔義務；(D)以上皆是。

單獨為全體為行政程序行為。」

(三) 選定或指定當事人之更換與增減

行政程序法第 29 條規定：「多數有共同利益之當事人於選定或經指定當事人後，仍得更換或增減之（I）。行政機關對於其指定之當事人，為共同利益人之權益，必要時，得更換或增減之（II）。依前二項規定喪失資格者，其他被選定或指定之人得為全體為行政程序行為（III）。」

(四) 代理人

行政程序法第 30 條規定：「當事人之選定、更換或增減，非以書面通知行政機關不生效力（I）[99]。行政機關指定、更換或增減當事人者，非以書面通知全體有共同利益之當事人，不生效力。但通知顯有困難者，得以公告代之（II）。」

(五) 輔佐人

行政程序法第 31 條規定：「當事人或代理人經行政機關之許可，得偕同輔佐人到場（I）。行政機關認為必要時，得命當事人或代理人偕同輔佐人到場（II）。前二項之輔佐人，行政機關認為不適當時，得撤銷其許可或禁止其陳述（III）。輔佐人所為之陳述，當事人或代理人未立即提出異議者，視為其所自為（IV）[100]。」

---

[99] (D) 當事人之選定、更換或增減應踐行何項程序始對行政機關生效？(A)電話告知；(B)書面或口頭告知；(C)口頭告知；(D)書面通知。

[100] (A) 輔佐人所為之陳述，當事人未立即提出異議者，其效果為何？(A)視為當事人所自為；(B)視為當事人之法定代理人所為；(C)由承辦公務員決定之；(D)視為無效。

第五節　迴　避

一、迴避之概念

迴避制度源自於英國自然正義原理之公正原則[101]，又稱排除偏見原則，即源於「任何人不得就自己的案件當裁判官」之原則，因為正義必須植基於信心，故司法及準司法程序，不得有偏見原因，並遵守正當法律程序[102]，公務員自亦不例外。

二、迴避之事由

迴避有自行迴避，申請迴避及職權迴避三種[103]，如下述：

(一) 自行迴避

行政程序法第 32 條規定：「公務員在行政程序中，有下列各款情形之一者，應自行迴避：一、本人或其配偶、前配偶、四親等內之血親或三親等內之姻親或曾有此關係者為事件之當事人時[104] [105]。二、本人或其配

---

[101] (A) 迴避制度，係為確保行政行為遵行下列何原則？(A)公正；(B)公開；(C)民主；(D)效能。

[102] (C) 公務員進行行政程序時，遵守迴避制度，主要的理由為：(A)減少人民的反感；(B)疏解公務的負擔；(C)遵守正當法律程序；(D)增加公務員經驗累積。

[103] (D) 下列何者不是行政程序法所規定之迴避制度？(A)自行迴避；(B)申請迴避；(C)命令迴避；(D)預先迴避。

[104] (B) 公務員在行政程序中，有何種情形時應自行迴避？(A)本人或其配偶、前配偶、四親等內之姻親為事件之當事人時；(B)本人或其配偶、前配偶，就該事件與當事人有共同權利人或共同義務人之關係者；(C)曾擔任公司董事者；(D)曾擔任公證人者。

[105] (A) 為使行政程序更趨於公正，公務員迴避制度乃必然之規定；則下列敘述何者錯誤？(A)公務員之前配偶為事件之當事人時，不須迴避；(B)公務員於該事件，曾為證人者，即須迴避；(C)有具體事實足認公務員執行職務有偏頗之虞，得申請迴避；(D)公務員曾為該事件當事人之輔佐人者，亦須迴避。

偶、前配偶，就該事件與當事人有共同權利人或共同義務人之關係者。
三、現為或曾為該事件當事人之代理人、輔佐人[106]者。四、於該事件，
曾為證人、鑑定人者。」公務員於該事件，若曾為檢舉人該公務員不須自
行迴避[107]，又該公務員所處理之案件係退休同事所申請之案件該公務員
亦不須自行迴避[108]。

(二) 申請迴避

1. 原因

行政程序法第33條第1項規定，公務員有下列各款情形之一者，當事
人得申請迴避：

(1) 有自行迴避之情形而不自行迴避者。

(2) 有具體事實，足認其執行職務有偏頗之虞者[109]，當事人得申請迴
避。

2. 申請迴避程序

(1) 提出申請：申請迴避，應舉其原因及事實，向該公務員所屬機關

---

[106] (A) 依行政法程序法第 32 條規定，公務員在行政程序中，遇到下列何種情形，應
自行迴避？(A)為該事件當事人之輔佐人；(B)為該事件當事人代理人之三親等
內血親；(C)為該事件當事人之鄰居；(D)為該事件當事人之小學同學。

[107] (C) 依據行政程序法規定，下列何種情形，公務員不須自行迴避？(A)本人或其配
偶、前配偶，就該事件與當事人有共同權利人或共同義務人之關係者；(B)現
為或曾為該事件當事人之代理人、輔佐人者；(C)於該事件，曾為檢舉人；(D)
本人或其配偶、前配偶、四親等內之血親或三親等內之姻親或曾有此關係者為
事件之當事人時。

[108] (B) 何種情形下，公務員不必依行政程序法第 32 條自行迴避？(A)配偶申請之案
件；(B)退休同事所申請之案件；(C)曾為該事件代理人之案件；(D)前配偶申
請之案件。

[109] (C) 行政程序法有關公務員在有關公務員在行政程序中迴避之規定，下列敘述何者
正確？(A)本人之四親等姻親為事件之當事人時應自行迴避；(B)當事人申請公
務員迴避，經行政機關駁回決定者，得於十日內提起上級機關複決；(C)有具
體事實，足認公務員執行職務有偏頗之虞者，當事人得申請迴避；(D)公務於
有應自行迴避情形不自行迴避，而未經當事人申請迴避者，不必迴避。

為之，並應為適當之釋明；被申請迴避之公務員，對於該申請得提出意見書（行程§33II）。

(2) 不服駁回決定提請上級機關覆決：申請迴避，不服行政機關之駁回決定者，得於五日內提請上級機關覆決[110]，受理機關除有正當理由外，應於十日內為適當之處置（行程§33III）。

(3) 停止行政程序：被申請迴避之公務員在其所屬機關就該申請事件為准許或駁回之決定前，應停止行政程序[111]。但有急迫情形，仍應為必要處置（行程§33IV）。

（三）取權迴避

公務員有應自行迴避情形不自行迴避，而未經當事人申請迴避者，應由該公務員所屬機關依職權命其迴避[112]（行程§33V）。

第六節　程序之開始

一、原則

行政程序之開始，由行政機關依職權定之（行程§34）。又當事人依法向行政機關提出申請者，除法規另有規定外，得以書面或言詞為

---

[110](A) 當事人申請公務員迴避經行政機關駁回時，得於下列何一期間內提請上級機關覆決？(A)五日內；(B)十日內；(C)十五日內；(D)一個月。

[111](C) 行政程序法關於公務員「迴避」之規定，以下敘述何者錯誤？(A)有具體事實足認執行職務有偏頗之虞者，當事人可以申請其迴避；(B)該公務員曾為該事件之鑑定人者，應自行迴避；(C)為不影響公務運作，公務員於申請迴避案件未決定之前，原則上不應停止行政程序；(D)公務員有應迴避之情形而未自行迴避，且當事人亦未申請者，公務員所屬機關可以依職權命其迴避。

[112](C) 依行政程序法之規定，公務員有應自行迴避之情形不自行迴避，而未經當事人申請迴避者，應如何處理？(A)公務員不須迴避；(B)經該公務員向所屬機關報備，即不須迴避；(C)應由該公務員所屬機關依職權命其迴避；(D)應由該公務員所屬上級機關依職權命其迴避。

之[113]。以言詞為申請者，受理之行政機關應作成紀錄，經向申請人朗讀或使閱覽，確認其內容無誤後由其簽名或蓋章（行程§35）。

二、例外

行政程序法第 34 條但書規定：「但依本法或其他法規之規定有開始行政程序之義務，或當事人已依法規之規定提出申請者，不在此限。」例外有二種情形，如下述：

(一) 本法另有規定：本法或其他法規之規定有開始行政程序之義務。

(二) 當事人提出申請：當事人已依法規之規定提出申請者；申請，係人民基於法規之規定，請求行政機關為一定之許可、認可或其他授益行為之公法上意思表示，包括請求作成行政處分、提供資訊、締結行政契約或為一定之事實行為等等。

第七節　調查事實及證據

行政調查，係指行政機關為達成行政目的，依其職權對一定範圍內的相對人所為之檢查、要求提供文件紀錄、回答問題或兼備任何前述行為之各種資料蒐集活動。

一、調查事實及證據之方式

依行政程序法之規定，有職權調查及申請調查二種，如下述：

---

[113](B) 當事人依法向行政機關提出申請者，除法規另有規定外，應以何種方式為之？
(A)一律以書面；(B)得以書面或口頭；(C)一律以口頭為之；(D)一律委託代理人。

(一) 職權調查為原則

行政機關應依職權調查證據[114]，不受當事人主張之拘束[115][116][117]，對當事人有利及不利事項一律注意[118]。行政程序法第 36 條規定：「行政機關應依職權調查證據，不受當事人主張之拘束，對當事人有利及不利事項一律注意。」

(二) 申請調查為例外

當事人於行政程序中，除得自行提出證據外[119]，亦得向行政機關申請調查事實及證據。但行政機關認為無調查之必要者，得不為調查。行政程序法第 37 條規定：「當事人於行政程序中，除得自行提出證據外，亦得

---

[114](A) 行政機關於行政程序中，應依何種原則調查證據？(A)職權調查原則；(B)當事人進行原則；(C)當事人申請原則；(D)任意調查原則。

[115](A) 行政程序法關於行政機關之調查證據，下列之敘述何者錯誤？(A)調查證據受當事人主張之拘束；(B)基於調查證據之必要，得以書面通知相關人陳述意見；(C)基於調查證據之必要，得要求當事人提供必要之文書；(D)為瞭解事實真相，得實施勘驗。

[116](B) 下列關於行政程序開始和調查之敘述，何者正確？(A)當事人依法向行政機關提出申請者，應以書面為之；(B)行政機關於調查事實時，應依職權調查證據，不受當事人主張之拘束；(C)當事人於行政程序中，向行政機關申請調查證據時，行政機關不得拒絕調查；(D)行政程序，不得依人民之申請而開始。

[117](A) 行政程序中行政機關之調查證據應：(A)依職權進行，不受當事人主張之拘束；(B)依當事人之申請，當事人未主張者不得調查；(C)為保障當事人之權益，應著重於對當事人有利之事項；(D)為維護公益，應著重於對當事人不利之事項。

[118](C) 行政機關就該管行政程序，對當事人有利或不利情形所須注意，下列敘述何者正確？(A)有利之情形須特別注意；(B)不利之情形須特別注意；(C)有利不利之情形須一律注意；(D)不論有利不利之情形與公益無關者不予考量。

[119](A) 下列關於行政程序中調查事實及證據之敘述何者錯誤？(A)當事人於行政程序中不得自行提出證據；(B)行政機關應對當事人有利及不利事項一律注意；(C)行政機關應依職權調查證據，不受當事人主張之拘束；(D)當事人於行政程序中，得向行政機關申請調查事實及證據。

向行政機關申請調查事實及證據。但行政機關認為無調查之必要者，得不為調查，並於第四十三條之理由中敘明之。」

二、調查事實及證據之程序與方法

(一) 製作書面紀錄

行政程序法第 38 條規定：「行政機關調查事實及證據，必要時得據實製作書面紀錄。」

(二) 通知到場陳述意見

行政程序法第 39 條規定：「行政機關基於調查事實及證據之必要，得以書面通知相關之人陳述意見[120]。通知書中應記載詢問目的、時間、地點、得否委託他人到場及不到場所生之效果。」

(三) 要求提供證據資料

行政程序法第 40 條規定：「行政機關基於調查事實及證據之必要，得要求當事人或第三人提供必要之文書、資料或物品。」

(四) 選定適當之人為鑑定

行政程序法第 41 條規定：「行政機關得選定適當之人為鑑定（I）。以書面為鑑定者，必要時，得通知鑑定人到場說明（II）。」

(五) 實施勘驗

行政程序法第 42 條規定：「行政機關為瞭解事實真相，得實施勘驗（I）。勘驗時應通知當事人到場。但不能通知者，不在此限（II）。」

---

[120](C) 行政程序法關於陳述意見之規定，下列論述何者正確？(A)凡行政處分均必須給予相對人陳述意見之機會；(B)經行政機關通知陳述意見者，均應親自到場陳述；(C)行政機關基於調查事實及證據之必要，得通知相關人陳述意見；(D)行政機關之陳述意見，均應以書面為之。

三、採證之法則

採「自由心證主義」，即行政機關為處分或其他行政行為，應斟酌全部陳述與調查事實及證據之結果，依論理及經驗法則[121]判斷事實之真偽，並將其決定及理由告知當事人。如下述：

(一) 論理法則：論理法則，即依法律邏輯之論述必須具有客觀的、普遍的妥當性。

(二) 經驗法則：經驗法則，係指人們基於日常生活經驗所得之定則，按照通常經驗，並非個人主觀上之推測。

行政程序法第 43 條規定：「行政機關為處分或其他行政行為，應斟酌全部陳述與調查事實及證據之結果，依論理及經驗法則判斷事實之真偽，並將其決定及理由告知當事人。」

第八節　資訊公開

一、概念

所謂資訊公開，就是人民有獲得政府紀錄或資料的權利，政府必須將人民所要求的資訊予以公開，建立一套制度。行政機關所持有或保管之各類文書資訊，應該要主動公開。為了主動公開這些資料，各個行政機關都必須建立公報制度，將相關資訊登載於公報或網站上。政府資訊公開法已於民國 94 年 12 月制定。

二、政府資訊之定義

政府資訊，指政府機關於職權範圍內作成或取得而存在於文書、圖畫、照片、磁碟、磁帶、光碟片、微縮片、積體電路晶片等媒介物及其他

---

[121](D) 行政機關為處分或其他行政行為，應斟酌全部陳述與調查事實及證據之結果，並依下列何者判斷事實之真偽，並將其決定及理由告知當事人？(A)論理法則及比例原則；(B)比例原則及明確原則；(C)明確原則及經驗法則；(D)論理法則及經驗法則。

得以讀、看、聽或以技術、輔助方法理解之任何紀錄內之訊息（政府資訊公開法§3）。

三、適用主體

「所稱政府機關，指中央、地方各級機關及其設立之實（試）驗、研究、文教、醫療及特種基金管理等機構（I）。受政府機關委託行使公權力之個人、法人或團體，於本法適用範圍內，就其受託事務視同政府機關（II）。」（政府資訊公開法§4）。

原本的行政資訊公開辦法只適用於行政院，如今政府資訊公開法則將適用範圍擴張到所有的政府機關。

四、政府資訊的主動公開

(一) 主動公開原則

與人民權益攸關之施政、措施及其他有關之政府資訊，以主動公開為原則，並應適時為之。

(二) 主動公開項目

政府資訊公開法第 7 條規定：「下列政府資訊，除依第十八條規定限制公開或不予提供者外，應主動公開：一、條約、對外關係文書、法律、緊急命令、中央法規標準法所定之命令、法規命令及地方自治法規。二、政府機關為協助下級機關或屬官統一解釋法令、認定事實、及行使裁量權，而訂頒之解釋性規定及裁量基準。三、政府機關之組織、職掌、地址、電話、傳真、網址及電子郵件信箱帳號。四、行政指導有關文書。五、施政計畫、業務統計及研究報告。六、預算及決算書。七、請願之處理結果及訴願之決定。八、書面之公共工程及採購契約。九、支付或接受之補助。十、合議制機關之會議紀錄（I）。前項第五款所稱研究報告，指由政府機關編列預算委託專家、學者進行之報告或派赴國外從事考察、進修、研究或實習人員所提出之報告（II）。第一項第十款所稱合議制機關之會議紀錄，指由依法獨立行使職權之成員組成之決策性機關，其所審議

議案之案由、議程、決議內容及出席會議成員名單（III）。」也就是說，行政機關持有及保管之資訊，以公開為原則，限制為例外[122]，而涉及營業秘密之私人資料，持有或保管之行政機關原則上並無主動公開之義務[123]。行政程序法有關資訊公開部分，以有無必要為其原則[124]。

(三) 公開方法

政府資訊公開法第 8 條規定：「政府資訊之主動公開，除法律另有規定外，應斟酌公開技術之可行性，選擇其適當之下列方式行之：一、刊載於政府機關公報或其他出版品。二、利用電信網路傳送或其他方式供公眾線上查詢。三、提供公開閱覽、抄錄、影印、錄音、錄影或攝影。四、舉行記者會、說明會。五、其他足以使公眾得知之方式（I）。前條第一項第一款之政府資訊，應採前項第一款之方式主動公開（II）。」

(四) 被動公開（人民申請）

1. 申請人

政府資訊公開法第 9 條規定：「具有中華民國國籍並在中華民國設籍之國民及其所設立之本國法人、團體，得依本法規定申請政府機關提供政府資訊。持有中華民國護照僑居國外之國民，亦同（I）。外國人，以其本國法令未限制中華民國人申請提供其政府資訊者為限，亦得依本法申請之（II）。」

2. 決定公開的時間與第三人保護

政府資訊公開法第 12 條規定：「政府機關應於受理申請提供政府資訊之日起十五日內，為准駁之決定；必要時，得予延長，延長之期間不得

---

[122](C) 依據行政程序法的規定，行政機關持有及保管之資訊：(A)應一律公開；(B)應一律保留；(C)以公開為原則，限制為例外；(D)以限制為原則，公開為例外。

[123](D) 下列何種資訊，持有或保管之行政機關原則上並無主動公開之義務？(A)公共工程及採購契約；(B)不涉及國家機密之合議制機關會議記錄；(C)不涉及國家機密之行政指導有關文書；(D)涉及營業秘密之私人資料。

[124](B) 行政程序法有關資訊公開之原則，下列何者屬之？(A)主動原則；(B)必要原則；(C)適時原則；(D)適當方式原則。

逾十五日（I）。前項政府資訊涉及特定個人、法人或團體之權益者，應先以書面通知該特定個人、法人或團體於十日內表示意見。但該特定個人、法人或團體已表示同意公開或提供者，不在此限（II）。前項特定個人、法人或團體之所在不明者，政府機關應將通知內容公告之（III）。第二項所定之個人、法人或團體未於十日內表示意見者，政府機關得逕為准駁之決定（IV）。」

3. 提供資訊的方式

政府資訊公開法第 13 條規定：「政府機關核准提供政府資訊之申請時，得按政府資訊所在媒介物之型態給予申請人重製或複製品或提供申請人閱覽、抄錄或攝影。其涉及他人智慧財產權或難於執行者，得僅供閱覽（I）。申請提供之政府資訊已依法律規定或第八條第一項第一款至第三款之方式主動公開者，政府機關得以告知查詢之方式以代提供（II）。」

4. 告知人民資訊所在

政府資訊公開法第 17 條規定：「政府資訊非受理申請之機關於職權範圍內所作成或取得者，該受理機關除應說明其情形外，如確知有其他政府機關於職權範圍內作成或取得該資訊者，應函轉該機關並通知申請人。」

(五) 申請更正

政府資訊公開法第 14 條第 1 項規定：「政府資訊內容關於個人、法人或團體之資料有錯誤或不完整者，該個人、法人或團體得申請政府機關依法更正或補充之。」

(六) 限制公開之資訊

政府資訊公開法第 18 條規定：「政府資訊屬於下列各款情形之一者，應限制公開或不予提供之[125]：一、經依法核定為國家機密[126]或其他

---

[125](D) 當事人或利害關係人，以主張或維護其法律上利益之必要，向行政機關申請閱卷，行政機關於何種情形下，得予拒絕之？(A)行政決定前之擬稿；(B)行政決定前之各種準備作業文件；(C)有嚴重妨礙有關社會治安、公共安全或其他公共利益之職務正常進行之虞；(D)以上皆是。

[126](B) 下列何項行政上的資訊，持有或保管之行政機關不須主動公開？(A)預算；

法律、法規命令規定應秘密事項或限制、禁止公開者。二、公開或提供有礙犯罪之偵查、追訴、執行或足以妨害刑事被告受公正之裁判或有危害他人生命、身體、自由、財產者。三、政府機關作成意思決定前，內部單位之擬稿或其他準備作業[127]。但對公益有必要者，得公開或提供之。四、政府機關為實施監督、管理、檢（調）查、取締等業務，而取得或製作監督、管理、檢（調）查、取締對象之相關資料，其公開或提供將對實施目的造成困難或妨害者。五、有關專門知識、技能或資格所為之考試、檢定或鑑定等有關資料，其公開或提供將影響其公正效率之執行者。六、公開或提供有侵害個人隱私、職業上秘密或著作權人之公開發表權者。但對公益有必要或為保護人民生命、身體、健康有必要或經當事人同意者，不在此限。七、個人、法人或團體營業上秘密或經營事業有關之資訊，其公開或提供有侵害該個人、法人或團體之權利、競爭地位或其他正當利益者。但對公益有必要或為保護人民生命、身體、健康有必要或經當事人同意者，不在此限。八、為保存文化資產必須特別管理，而公開或提供有滅失或減損其價值之虞者。九、公營事業機構經營之有關資料，其公開或提供將妨害其經營上之正當利益者。但對公益有必要者，得公開或提供之（I）。政府資訊含有前項各款限制公開或不予提供之事項者，應僅就其他部分公開或提供之（II）。」政府資訊公開法第 19 條規定：「前條所定應限制公開或不予提供之政府資訊，因情事變更已無限制公開或拒絕提供之必要者，政府機關應受理申請提供。」

(七) 程序進行中申請閱覽卷宗

除了行政機關主動公開的資訊之外，人民為了維護自己的權益，也需要得知與自己有關的相關資訊。這時候，人民可以向政府申請閱覽、抄寫、複印或攝影有關資料或卷宗，但是僅以為了主張或維護自己法律上利益有必要者為限制。若發現政府所持有的個人資料上有所錯誤，也可以要

(B)接受補助金涉及國家機密者；(C)採購契約；(D)立法院院會會議記錄。

[127](D) 依政府資訊公開法之規定，下列何者不應公開？(A)台中市政府之決算書；(B)國家通訊傳播委員會之會議紀錄；(C)中央銀行之業務統計；(D)行政院勞工委員會之會議記錄。

求政府更正。

　　雖然人民可以向政府申請相關資料，但是政府為了維護國家公益或他人權益，有的時候可以不予公開，例如：

1. 行政決定前之擬稿或其他準備作業文件。

2. 涉及國防、軍事、外交及一般公務機密而有保密必要。

3. 個人隱私、職業秘密、營業秘密而有保密必要。

4. 有侵害第三人權利之虞。

5. 嚴重妨礙有關社會治安、公共安全或其他公共利益之職務正常進行之虞。但除了保密的部分，無保密的部分，仍應准許閱覽。

　　行政程序法第 46 條和政府資訊公開法的差別，在於其乃是程序進行中，申請閱覽卷宗。而政府資訊公開法，則不需要有一個個案正在進行中，也可以申請公開。

　　行政程序法第 46 條規定：「當事人或利害關係人[128]得向行政機關申請閱覽、抄寫、複印或攝影有關資料或卷宗。但以主張或維護其法律上利益有必要者為限[129]（I）。行政機關對前項之申請，除有下列情形之一者外，不得拒絕：一、行政決定前之擬稿[130]或其他準備作業文件[131]。二、涉及國防、軍事、外交及一般公務機密，依法規規定有保密之必要者。三、涉及個人隱私、職業秘密、營業秘密，依法規規定有保密之必要者。四、有侵害第三人權利之虞者。五、有嚴重妨礙有關社會治安、公共安全或其他公共利益之職務正常進行之虞者（II）。前項第二款及第三款無保

---

[128](B) 得向行政機關申請閱覽卷宗者，限於哪些人？(A)任何人；(B)當事人或利害關係人；(C)社會公正人士；(D)學者專家。

[129](C) 關於行政程序法上當事人閱覽卷宗之權利，下列何者為非？(A)當事人申請以主張或維護其法律上利益有必要為限；(B)受申請機關認有侵害第三人權利者可以拒絕；(C)一般公務機密雖無保密必要仍應拒絕閱覽；(D)行政決定前之擬稿不得閱覽。

[130](D) 行政機關對於下列何種資訊，得拒絕當事人申請閱覽？(A)行政指導有關文書；(B)施政計畫；(C)預算決算書；(D)行政決定前之擬稿。

[131](D) 當事人或利害關係人得依行政程序法向行政機關申請閱覽卷宗，但有何種情形時，行政機關得拒絕？(A)涉及公共工程採購契約；(B)行政指導有關文書；(C)接受及支付補助金；(D)作成行政決定前之準備文件。

密必要之部分，仍應准許閱覽（III）。當事人就第一項資料或卷宗內容關於自身之記載有錯誤者，得檢具事實證明，請求相關機關更正（IV）。」

相關大法官解釋：

釋字第 319 號解釋（可以要求看自己的考卷嗎？）

「考試機關依法舉行之考試，其閱卷委員係於試卷彌封時評定成績，在彌封開拆後，除依形式觀察，即可發現該項成績有顯然錯誤者外，不應循應考人之要求任意再行評閱，以維持考試之客觀與公平。考試院於中華民國 75 年 11 月 12 日修正發布之『應考人申請複查考試成績處理辦法』，其第 8 條規定『申請複查考試成績，不得要求重新評閱、提供參考答案、閱覽或複印試卷。亦不得要求告知閱卷委員之姓名或其他有關資料』，係為貫徹首開意旨所必要，亦與典試法第 23 條關於『辦理考試人員應嚴守秘密』之規定相符，與憲法尚無牴觸。惟考試成績之複查，既為兼顧應考人之權益，有關複查事項仍宜以法律定之。」依上開解釋得知，除依形式觀察，即可發現該項成績有顯然錯誤者外，不應循應考人之要求任意再行評閱，以維持考試之客觀與公平。是以，考生除依形式觀察，即可發現該項成績有顯然錯誤者外，不可以要求看自己的考卷。

(八) 程序外接觸之禁止（關說）

為求行政程序公平、透明，避免行政機關受到不當干擾，故禁止公務員於作成行政決定前，片面與當事人接觸，也就是避免關說。但如果真有關說，則必須將相關往來的對話和文件記錄下來，並對其他當事人公開。而行政程序法第 47 條有關禁止程序外接觸之規定部分，係參考美國之立法例所制定之條文[132]。

行政程序法第 47 條規定：「公務員在行政程序中，除基於職務上之必要[133]外，不得與當事人或代表其利益之人為行政程序外之接觸（I）。公

---

[132](D) 行政程序法第 47 條有關禁止程序外接觸之規定，是參考下列哪一國家立法例所制定之條文？(A)德國；(B)法國；(C)日本；(D)美國。

[133](A) 行政程序法關於禁止公務員為程序外接觸之規定，下列敘述，何者錯誤？
(A)在行政程序中，公務員完全不得與當事人為程序外接觸；(B)在行政程序中，必要時公務員得與當事人為程序外接觸；(C)公務員為程序外之接觸時，

務員與當事人或代表其利益之人為行政程序外之接觸時，應將所有往來之書面文件附卷，並對其他當事人公開（II）[134]。前項接觸非以書面為之者，應作成書面紀錄，載明接觸對象、時間、地點及內容（III）。」

第九節　期日與期間

「期日」，乃行政機關為使當事人及其他關係人會合於一定場所而為行政程序所指定之時點。例如指定某年某月某日為聽證期日；「期間」，乃法律所規定或行政機關所設定之時間，使當事人或其他關係人向行政機關為行政程序應遵守之期限。

一、期間之計算

行政程序法第 48 條規定：「期間以時計算者，即時起算（I）。期間以日、星期、月或年計算者，其始日不計算在內[135]。但法律規定即日起算者，不在此限（II）。期間不以星期、月或年之始日起算者，以最後之星期、月或年與起算日相當日之前一日為期間之末日。但以月或年定期間，而於最後之月無相當日者，以其月之末日為期間之末日（III）。期間之末日為星期日、國定假日或其他休息日者，以該日之次日為期間之末日；期間之末日為星期六者，以其次星期一上午為期間末日（IV）。期間涉及人民之處罰或其他不利行政處分者，其始日不計時刻以一日論；其末日為星

應將所有往來文書附卷；(D)公務員為程序外接觸非以書面為之者，應作成書面紀錄。

[134](B) 甲公務員在處理乙之房屋建照申請時，因大學同學丙之邀約與乙在五星級飯店聚餐並談及建照申請事宜，則依行政程序法，甲應有何行動？(A)拒絕乙之建照申請；(B)作成書面紀錄載明與乙丙見面情事；(C)向長官口頭報告；(D)加速處理乙之建照申請。

[135](B) 以下關於行政程序中期間之計算，何者錯誤？(A)期間以時計算者，即時起算；(B)期間以日、星期、月或年計算者，其始日計算在內；(C)期間之末日為星期日、國定假日或其他休息日者，以該日之次日為期間之末日；(D)期間之末日為星期六者，以其次星期一之上午為期間末日。

期日、國定假日或其他休息日者，照計。但依第二項、第四項規定計算，對人民有利者，不在此限（V）。」行政程序法第 49 條規定：「基於法規之申請，以掛號郵寄方式向行政機關提出者，以交郵當日之郵戳為準[136]。」

二、回復原狀與處理期間 2 個月

　　行政程序法第 50 條規定（申請回復原狀）：「因天災或其他不應歸責於申請人之事由，致基於法規之申請不能於法定期間內提出者，得於其原因消滅後十日內[137]，申請回復原狀[138][139]。如該法定期間少於十日者，於相等之日數內得申請回復原狀（I）。申請回復原狀，應同時補行期間內應為之行政程序行為（II）。遲誤法定期間已逾一年者，不得申請回復原狀（III）。」行政程序法第 51 條規定：「行政機關對於人民依法規之申請，除法規另有規定外[140]，應按各事項類別，訂定處理期間公告之（I）。未

---

[136](C) 行政程序法規定，基於法規之申請，以掛號郵寄方式向行政機關提出者，應以何者為準？(A)送達日；(B)行政機關收文日；(C)交郵當日之郵戳；(D)行政機關承辦人之簽收日。

[137](C) 依行政程序法第 50 條規定，因天災或其他不應歸責於申請人之事由，致基於法規之申請不能於法定期間內提出者，得於其原因消滅後至遲幾日內，申請回復原狀？(A)3 日；(B)7 日；(C)10 日；(D)30 日。

[138](C) 依行政程序法第 50 條之規定，申請人因天災而致基於法規之申請不能於法定期間內提出者，得於其原因消滅後十日內，以下列何種方式補救？(A)聲請再審；(B)聲請非常上訴；(C)申請回復原狀；(D)訴願。

[139](D) 因天災或其他不應歸責於申請人之事由，致基於法規之申請不能於法定期間內提出者，於其原因消滅後，申請人得依法為下列何種申請，以為補救？(A)申訴；(B)訴願；(C)聲請再議；(D)回復原狀。

[140](A) 行政機關處理人民依法規提出之申請案，有關處理期間之敘述，下列何者正確？(A)有法規特別規定時，依法規之規定；(B)無法規規定時，由承辦人訂定處理期間公告；(C)未訂定處理期間者，其處理期間為三個月；(D)陰天災致事務之處理遭受阻礙時，處理期間從新起算。

依前項規定訂定處理期間者，其處理期間為二個月[141][142][143]（II）。行政機關未能於前二項所定期間內處理終結者，得於原處理期間之限度內延長之，但以一次為限（III）。前項情形，應於原處理期間屆滿前，將延長之事由通知申請人（IV）。行政機關因天災或其他不可歸責之事由，致事務之處理遭受阻礙時，於該項事由終止前，停止處理期間之進行（V）。」

第十節　費　用

行政程序採用無償主義，當事人不必負擔費用，由行政機關自行自經費中開支。只有在當事人或利害關係人利益所支出的費用或應由其負擔延滯費用，由當事人或利害關係人負擔。

一、費用負擔

行政程序法第 52 條規定：「行政程序所生之費用，由行政機關負擔[144][145]。但專為當事人或利害關係人利益所支出之費用，不在此限（I）。因可歸責於當事人或利害關係人之事由，致程序有顯著之延滯者，其因延滯所生之費用，由其負擔（II）。」

---

[141](A) 行政機關對於人民依法規之申請，除法規另有規定外，應按各事項類別，訂定處理期間公告，未依訂定處理期間者，其處理期間為：(A)二個月；(B)三個月；(C)四個月；(D)六個月。

[142](B) 行政機關對於人民依法規之申請，應按各事項類別，訂定處理期間公告之。未訂定處理期間者，依行政程序法之規定，其處理期間為：(A)一個月；(B)二個月；(C)三個月；(D)四個月。

[143](D) 行政程序法第 51 條第 2 項規定，人民依法申請案，行政機關處理期間，行政機關如未訂定處理期間公告者，其處理期間為：(A)十天；(B)二十天；(C)一個月；(D)二個月。

[144](D) 依行政程序法之規定，行政程序所生之費用，除別有特殊原因，別有規定外，原則上由何人負擔？(A)當事人；(B)利害關係人；(C)申請人；(D)行政機關。

[145](C) 行政程序所生之費用，原則上由何者負擔？(A)當事人；(B)利害關係人；(C)行政機關；(D)公益團體。

二、證人與鑑定人費用

行政程序法第 53 條規定:「證人或鑑定人得向行政機關請求法定之日費及旅費,鑑定人並得請求相當之報酬(I)。前項費用及報酬,得請求行政機關預行酌給之(II)。第一項費用,除法規另有規定外,其標準由行政院定之(III)。」

第十一節　聽證程序

聽證,是行政程序法中的核心制度,類似法庭所進行的一個公開審理的程序,是指行政機關作成行政行為之前,讓當事人知道該行政行為的內容與理由,並可以在該公開程序中,徵詢聽取當事人的意見及主張,以確保行政行為的合法與妥當。而陳述意見與聽證程序,對當事人而言,其程序保障程度以聽證程序較為優厚[146]。

一、聽證依據

行政程序法第 54 條規定:「依本法或其他法規舉行聽證時,適用本節規定[147][148]。」整部行政程序法,規定要舉行聽證的部分,有行政處分、法規命令、行政計畫三種[149]。至於其他法規,目前還比較少見需要

---

[146](B) 陳述意見與聽證程序,對當事人而言,其程序保障程度何者較為優厚?(A)陳述意見程序;(B)聽證程序;(C)兩者保障程度一樣;(D)兩者均無程序保障。

[147](C) 下列何種情況屬行政程序法規定應舉行聽證之情形?(A)行政契約之簽定程序;(B)法規命令之訂定程序;(C)行政計畫之確定程序;(D)行政指導之作成程序。

[148](B) 依行政程序法第 54 條以下關於「聽證」之規定,下列何者說明係正確?(A)行政機關未經當事人之申請,不得變更聽證期日或場所;(B)行政機關舉行聽證前,應以書面記載法定事項,並通知其當事人及其他已知之利害關係人;(C)聽證係由人民代表推舉主持人;(D)當事人於聽證時,雖得陳述意見,但不能提出證據。

[149](D) 行政程序法,規定要舉行聽證的部分,有幾種?(A)行政處分;(B)法規命令;

舉行聽證。

表 8-1　行政處分、法規命令、行政計畫聽證之比較

程序之種類 比較事項	行政處分之聽證	法規命令之聽證	行政計畫之聽證
聽證之客體	過去特定事項	未來一般事項	未來特定事項
聽證之目的	調查事實、適用法律	彙整意見	彙整意見及調和利害衝突
聽證之效力	拘束性（弱）	參考性	拘束性（強）

二、聽證應踐行之程序

(一) 通知或公告

　　聽證，有一套完整的程序。一開始先以書面通知或公告相關當事人和利害關係人，並寫明聽證開庭的日期與場所。若有需要變更聽證日期，必須有相當理由，並且還需要重新通知或公開。聽證中，由機關首長或其制定的人員擔任主持人，必要時得由律師、相關專業人員在場協助。

　　為了讓聽證順利進行，在聽證正式開始之前，可以先進行預備聽證，整理相關的爭議，提出相關的文書及證據，讓各方當事人都能夠先知道對方的主張及證據。聽證程序原則上公開，除非公開有危害公益或對當事人有嚴重影響，才允許不公開。聽證開始，先由主持人說明案由，並說明整件事情的內容要旨。然後，當事人可陳述表達意見、提出證據，若經主持人同意後，也可以對相關的公務員、證人、鑑定人、其他當事人發問。

　　行政程序法第 55 條規定：「行政機關舉行聽證前，應以書面記載下列事項，並通知當事人及其他已知之利害關係人[150]，必要時並公告之：一、聽證之事由與依據。二、當事人之姓名或名稱及其住居所、事務所或

　　(C)行政計畫；(D)以上皆是。

[150](C) 行政機關舉行聽證前，應以書面記載法定事項，並通知：(A)其他行政機關；(B)當事人；(C)當事人及其他已知之利害關係人；(D)所有人。

營業所。三、聽證之期日及場所。四、聽證之主要程序。五、當事人得選任代理人。六、當事人依第六十一條所得享有之權利。七、擬進行預備程序者,預備聽證之期日及場所。八、缺席聽證之處理。九、聽證之機關(I)。依法規之規定,舉行聽證應預先公告者,行政機關應將前項所列各款事項,登載於政府公報或以其他適當方法公告之(II)。聽證期日及場所之決定,應視事件之性質,預留相當期間,便利當事人或其代理人參與(III)。」

(二) 變更期日或場所

行政程序法第 56 條規定:「行政機關得依職權或當事人之申請,變更聽證期日或場所,但以有正當理由為限(I)。行政機關為前項之變更者,應依前條規定通知並公告(II)。」

三、聽證之進行

(一) 聽證主持人

行政程序法第 57 條規定:「聽證,由行政機關首長或其指定人員為主持人[151] [152],必要時得由律師、相關專業人員或其他熟諳法令之人員在場協助[153]之。」主持人在整個聽證程序中,有點類似法官的角色,負責主持整個程序,必須中立公正。主持人對問題有不清楚,也可以主動就事實或法律問題,詢問當事人,或要求其提出證據。主持人也可以委託相關機關為必要的調查,並通知證人或鑑定人到場,也可允許其他利害關係人參加。在聽證中,誰能發言、誰不能發言,都由主持人決定。

---

[151](A) 下列何者得擔任聽證主持人?(A)行政機關首長指定之人員;(B)當事人;(C)當事人之代理人;(D)當事人之輔佐人。

[152](B) 下列關於聽證之程序,何者錯誤?(A)聽證程序上原則上應公開以言詞為之;(B)聽證不得由行政機關內部人員(如機關首長等)擔任主持人;(C)必要時,行政機關得於聽證期日前舉行預備聽證;(D)聽證以主持人說明案由為始。

[153](B) 下列有關聽證之程序,何者有誤?(A)聽證程序原則上應公開以言詞為之;(B)聽證應由行政機關聘請律師等非體制內之專業人士為主持人;(C)必要時,行政機關得於聽證期日前舉行預備聽證;(D)聽證以主持人說明案由為始。

(二) 預備聽證

行政程序法第 58 條規定：「行政機關為使聽證順利進行，認為必要時，得於聽證期日前，舉行預備聽證（I）。預備聽證得為下列事項：一、議定聽證程序之進行。二、釐清爭點。三、提出有關文書及證據。四、變更聽證之期日、場所與主持人（II）。預備聽證之進行，應作成紀錄（III）[154]。」

(三) 公開與言詞聽證原則

行政程序法第 59 條規定：「聽證，除法律另有規定外，應公開以言詞為之（I）。有下列各款情形之一者，主持人得依職權或當事人之申請，決定全部或一部不公開：一、公開顯然有違背公益之虞者[155]。二、公開對當事人利益有造成重大損害之虞者（II）。」

四、聽證的開始

(一) 主持人說明案由

行政程序法第 60 條規定：「聽證以主持人說明案由為始（I）[156][157]。聽證開始時，由主持人或其指定之人說明事件之內容要旨（II）。」

---

[154] (D) 行政機關為使聽證順利進行，認為必要時，得於聽證期日前，舉行預備聽證。下列有關預備聽證之敘述，何者為不正確？(A)議定聽證程序之進行；(B)先釐清爭點；(C)變更聽證之期日、場所與主持人；(D)得視情況不必做成紀錄。

[155] (A) 聽證，除法律另有規定外，應公開以言詞為之。有何種情形下，主持人得依職權或當事人之聲請，決定一部分或全部不公開？(A)公開顯然有違背公益之虞者；(B)公開對當事人利益未有造成重大損失者；(C)公開對第三人利益未造成重大損失者；(D)公開對行政機關未造成重大損失者。

[156] (A) 下列有關於聽證程序之敘述，何者錯誤？(A)聽證，應由當事人之意見陳述開始；(B)聽證，除有法律另有規定外，應公開以言詞為之；(C)主持人必須本中立公正之立場主持聽證；(D)當事人認為主持人於聽證程序進行中所為之處置違法或不當者，得即時聲明異議。

[157] (C) 聽證之開始，下列何者正確？(A)依當事人之請求時；(B)依利害關係人之請求時；(C)主持人說明案由時；(D)依第三人之請求時。

(二) 當事人陳述意見、提出證據與發問權

行政程序法第 61 條規定：「當事人於聽證時，得陳述意見、提出證據，經主持人同意後並得對機關指定之人員、證人、鑑定人、其他當事人或其代理人發問。」

(三) 主持聽證

行政程序法第 62 條規定：「主持人應本中立公正之立場，主持聽證（I）。主持人於聽證時，得行使下列職權：一、就事實或法律問題，詢問當事人、其他到場人，或促其提出證據。二、依職權或當事人之申請，委託相關機關為必要之調查。三、通知證人或鑑定人到場。四、依職權或申請，通知或允許利害關係人參加聽證。五、許可當事人及其他到場人之發問或發言。六、為避免延滯程序之進行，禁止當事人或其他到場之人發言；有妨礙聽證程序而情節重大者，並得命其退場。七、當事人一部或全部無故缺席者，逕行開始、延期或終結聽證。八、當事人曾於預備聽證中提出有關文書者，得以其所載內容視為陳述。九、認為有必要時，於聽證期日結束前，決定繼續聽證之期日及場所。十、如遇天災或其他事故不能聽證時，得依職權或當事人之申請，中止聽證。十一、採取其他為順利進行聽證所必要之措施（II）。主持人依前項第九款決定繼續聽證之期日及場所者，應通知未到場之當事人及已知之利害關係人（III）。」

(四) 聲明異議

行政程序法第 63 條規定：「當事人認為主持人於聽證程序進行中所為之處置違法或不當者，得即時聲明異議（I）[158]。主持人認為異議有理由者，應即撤銷原處置，認為無理由者，應即駁回異議（II）。」

若當事人對主持人主持的程序、拒絕當事人陳述意見、拒絕當事人閱覽卷宗、拒絕公開資訊等之決定有意見，可以聲明異議，惟僅得於對實體決定聲明不服時一併聲明，主持人當場作出裁決，但得強制執行之決

---

[158](B) 當事人認為主持人於聽證程序進行中所為之處置違法或不當者，應如何加以救濟？(A)提起訴願；(B)即時聲明異議；(C)即時提出抗告；(D)提起申訴。

定，不在此限。聽證最後必須作成紀錄，讓當事人核對。等到各方都把法律、事實澄清之後，案件夠成熟可以決定了，主持人就可以終結聽證。然後由行政機關作成決定。

(五) 聽證紀錄

行政程序法第 64 條規定：「聽證，應作成聽證紀錄（I）。前項紀錄，應載明到場人所為陳述或發問之要旨及其提出之文書、證據，並記明當事人於聽證程序進行中聲明異議之事由及主持人對異議之處理（II）。聽證紀錄，得以錄音、錄影輔助之（III）。聽證紀錄當場製作完成者，由陳述或發問人簽名或蓋章；未當場製作完成者，由主持人指定日期、場所供陳述或發問人閱覽，並由其簽名或蓋章（IV）。前項情形，陳述或發問人拒絕簽名、蓋章或未於指定日期、場所閱覽者，應記明其事由（V）。陳述或發問人對聽證紀錄之記載有異議者，得即時提出。主持人認異議有理由者，應予更正或補充；無理由者，應記明其異議（VI）。」

五、終結聽證與再為聽證

行政程序法第 65 條規定：「主持人認當事人意見業經充分陳述，而事件已達可為決定之程度者，應即終結聽證。」行政程序法第 66 條規定：「聽證終結後，決定作成前，行政機關認為必要時，得再為聽證。」

第十二節　送　達

送達，又稱書面通知，即由行政機關依職權為之，且具確實性與安全性特別保障而能使當事人或其他關係人知悉文書內容機會之通知行為。

一、職權送達

行政程序法第 67 條規定：「送達，除法規另有規定外，由行政機關依職權為之。」

所謂送達就是說相關的行政文件，一定要送到當事人手上，才會開

始發生效力。尤其是行政處分，一定要送達到被處分人的手上，才有效力。送達的方法，可以行政機關自行送達，也可以透過郵局送達，若受送達者拒絕領受，可以將文件留置在送達處所。若不知道當事人的地址，可以用「公示送達」的方式，也就是登報公告，算是送達。

二、送達之方式與送達人

行政程序法第 68 條規定：「送達由行政機關自行或交由郵政機關送達（I）。行政機關之文書依法規以電報交換、電傳文件、傳真或其他電子文件行之者，視為自行送達（II）。由郵政機關送達者，以一般郵遞方式為之[159]。但文書內容對人民權利義務有重大影響者，應為掛號（III）。文書由行政機關自行送達者，以承辦人員或辦理送達事務人員為送達人；其交郵政機關送達者，以郵務人員為送達人（IV）。前項郵政機關之送達準用依民事訴訟法施行法第三條訂定之郵政機關送達訴訟文書實施辦法（V）。」

---

[159](C) 依行政程序法之規定，下列關於行政文書送達之敘述，何者錯誤？(A)送達，原則上由行政機關依職權為之；(B)送達由行政機關自行或交由郵政機關送達；(C)由郵政機關送達者，均應為掛號；(D)行政機關依法規得以傳真或其他電子郵件方式送達。

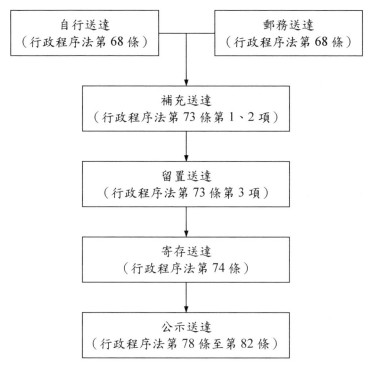

圖 8-3　送達方式

三、對無行為能力、機關、法人、非法人團體送達

　　行政程序法第 69 條規定：「對於無行政程序之行為能力人為送達者，應向其法定代理人為之（I）。對於機關、法人或非法人之團體為送達者，應向其代表人或管理人為之（II）[160]。法定代理人、代表人或管理人有二人以上者，送達得僅向其中之一人為之（III）[161]。無行政程序之行

---

[160] (C) 對於機關、法人或非法人之團體為送達時，應向何人送達？(A)法定代理人；(B)本人；(C)代表人或管理人；(D)負責人。

[161] (D) 依行政程序法規定之送達，下列之敘述，何者正確？(A)送達，除法規另有規定外，由行政機關一當事人申請為之；(B)由郵政機關送達者，皆應為掛號；(C)文書由行政機關自行送達者，以行政機關為送達人；其交郵政機關送達者，以郵政機關為送達人；(D)法定代理人、代表人或管理人有二人以上者，

為能力人為行政程序之行為，未向行政機關陳明其法定代理人者，於補正前，行政機關得向該無行為能力人為送達（IV）[162]。」

四、對外國人送達

行政程序法第 70 條規定：「對於在中華民國有事務所或營業所之外國法人或團體為送達者，應向其在中華民國之代表人或管理人為之（I）。前條第三項規定，於前項送達準用之（II）。」

五、對代理人送達

行政程序法第 71 條規定：「行政程序之代理人受送達之權限未受限制者，送達應向該代理人為之。但行政機關認為必要時，得送達於當事人本人。」

六、送達處所

行政程序法第 72 條規定：「送達，於應受送達人之住居所、事務所或營業所為之。但在行政機關辦公處所或他處會晤應受送達人時，得於會晤處所為之（I）。對於機關、法人、非法人之團體之代表人或管理人為送達者，應向其機關所在地、事務所或營業所行之。但必要時亦得於會晤之處所或其住居所行之（II）。應受送達人有就業處所者，亦得向該處所為送達（III）。」

送達得僅向其中之一人為之。

[162](A) 下列何者屬於合法之送達？(A)無行政程序之行為能力人為行政程序之行為，未向行政機關陳明其法定代理人者，於補正前，行政機關得向該無行為能力人為送達；(B)對於在中華民國有事務所或營業所之外國法人或團體為送達時，向其外國之代表人或管理人送達；(C)送達人於應送達處所不獲會晤應受送達人時，將文書付與來探訪應受送達人之親戚；(D)送達人於應送達處所不獲會晤應受送達人時，將文書付與臨時打掃之清潔工。

七、補充送達與留置送達

行政程序法第 73 條規定：「於應送達處所不獲會晤應受送達人時，得將文書付與有辨別事理能力之同居人、受雇人或應送達處所之接收郵件人員（I）[163]。前項規定於前項人員與應受送達人在該行政程序上利害關係相反者，不適用之（II）。應受送達人或其同居人[164]、受雇人、接收郵件人員無正當理由拒絕收領文書時，得將文書留置於應送達處所[165]，以為送達（III）[166]。」

八、寄存送達

行政程序法第 74 條規定：「送達，不能依前二條規定為之者，得將文書寄存送達地之地方自治或警察機關，並作送達通知書兩份，一份黏貼於應受送達人住居所、事務所、營業所或其就業處所門首，另一份交由鄰居轉交或置於該送達處所信箱或其他適當位置，以為送達（I）。前項情形，由郵政機關為送達者，得將文書寄存於送達地之郵政機關（II）。寄存機關自收受寄存文書之日起，應保存三個月（III）。」

---

[163] (A) 送達人員於送達住所不獲會晤應受送達人時，得將文書交付給下列何種身分之人以為合法之送達？(A)送達住所之接收郵件人員；(B)尚未就讀小學之同居幼兒；(C)住於隔壁之鄰居；(D)應送達地方之村里長。

[164] (C) 送達文書時，應受送達人恰好不在家，依行政程序法規定，得將文書交給下列何人？(A)鄰居；(B)朋友；(C)有辦理事理能力之同居人；(D)五歲女兒。

[165] (B) 應受送達人無正當理由拒絕受領送達文書時，依行政程序法之規定，應將為書作何種處理？(A)退回；(B)留置於應受送達處所；(C)公示送達；(D)刊登新聞紙以代替送達。

[166] (B) 應受送達人或其同居人、受雇人、接受郵件人員無正當理由拒絕收領文書時，得將文書留置於應送達處所，以為送達。此為何種送達之形式？(A)補充送達；(B)留置送達；(C)寄存送達；(D)公示送達。

九、對不特定人送達

行政程序法第 75 條規定：「行政機關對於不特定人之送達[167]，得以公告或刊登政府公報或新聞紙代替之[168]。」

十、通知當事人

行政程序法第 77 條規定：「送達係由當事人向行政機關申請對第三人為之者，行政機關應將已為送達或不能送達之事由，通知當事人。」

十一、公示送達理由

行政程序法第 78 條規定：「對於當事人之送達，有下列各款情形之一者，行政機關得依申請，准為公示送達：一、應為送達之處所不明者[169]。二、於有治外法權人之住居所或事務所為送達而無效者。三、於外國或境外為送達，不能依第八十六條之規定辦理或預知雖依該規定辦理而無效者（I）。有前項所列各款之情形而無人為公示送達之申請者，行政機關為避免行政程序遲延，認為有必要時，得依職權命為公示送達（II）。當事人變更其送達之處所而不向行政機關陳明，致有第一項之情形者，行政機關得依職權命為公示送達（III）。」

十二、公示送達方式

行政程序法第 79 條規定：「依前條規定為公示送達後，對於同一當事人仍應為公示送達者，依職權為之。」

---

[167](D) 行政機關對於不特定人之送達，不得以下列何種方式為之？(A)刊登政府公報；(B)公告；(C)刊登新聞紙；(D)公示送達。

[168](D) 行政程序法有關如何公示送達，下列敘述何者不正確？(A)行政機關對於不特定之送達，得以公告或刊登政府公報為之；(B)應為送達之處所不明者，得公示送達；(C)於有治外法權人之住居所或事務所為送達而無效者，得公示送達；(D)行政機關為達行政效率起見，得依職權為公示送達。

[169](A) 依行政程序法，對當事人之送達，如應為送達之處所不明者，行政機關得為：(A)公示送達；(B)留置送達；(C)寄存送達；(D)電子送達。

行政程序法第 80 條規定：「公示送達應由行政機關保管送達之文書，而於行政機關公告欄黏貼公告，告知應受送達人得隨時領取；並得由行政機關將文書或其節本刊登政府公報或新聞紙。」

十三、公示送達生效日

行政程序法第 81 條規定：「公示送達自前條公告之日起，其刊登政府公報或新聞紙者，自最後刊登之日起，經二十日發生效力；於依第七十八條第一項第三款為公示送達者，經六十日發生效力。但第七十九條之公示送達，自黏貼公告欄翌日起發生效力。」

行政程序法第 82 條規定：「為公示送達者，行政機關應製作記載該事由及年、月、日、時之證書附卷。」

十四、代收人

行政程序法第 83 條規定：「當事人或代理人經指定送達代收人，向行政機關陳明者，應向該代收人為送達（I）。郵寄方式向行政機關提出者，以交郵地無住居所、事務所及營業所者，行政機關得命其於一定期間內，指定送達代收人（II）。如不於前項期間指定送達代收人並陳明者，行政機關得將應送達之文書，註明該當事人或代理人之住居所、事務所或營業所，交付郵政機關掛號發送，並以交付文書時，視為送達時（III）。」

十五、特殊人送達

行政程序法第 86 條規定：「於外國或境外為送達者，應囑託該國管轄機關或駐在該國之中華民國使領館或其他機構、團體為之（I）。不能依前項規定為送達者，得將應送達之文書交郵政機關以雙掛號發送，以為送達，並將掛號回執附卷（II）。」

行政程序法第 87 條規定：「對於駐在外國之中華民國大使、公使、領事或其他駐外人員為送達者，應囑託外交部為之。」

行政程序法第 88 條規定：「對於在軍隊或軍艦服役之軍人為送達

者，應囑託該管軍事機關或長官為之。」

行政程序法第 89 條規定：「對於在監所人為送達者，應囑託該監所長官[170]為之。」行政程序法第 90 條規定：「於有治外法權人之住居所或事務所為送達者，得囑託外交部[171]為之。」

十六、送達時間

行政程序法第 84 條規定：「送達，除第六十八條第一項規定交付郵政機關或依第二項之規定辦理者外，不得於星期日或其他休息日或日出前、日沒後為之。但應受送達人不拒絕收領者，不在此限。」送達，原則上送達應於日出後到日沒前為之[172]。

十七、送達證書

行政程序法第 76 條規定：「送達人因證明之必要，得製作送達證書，記載下列事項並簽名：一、交送達之機關。二、應受送達人。三、應送達文書之名稱。四、送達處所、日期及時間。五、送達方法（I）。除電子傳達方式之送達外，送達證書應由收領人簽名或蓋章；如拒絕或不能簽名或蓋章者，送達人應記明其事由（II）。送達證書，應提出於行政機關附卷（III）。」

十八、送達報告書

行政程序法第 85 條規定：「不能為送達者，送達人應製作記載該事

---

[170](D) 關於囑託送達，下列何者不正確？(A)於外國為送達者，應囑託該國管轄機關為之；(B)對於駐外使節為送達者，應囑託外交部為之；(C)對於艦上服役軍人為送達這，應囑託該管軍事機關為之；(D)對於在監服刑人為送達者，應囑託法務部為之。

[171](C) 於有治外法權人之住居所或事務所為送達者，得囑託何機關為之？(A)國防部；(B)新聞局；(C)外交部；(D)交通部。

[172](D) 原則上送達應於下列哪一種時間為之？(A)國定假日；(B)星期日；(C)日出前與日沒後；(D)日出後到日沒前。

由之報告書，提出於行政機關附卷，並繳回應送達之文書。」

行政程序法第 91 條規定：「受囑託之機關或公務員，經通知已為送達或不能為送達者，行政機關應將通知書附卷。」

十九、程序事項不服

行政程序法第 174 條規定：「當事人或利害關係人不服行政機關於行政程序中所為之決定或處置，僅得於對實體決定聲明不服時一併聲明之（立基於程序經濟之考量）[173]。但行政機關之決定或處置得強制執行或本法或其他法規另有規定者，不在此限。」

作者小叮嚀

　　本章行政程序法之相關規定，大多數為程序的技術事項，因此考試準備上必須熟悉法條內容。本章命題焦點為：行政程序的功能與一般原則，如：職權進行主義、自由心證主義、當事人參與原則、效能原則；行政程序中當事人，當事人能力、程序行為能力；行政程序適用範圍、適用機關，例外不適用之事項；程序的開始與終結採職權發動主義；公務員自行迴避與申請迴避事由；調查證據的方法；資訊公開及閱覽卷宗的權利與例外規定；聽證程序；各種送達方式等。

---

[173](D) 下列何項行政程序之規定，主要是立基於程序經濟之考量？(A)非授益行政處分作成前，應給予相對人陳述意見之機會；(B)禁止行政機關與當事人為程序外之接觸；(C)當事人並未課予協力調查證據之程序上義務；(D)當事人不服行政機關之程序行為者，應於對實體決定聲明不服時一併聲明之。

第九章　行政處分

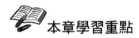

本章學習重點

1. 行政處分的界定。
2. 行政處分的種類。
3. 行政處分之附款。
4. 作成行政處分之程序。
5. 行政處分之瑕疵與效力。

第一節　行政處分之意義

一、定義

　　行政處分可以分為兩種，一種是具體行政處分，一種則是一般處分。具體行政處分，係指行政機關就公法上具體事件所為之決定或其他公權力措施，而對外直接發生法律效果之單方行政行為（行政機關單方意思表示而生效，與行政契約須締約雙方意思表示一致[1]，兩者有所不同）；而一般處分則指：其決定或措施之相對人雖非特定，而依一般性特徵可得確定其範圍者，為一般處分。有關公物之設定（指定建築物列入古蹟保護）、變更（如都市計畫因定期通盤檢討所為之變更）[2]、廢止或其一般使

---

[1] (A) 關於行政處分與行政契約之異同，下列何者正確？(A)行政處分因行政機關單方意思表示而生效，行政契約須締約雙方意思表示一致，始能生效；(B)行政處分之無效原因，準用民法之規定，行政契約之無效原因基於契約條款而定；(C)行政處分之效力不得由行政機關片面終止，行政契約之效力得由行政機關隨意片面終止；(D)行政處分不得違反不當連結禁止原則，基於契約自由原則，行政契約不受該原則拘束。

[2] (C) 下列何種行政行為為行政處分？(A)土地現值公告；(B)地方行政機關對公有停車場利用人所為之停車費繳納催繳通知；(C)都市計畫因定期通盤檢討所為之

用者，亦同。行政處分之法律規定：

(一) 訴願法第 3 條之規定

本法所稱行政處分，係指中央或地方機關就公法上具體事件所為之決定[3]或其他公權力措施而對外直接發生法律效果之單方行政行為。

前項決定或措施之相對人雖非特定，而依一般性特徵可得確定其範圍者，亦為行政處分。有關公物之設定、變更、廢止或一般使用者，亦同。

(二) 行政程序法第 92 條之規定

本法所稱行政處分，係指行政機關就公法上具體事件所為之決定[4]或其他公權力措施而對外直接[5]發生法律效果之單方行政行為。前項決定或措施之相對人雖非特定[6][7]，而依一般性特徵可得確定其範圍者，為一般處分，適用本法有關行政處分之規定。有關公物之設定、變更、廢止或其

變更；(D)行政機關答覆人民法令疑義申請之解釋。

[3]　(C) 下列何者是行政處分？(A)監察機關行使彈劾權；(B)總統之赦免罪犯；(C)河川地之使用，經主管機關許可；(D)行政機關函復人民，其合作社社員資格之有關法規規定。

[4]　(B) 依據行政程序法第 92 條之規定，下列何者為行政處分？(A)機關發布空氣污染警報；(B)行政機關核發建築許可執照；(C)環境影響評估委員會之報告；(D)土地徵收之補償協議。

[5]　(C) 下列何者非行政處分之特徵？(A)係行政機關就公法上事件所為之決定；(B)係行政機關就具體事件所為之決定；(C)係行政機關所為對外間接發生法律效果之行政行為；(D)係行政機關所為之單方行政行為。

[6]　(B) 依據行政程序法第 92 條，一般處分與行政處分最大的區別何在？(A)事實具體與否；(B)處分相對人特定與否；(C)受法律保留拘束與否；(D)相對人可否提起救濟。

[7]　(C) 一般處分與行政處分之主要區別，在於：(A)一般處分不屬於行政處分而係法規命令；(B)一般處分之內容係一般、抽象，而行政處分則係具體、確定；(C)一般處分之相對人係雖非特定但人數可得確定，行政處分則為特定；(D)一般處分原則上係反覆實施，行政處分則為一次完成。

一般使用者，亦同。

二、行政處分之要素

「行政處分」者，乃行政機關在行政法上，為規制具體事件，以直接對外發生法律效果為目的，所為之單方公權力措施。因此，行政處分必須具備下列之概念要素，有外部行為、行政機關、公權力、單方性、個別性、直接發生法律效果等等，如下述：

(一) 行為

民法上的法律行為，必須以意思表示為要素。而行政處分的行為，就是行政機關在公法上的意思表示。行政程序法第 92 條中提到的「所為之決定或其他公權力措施」，就是一種意思表示，但並不限於這兩種意思表示。但如果行政機關有行為，卻欠缺意思表示之特徵，則僅為事實行為，或為認知表示或觀念通知。

另外，現代因為科技發達，有些行政處分是由電腦自動機器大量作成，稱為「行政製成品」。雖然是由機器作成，但仍然具有意思表示，而認為具備行為的條件，為合法之行政處分。我國行政程序法第 96 條第 1 項第 4 款：「但以自動機器作成之大量行政處分，得不經署名，以蓋章為之。」即承認這種行政處分。

(二) 行政機關

行政處分係由行政機關作成：所謂之「行政機關」，係指一切依據組織法規之規定，能獨立對外，按照公法之標準執行行政任務之機構。不僅原屬行政系統之中央及地方機關，為行政機關。凡在組織上具有獨立性，而受託付執行行政任務之機關，亦皆為行政機關，不以隸屬於行政系統者為限。非由行政系統之行政機關所為之行政處分，在法律救濟上容或有特別規定，不適用一般之訴願及行政訴訟，但並不影響其為行政處分之本質。反之，雖隸屬於行政系統，但僅為行政之內部單位，不能獨立對外之組織（例如財政部賦稅署），則非此處所謂之行政機關。

(三) 公權力（參見釋字第 423 號解釋）

行政處分為行政機關之公權力規制措施：

1. 行政處分為行政機關之公權力規制措施，亦即根據公法所為之規制措施。行政機關，不僅在外觀上具有處理行政事務之公權力，並且以行使公權力之意思而作成之規制，如具備行政處分之其他要件，即為行政處分。行政機關實際上雖無作成該規制所須之公權力，亦仍可作成行政處分，惟因欠缺所需之權限，而為有瑕疵之行政處分，並視瑕疵之嚴重程度為無效或可得而撤銷。

2. 行政機關在行政法上所為之意思表示，而非行使公權力者，並非行政處分。例如，在公行政與人民之公法債務關係上，行政機關與人民皆有行使抵銷權之可能，在行政機關與人民之行政契約法律關係中，行政機關與人民亦皆可能行使解除權。抵銷或解除之表示，為公法上之意思表示，其性質不因由行政機關或人民為之，而有不同。行政機關所為之抵銷或解除，性質上雖為公法意思表示，但非在於行使公權力，應非行政處分。

3. 行政機關所為之各種私法法律行為，例如終止私法之租賃契約、公共營建工程之發包，皆非行政處分。行政私法之措施，亦屬行政機關之私法行為，不得以行政處分之形式為之。於核准補助或許可使用公共設施時，如採用所謂之「二階段理論」，則在第一階段所為是否發給補助或許可使用之決定，為行政處分，至於第二階段之如何進展，則為私法性質之行為。

4. 行政處分係行政機關所為之行政法規制措施。行政機關所為之憲法上行為，例如行政院院長及各部會首長之任免，行政院對法律案、大赦案、媾和案、條約案及其他重要事項之議決，對總統所公布法律與命令之副署，法務部依赦免法第 6 條為特赦、減刑或復權之審議，皆為所謂之「統治行為」，並非行政處分。

(四) 單方性

行政機關單方之意思決定或措施即可獨立拘束相對人，無須相對人

之允許、要約或承認，例如稅之課徵[8]、兵役之徵集等。

(五) 個別性

行政處分係對具體的（個別的）事件為處置之行為。例如核發執照、開罰單，乃針對已存在之具體之個案為規制。其與法規命令係對抽象、一般性案件為規範不同。就相對人而言，行政處分之相對人為特定或可得確定之多數人（一般處分），法規命令之相對人為不特定人、一般人[9]。前述行政處分中之一般處分，是事件屬具體，但在決定或措施作成時，相對人尚不能完全確定，但依一般性特徵可得確定其範圍者屬之[10]。一般處分依其規律之對象可區分二者：

1. 對人之一般處分

即相對人雖非特定，但依一般特徵可得確定其範圍之行政處分。所謂依一般性特徵而確定其範圍之人所為之處分[11] [12]，可稱為與人有關之一般處分[13]，其相對人為確定或可得確定之多數人[14]，作為行政處分內容之

---

[8] (D) 稅捐機關對納稅義務人所為之稅捐之核課決定，屬於：(A)行政契約；(B)行政命令；(C)事實行為；(D)行政處分。

[9] (C) 下列何者非屬行政程序法第 92 條所規定之「一般處分」？(A)交通警察以手勢指揮交通；(B)將雙向道之道路改為單行道；(C)警察將違規停放車輛移置到適當場所；(D)國慶日將總統府週邊道路封閉進行交通管制。

[10] (C) 行政機關之決定或措施之相對人雖非特定，而依一般性特徵可得確定其範圍者，為下列何者？(A)法規命令；(B)行政規則；(C)一般處分。(D)行政處分。

[11] (A) 以下何者乃一般處分之特徵？(A)其相對人並非特定但得確定其範圍；(B)未對外直接發生法律效果；(C)非針對具體事件所為；(D)不限於公法上具體事件。

[12] (C) 下列何種行政行為不屬「一般處分」？(A)將雙向道之道路改為單行道；(B)對新道路之開放通車之剪綵；(C)警察對可疑為違規之色情營業場所進行突擊檢查；(D)警察命令違反集會遊行法之人群解散。

[13] (B) 具體公權力之決定或措施之相對人雖非特定，而依一般性特徵可得確定其範圍者，法律性質為何？(A)法律；(B)一般處分；(C)一般命令；(D)職權命令。

[14] (C) 行政機關對於都市計畫之個別變更，如直接限制一定區域內人民之權利、利益或增加其負擔，在性質上屬於：(A)行政命令；(B)行政規則；(C)行政處分；(D)行政事實行為。

事實關係具體而明確[15] [16]，例如警察以手勢[17]或號誌[18]指揮車輛之駕駛人
（但是對於車輛所為之測速照相行為不屬於行政處分[19]）等、地層危險而
命令住戶立刻遷移、對於參與某一示威活動之多數人命令解散[20]等。

2. 對物之一般處分

即有關公物之設定、變更或廢止及其一般使用之行政處分[21]。規定物
之公法性質或法律狀態的一般處分（公物之設定）：有關公物之設定[22]、
變更[23]、廢止[24]，例如道路用地設定或廢止、高速公路之調撥車道、雙向
道改為單行道、古蹟之指定[25]、指定私有通路為公眾通行道路之處分、公

---

[15] (D) 警察分局長舉牌命令未經許可而聚集之群眾解散。此警察行為之性質為：
(A)行政命令；(B)行政指導；(C)對物的一般處分；(D)對人的一般處分。

[16] (C) 下列何者並非所謂「一般處分」？(A)命參與某非法集會之多數人解散之處
分；(B)命土石流警戒區之村民撤離之處分；(C)行政機關對於數遺產繼承人課
徵遺產稅之處分；(D)指定私有通路為公眾通行道路之處分。

[17] (D) 交通警察以手勢指揮交通，其法律性質為何？(A)行政規則；(B)事實行為；
(C)行政指導；(D)行政處分。

[18] (B) 下列何者屬於行政處分？(A)車輛肇事責任鑑定委員會之鑑定報告；(B)十字路
口之交通號誌顯示之燈號；(C)上級公務員對所屬公務員所為之工作指示；
(D)拆除違章建築之行為。

[19] (D) 下列何者不屬於行政處分？(A)建設局核發的建築物使用執照；(B)交通警察的
指揮手勢；(C)十字路口的紅綠燈；(D)對於車輛所為之測速照相行為。

[20] (C) 下列何者屬發生法律效果之行為？(A)香菸盒上之警語；(B)全民健保之宣導；
(C)集會遊行下令解散；(D)氣象報告之行為。

[21] (A) 行政程序法第 92 條第 2 項後段規定對物之一般處分，亦包括公物之設定、變
更、廢止，以及：(A)公物之一般使用；(B)公物之特別使用；(C)公物之許可
使用；(D)公物之私法使用。

[22] (C) 公物之設定行為係屬下列何種行政行為？(A)行政內部行為；(B)行政事實行
為；(C)行政處分；(D)法規命令。

[23] (B) 更改街道名稱之性質為：(A)事實行為；(B)一般處分；(C)行政契約；(D)行政
指導。

[24] (B) 公物之廢止行為在行政程序法上屬於：(A)行政命令；(B)行政處分；(C)行政
計畫；(D)行政指導。

[25] (B) 下列何者屬於一般處分？(A)補稅通知單；(B)古蹟之指定；(C)入學申請許

告水源區之保護、公告橋梁之開放[26]、土地之登記行為[27]。

(六) 直接對外發生法律效果

所謂對外直接發生法律效果，係指行政處分之內容，即公權力之決定或措施，對作成處分機關以外之人（包括相對人及第三人）之權利、義務、法律地位或法律上利益直接發生得、喪、變動或造成影響之結果而言。如未具有此外部效果，則僅屬行政機關之內部表示，或屬一種觀念通知，或屬一種事實行為而已。此外，行政機關作成對公務員身分或權益包括職位、官等、級俸及退休金、福利金等公法上金錢給付請求權有重大影響之決定者[28]，既對該公務員個人權益發生影響，自屬對外直接發生法律效果，亦應屬行政處分。又行政處分所用以直接發生之法律效果，不以公法之法律效果為限[29][30]。行政機關行使公權力所為之決定，直接發生私法之法律效果者，亦為行政處分。例如，因主管機關之核准，設立私法人（民法§30），而取得專利權、商標權、水權，或土地之登記行為[31]等。此等行政處分之作用，在於形成私法之法律關係，學理上稱之為「私法形成之行政處分」。

可；(D)建築許可。

[26] (C) 某地方政府將建造完成之陸橋提供公用行為之法律性質為何？(A)事實行為；(B)行政命令；(C)一般處分；(D)行政指導。

[27] (B) 下列何者為行政處分？(A)司法審判行為；(B)土地登記行為；(C)防治犯罪宣導行為；(D)行政機關間之會簽意見。

[28] (D) 對公務員身分或權益包括職位、官等、級俸及退休金、福利金等公法上金錢給付請求權有重大影響之決定，該處分之性質為：(A)行政命令；(B)行政內部組織行為；(C)行政契約；(D)行政處分。

[29] (C) 下列何者非行政處分概念之特徵？(A)由行政機關作成；(B)就具體事件；(C)發生公法上法律效果；(D)單方行政行為。

[30] (D) 下列何者不屬於行政處分之特性？(A)除有無效之原因外，其效力不因其瑕疵而受影響；(B)具有存續力；(C)不以書面之方式為必要；(D)不發生公法以外之效果。

[31] (B) 下列何者為行政處分？(A)司法審判行為；(B)土地登記行為；(C)防治犯罪宣導行為；(D)行政機關間之會簽意見。

　　綜上所述，必須符合前揭所述幾項要素，如外部行為、行政機關、公權力、單方性、個別性、直接發生法律效果等等，即為行政處分。例如：准許新藥上市[32]、土地登記行為、交通警察責令商家清除占有道路之物品[33]、國立大學將連續二學期成績未達二分之一及格分數者予以退學[34]、水權許可、拒絕簽證、營業許可[35]、兵役徵集、准許餐廳營業、闖紅燈開單科罰鍰[36]、對道路實施交通尖峰時間之調撥車道、建築物古蹟之指定[37] [38]……等等，都是行政處分。

三、法規命令與行政處分之區別

　　法規命令與行政處分之區別，用一表格來加以說明，如表 9-1 所示。

---

[32] (C) 下列何者為行政處分？(A)農產品行情報導；(B)節育宣傳；(C)准許新藥上市；(D)租用辦公大樓。

[33] (B) 下列何者屬於行政處分？(A)交通局鋪設跳動路面；(B)交通警察責令商家清除占有道路之物品；(C)行政院環境保護署宣導垃圾分類；(D)警察機關與受警械擊傷之被害人簽署賠償協議書。

[34] (D) 下列何者屬於行政處分？(A)行政院發函要求各縣市政府應注意禽流感疫情之防範；(B)行政院勞工委員會修正勞動基準法施行細則；(C)中央氣象局發布陸上颱風警告；(D)國立大學將連續二學期成績未達二分之一及格分數者，予以退學。

[35] (D) 下列何者不是行政處分？(A)水權許可；(B)拒絕簽證；(C)營業許可；(D)就業指導。

[36] (B) 下列何種行為不屬於行政處分？(A)徵甲當兵；(B)制定攤販管理辦法；(C)准乙之餐廳營業；(D)處罰丙闖紅燈。

[37] (D) 下列何種行為並非屬於「行政處分」？(A)就某建築指定古蹟；(B)對道路實施交通尖峰時間之調撥車道；(C)道路交通違規的罰單；(D)對於違反道路交通管理處罰條例之情形，主管機關訂定「統一裁罰標準」。

[38] (D) 就行政程序法之規定，下列對行政處分成立要件之敘述，何者錯誤？(A)行政機關所為；(B)對公法上具體事件所為；(C)對外產生法效；(D)雙方行政行為。

表 9-1　法規命令與行政處分之區別表

區別	行政處分	法規命令
規範對象不同	為特定人或可確定範圍之多數人	為不特定之人
規範事項不同	為具體之事件	為一般（抽象）之事件
持續性不同	一次完成	反覆實施
效力不同	效力較低	效力較高
效果不同	對外人民直接發生法律效果（屬動態性質）	不直接發生法律效果（屬靜態性質）

四、行政處分、一般處分、法規命令之區別

行政處分、一般處分、法規命令之區別，用一表格來加以說明，如表 9-2 所示。

表 9-2　行政處分、一般處分、法規命令之區別表

類別 ＼ 特徵	內容	相對人（對象）	持續性
行政處分	具體、確定	特定	一次完成
一般處分	具體、確定	不特定但可得確定	一次完成
法規命令	抽象、一般	不特定	反覆實施

五、公告之法律性質

表 9-3　公告之法律性質區分表

主管機關對水道治理計畫線或堤防預定內土地報請上級核定公告	一般處分
衛生署宣布 SARS 列為法定傳染病，翌日已公布方式	法規命令
台北市政府在市府公報刊登一則台北市立圖書館開放時間公告，其內容為自 93 年 1 月 1 日起，每週一下午暫停開放	一般處分
翡翠水庫集水區石碇鄉璧山、永安、格投三村遷村作業實施計畫之公布	行政命令

六、相關之大法官解釋

(一) 釋字第 423 號解釋

「行政機關行使公權力,就特定具體之公法事件所為對外發生法律上效果之單方行政行為[39],皆屬行政處分,不因其用語、形式以及是否有後續行為或記載不得聲明不服之文字而有異。若行政機關以通知書名義製作,直接影響人民權利義務關係,且實際上已對外發生效力者,如以仍有後續處分行為,或載有不得提起訴願,而視其為非行政處分,自與憲法保障人民訴願及訴訟權利之意旨不符。行政法院 48 年判字第 96 號判例僅係就訴願法及行政訴訟法相關規定,所為之詮釋,與憲法尚無牴觸。

空氣污染防制法第 23 條第 1 項規定:『交通工具排放空氣污染物,應符合排放標準。』同法第 43 條第 1 項對違反前開規定者,明定其處罰之方式與罰鍰之額度;同條第 3 項並授權中央主管機關訂定罰鍰標準。交通工具排放空氣污染物罰鍰標準第 5 條,僅以當事人接到違規舉發通知書後之『到案時間及到案與否』,為設定裁決罰鍰數額下限之唯一準據,並非根據受處罰之違規事實情節,依立法目的所為之合理標準。

(編按:釋字第 423 號原文之空氣污染防制法第 23 條、第 43 條,現行法分別已改為第 34 條、第 63 條。交通工具排放空氣污染物罰鍰標準第 5 條,現行法已刪除。)

縱其罰鍰之上限並未逾越法律明定得裁罰之額度,然以到案之時間為標準,提高罰鍰下限之額度,與母法授權之目的未盡相符,且損及法律授權主管機關裁量權之行使。又以秩序罰罰鍰數額倍增之形式而科罰,縱有促使相對人自動繳納罰鍰、避免將來強制執行困擾之考量,惟母法既無規定復未授權,上開標準創設相對人於接到違規通知書起十日內到案接受裁罰及逾期倍增之規定,與法律保留原則亦屬有違,其與本解釋意旨不符部分,應自本解釋公布之日起,至遲於屆滿六個月時失其效力。」

---

[39] (D) 就行政程序法之規定,下列對行政處分成立要件之敘述,何者錯誤?(A)行政機關所為;(B)對公法上具體事件所為;(C)對外產生法效;(D)雙方行政行為。

(二) 釋字第 459 號解釋

「兵役體位之判定[40]，係徵兵機關就役男應否服兵役及應服何種兵役所為之決定而對外直接發生法律效果之單方行政行為，此種決定行為，對役男在憲法上之權益有重大影響，應為訴願法及行政訴訟法上之行政處分[41]。受判定之役男，如認其判定有違法或不當情事，自得依法提起訴願及行政訴訟。司法院院字第 1850 號解釋，與上開意旨不符，應不再援用，以符憲法保障人民訴訟權之意旨。至於兵役法施行法第 69 條（編按：民國 87 年時之舊法）係規定免役、禁役、緩徵、緩召應先經主管機關之核定及複核，並未限制人民爭訟之權利，與憲法並無牴觸；其對複核結果不服者，仍得依法提起訴願及行政訴訟。」

(三) 釋字第 462 號解釋

「各大學校、院、系（所）教師評審委員會關於教師升等評審之權限，係屬法律在特定範圍內授予公權力之行使，其對教師升等通過與否之決定，與教育部學術審議委員會對教師升等資格所為之最後審定，於教師之資格等身分上之權益有重大影響，均應為訴願法及行政訴訟法上之行政處分[42]。受評審之教師於依教師法或訴願法用盡行政救濟途徑後，仍有不服者，自得依法提起行政訴訟，以符憲法保障人民訴訟權之意旨。行政法院 51 年判字第 398 號判例，與上開解釋不符部分，應不再適用。

大學教師升等資格之審查，關係大學教師素質與大學教學、研究水準，並涉及人民工作權與職業資格之取得，除應有法律規定之依據外，主管機關所訂定之實施程序，尚須保證能對升等申請人專業學術能力及成就

---

[40] (A) 下列何者並非行政處分？(A)對於行政機關與人民間互負之公法上債務，所為之抵銷；(B)對於公務員之任命行為；(C)兵役體位之判定；(D)對於交通工具排放空氣污染物，超過排放標準之違規舉發通知書。

[41] (B) 依大法官解釋第 459 號意旨，役男兵役體位之判定，在行政法是屬於下列何種行為？(A)事實行為；(B)行政處分；(C)公告行為；(D)行政指導。

[42] (B) 依司法院大法官釋字第 462 號解釋之意旨，各大學教師評審委員會，關於教師升等評審之決定，其法律性質為何？(A)行政規則；(B)行政處分；(C)職務命令；(D)法規命令。

作成客觀可信、公平正確之評量，始符合憲法第 23 條之比例原則。且教師升等資格評審程序既為維持學術研究與教學之品質所設，其決定之作成應基於客觀專業知識與學術成就之考量，此亦為憲法保障學術自由真諦之所在。故各大學校、院、系（所）教師評審委員會，本於專業評量之原則，應選任各該專業領域具有充分專業能力之學者專家先行審查，將其結果報請教師評審委員會評議。教師評審委員會除能提出具有專業學術依據之具體理由，動搖該專業審查之可信度與正確性，否則即應尊重其判斷。受理此類事件之行政救濟機關及行政法院自得據以審查其是否遵守相關之程序，或其判斷、評量有無違法或顯然不當之情事。現行有關各大學、獨立學院及專科學校教師資格及升等評審程序之規定，應本此解釋意旨通盤檢討修正。」

第二節　行政處分之種類及其他

一、行政處分之種類

行政處分之種類，以處分之內容、對關係人之效果，以及是否須當事人或其他機關之協力做區分，如下說明。

(一) 以處分之內容為區分

1. 下命處分

下命處分，凡行政處分的內容係積極要求或消極禁止其對象之特定行為時，該處分即為下命處分，該等處分具有執行力[43]。例如命相對人作為（如兵役徵集令要求役男入伍服兵役[44]、要求拆除違建）、不作為（如禁止通行某路口、禁止做不實廣告宣傳）或忍受（如忍受公共工程施工之不便）之處分。

---

[43] (C) 下列何種行政處分具有執行力？(A)形成處分；(B)確認處分；(C)下命處分；(D)以上皆有。

[44] (D) 下列何者屬於下命性質的行政處分？(A)核准歸化為中華民國國民；(B)准許結婚登記；(C)准許專利權之申請；(D)徵兵通知。

2. 形成處分

　　行政處分之內容在設定、變更或消滅（廢止）法律關係者，為形成處分[45]。如核發執照、撤銷登記、核准經營航運事業、核准遊行、許可歸化（主管機關對某甲是否為大陸地區或台灣地區人民之認定）或喪失國籍[46]、戶政事務所辦理人民離婚登記[47]、免除某人服兵役義務[48]、任用台中市教育局局長[49]、學校所發給之畢業證書[50]等是。其形式有許可、核准、特許、核定等。

3. 確認處分

　　所謂確認處分，是把不明確的法律關係加以明朗化。亦即對法律關係存在與否，以及對人之地位或物之性質、在法律上具有重要意義事項之認定等，予以確認之謂。例如確定某人國籍、土地登記、海峽兩岸文書認證、自耕能力證明之核發、公務員服務年資之認定[51]或在職證明之核發、戶政事務所為人民辦理新生兒出生登記[52]等是。

---

[45] (A) 行政處分之內容係設定、變更、撤銷、廢止法律關係者，屬於：(A)形成處分；(B)下命處分；(C)確認處分；(D)負擔處分。

[46] (D) 主管機關對某甲是否為大陸地區或台灣地區人民之認定，屬於下列何者？(A)確認處分；(B)觀念通知；(C)下命處分；(D)形成處分。

[47] (A) 戶政事務所辦理人民離婚登記為下列何種行政處分？(A)形成處分；(B)執行處分；(C)下命處分；(D)裁量處分。

[48] (B) 免除某人服兵役義務為下列何種行政處分？(A)執行處分；(B)形成處分；(C)下命處分；(D)對人之一般處分。

[49] (C) 任用台中市教育局局長是屬於行政法學理上之何種處分？(A)下令處分；(B)確認處分；(C)形成處分；(D)民事處分。

[50] (C) 下列何者屬於形成處分？(A)智慧財產局發給發明專利申請人某甲專利證書；(B)主觀機關查報色情行業之行為；(C)學校所發給之畢業證書；(D)徵收事件之地上物查估結果。

[51] (C) 公務員服務年資之認定，係屬：(A)形成處分；(B)下命處分；(C)確認處分；(D)禁止處分。

[52] (B) 戶政事務所為人民辦理新生兒出生登記為下列何種行政處分？(A)執行處分；(B)確認處分；(C)下命處分；(D)裁量處分。

(二) 以對關係人之效果為區分

1. 授益處分

授益處分，為行政處分之效果係對相對人設定或確定權利或法律上之利益者，例如核准營業登記、核准商標註冊[53]、核發會計師執業證照、建築許可、給予貸款同意、發給駕照、發給升降機使用許可證等等。惟行政機關欲撤銷或廢止授益處分，因須考慮信賴利益之保護，自不得任意為之[54]。

2. 負擔處分

行政處分之效果係課予相對人義務或產生法律上之不利益者，例如課徵稅捐[55]、補繳稅款之決定、徵兵、要求非法遊行隊伍解散之下命處分。

3. 混合處分

混合處分，指行政處分對相對人同時產生負擔及授益之效果。例如經複查後，核定減少稅額之決定即是[56]。因納稅之稅額減少固然是授益，但納稅畢竟是負擔。

---

[53] (C) 下列何者對於處分相對人而言，係屬授益性質之行政處份？(A)捷運通車之剪綵；(B)對進口毛巾課徵反傾銷稅；(C)核准商標註冊；(D)與廠商簽訂 BOT 契約。

[54] (B) 有關授益處分與負擔處分之不同，下列何者正確？(A)倘行政機關欲撤銷或廢止負擔處分，所受之限制較多；(B)倘行政機關欲撤銷或廢止授益處分，因須考慮信賴利益之保護，自不得任意為之；(C)於行政訴訟法上，當事人不服負擔處分者，應提起確認訴訟；(D)若當事人請求作成授益處分遭拒絕，僅以撤銷訴訟尋求救濟為已足。

[55] (B) 按照行政處分之效果對相對人法益所生之影響，可分為授益處分、負擔處分及混合效力處分。下列何項行政處分屬於負擔處分？(A)失業救濟金之發給；(B)課稅處分；(C)發給執照；(D)核准專利。

[56] (C) 下列何者對於處分相對人而言，係具混合性質之行政處份？(A)捷運通車之剪綵；(B)對進口毛巾課徵反傾銷稅；(C)經複查後，核定減少稅額之決定；(D)與廠商簽訂 BOT 契約。

4. **第三人效力之行政處分**

第三人效力處分，又稱對第二人生效處分，包括兩種情況：

(1) 其一為對相對人之負擔部分，同時產生對第三人授益之效果。例如主管機關核准某工廠之設立申請，並要求裝設防止噪音之設備，對該工廠之鄰人產生授益之效果即是。

(2) 另一為對相對人之授益處分，同時產生對第三人負擔之效果。主張權利受損害之第三人雖非處分之相對人，仍得提起撤銷原處分之訴訟。隨社會變遷，因此類處分而生之事件有愈來愈多之趨勢，在德國以往因核准建築而生影響鄰地所有人之權利的爭執，即所謂建築法上鄰人訴訟，為數常見之例，漸次擴及公害防制法上之鄰人訴訟以及同業競爭訴訟等。在我國因第三人效力處分而發生爭訟最多者，為商標事件。

(三) 以是否須當事人或其他機關協力為區分

1. **須申請之處分**

必須有相對人提出申請始作成處分者，如核發營業執照、核准商標登記即可。如欠缺申請之手續，通說認為屬程序上瑕疵，得經由事後補辦申請而補正，行政處分仍為有效。

2. **須相對人同意之處分**

有些行政處分須經相對人同意始生效，如公務員之任命（任官行為）即是。如欠缺此生效要件而未補正，當構成無效。

3. **多階段行政處分**

行政機關作成之處分，須經其他機關參與或協力者，為多階段處分。其類型有二：

(1) 平行關係之多階段處分：例如市政府建設局之核發營業執照，須會同稅捐、警察、衛生等單位始予核准（或駁回）即是。

(2) 垂直關係之多階段處分：即參與或協力作成行政處分者為上下隸屬關係之機關。例如有關古蹟之發掘、修復、再利用之計畫，報經各該主管機關許可，並送內政部核備後始可為之。內政部作成歸化許可前，應先經行政院核准。採取多階段處分之概念，除有

助於確定何者係直接對外生效而應視為行政處分，何者尚在內部行為階段，屬內部交換意見，並非處分外，尚有兩項實益：

① 對前階段行為而言：應許對前階段行為提出訴願，做成處分之機關，依法應尊重前階段行為機關之決定，且不可能有所變更，前階段行為具備行政處分之其他要素，前階段行為以直接送達或以他法使當事人知悉；為當事人提起爭訟時審查範圍之認定，在訴願階段屬共同上級機關，在行政訴訟程序則為行政法院，應審查各個階段行為之適當性或合法性，若只以對外生效之行為作為審查對象，將無法達行政救濟之目的。

② 法規明定須其他機關協力時，如欠缺協力行為，行政處分即有撤銷原因。

二、第二次裁決與重複處分

(一) 第二次裁決

係指行政處分第一次裁決後，已經發生形式上的存續力，行政機關重新作實體上的審查，雖然仍然以第一次的事實或法律狀況為基礎，主文內容可能變更或救濟期間的教示記載有改變，所作成的第二個裁決的行政處分。

(二) 重複處分

先前已經作成並對外發生效力的行政處分，又重新為相同內容之處分稱為重複處分。但是救濟期間仍以第一次處分起算為準。重複處分的相對人、處分所依據的事實及法律狀況，都沒有新的評價，也沒有任何的不利益變更。例如：某甲申請營業許可被駁回，於逾訴願期間後，仍致函主管機關請求重新審查。主管機關函復以該案已經終結，其主張理由不可採，該表示即為重複處分[57]。

---

[57] (B) 某甲申請營業許可被駁回，於逾訴願期間後，仍致函主管機關請求重新審查。主管機關函復以該案已經終結，其主張理由不可採，該表示為：(A)多重處分；(B)重複處分；(C)第二次裁決；(D)多階段處分。

(三) 問題

人民對同一事實先後提出多次申請，官署亦一一反駁，第一次批駁屬行政處分，其後再次批駁是否皆屬行政處分？

結論：重複處分：若官署對其後的申請並未作成新的實質決定，未重新作實質審查➔不可對之提起行政救濟。

第二次裁決：若重新為實質審查，根據新的觀點作成新的實質決定➔具行政處分性質。

三、暫時性行政處分

在干涉行政或給付行政，行政機關皆可能保留嗣後之審查及終局決定，而於尚未調查事實終結前，即先行作成暫時之決定。如關稅法第 5 條之 1 第 1 項：「為加速進口貨物通關，海關得按納稅義務人申報之稅則及號別及完稅價格，先行徵稅放行，事後再加審查，如有應退應補稅款者，應於貨物放行後六個月內，通知納稅人義務人，逾期視為業經核定。」（編按：該條文為民國 72 年 5 月 6 日所公布之舊法條，現行法已刪除。）

第三節　行政處分之附款

行政機關作成行政處分時，可以設定某些附帶的條件，稱為「附款」。其附款的類型有五種：期限、條件、負擔[58]、保留行政處分廢止權及保留負擔之事後附加[59]或變更[60] [61]。

---

[58] (D) 關於行政處分附款之論述，下列何者正確？(A)所有行政處分均可為附款；(B)不必遵從行政處分之目的；(C)附款之目的不必與行政處分之目的有所關聯；(D)負擔亦屬於處分附款種類之一。

[59] (D) 下列何者非行政程序法所規定行政處分之附款類型？(A)期限；(B)條件；(C)保留行政處分之廢止權；(D)保留條件之事後附加。

[60] (C) 下列何者並非行政處分的附款？(A)條件；(B)期限；(C)勸導；(D)負擔。

[61] (C) 依據行政程序法的規定，下列何者非屬行政處分所得附加的附款？(A)條件；(B)負擔；(C)保留期限之事後附加；(D)保留行政處分之廢止權。

一、附款的意義

　　行政處分的附款類似民法的條件與期限之制度，附款乃行政機關以條件、負擔、期限或保留廢止權等方式附加於行政處分之內容的意思表示。附款是附加於處分之主要內容，自亦是構成整個行政處分內容之一部分，亦是由同一行政機關頒發。其基本原則亦應遵守法令之規定，尤以授權為必要。此外，並非所有行政處分均可為附款，附款之目的必須遵從行政處分之目的，也必須與行政處分之目的有所關聯。例如：集會遊行法第 23 條規定禁止攜帶危險物品，故行政機關於核准遊行函件中註明不得攜帶法定危險物品，該附帶註明是屬於行政處分之附款[62]。

二、附款種類

(一) 期限

　　凡是用以確定行政處分生效或失效之將來確定發生之事實，謂之期限。如在授益處分或負擔處分上，附加效力開始或終止之期日，即附期限。又分附始期及附終期。

(二) 條件

　　凡是用來確定行政處分生效或失效之將來不確定是否發生之事實，謂之條件。條件之效力繫於將來可能發生的事，屬於一種不確定狀態。條件包括附停止條件與附解除條件。

(三) 負擔

　　負擔，係附加於授益處分之要求作為、不作為或忍受的義務規定。例如對於公物占有之使用，同時令其繳納若干使用費，或准許戲上演，而限制其不超過午夜十二點或劇本內容、准許美國人在台居留，但附加不得

---

[62] (C) 集會遊行法第 23 條規定禁止攜帶危險物品，故行政機關於核准遊行函件中註明不得攜帶法定危險物品，該附帶註明是屬於下列何種性質？(A)行政處分之附條件；(B)行政處分之附負擔；(C)附屬於行政處分之附款；(D)行政處分之附保留廢止權。

就業之限制[63]、准許外國人學生簽證，但附以不得工作之要求[64]、駐外單位核發外國人來台觀光簽證，並附記在台期間，不得受僱工作[65][66]。

(四) 保留行政處分之廢止權

保留行政處分廢止權，是一種特殊的解除條件，致使行政處分失其效力之事實，係行政機關廢止的表示。詳言之，指附加於授益處分，在特定前提或原處分機關所選定之任何時間，處分機關得廢止原處分全部或一部之意思表示。例如准許某處設攤時，並保留此處將來因交通上必要時，廢止設攤；或准許記者採訪軍事設施，但須遵守某些規定，否則廢止採訪證。

(五) 保留負擔之事後附加或變更

保留負擔之事後附加或變更，指行政機關作成行政處分時，保留事後附加負擔，或對原有之負擔再予變更或補充的條款。例如某工廠設立，但限制如日後產生影響鄰人之噪音時，就應加裝防止噪音之裝置；或准許集會遊行，但如遇空襲警報應即停止。

三、附款之容許

並非一切行政處分均可添加附款[67]。基本上，凡得行政機關擁有裁量

---

[63] (C) 准許美國人在台居留，但附加不得就業之限制，是屬於何種處分？(A)附條件；(B)附始期；(C)附負擔；(D)附終期。

[64] (C) 准許外國人學生簽證，但附以不得工作之要求，為下列何種行政處分之附款？(A)期限；(B)條件；(C)負擔；(D)保留行政處分之廢止權。

[65] (B) 駐外單位核發外國人來台觀光簽證，並附記在台期間，不得受僱工作。此項附記為行政處分何種附款？(A)附條件；(B)附負擔；(C)保留廢止權；(D)法律效果一部除外。

[66] (D) 主管機關許可外國人來台觀光，但附以在台期間不得工作之要求，此為行政處分何種性質之附款？(A)條件；(B)期限；(C)廢止權之保留；(D)負擔。

[67] (A) 以下關於行政處分之附款，何者不正確？(A)所有行政分均可添加附款；(B)行政處分之附款非屬獨立之意思表示；(C)原則上行政機關作成行政處分有

權時，即裁量處分，即可依行政目的之需要且應與行政處分之目的具有正當合理之關聯而為附款[68][69]。行政程序法第 93 條第 1 項規定：「行政機關作成行政處分有裁量權時，得為附款。無裁量權者，以法律有明文規定[70]或為確保行政處分法定要件之履行而以該要件為附款內容者為限，始得為之。」

四、附款之限制

(一) 附款不得牴觸行政處分之目的，並應與該處分之目的具有正當合理之關聯，此為禁止不當連結[71]法律原則之內涵（行政程序法§94）。
(二) 不得違背平等原則、比例原則與禁止不當連結等行政法的一般原理原則。例如，行政機關只對相對人「最小侵害」的附款，教育機關同意某甲公費留學，但不能附加要求打探情報任務的負擔。

五、行政處分合法要件

行政處分合法要件分為形式要件與實質要件，如下述：

裁量權時得添加附款；(D)附解除條件之行政處分，於條件成就時失其效力。

[68] (A) 關於行政處分之附款，下列敘述何者正確？(A)應與行政處分之目的具有正當合理之關聯；(B)對人民權益影響輕微，即不必與行政處分之目的有關聯；(C)與公共利益有關即可，不必與行政處分之目的有關聯；(D)與公共利益有重大合理之關聯即可，不必與行政處分之目的有關聯。

[69] (C) 就行政程序法之規定，下列對行政處分之敘述，何者錯誤？(A)行政處分如對可得特定之一群人為之，稱一般處分；(B)行政機關為行政處分時，有裁量權時可為附款；(C)附款內容由行政機關自行訂之，無法律上限制；(D)期限為附款之一。

[70] (C) 行政機關若無裁量權時，得否於行政處分上附加附款？(A)一律不可以附加附款；(B)一律可以附加附款，不受限制；(C)以法律有明文規定時，得附加附款；(D)為確保公共利益時，即得附加附款。

[71] (D) 行政處分之附款不得違背行政處分之目的，並應與該處分之目的具有正當合理之關聯，此為何種法律原則之內涵？(A)禁止溯及既往原則；(B)法安定性原則；(C)信賴保護原則；(D)禁止不當聯結原則。

(一) 形式要件

1. 作成處分機關應遵守管轄規定：包括事務管轄權與土地管轄權。如有重大而明顯的違反管轄權，例如：未經授權或欠缺權限或違反土地管轄權之規定，行政處分無效。
2. 行政處分如需具備一定程式，未具備該程式，屬行政處分之不成立。例如：書面[72][73]、言詞或其他方式。

(二) 實質要件（得撤銷之原因）

1. 意思表示欠缺。
2. 違法。
3. 內容不確定。
4. 認定事實錯誤。
5. 違法法規之外之其他規範。

第四節 行政處分程序規定

一、程序規定

　　由於行政機關每天都在作成許多行政處分，故除了法律有特別規定要求特別的方式，若無特別規定，則可以書面、言詞或其他方式為之[74]。不過，行政處分一定要給理由，一方面讓行政機關不至於濫權，另一方面這樣當事人才知道自己為何得到該結果，而加以信服。如果是輕微的行政

---

[72] (C) 以下哪一項並非作成行政處分所必須的條件？(A)行政機關之行為；(B)行使公權力；(C)以書面為之；(D)土地徵收之補償協議。

[73] (D) 依行政程序法第 92 條第 1 項所規定之行政處分的定義中，下列何者論述有誤？(A)行政處分為行政機關之行為；(B)行政處分為就公法上事件所為之行為；(C)行政處分為行政機關之單方行政行為；(D)行政處分均應以書面為之。

[74] (D) 依行政程序法第 92 條第 1 項規定之行政處分的定義中，下列論述何者有誤？(A)行政處分為行政機關之行為；(B)行政處分為就公法上事件所為之行為；(C)行政處分為行政機關之單方行政行為；(D)行政處分均應以書面為之。

處分，例外可以不用附上理由，包括以下六種：

(一) 未限制人民之權益者。

(二) 處分相對人或利害關係人無待處分機關之說明已知悉作成處分之理由者。

(三) 大量作成之同種類行政處分或以自動機器作成之行政處分依其狀況無須說明理由者。

(四) 一般處分經公告或刊登政府公報或新聞紙者。

(五) 有關專門知識、技能或資格所為之考試檢定或鑑定等程序。

(六) 依法律規定無須記名理由者。

行政程序法第 95 條：「行政處分除法規另有要式[75]之規定者外，得以書面、言詞或其他方式為之（I）[76]。以書面以外方式所為之行政處分，其相對人或利害關係人有正當理由要求作成書面時，處分機關不得拒絕（II）。」

二、書面記載事項

行政程序法第 96 條：「行政處分以書面為之者，應記載下列事項[77]：一、處分相對人之姓名、出生年月日、性別、身分證統一號碼、住居所或其他足資辨別之特徵；如係法人或其他設有管理人或代表人之團體，其名稱、事務所或營業所，及管理人或代表人之姓名、出生年月日、性別、身

---

[75] (A) 行政機關所為意思表示，必須採法定方式始能生效的處分，稱為：(A)要式處分；(B)一般處分；(C)形式處分；(D)單純處分。

[76] (C) 行政程序法對於做成行政處分之方式有何規定？(A)行政處分原則上應以書面為之；(B)以書面以外方式所為之行政處分，其相對人或利害關係人有正當理由要求做成書面時，處分機關得裁量決定是否做成書面；(C)行政處分除法規另有要式之規定者外，得以書面、言詞或其他方式為之；(D)行政處分不得以書面為之。

[77] (C) 下列何者非書面作成之行政處分應記載之事項？(A)表明其為行政處分之意旨及不服行政處分之救濟方法、期間及其受理機關；(B)有附款者，附款之內容；(C)以自動機器做成之大量行政處分，須經署明；(D)主旨、事實、理由及其法令依據。

分證統一號碼、住居所。二、主旨、事實、理由及其法令依據。三、有附款者，附款之內容。四、處分機關及其首長署名、蓋章，該機關有代理人或受任人者，須同時於其下簽名。但以自動機器作成之大量行政處分，得不經署名，以蓋章為之。五、發文字號及年、月、日。六、表明其為行政處分之意旨及不服行政處分之救濟方法、期間及其受理機關（Ⅰ）。前項規定於依前條第二項作成之書面，準用之（Ⅱ）。」處分相對人之籍貫非應屬記載事項[78]。

三、處分應附理由及無須附理由

行政程序法第 97 條：「書面之行政處分有下列各款情形之一者，得不記明理由：一、未限制人民之權益者[79]。二、處分相對人或利害關係人無待處分機關之說明已知悉或可知悉作成處分之理由者[80]。三、大量作成之同種類行政處分或以自動機器作成之行政處分依其狀況無須說明理由者[81]。四、一般處分經公告或刊登政府公報或新聞紙者[82]。五、有關專

---

[78] (D) 行政處分以書面為之者，下列何者不屬於應記載事項？(A)處分相對人之姓名；(B)理由及其法令依據；(C)發文字號及年、月、日；(D)處分相對人之籍貫。

[79] (A) 下列何種書面之行政處分，應記明理由？(A)限制人民之權益者；(B)處分相對人或利害關係人無待處分機關之說明已知悉或可知悉作成處分之理由者；(C)一般處分經公告或刊登政府公報或新聞紙者；(D)有關專門知識、技能或資格所為之考試、檢定或鑑定等程序。

[80] (D) 書面之行政處分於何種情形時，得不記明理由？(A)限制人民之權益者；(B)處分相對人若無處分機關之說明，無法知悉做成處分之理由者；(C)依法律規定須記明理由者；(D)處分之利害關係人無待處分機關之說明已知悉做成處分之理由者。

[81] (B) 依行政程序法之規定，下列何種情形，行政處分得不記明理由？(A)行政強制執行時所採取之各種處置；(B)大量做成之同種類行政處分依其狀況無須說明理由者；(C)限制人民權益程度輕微者；(D)行政處分所根據之事實，客觀上明白足以確認者。

[82] (B) 書面之行政程序何時得不記明理由？(A)限制人民之權益者；(B)一般處分經公告或刊登政府公報或新聞紙者；(C)非關專門知識、技能或資格所為之考試、

門知識、技能或資格所為之考試、檢定或鑑定等程序。六、依法律規定無須記明理由者。」行政處分之作成不須有相對人之請求[83]。

四、處分應告知救濟途徑[84]及告知錯誤

行政程序法第 98 條:「處分機關告知之救濟期間有錯誤時,應由該機關以通知更正之,並自通知送達之翌日起算法定期間(I)。處分機關告知之救濟期間較法定期間為長者,處分機關雖以通知更正,如相對人或利害關係人信賴原告知之救濟期間,致無法於法定期間內提起救濟,而於原告知之期間內為之者,視為於法定期間內所為(II)。處分機關未告知救濟期間或告知錯誤未為更正,致相對人或利害關係人遲誤者,如自處分書送達後一年內[85]聲明不服時,視為於法定期間內所為(III)[86]。」

五、告知錯誤引發救濟錯誤

行政程序法第 99 條:「對於行政處分聲明不服,因處分機關未為告知或告知錯誤致向無管轄權之機關為之者,該機關應於十日內移送有管轄

検定或鑑定等程序;(D)處分相對人或利害關係人經處分機關之說明仍無法知悉作成處分之理由。

[83] (D) 下列對行政處分之描述,何者不正確?(A)行政處分不僅須顧及合法性,尚須及於合目的性;(B)處分機關亦為行政程序之當事人;(C)行政處分除法律別有規定外,不以要式為必要;(D)行政處分之作成須有相對人之請求。

[84] (B) 依行政程序法規定,行政機關於做成書面行政處分時,有教示義務,該義務是指:(A)行政處分應以書面作成;(B)行政機關有告知救濟途徑之義務;(C)行政機關有敘明理由之義務;(D)行政機關有聽取陳述意見之義務。

[85] (A) 處分機關告知救濟期間錯誤未為更正,致相對人或利害關係人遲誤者,自處分書送達後,何時間內聲明不服時,仍得視為於法定期間內所為?(A)1 年內;(B)2 年內;(C)3 年內;(D)4 年內。

[86] (D) 處分機關未於處分書中記載不服該處分之救濟期間,該處分效果為何?(A)該處分違法,相對人得請求撤銷;(B)該處分違法而無效;(C)該處分仍為合法,但相對人不受法定救濟期間限制,隨時得聲明不服;(D)該處分仍為合法,但相對人自處分書送達後一年內,均得聲明不服。

權之機關，並通知當事人（I）。前項情形，視為自始向有管轄權之機關聲
明不服（II）。」

六、須送達

行政程序法第 100 條：「書面之行政處分，應送達相對人[87]及已知之
利害關係人；書面以外之行政處分，應以其他適當方法通知或使其知悉
（I）。一般處分之送達，得以公告或刊登政府公報或新聞紙代替之
（II）。」

七、自動更正和申請更正

行政程序法第 101 條：「行政處分如有誤寫、誤算或其他類此之顯然
錯誤者，處分機關得隨時或依申請更正之（I）[88][89][90]。前項更正，附記
於原處分書及其正本，如不能附記者，應製作更正書，以書面通知相對人
及已知之利害關係人（II）。」

---

[87] (A) 書面之行政處分自何時起發生效力？(A)送達相對人時；(B)以電話告知相對人
時；(C)送交郵務機關時；(D)行政機關作成該書面時。

[88] (C) 行政處分如有誤寫、誤算或其他類此之顯然錯誤者，依行政程序法第 101 條第
1 項規定，具有下列何種法律效果？(A)該處分視為尚未作成；(B)該處分無
效；(C)處分機關得隨時更正錯誤；(D)處分機關應報請其直接上級機關更正錯
誤。

[89] (D) 行政處分如有誤寫、誤算或其他類此之顯然錯誤者，依據行政程序法行政機關
應如何處理之？(A)待當事人提起訴願；(B)以行政處分變更；(C)得依職權撤
銷原處分；(D)得隨時或依申請更正之。

[90] (A) 行政處分如有誤寫、誤算或其他類此之顯然錯誤者，應如何處理？(A)處分機
關得隨時或依申請更正；(B)處分機關應另行作成新的行政處分；(C)處分機關
應加以撤銷；(D)處分機關應宣告處分無效。

第五節　行政處分的調查程序

行政處分的調查程序可分為非正式（即指陳述意見）與正式（聽證）兩種類型，如下述：

一、給予陳述意見機會

行政程序法第 102 條：「行政機關作成限制或剝奪人民自由或權利[91][92]之行政處分前[93]，除已依第三十九條規定，通知處分相對人陳述意見[94]，或定舉行聽證[95]者外，應給予該處分相對人陳述意見之機會[96][97]。但法規另有規定者，從其規定。」此外，像是對漁業權人撤銷證照，未予

---

[91] (D) 行政機關於作成下列何種處分前，原則上應依行政程序法給予相對人陳述意見之必要？(A)有利人民之自由或權利者；(B)對公共利益造成不利之影響者；(C)有妨礙第三人自由或權利之虞者；(D)限制或剝奪人民自由或權利者。

[92] (D) 行政機關作成何種處分時，依法必須給予當事人聽證或陳述意見之機會？(A)受益處分；(B)大量作成同種類之處分；(C)行政強制執行時所採之各種處置；(D)限制或剝奪人民自由或權利之行政處分。

[93] (D) 行政機關作成行政處分前，何時應予處分相對人陳述意見的機會？(A)大量作成同種類之處分；(B)行政強制執行時所採取之各種處置；(C)決定舉行聽證程序之行政處分；(D)行政處分限制或剝奪人民自由者。

[94] (D) 行政機關作成限制或剝奪人民自由或權利之行政處分前，應給予處分相對人陳述意見之機會。此為下列何種原則之表現？(A)法律保留原則；(B)罪刑法定原則；(C)信賴保護原則；(D)正當法律程序原則。

[95] (A) 下列何種行政罰，原則上行政機關應依受處罰者之申請，舉行聽證？(A)剝奪或消滅資格、權利之處分；(B)影響名譽之處分；(C)警告性處分；(D)沒入。

[96] (A) 就行政程序法之規定，下列對行政處分之敘述，何者有誤？(A)限制人民自由權利之行政處分作成前，應舉行聽證程序；(B)大量作成同類處分，得不給陳述意見機會；(C)行政強制執行時所採取處置，得不給陳述意見機會；(D)處分所根據事實，客觀上明白足以確認者，得不給陳述意見機會

[97] (B) 行政機關作成侵害人民權益之處分之前，應予當事人何項機會？(A)言詞辯論；(B)陳述意見；(C)舉行聽證；(D)提出申請。

其陳述意見機會，得於訴願程序終結前補正[98]，或者免職處分之行政處分，亦屬於應給予陳述意見機會[99]。

二、不須給予陳述意見

行政程序法第 103 條：「有下列各款情形之一者行政機關得不給予陳述意見之機會：一、大量作成同種類之處分。二、情況急迫，如予陳述意見之機會，顯然違背公益者[100]。三、受法定期間之限制，如予陳述意見之機會，顯然不能遵行者。四、行政強制執行時所採取之各種處置[101]。五、行政處分所根據之事實，客觀上明白足以確認者[102]。六、限制自由或權利之內容及程度，顯屬輕微[103]，而無事先聽取相對人意見之必要

---

[98](C) 下列何項行政處分依行政程序法規定，屬於得於訴願程序終結前補正者？(A)漁業權人違反漁業法規定，裁處書誤引用兩岸人民關係條例；(B)漁業權人從事非漁業行為，誤為走私違禁物品，予以裁罰；(C)對漁業權人撤銷證照，未予其陳述意見機會；(D)無具體事證，裁處漁業權人使用非法漁具吊扣執照3 個月。

[99](D) 下列何者屬於應給予陳述意見機會之行政處分？(A)行政強制執行時所採取之處置；(B)依法所為之保全處分；(C)經聽證程序作成之處分；(D)免職處分。

[100](C) 依行政程序法第 103 條規定，行政機關於作成限制或剝奪人民自由或權利之行政處分前，得不給予處分相對人陳述意見之機會；下列何者並不屬於此種「得不給予陳述意見」之情形？(A)行政強制執行時所採取之各種處置；(B)大量作成同種類之處分；(C)情況急迫，如予陳述意見之機會，顯然違背相對人利益者；(D)行政處分所根據之事實，客觀上明白足以確認者。

[101](A) 行政機關對於何種行政行為，依法得不給予陳述意見之機會？(A)行政執行所採取之處置；(B)不利益處分；(C)侵害處分；(D)裁量處分。

[102](B) 下列何種情形，行政機關得不給予處分相對人陳述意見之機會？(A)當事人之住居所距離行政機關 200 公里以上者；(B)行政處分所根據之事實，客觀上明白足以確認者；(C)行政機關認為無聽取相對人意見之必要者；(D)當事人未請求給予陳述意見之機會者。

[103](A) 下列何種不屬於行政機關得不給予陳述意見之機會之原因？(A)限制自由或權利之內容及程度，顯屬嚴重；(B)行政處分所根據之事實，客觀上明白足以確認者；(C)大量作成同種類之處分；(D)情況急迫，如予陳述意見之機會，顯然

者[104]。七、相對人於提起訴願前依法律應向行政機關聲請再審查、異議、復查、重審或其他先行程序者。八、為避免處分相對人隱匿、移轉財產或潛逃出境,依法律所為保全或限制出境之處分。」

三、通知相對人陳述意見

行政程序法第 104 條:「行政機關依第一百零二條給予相對人陳述意見之機會時,應以書面記載下列事項通知相對人,必要時並公告之:一、相對人及其住居所、事務所或營業所。二、將為限制或剝奪自由或權利行政處分之原因事實及法規依據。三、得依第一百零五條提出陳述書之意旨。四、提出陳述書之期限及不提出之效果。五、其他必要事項(I)。前項情形,行政機關得以言詞通知相對人,並作成紀錄,向相對人朗讀或使閱覽後簽名或蓋章;其拒絕簽名或蓋章者,應記明其事由(II)。」

四、陳述書內容

行政程序法第 105 條:「行政處分之相對人依前條規定提出之陳述書,應為事實上及法律上陳述(I)。利害關係人亦得提出陳述書,為事實上及法律上陳述,但應釋明其利害關係之所在(II)。不於期間內提出陳述書者,視為放棄陳述之機會(III)。」

五、言詞代替陳述書

行政程序法第 106 條:「行政處分之相對人或利害關係人得於第一百零四條第一項第四款所定期限內,以言詞向行政機關陳述意見代替陳述書之提出(I)。以言詞陳述意見者,行政機關應作成紀錄,經向陳述人朗讀或使閱覽確認其內容無誤後,由陳述人簽名或蓋章;其拒絕簽名或蓋章

違背公益者。

[104](C) 於下列何種情形,行政機關得不給予處分相對人陳述意見之機會?(A)如予陳述意見之機會,將妨害行政效率者;(B)如予陳述意見之機會,可能違背公益者;(C)限制自由或權利之內容及程度,顯屬輕微,而無事先聽取相對人意見之必要者;(D)行政處分所根據之事實,行政機關自認為無誤者。

者，應記明其事由。陳述人對紀錄有異議者，應更正之（II）。」

六、聽證程序

行政程序法第 107 條：「行政機關遇有下列各款情形之一者，舉行聽證：一、法規明文規定應舉行聽證者。二、行政機關認為有舉行聽證之必要者。」

七、聽證後決定與訴訟

行政程序法第 108 條：「行政機關作成經聽證之行政處分時，除依第四十三條之規定外，並應斟酌全部聽證之結果。但法規明定應依聽證紀錄作成處分者[105]，從其規定（I）。前項行政處分應以書面為之，並通知當事人（II）。」行政程序法第 109 條：「不服依前條作成之行政處分者，其行政救濟程序，免除訴願及其先行程序[106][107]。」亦即行政機關作成之行政處分，若經聽證程序者，人民對之如有不服，應免除訴願及其先行程序，

---

[105](B) 下列何者不屬於經聽證程序作成行政處分之特色？(A)可以免除給予陳述意見之機會；(B)可以免除記明理由之義務；(C)可以要求處分機關斟酌全部聽證之結果；(D)不服提起行政救濟時，可以免除訴願及先行程序。

[106](A) 不服經聽證程序所作成之行政處分者，其行政程序可免除下列哪一項？(A)訴願及其先行程序；(B)令相對人或利害關係人陳述意見之程序；(C)行政訴訟程序；(D)行政訴願程序。

[107](A) 依行政程序法第 109 條之規定，經聽證程序所作之行政處分，其行政救濟程序可以簡化，試問可免除下列何種程序？(A)訴願及其先行程序；(B)行政訴訟第一審之言詞辯論程序；(C)行政執行程序；(D)利害關係人陳述意見之程序。

逕向行政法院提起行政訴訟[108] [109] [110] [111]。

第六節　行政處分的效力

　　行政處分發生效力，其前提有三：首先須具備行政處分之要素，如果欠缺則可能為私法行為，亦可能為他種行政行為；其次須使相對人知悉，其方法包括：告知、送達或公告；其三須非當然無效之行政處分，若非無效而僅屬得撤銷者，在未經撤銷前對其效力不生影響。

一、行政處分效力之始點

(一) 書面之行政處分

　　自送達相對人[112]及已知之利害關係人起。

(二) 書面以外之行政處分

　　自以其他適當方法通知或使其知悉時起[113]，依送達、通知或使知悉

---

[108](C) 行政機關作成之行政處分，若經聽證程序者，人民對之如有不服，應如何提起行政救濟？(A)先向原處分機關聲明異議；(B)先向原處分機關之上級機關提起訴願；(C)逕向行政法院提起行政訴訟；(D)由處分之相對人自行決定。

[109](C) 人民對於行政機關經聽證而作成之行政處分不服者，其救濟之程序為何？(A)訴願；(B)請願；(C)免除訴願及先行程序，直接提起行政訴訟；(D)無法救濟。

[110](A) 不服經聽證程序所做成之行政處分者，其行政救濟程序可免除下列哪一項？(A)訴願及其先行程序；(B)令相對人或利害關係人陳述意見之程序；(C)行政訴訟程序；(D)行政執行程序。

[111](D) 行政程序法第 109 條規定，不服聽證程序作成之行政處分者，其行政救濟程序，免除訴願及其先行程序。以下敘述，何者錯誤？(A)此規定之意旨為爭訟經濟；(B)此規定之意旨為聽證程序取代訴願及其先行程序；(C)得逕行提起行政訴訟；(D)不得提起行政訴訟。

[112](B) 書面之行政處分，原則上於何時發生效力？(A)相對人履行義務時；(B)送達相對人時；(C)行政機關交郵時；(D)行政處分書面作成時。

[113](A) 書面以外之行政處分自何時開始發生效力？(A)自以適當方法通知或使相對人

內容起，對其發生效力。

(三) 一般處分

自公告日或刊登政府公報、新聞紙最後登載日起發生效力[114]。但處分另訂不同日期者，從其規定。

二、行政處分效力內容

行政處分效力之內容分存續力、拘束力、執行力、構成要件效力與確認效力等項加以說明。

(一) 存續力

行政處分未經撤銷、廢止，或未因其他事由而失效者，其效力繼續存在[115]。無效之行政處分自始不生效力[116]。存續力乃隨行政處分之公告或送達而發生確定效果，可分為形式的存續力與實質的存續力。行政處分如不能再以通常之救濟途徑（訴願及行政訴訟）加以變更或撤銷者，該處分即具有形式的存續力；至於實質的存續力則指行政處分就其內容對相對人、關係人及原處分機關發生拘束之效力。

　　及已知之利害關係人知悉時起對其發生效力；(B)發布之日起發生效力；(C)發布日起算三日，發生效力；(D)由行政院決定何時發生效力。

[114](C) 一般處分於何時發生效力？(A)自通知相對人之日起；(B)自公告日算至第三日起；(C)自刊登新聞紙最後登載日起；(D)自下達之日起。

[115](D) 關於行政處分之生效時點，下列何者不正確？(A)書面之行政處分，自送達相對人及已知之利害關係人起，發生效力；(B)書面以外之行政處分，自以其他適當方法通知或使其知悉時起，發生效力；(C)一般處分自公告日或刊登政府公報、新聞紙最後登載日起發生效力；(D)行政處分未經撤銷、廢止，或未因其他事由而失效者，其效力處於未定狀態。

[116](C) 關於行政處分效力之敘述，下列何者錯誤？(A)行政分一經生效，即同時拘束為處分之機關及相對人；(B)書面行政處分以送達相對人及已知之利害關係人起生效；(C)無效行政處分未經撤銷，仍屬有效；(D)行政處分可以自己名義自行強制執行，此被稱為執行力。

(二) 拘束力

行政處分之效力於存續中或已達確定時，皆會產生拘束力，即對於因行政處分所引起權利義務之得喪變更，負有作為、不作為或容忍之義務。該拘束力及於二方面：

1. 拘束受其效果之相對人及利害關係人。
2. 拘束國家機關本身，只有在一定要件具備下[117]，始能撤銷與廢止。

(三) 執行力

執行力係指行政處分作成而有效成立後，按其內容，對負有作為義務之相對人，於不履行其義務時，得強制其履行；對負有不作為義務之相對人，於不履行義務時，得強制其遵守之力之謂[118]。至於執行力之執行，則依行政執行法之規定。而下命處分之行政處分具有執行力之可能性[119]。

(四) 構成要件效力與確認效力

構成要件效力或確認效力則指涉行政處分對其他機關、法院或第三人之拘束效果而言。無論行政處分之內容為下命、形成或確認，均有產生一種行政法上法律關係之可能，不僅應受其他國家機關之尊重，抑且在其他行政機關甚至法院有所裁決時，倘若涉及先前由行政處分所確認或據以成立之事實（通常表現為先決問題），即應予以承認及接受，是故稱為確認效力，上述事實既為嗣後其他機關裁決之既定的構成要件，故又稱為構

---

[117](A) 以下所述，何者不正確？(A)無論行政處分違法或不當，其相對人均可提起撤銷訴訟；(B)不當但未違法的行政處分僅能提起訴願；(C)受行政處分之法人、非法人團體、公法人均能提起訴願；(D)下級行政機關不得針對其所屬上級機關之指示而提起訴願。

[118](C) 行政處分有效成立後，得對負有作為義務之相對人，於其不履行義務時，強制其履行。此種行政處分具有何種效力？(A)確定力；(B)拘束力；(C)執行力；(D)構成要件效力。

[119](B) 下列哪一種類型之行政處分，具有執行力之可能性？(A)形成處分；(B)下命處分；(C)確認處分；(D)撤銷處分。

成要件效力。

第七節 行政處分之瑕疵

　　違法行政處分，依瑕疵的輕重程度，可以導致行政處分無效，或得撤銷。違法的行政處分，當事人提出救濟，最後予以撤銷。若當事人沒有提出救濟，原處分機關也可以依職權撤銷，但若撤銷對公益有重大危害，或當事人有信賴利益，則不得撤銷。合法的行政處分，經過一定期間，情況改變後，或者合法行政處分因公益上理由必須終止其效力時[120]，以及公物由行政機關廢止公用[121]等等情形行政機關均可以加以廢止。

一、瑕疵輕重

(一) 重大明顯瑕疵

　　重大瑕疵，其法律效果為無效。

1. 重大明顯瑕疵（參照行政程序法§111⑦）。
2. 法律明定無效之事由（參照行政程序法§111①～⑥）。

(二) 中度及輕度瑕疵

　　中度及輕度瑕疵，其法律效果為撤銷。

1. 屬行政程序法第 114 條各款之程序瑕疵而未補正者：可補正。
2. 內容瑕疵：諸如裁量瑕疵、判斷瑕疵、涵攝瑕疵及違背證據法則等。

(三) 微量瑕疵

　　微量瑕疵之法律效果：不影響效力，以更正即可（例如行政處分有

---

[120] (A) 合法行政處分因公益上理由必須終止其效力時，學理上稱為：(A)廢止；(B)撤銷；(C)變更；(D)補正。

[121] (D) 公物由行政機關廢止公用，廢止行為在性質上屬於？(A)行政指導；(B)私法行為；(C)行政計畫；(D)行政處分。

誤寫、誤算或其他類此之顯然錯誤者，處分機關得隨時更正之[122]）。

1. 行政程序法第 101 條之瑕疵。
2. 稅捐稽徵法第 17 條之瑕疵。

(四) 瑕疵之變體

瑕疵之變體法律效果：法定救濟期間延長為一年。行政程序法第 98 條之教示瑕疵，對處分之效力不生影響。

表 9-4　行政處分瑕疵等級及法律效果一覽表

瑕疵等級	事由	效果
第一級：重大瑕疵	重大明顯瑕疵 法律明定無效之事由	無效
第二級：中度及輕度瑕疵	程序或方式不合方式未補正者 內容瑕疵：諸如裁量瑕疵、判斷瑕疵、涵攝瑕疵及違背證據法則等	得撤銷
	程序或方式不合方式未補正者	可補正
第三級：微量瑕疵	其他誤寫、誤算或其他類此之顯然錯誤者	不影響效力

二、行政處分之無效

(一) 行政處分之無效

係指行政機關雖已在外觀上作成行政處分，惟在實質上因處分的內容具有瑕疵，或未具備必要形式，或未踐行法定程序，因而欠缺有效要件，以致無法發生效力。無效行政處分，不對任何人發生拘束力，係自始完全無效，行政機關及普通法院，均得以獨立的見解，作無效的判斷。

---

[122](A) 行政處分如有誤寫、誤算或其他類此之顯然錯誤者，處分機關如何更正？
(A)得隨時更正之；(B)不得更正之；(C)應於行政訴訟中更正之；(D)應於訴願程序中更正之。

(二) 行政程序法第 111 條[123]

「行政處分有下列各款情形之一者，無效：一、不能由書面處分中得知處分機關者[124]。二、應以證書方式作成而未給予證書者[125] [126] [127]。三、內容對任何人均屬不能實現者。四、所要求或許可之行為構成犯罪者。五、內容違背公共秩序、善良風俗者。六、未經授權而違背法規有關專屬管轄之規定或缺乏事務權限者[128] [129] [130] [131]。七、其他具有重大明顯

---

[123](C) 下列何者非行政處分無效原因？(A)內容對任何人均不能實現者；(B)內容違背公共秩序、善良風俗者；(C)應以口頭方式作成而未遵守方式者；(D)不能由書面處分中得知處分機關者。

[124](B) 下列行政處分，何者無效？(A)行政處分有誤寫、誤算或其他類比之顯然錯誤者；(B)不能由書面處分中得知處分機關者；(C)須經申請得作成之行政處分，未經當事人同意；(D)應給予當事人陳述意見之機會而未給予者。

[125](C) 有關行政處分之效力，下列敘述何者正確？(A)書面之行政處分自送達相對人及已知之利害關係人後十日起生效；(B)無效之行政處分自撤銷後始不生效力；(C)行政處分有應以證書方式作成而未給予證書者，無效；(D)違法行政處分經廢止後，一律自廢止日起失其效力。

[126](B) 倘若大學在授予大學學位時漏未發給學位證書，則該授予學位之行為具有何種效力？(A)有效；(B)無效；(C)效力未定；(D)暫時生效。

[127](A) 下列何者為無效之行政處分？(A)未發給專利證書之專利權許可；(B)任命被判有期徒刑但宣告緩刑人為公務員；(C)土地重測發生錯誤之登記；(D)公務員應自行迴避而未迴避。

[128](C) 行政處分未經授權，而違背專屬管轄之效力如何？(A)仍然有效；(B)得撤銷；(C)無效；(D)法無規定。

[129](A) 下列何種瑕疵構成行政處分無效之原因？(A)未經授權而違背法規有關專屬管轄之規定；(B)須經申請始得作成之行政處分，當事人未事先提出申請者；(C)作成行政處分後才給予當事人陳述意見的機會；(D)行政處分作成後才補記理由者。

[130](A) 在目前國內尚未制頒類如博弈條款之特別規定以突破刑法賭博罪之現實下，若有縣市長迫於選舉壓力，而核發轄區內旅館業者經營觀光賭場之執照時，則該執照效力為何？(A)無效；(B)得撤銷；(C)得補正；(D)得更正。

[131](A) 甲地政事務所因錯誤將非其轄區之土地予以登記，此登記之法律效力為何？(A)無效；(B)違法得撤銷；(C)有瑕疵但可補正；(D)微量瑕疵不影響其效力。

之瑕疵者。」無效之效力,係自始、當然、確定的無效,故行政處分違反土地管轄之規定,除依行政程序法第 111 條第 6 款規定而無效者外,有管轄權之機關如就事件仍為相同處分時,原處分之效力因自始、當然、確定的無效,所以無須撤銷[132]。

(三) 無效的效力

無效,係指自始無效[133]、當然無效[134]。但基於法之安定性及公法行為存續之公益,行政程序法第 112 條:「行政處分一部分無效者,其他部分仍為有效。但除去該無效部分,行政處分不能成立者,全部無效[135]。」

行政程序法第 113 條:「行政處分之無效,行政機關得依職權確認之(I)。行政處分之相對人或利害關係人有正當理由請求確認行政處分無效時,處分機關應確認其為有效或無效(II)。」

三、程序瑕疵

補正,又稱糾正或治癒,也就是事後再一次之進行補救程序。所謂瑕疵行政處分之補正,乃行政處分在成立時因違法而具有瑕疵,但其瑕疵輕微,僅致使該行政處分得撤銷,因所欠缺之適法要件於事後被補足,使

---

[132](A) 行政處分違反土地管轄之規定者,除依行政程序法第 111 條第 6 款規定而無效者外,有管轄權之機關如就事件仍應為相同處分時,原處分:(A)無須撤銷;(B)仍須先撤銷;(C)仍須先廢止;(D)當然無效。

[133](C) 無效行政處分之效力為何?(A)視情形而定;(B)行政處分相對人提起訴願時,方決定其效力;(C)自始不生效力;(D)效力未定。

[134](C) 關於行政處分效力之敘述,下列何者錯誤?(A)行政處分一經生效,即同時拘束為處分之機關及其相對人;(B)書面行政處分以送達相對人及已知之利害關係人起生效;(C)無效行政處分未經撤銷,仍屬有效;(D)行政處分可以自己名義自力強制執行,此被稱為執行力。

[135](C) 行政處分之效力繼續存在,依行政程序法規定,下列敘述何者為錯誤?(A)行政處分未經撤銷者;(B)行政處分未經廢止者;(C)無效之行政處分;(D)未因其他事由而失效之行政處分者。

該行政處分得以治癒，並得以有效之予以對待，而維持其效力之謂。有重大明顯瑕疵違反程序或方式規定之行政處分則不得補正[136]。至於行政程序法第 101 條之「更正」，係指如有誤寫、誤算之顯然錯誤，但不影響處分之合法性之下，予以改正之意，此與補正係屬違法行政處分不同。再者，行政處分之補正，只限於程序瑕疵部分（例如行政處分須經申請始得作成，未經申請之當事人於事後提出申請者，行政處分之效力，經補正後有效）；如行政處分之瑕疵為實體瑕疵，則不能補正成為合法有效之處分（例如不確定法律概念判斷錯誤，事後予以改正者，係非屬程序上瑕疵，不能補正成為合法有效之處分[137]）。

　　行政程序法第 114 條進而明定補正之措施（方法）及補正之期間：「違反程序或方式規定之行政處分，除依第一百十一條規定而無效[138]者外，因下列情形而補正：一、須經申請始得作成之行政處分，當事人已於事後提出者[139]。二、必須記明之理由已於事後記明者[140]。三、應給予

---

[136] (A) 下列何種違反程序或方式規定之行政處分不得補正？(A)有重大明顯瑕疵者；(B)必須記明理由已於事後記明者；(C)應給予當事人陳述意見之機會已於事後給予者；(D)應參與行政處分作成之其他機關已於事後參與者。

[137] (D) 具有方式及程序瑕疵之行政處分，為顧及社會生活之安定，經由補正使其成為無瑕疵之處分，下列何者屬不能補正之瑕疵？(A)須經申請始得作成之行政處分，當事人已於事後提出者；(B)應參與行政處分作成之委員會已於事後作成決議者；(C)應給予當事人陳述意見之機會已於事後給予者；(D)不確定法律概念判斷錯誤，事後予以改正者。

[138] (D) 依據行政程序法第 114 條之規定，違反程序或方式規定之行政處分，得由行政機關補正。下列何者非該條所列舉得補正之情形？(A)必須記明之理由已於事後記明者；(B)應給予當事人陳述意見之機會已於事後給予者；(C)應參與行政處分作成之其他機關已於事後參與者；(D)無事物權限而作成之行政處分，已經權限機關事後同意者。

[139] (C) 行政處分須經申請始得作成，未經申請之當事人於事後提出申請者，行政處分之效力為何？(A)無效；(B)溯及無效；(C)經補正後有效；(D)一部有效、一部無效。

[140] (C) 書面作成之行政處分，漏未記載何種事項時，法律明文規定可以補正？(A)主旨；(B)處分機關；(C)理由；(D)處分相對人。

當事人陳述意見之機會已於事後給予者。四、應參與行政處分作成之委員會已於事後作成決議者。五、應參與行政處分作成之其他機關已於事後參與者（I）[141]。前項第二款至第五款之補正行為，僅得於訴願程序終結前為之；得不經訴願程序者，僅得於向行政法院起訴前為之（II）。當事人因補正行為致未能於法定期間內聲明不服者，其期間之遲誤視為不應歸責於該當事人之事由，其回復原狀期間自該瑕疵補正時起算（III）。」

四、違反土地管轄之效力

行政程序法第 115 條：「行政處分違反土地管轄之規定者，除依第一百十一條第六款規定而無效者外，有管轄權之機關如就該事件仍應為相同之處分時，原處分無須撤銷。」

五、違法行政處分轉換

係指一有違法之行政處分，由具有溯及效力之其他行政處分而被補救，轉變成為合法處分。行政程序法第 116 條：「行政機關得將違法行政處分轉換為與原處分具有相同實質及程序要件之其他行政處分。但有下列各款情形之一者，不得轉換：一、違法行政處分，依第一百十七條但書規定，不得撤銷者。二、轉換不符作成原行政處分之目的者。三、轉換法律效果對當事人更為不利者（I）。羈束處分不得轉換為裁量處分（II）[142]。行政機關於轉換前應給予當事人陳述意見之機會。但有第一百零三條之事由者，不在此限（III）。」「羈束處分」係指法規規定之特定構成要件事

---

[141](D) 有瑕疵之行政處分得事後補正，但下列何者仍屬未補正？(A)須經申請始得做成之行政處分，當事人已於事後提出者；(B)必須記明之理由已於事後記明者；(C)應給予當事人陳述意見之機會已於事後給予者；(D)應參與行政處分作成之其他機關其上級機關已於事後參與者。

[142](A) 關於違法行政處分之轉換，下列敘述何者不正確？(A)羈束處分得轉換為裁量處分；(B)不得撤銷之行政處分，不得轉換為其他行政處分；(C)對當事人之法律效果不得更為不利；(D)原瑕疵行政處分與轉換後之行政處分須具有相同目的。

實存在，行政機關即應為特定法律效果之行為[143]。

第八節　行政處分之撤銷與廢止

一、違法行政處分撤銷

(一) 意義

所謂行政處分的撤銷乃為將已發生效力但存有瑕疵之處分原則上使其溯及喪失效力。行政處分欠缺合法要件，除其情節輕微於行政處分之效力不生影響外，其他因嚴重瑕疵而致行政處分無效者，實為例外，故以得撤銷之行政處分最為常見。而原處分機關撤銷原行政處分之行為，性質上仍屬於行政處分[144]。

(二) 違反行政處分撤銷之限制

行政程序法第 117 條：「違法行政處分於法定救濟期間經過後，原處分機關得依職權為全部或一部之撤銷；其上級機關，亦得為之。但有下列各款情形之一者，不得撤銷：一、撤銷對公益有重大危害者。二、受益人無第一百十九條所列信賴不值得保護之情形，而信賴授予利益之行政處分，其信賴利益顯然大於撤銷所欲維護之公益者[145]。」此等違法授益處分，雖與依法行政原則相背，惟其依本法之規定仍然不得任意撤銷，原因

---

[143](B) 法規規定之特定構成要件事實存在，行政機關即應為特定法律效果之行為，此稱為：(A)裁量處分；(B)羈束處分；(C)授益處分；(D)確定法律概念。

[144](A) 原處分機關撤銷原行政處分之行為，性質上屬於什麼？(A)行政處分；(B)司法判決；(C)行政規則；(D)法規命令。

[145](C) 違法授益行政處分之撤銷下列敘述，何者正確？(A)撤銷對公益即使有重大危害，仍得撤銷；(B)受益人之信賴值得保護，不得撤銷；(C)受益人無信賴不值得保護之情形，其信賴利益顯然大於撤銷所欲維護之公益者，不得撤銷；(D)受益人信賴授予利益之行政處分，只要其信賴利益大於撤銷所欲維護之公益者，不得撤銷。

主要係考慮到適用信賴保護原則[146]，因此不得任意撤銷。

(三) 信賴不值得保護

行政程序法第 119 條：「受益人有下列各款情形之一者，其信賴不值得保護：一、以詐欺、脅迫或賄賂方法[147]，使行政機關作成行政處分者。二、對重要事項提供不正確資料或為不完全陳述，致使行政機關依該資料或陳述而作成行政處分者[148]。三、明知行政處分違法或因重大過失而不知者。」例如行政院勞工委員會發給外勞聘僱許可後，發現雇主以偽造之醫生證明申請引進外勞，則行政院勞工委員會得撤銷聘僱許可[149]。

(四) 信賴利益補償

授予利益之違法行政處分經撤銷後，如受益人沒有信賴不值得保護之情形，則因信賴該處分致受財產上損失者，為撤銷之機關應給予合理之補償，係基於信賴保護原則[150]。合法的受益處分，若事後被廢止，行政

---

[146](C) 違法授益處分，雖與依法行政原則相背，惟其依行政程序法之規定仍不得任意撤銷，其原因主要是考慮到適用下列那一種行政上之一般法律原則？(A)民主原則；(B)明確性原則；(C)信賴保護原則；(D)不當聯結禁止原則。

[147](A) 行政處分之受益人有下列何種情形時，其信賴不值得保護？(A)以賄賂方法使行政機關作成行政處分；(B)非因故意或過失而不知行政處分違法者；(C)受益人因行政處分之作成而享有利益；(D)於行政程序中，受益人從未陳述意見者。

[148](B) 行政處分之受益人有何種情形時，其信賴不值得保護？(A)不知行政處分違法；(B)對重要事項提供不正確資料，致使行政機關依該資料作成行政處分者；(C)以正當之方法，始行政機關作成行政處分者；(D)行政機關因過失作成行政處分者。

[149](B) 行政院勞工委員會發給外勞聘僱許可後，發現雇主以偽造之醫生證明申請引進外勞，則行政院勞工委員會得採何種措施？(A)廢止聘僱許可；(B)撤銷聘僱許可；(C)公告聘僱許可無效；(D)公告聘僱許可失效。

[150](D) 行政機關撤銷或廢止授益性質的行政處分，使得相對人喪失原本享有之利益時，應考慮補償相對人因信賴處分有效存續之利益，此乃基於何種原則而來的要求？(A)比例原則；(B)公益原則；(C)法律不溯及既往原則；(D)信賴保護原

程序法第 126 條第 1 項：「……廢止授予利益之合法行政處分者，對受益人因信賴該處分致遭受財產上之損失，應給予合理之補償。」此外，行政契約若因為公益而需要調整內容，若因情事變更契約顯失公平，行政機關也必須給予相對人合理補償。分別兩種情形：

(一) 信賴利益大於公益：不得撤銷。

(二) 信賴利益小於公益：得撤銷，但須補償。

行政程序法第 120 條：「授予利益之違法行政處分經撤銷後，如受益人無前條所列信賴不值得保護之情形，其因信賴該處分致遭受財產上之損失者，為撤銷之機關應給予合理之補償（Ⅰ）[151]。前項補償額度不得超過受益人因該處分存續可得之利益（Ⅱ）。關於補償之爭議及補償之金額，相對人有不服者，得向行政法院[152]提起給付訴訟（Ⅲ）[153]。」

(五) 撤銷的效力與時間

行政程序法第 118 條：「違法行政處分經撤銷後，溯及既往失其效力[154]。但為維護公益或為避免受益人財產上之損失，為撤銷之機關得另

則。

[151](B) 授益利益之違法行政處分經撤銷後，如受益人無信賴不值得保護之情形，其因信賴該處分致遭受財產上之損失者，應如何處理？(A)為撤銷之機關應給予鼓勵；(B)為撤銷之機關應給予合理之補償；(C)為撤銷之機關應給予融資貸款；(D)為撤銷之機關應給予相同之行政處分。

[152](C) 授予利益之違法行政處分如經撤銷後，受益人對於補償金額不服時，應如何救濟？(A)向地方法院提起給付訴訟；(B)向地方法院提起國家訴訟；(C)向行政法院提起給付訴訟；(D)向行政法院提起撤銷訴訟。

[153](B) 下列關於信賴保護之敘述，何者正確？(A)受益人以外之第三人以詐欺方法，使行政機關作成行政處分者，受益人之信賴皆不值得保護；(B)關於信賴保護補償之爭議及補償之金額，相對人有不服者，得向行政法院提起給付訴訟；(C)受益人雖對重要事項為不完全陳述，致使行政機關依該陳述而作成行政處分，但因行政機關負有職權調查之義務，故受益人之信賴仍值得保護；(D)受益人因過失而不知行政處分違法者，其信賴不值得保護。

[154](C) 得撤銷的行政處分，除法律另有規定外，原則上其效力如何？(A)自始不生效力；(B)於撤銷之時點起，失其效力；(C)經撤銷後，溯及既往失其效力；(D)

定失其效力之日期[155]。」

行政程序法第 121 條:「第一百十七條之撤銷權,應自原處分機關或其上級機關知有撤銷原因時起二年內為之（Ⅰ）[156] [157]。前條之補償請求權,自行政機關告知其事由時起,因二年間不行使而消滅;自處分撤銷時起逾五年者,亦同（Ⅱ）。」

二、合法行政處分事後廢止[158]

廢止,係指合法行政處分之廢棄。如為違法行政處分之廢棄,則謂之撤銷。

(一) 負擔處分之廢止

行政程序法第 122 條:「非授予利益之合法行政處分,得由原處分機關[159]依職權為全部或一部之廢止。但廢止後仍應為同一內容之處分或依

經確認後,溯及既往失其效力。

[155](D) 違法之行政處分經撤銷後,其效力如何?(A)一律溯及既往失去效力;(B)原則上向未來失效,但為維護公益得另定失效日期;(C)由行政機關裁量其失效日期;(D)原則上溯及既往失效,但為維護公益或避免受益人財產之損失,得另定失效日期。

[156](B) 行政機關依職權撤銷違法行政處分之期限為何?(A)應自原處分機關知有撤銷原因時起一年內為之;(B)應自原處分機關知有撤銷原因時起二年內為之;(C)應自原處分機關知有撤銷原因時起三年內為之;(D)應自原處分機關知有撤銷原因時起四年內為之。

[157](B) 依行政程序法規定,行政處分之撤銷權,應自原處分機關或其上級機關知有撤銷原因時起,於下列何者期間內撤銷之?(A)一年;(B)二年;(C)三年;(D)五年。

[158](A) 台北市政府發給建商建築執照,嗣因交通部民航局調整航線,將原發給執照用地列入飛航管制區,不得為建築使用,為免影響飛航安全,台北市政府得採取下列何種措施?(A)廢止建築執照;(B)撤銷建築執照;(C)確認建築執照無效;(D)通知建築執照失效。

[159](A) 得廢止合法行政處分之機關為何?(A)原處分機關;(B)訴願管轄機關;(C)原處分機關之上級機關;(D)高等行政法院及最高行政法院。

法不得廢止者，不在此限。」合法行政處分之事後廢止，在屬於負擔處分部分之廢止較無限制。

(二) 授益處分之廢止

行政程序法第 123 條：「授予利益之合法行政處分，有下列各款情形之一者，得由原處分機關依職權為全部或一部之廢止：一、法規准許廢止者[160]。二、原處分機關保留行政處分之廢止權者。三、附負擔之行政處分，受益人未履行該負擔者[161][162]。四、行政處分所依據之法規或事實事後發生變更，致不廢止該處分對公益將有危害者。五、其他為防止或除去對公益之重大危害者。」由上述法條得知，若以詐欺、脅迫或賄賂方法使行政機關作成行政處分，並非行政程序法第 123 條合法授益處分廢止之事由[163]，而合法行政處分之事後廢止，在屬於授益處分這個部分之廢止與負擔處分部分之廢止比較起來，限制較多。

(三) 廢止後信賴利益給予補償

行政程序法第 126 條：「原處分機關依第一百二十三條第四款、第五款規定廢止授予利益之合法行政處分者，對受益人因信賴該處分致遭受財產上之損失，應給予合理之補償（Ⅰ）。第一百二十條第二項、第三項及第

---

[160](B) 水利法第 19 條規定：主管機關於水源之水量不敷公共給水，並無法另得水源時，得停止相對人之水權；此停止水權之行為，是為：(A)行政處分之撤銷；(B)行政處分之廢止；(C)行政處分之無效；(D)行政處分之轉換。

[161](B) 合法行政處分附有負擔，但受益人未履行該負擔時，原處分機關得依職權如何處理？(A)加以撤銷；(B)加以廢止；(C)加以補正；(D)加以調整。

[162](B) 行政處分何時得廢止授予利益之合法行政處分？(A)原處分機關保留行政處分之負擔附加者；(B)附負擔之行政處分，受益人未履行該負擔者；(C)行政處分所依據之法規或事實事後發生變更，致廢止該處分對公益將有危害者；(D)即使法規不准許廢止，但有私益需要者。

[163](A) 下列何者非行政程序法第 123 條合法授益處分廢止之事由？(A)以詐欺、脅迫或賄賂方法使行政機關作成行政處分；(B)行政處分所依據之法規或事實事後發生變更，致不廢止該處分對於公益將有損害；(C)為防止或除去對公益之重大損害；(D)附負擔之授益處分，受益人未履行該負擔。

一百二十一條第二項之規定，於前項補償準用之（II）。」

(四) 廢止的時間與效力

行政程序法第 124 條：「前條之廢止，應自廢止原因發生後二年內為之[164]。」亦即合法授益行政處分之廢止，至遲自廢止原因發生後[165]二年內為之[166]。

行政程序法第 125 條：「合法行政處分經廢止後，自廢止時或自廢止機關所指定較後之日時起，失其效力[167]。但受益人未履行負擔致行政處分受廢止者，得溯及既往失其效力。」由上述條文得知，行政處分之廢止與撤銷，原則上並非均溯及既往[168]而係有條件限制。

三、撤銷及廢止相關規定

(一) 授益處分撤銷、廢止、無效後不當得利之返還

行政程序法第 127 條：「授予利益之行政處分，其內容係提供一次或連續之金錢或可分物之給付者，經撤銷、廢止或條件成就而有溯及既往失效之情形時，受益人應返還因該處分所受領之給付。其行政處分經確認無

---

[164](A) 行政處分之廢止，應自廢止原因發生後幾年內為之？(A)二年；(B)三年；(C)五年；(D)十年。

[165](D) 下列有關授予利益之合法行政處分廢止之說明，何者正確？(A)得廢止之行政處分，以違法為限；(B)無補償財產損失之必要；(C)廢止僅得溯及既往失其效力；(D)廢止應自廢止原因發生後兩年內為之。

[166](B) 合法授益行政處分之廢止，至遲自廢止原因發生後多少年內為之？(A)一年內；(B)二年內；(C)三年內；(D)四年內。

[167](B) 行政處分經廢止後，其效力為何？(A)原則上溯及既往失效；(B)原則上自廢止之時或自廢止機關所指定較後之日時起失效；(C)由廢止機關裁量；(D)一律自廢止之時起失效。

[168](C) 下列關於行政處分之撤銷與廢止之敘述，何者錯誤？(A)行政處分之廢止是指對合法處分；行政處分之撤銷係指對違法處分；(B)行政處分之廢止可分為合法非授益處分之廢止及合法授益處分之廢止；(C)行政處分之廢止與撤銷，原則上均溯及既往；(D)撤銷對公益有重大危害者，不得撤銷。

效者，亦同（I）。前項返還範圍準用民法有關不當得利[169]之規定（II）。」

(二) 授益處分撤銷、廢止、無效後要回證書或物品

行政程序法第 130 條：「行政處分經撤銷或廢止確定，或因其他原因失其效力後，而有收回因該處分而發給之證書或物品之必要者，行政機關得命所有人或占有人返還之（I）[170]。前項情形，所有人或占有人得請求行政機關將該證書或物品作成註銷之標示後，再予發還。但依物之性質不能作成註銷標示，或註銷標示不能明顯而持續者，不在此限（II）。」

(三) 第三人效力行政處分之撤銷或廢止

所謂有第三人效力之行政處分，包括兩者：1.行政處分對相對人為授益，但對第三人為負擔；2.為行政處分對相對人為負擔，但對第三人為授益。

第三人效力行政處分之撤銷，可分為下列二種情形：

1. 相對人為授益處分，第三人為負擔處分

對相對人為授益處分，是否能夠撤銷，與一般授益處分所受到的限制相同。亦即，(1)信賴利益大於公益：不得撤銷；(2)信賴利益小於公益：得撤銷，但須補償。而由於對第三人屬於負擔處分，故若真的撤銷，第三人不會有意見。撤銷可能是行政機關自己發現撤銷，或是由第三人異議或提出爭訟程序進而撤銷，若是行政機關自己發現瑕疵而撤銷，同樣須受到前述授益處分撤銷之限制；但若是第三人異議或提出爭訟程序而撤

---

[169] (A) 授益處分若因撤銷而溯及既往失效時，受益人應負受領給付之義務，關於其返還之範圍，係準用民法何種規定？(A)不當得利；(B)無權代理；(C)無因管理；(D)損害賠償。

[170] (D) 行政處分經撤銷或廢止確定，或因其他原因失其效力後，而有收回因該處分而發給之證書或物品之必要者，行政機關依法得如何處理？(A)直接強制註銷後收回；(B)移送行政執行處強制收回；(C)與相對人締結和解契約；(D)命所有人或占有人返還。

銷，由於原處分尚未確定，故相對人無法主張信賴利益保護。

2. 相對人為負擔處分，第三人為授益處分

對相對人為負擔處分，撤銷原處分時相對人不會有意見。但此時對第三人為授益處分，是否可以主張信賴保護？由於該處分並非對第三人所為，故第三人無主張信賴保護之機會。

對第三人效力行政處分之廢止，可分為下列二種情形：

1. 相對人為授益處分，第三人為負擔處分

合法授益處分之事後廢止，必須符合行政處分廢止之條件。若符合信賴利益損失補償時之條件（行政程序法§123④、⑤），則給予相對人損失補償。此時第三人為負擔處分，該處分廢止對其不生影響。

2. 相對人為負擔處分，第三人為授益處分

合法負擔處分之事後廢止，相對人不會有意見。而該處分對第三人授益，但因第三人非該處分之相對人，故不得主張任何信賴損失補償。

第九節　行政處分之請求權時效

一、申請行政程序重新進行

行政程序法第 128 條：「行政處分於法定救濟期間經過後，具有下列各款情形之一者，相對人或利害關係人得向行政機關申請撤銷、廢止或變更之。但相對人或利害關係人因重大過失而未能在行政程序或救濟程序中主張其事由者，不在此限：一、具有持續效力之行政處分所依據之事實事後發生有利於相對人或利害關係人之變更者。二、發生新事實或發現新證據者，但以如經斟酌可受較有利益之處分者為限。三、其他具有相當於行政訴訟法所定再審事由且足以影響行政處分者（Ⅰ）。前項申請，應自法定救濟期間經過後三個月內為之；其事由發生在後或知悉在後者，自發生或知悉時起算。但自法定救濟期間經過後已逾五年者，不得申請（Ⅱ）。」

行政程序法第 129 條：「行政機關認前條之申請為有理由者，應撤銷、廢止或變更原處分；認申請為無理由或雖有重新開始程序之原因，如認為原處分為正當者，應駁回之。」

二、公法上請求權時效

行政程序法第 131 條：「公法上之請求權，於請求權人為行政機關時，除法律另有規定外，因五年間不行使而消滅；於請求權人為人民時，除法律另有規定外，因十年間不行使而消滅（I）。公法上請求權，因時效完成而當然消滅（II）。前項時效，因行政機關為實現該權利所作成之行政處分而中斷（III）。」行政程序法第 132 條：「行政處分因撤銷、廢止或其他事由而溯及既往失效時，自該處分失效時起，已中斷之時效視為不中斷。」行政程序法第 133 條：「因行政處分而中斷之時效，自行政處分不得訴請撤銷或因其他原因失其效力後，重行起算。」行政程序法第 134 條：「因行政處分而中斷時效之請求權，於行政處分不得訴請撤銷後，其原有時效期間不滿五年者，因中斷而重行起算之時效期間為五年。」

 作者小叮嚀

　　行政處分是否可提起訴願、行政訴訟的關鍵行政行為類型，因此在歷屆考題中，占有相當大的比重，屬於非常重要的章節。本章命題焦點為：行政處分的概念、構成行政處分的要件；特殊型態的行政處分：多階段行政處分、對人的一般處分、物的一般處分、行政處分的附款。行政處分的合法要件、瑕疵行政處分的類型與效力、行政處分的無效、撤銷與廢止的要件、信賴保護原則等。

第十章　行政契約

　本章學習重點

1. 行政契約的定義。	3. 行政契約的實例。
2. 行政契約的類型。	4. 行政契約的效力。

第一節　行政契約之概念

　　所謂行政契約，是指兩個以上的當事人，就公法上權利、義務，設定、變更或廢止所訂立之契約，又稱「行政法上契約」或「公法契約」。

一、行政契約之特徵

(一) 行政契約是雙方當事人經由「合意」所產生，其為「雙方行為」與「非權力行為」之性質（而行政處分係因行政機關單方意思表示而生效[1]）。

(二) 行政契約的當事人，至少有一方是行政機關，但亦有雙方皆為行政機關者。

(三) 行政契約，是發生行政法效果之契約，即以設立、變更或廢止公法

---

[1] (A) 關於行政處分與行政契約之異同，下列何者正確？(A)行政處分因行政機關單方意思表示而生效，行政契約須締約雙方意思表示一致，始能生效；(B)行政處分之無效原因，準用民法之規定，行政契約之無效原因基於契約約款而定；(C)行政處分之效力不得由行政機關片面終止，行政契約之效力得由行政機關隨時片面終止；(D)行政處分不得違反不當連結原則，基於契約自由原則，行政契約不受該原則拘束。

關係為目的的契約，非發生私法效果之契約[2]。

(四) 行政契約屬於公法契約之一種。例如發生憲法效果之契約（例如條約）亦為一種公法契約。故行政契約可稱為狹義之公法契約。

二、行政契約容許之理論

承認行政契約並進而法制化，不僅可使行政機關在傳統與當事人處於對立地位的行政處分方式外，有另一種選擇，且可使行政權更富能彈性地處理行政事務，特別是在處理特殊型態的行政案件方面，也較能迎合現代民主法治國家的行政理念。雖然行政契約是要補充行政處分的不足，惟由行政契約之功能及其界限上視之，並無法完全取代行政處分[3]。行政機關與人民締結行政契約，顯示出人民是獨立的權利主體，及與行政權平等的精神，亦具有「解決衝突」之功能。

是否容許締結行政契約，在學說上有兩說：

(一) 除外說

也就是行政程序法第 135 條所規定：「公法上法律關係得以契約設定、變更或消滅之。但依其性質或法規規定不得締約者，不在此限。」除了依其性質或法規規定不得締約者，不在此限[4]。

(二) 授權說

以法律明文規定為限。

---

[2] (C) 行政契約之要素中，下列何者為非？(A)法律行為；(B)雙方行為；(C)發生民法上法律效果；(D)發生行政法上法律效果。

[3] (A) 有關行政契約之功能及其界限，下列何者係不正確？(A)完全取代行政處分，避免引起民怨；(B)補充及取代單方高權行為；(C)減少行政成本，增進行政效率；(D)提升人民地位，加強權利保障功能。

[4] (A) 大法官釋字第 348 號解釋，係有關行政契約之性質及法律依據之司法見解，下列有關該號解釋之敘述何者正確？(A)除法律明文禁止外，行政機關均得與人民訂定行政契約；(B)法律無明文授權時，行政機關即不得與人民訂立行政契約；(C)行政機關得自由與人民訂立契約；(D)行政機關不得與人民訂立契約。

三、行政契約之判定

判別行政契約，得依契約目的、契約標的（公法上法律關係）加以判斷，而其判斷之具體標準，如下述：

(一) 協議一方為行政機關。

(二) 協議內容係行政機關之一方負有作成行政處分或高權事實行為之義務。

(三) 執行法規規定原本應作成行政處分，而以協議代替。

(四) 涉及人民公法上權利義務關係。

(五) 約定事項中列有顯然偏袒行政機關一方之條款者。

四、行政契約類型

一般公家機關向外採買家務、公用設備，仍然屬於一般的私法契約，只有涉及公權力的設立、變更，才算是行政契約。按照行政程序法的規定（行政程序法§136、137），行政契約大抵可分成兩種，一種是「代替行政處分之行政契約」，為和解契約；另一種則是雙務契約，係政府和人民個別負擔義務。在學理上行政契約之類型可分為水平關係契約（平等契約）、隸屬關係契約（垂直契約）、和解契約及雙務契約，如下述：

(一) 水平關係契約

行政機關相互間締結契約，又稱之為平等契約。例如：地方自治團體共同出資興建焚化爐之協議[5]。

(二) 隸屬關係契約

隸屬關係契約，乃處於上下隸屬關係之當事人間，亦即公行政與人民或其他服從公行政之法律人格間之行政契約，係指行政主體（機關）與

---

[5] (B) 行政主體間有關營造物或公物之協定，例如永和、新店、中和區協議在安坑設置焚化爐，該協定屬於：(A)內部指令；(B)行政契約；(C)行政規則；(D)私法契約。

私人（人民）間所締結[6]。例如：國家賠償協議之成立、行政訴訟上之和解、公費學生與學校簽訂之就學契約，國軍各軍事學校學生於入學時所交付予學校之志願書，及家長所出具之入學保證書[7]，但是公有土地之標售則不屬之[8]。

隸屬關係契約又可分為以下兩種：代替行政處分之行政契約（和解契約）、雙務契約（協助職務）：

1. 和解契約

和解契約算是隸屬契約的一種，通常是在行政機關[9]對事實或法律關係不能確定時，也不敢貿然對人民作出處分，乾脆和人民和解，訂定和解契約，雙方各退一步，要求人民負擔一點義務，而行政機關也就不予處分。此時，必須是事實或法律關係，依職權調查無法確定的[10]，才可以締結和解契約，代替行政處分[11]。行政程序法第 136 條規定：「行政機關對於行政處分所依據之事實或法律關係，經依職權調查仍不能確定者，為有效達成行政目的，並解決爭執，得與人民和解，締結行政契約，以代替行政處分。」例如：有人檢舉微軟公司的視窗軟體販售太貴，違背公平交易

---

[6] (A) 行政主體與私人間所締結之行政契約，於分類上屬於下列哪一種？(A)隸屬契約；(B)水平契約；(C)平等契約；(D)複合契約。

[7] (D) 國軍各軍事學校學生於入學時所交付予學校之志願書，及家長所出具之入學保證書，其性質是：(A)行政處分；(B)行政指導；(C)私法契約；(D)行政契約。

[8] (D) 行政機關與人民之下列何種行為，不具行政契約性質？(A)國家賠償協議之成立；(B)行政訴訟上之和解；(C)公費學生與學校簽訂之就學契約；(D)公有土地之標售。

[9] (A) 行政程序法上關於和解契約締結之規定，下列何者為非？(A)限於人民與人民間方可締結；(B)行政處分所依據之事實或法律關係經依職權調查仍不能確定者；(C)締結行政契約以代替行政處分；(D)不得抵觸法規。

[10] (D) 依據行政程序法的規定，行政機關對於行政處分所依據的事實或法律關係，經依職權調查仍不能確定者，得以下列何種行為代替行政處分？(A)逕行行政執行；(B)實施行政指導；(C)作成一般處分；(D)締結行政契約。

[11] (D) 下列關於行政和解契約之要件，何者錯誤？(A)須屬行政處分所依據的法律或事實關係之認定；(B)經依職權仍不能確定者；(C)為有效達成行政目的且解決爭執；(D)契約內容得規定人民不得提起行政訴訟。

法，公平交易委員會認為到底微軟有沒有違法，調查困難，不如和微軟公司和解，要求微軟降價，就不對微軟進行處分。又例如，納稅義務人與稽徵機關之和解[12]、進口業者具結海關先予放行[13]……等。

2. 雙務契約

所謂雙務契約，就是雙方站在對等地位，兩者互相簽約，互相負擔義務。例如：過去考大學有一些公費生，就是公立學校和學生之間締結契約，約定學生在學期間學費都由學校出，但學生畢業之後必須接受分發公家機關服務。行政程序法第 137 條規定，行政機關與人民締結行政契約，互負給付義務者，應符合下列各款規定[14]：

(1) 契約中應約定人民給付之特定用途。

(2) 人民之給付有助於行政機關執行其職務。

(3) 若與行政機關之給付應相當，並具有正當合理之關聯（禁止不當連結原則）[15]。

在行政程序法中，有所謂「不當連結禁止」之原則，除明文適用於行政處分之附款外，亦適用於行政契約中的雙務契約之情形[16]。然而，假

---

[12] (B) 稽徵機關與納稅義務人所簽訂之切結書，性質上屬於：(A)行政處分；(B)行政契約；(C)行政規則；(D)私法契約。

[13] (B) 廠商報運進口機器設備，因未即時檢具免稅證明文件，具結海關先行押款放行，於四個月內補足上述文件，是何種行政行為？(A)行政處分；(B)行政契約；(C)行政指導；(D)行政命令。

[14] (A) 依行政程序法的規定，下列何者非屬締結雙務行政契約所應遵守的規定？(A)必須具有代替行政處分之功能；(B)應於契約中約定人民給付之特定用途；(C)人民之給付有助於行政機關執行其職務；(D)人民之給付與行政機關之給付應相當。

[15] (D) 行政契約中，人民之給付與行政機關之給付應相當，並具有正當合理之關聯，此為何種法律原則？(A)禁止過度侵害原則；(B)禁止不利益變更原則；(C)禁止保護不足原則；(D)禁止不當連結原則。

[16] (B) 行政程序法中，所謂「不當聯結禁止」之原則，除明文適用於行政處分之附款外，亦適用於下列那一種行政行為之情形？(A)行政規則中的裁量基準；(B)行政契約中的雙務契約；(C)行政事實行為中的知之表示；(D)人民陳情時的不予受理。

設台北市政府與某一市民簽訂契約，該市民如同意將土地無償提供市府做垃圾場使用，市府則同意其子免試進入市立高中就讀，係牴觸不當連結禁止原則[17]。又罰鍰繳清後始得發給行車執照之規定，亦有違該原則[18]。

3. 相關大法官會議解釋

(1) 釋字第 348 號解釋（醫學系公費生契約）：「行政院中華民國 67 年 1 月 27 日臺（67）教字第 823 號函核准，由教育部發布之『國立陽明醫學院醫學系公費學生待遇及畢業後分發服務實施要點』，係主管機關為解決公立衛生醫療機構醫師補充之困難而訂定，並作為與自願接受公費醫學教育學生，訂立行政契約之準據[19] [20]。依該要點之規定，此類學生得享受公費醫學及醫師養成教育之各種利益，其第 13 點及第 14 點因而定有公費學生應負擔於畢業後接受分發公立衛生醫療機構服務之義務，及受服務未期滿前，其專業證書先由分發機關代為保管等相關限制，乃為達成行政目的所必要，亦未逾越合理之範圍，且已成為學校與公費學生間所訂契約之內容。公費學生之權益受有限制，乃因受契約拘束之結果，並非該要點本身規定之所致。前開要點之規定，與憲法尚無牴觸。」

---

[17] (A) 若台北市政府與某市民簽訂一項契約，該市民同意將其土地無償提供台北市政府做垃圾場使用十年，市政府則同意其兒子免試進入市立高中就讀。請問此項契約主要會牴觸下列那個原則？(A)不當連結禁止原則；(B)信賴保護原則；(C)法優位原則；(D)行政自我約束原則。

[18] (C) 有關罰鍰繳清後始得發給行車執照之規定，係違反下列何種原因？(A)信賴保護原則；(B)評等原則；(C)不當聯結禁止原則；(D)公益原則。

[19] (B) 某甲考上公費醫學系，依招生簡章考上公費醫學系者之入學學生，在學期間由教育部補助每學期學雜費（全額），並每月補助新台幣一萬元整公費，惟畢業後應接受指派至各鄉衛生所服務五年，否則應賠償在學期間內所領的各項費用之五倍金額，請問教育部對於某甲，係：(A)成立行政處分；(B)締結行政契約；(C)提供行政協助；(D)實施行政指導。

[20] (C) 依據大法官之解釋，國立醫學院學生自願接受公費醫學教育，負有畢業後接受分發至公立衛生醫療機構服務之義務，此係基於：(A)行政命令；(B)負擔處分；(C)行政契約；(D)私法契約。

(2) 釋字第 533 號解釋（全民健保特約契約）：「憲法第 16 條規定，人民之訴訟權應予保障，旨在確保人民於其權利受侵害，得依法定程序提起訴訟以求救濟。中央健康保險局依其組織法規係國家機關，為執行其法定之職權，就辦理全民健康保險醫療服務有關事項，與各醫事服務機構締結全民健康保險特約醫事服務機構合約，約定由特約醫事服務機構提供被保險人醫療保健服務，以達促進國民健康、增進公共利益之行政目的，故此項合約具有行政契約之性質[21]。締約雙方如對契約內容發生爭議，屬於公法上爭訟事件，依中華民國 87 年 10 月 28 日修正公布之行政訴訟法第 2 條：『公法上之爭議，除 法律別有規定外，得依本法提起行政訴訟。』第 8 條第 1 項：『人民與中央或地方機關間，因公法上原因發生財產上之給付或請求作成行政處分以外之其他非財產上之給付，得提起給付訴訟。因公法上契約發生之給付，亦同。』規定，應循行政訴訟途徑尋求救濟。保險醫事服務機構與中央健康保險局締結前述合約，如因而發生履約爭議，經該醫事服務機構依全民健康保險法第 5 條第 1 項所定程序提請審議，對審議結果仍有不服，自得依法提起行政爭訟。」

五、行政契約之實例

(一) 稅法上之行政契約。

(二) 監理機關與民間修車廠簽約將汽車檢驗權限委託其行使（公權力委託）[22]。

(三) 行政主體間關於營造物或公物之協議：台北市與新北市共同設置焚化爐。

---

[21] (C) 下列何者屬於行政契約？(A)中央健康保險局向私人承租辦公大樓之契約；(B)私人與中央健康保險局特約醫院締結之醫療契約；(C)中央健康保險局與特約醫院約定提供醫療、健保、服務之契約；(D)中央健康保險局將辦公大樓之清潔工作發包給清潔公司。

[22] (B) 主管機關委託民營汽車製造廠檢驗汽車，屬於何種行政行為？(A)行政委辦；(B)公法契約；(C)非行政行為，屬私法契約；(D)行政處分。

(四) 損失補償或損害賠償之協議：前者如拆除違章建築時，主管機關與房屋所有人間之補償協議；後者如國家賠償法之賠償協議。

(五) 徵收土地補償費與工程受益費抵銷之抵銷契約。

(六) 公費教育之契約關係，例如公費學生自願接受學生待遇及畢業分發、服務年限等條件而入學（釋字第 348 號）。

(七) 全民健保特約醫事服務機構合約（釋字第 533 號）。

(八) 訴訟法上之保證關係：具保或責付以代替羈押，即成立公法上之保證契約[23]。

(九) 停車場興建之代金契約[24]。

(十) 公立學校與教師之聘約[25]。

　　契約內容若不涉及公權力的交易，則不是行政契約。例如，與民營拖吊車公司簽訂之拖吊違規汽車之契約，民營拖吊業者自己並沒有權力決定要拖吊誰的車，只是警察的行政助手，所以契約內容不涉及公權力，則非行政契約[26]。

六、政府採購

　　比較有爭議的，則是政府採購究竟是不是行政契約？單純的政府向民間採買財貨，應屬於私法契約。「政府採購法」於 87 年 5 月 27 日經總統公布，並於公布後一年開始實施，自從「政府採購法」公布之後，政府

---

[23] (B) 依刑事訴訟法規定，檢察官或法院得命被告具保或責付，而代替羈押。具保人或責付人與法院或檢察官之間所形成之法律關係為下列何種？(A)私法上之契約；(B)行政契約；(C)行政處分；(D)附負擔之行政處分。

[24] (B) 下列何者不屬行政契約？(A)各醫事服務機構與全民健保主管機關所締結之全民健康保險特約醫事服務機構合約；(B)大飯店與行政機關間之飲食供應契約；(C)停車場興建之代金契約；(D)國家提供獎學金公費生契約。

[25] (A) 公立學校教師之聘任契約，應屬於：(A)行政契約；(B)私法契約；(C)勞務契約；(D)行政處分。

[26] (D) 下列何種契約不是行政契約？(A)損失補償金額之協議；(B)行政機關委託人民行使公權力之契約；(C)台北市政府與新北市政府簽訂共同興建垃圾焚化爐之契約；(D)與民營拖吊車公司簽訂之拖吊違規汽車之契約。

採購之事宜均依此法為依據，在日後舉凡政府機關、公立學校、公營事業或接受政府機關、公立學校、公營事業補助之法人或團體，辦理工程之定作、財物之買受、定製、承租及勞務之任用或僱傭，均應依「政府採購法」所規定之程序辦理。政府採購法在採購之程序上，其招標方式，可分為公開招標、選擇性招標及限制性招標等。其招標程序嚴謹，並強調公平性。簽約後之履約，若有發生爭議，在招標階段，為公法案件（但並非行政契約）；而在履約階段，則屬私法案件，屬於私法契約。

又國道高速公路局與民間企業就高速公路電子收費系統 ETC 設備，所締結之契約，究竟是行政契約還是私法契約？就採購程序方面應屬於公法事件，而就契約內容，應屬於私法契約[27]。

第二節　行政契約締結之程序與效力

一、程序規定

(一) 締約前公告及表示意見

行政程序法第 138 條：「行政契約當事人之一方為人民，依法應以甄選或其他競爭方式決定該當事人時，行政機關應事先公告應具之資格及決定之程序。決定前，並應予參與競爭者表示意見之機會[28]。」

(二) 以書面為之（書面契約）

行政程序法第 139 條：「行政契約之締結，應以書面為之。但法規另

---

[27] (B) 國道高速公路局與民間企業就高速公路電子收費系統 ETC 設備，所締結之契約，屬於：(A)行政契約；(B)私法契約；(C)委任契約；(D)承攬契約。

[28] (B) 依據行政程序法規定，行政機關與人民締結行政契約，應遵守下列何者？(A)應一律以甄選或競爭方式決定當事實；(B)決定前，應給予參與競爭者表示意見之機會；(C)除法規另有規定外，得以書面、言詞或其他方式為之；(D)行政契約依約定內容履行將侵害第三人之權利者，應經締約機關之上級機關核准後，始生效力。

有其他方式之規定者，依其規定[29]。」除法規有特別規定者外，行政契約以口頭締結者，其效力無效[30]。

(三) 第三人效力之契約（生效要件）

行政程序法第 140 條：「行政契約依約定內容履行將侵害第三人之權利者，應經該第三人書面之同意[31]，始生效力（I）。行政處分之作成，依法規之規定應經其他行政機關之核准、同意或會同辦理者，代替該行政處分而締結之行政契約，亦應經該行政機關之核准、同意或會同辦理，始生效力（II）。」

二、效力規定

行政契約與一般的民事契約，最特別的地方在於，由於國家是以公權力與人民締結契約，為了公益目的的履行，若當事人沒辦法確實履行契約條件時，國家為了維持公益，則具有強勢的地位。例如：在契約履行上，行政機關可以對人民作出指導與協助，甚至，行政契約為防止或除去對公益的重大危害，得於必要範圍內調整契約內容或終止契約，不過需補償相對人因此所受之財產上損失。或者，在行政契約締結後，因為情事變更，原契約條件不公平，當事人可以要求調整契約內容，但行政機關為維護公益，得補償相對人的損失，命其繼續履行原約定之義務。這就是學理上所謂的王的行為[32]。

---

[29] (A) 依我國行政程序法之規定，有關行政契約之締結，應以何種方式為之？(A)應以書面訂定之，但法規另有規定者依其規定；(B)以書面為原則，口頭為例外；(C)以口頭為原則，書面為例外；(D)基於契約自由，可以口頭或書面為之。

[30] (B) 除法規有特別規定者外，行政契約以口頭締結者，其效力如何？(A)有效；(B)無效；(C)經補正後有效；(D)一部有效，一部無效。

[31] (C) 行政契約依其契約內容履行將侵害第三人權利時，應經如何程序始生效力？(A)契約一簽即生效力；(B)應經上級主管機關核准；(C)應經第三人書面同意；(D)應與第三人共同締約。

[32] (B) 依據行政程序法第 146 條與第 147 條，行政契約因為具備民法上的契約終止事

(一) 行政契約之指導或協助

行政程序法第 144 條：「行政契約當事人之一方為人民者，行政機關得就相對人契約之履行，依書面約定之方式，為必要之指導或協助。」

(二) 契約外公權力行使之損失補償

行政程序法第 145 條：「行政契約當事人之一方為人民者，其締約後，因締約機關所屬公法人之其他機關於契約關係外行使公權力，致相對人履行契約義務時，顯增費用或受其他不可預期之損失者，相對人得向締約機關請求補償其損失。但公權力之行使與契約之履行無直接必要之關聯者，不在此限（I）。締約機關應就前項請求，以書面並敘明理由決定之（II）。第一項補償之請求，應自相對人知有損失時起一年內[33]為之（III）。關於補償之爭議及補償之金額，相對人有不服者，得向行政法院提起給付訴訟（IV）。」

(三) 防止公益損害，單方調整或終止契約之權利

行政程序法第 146 條：「行政契約當事人之一方為人民者，行政機關為防止或除去對公益之重大危害，得於必要範圍內調整契約內容或終止契約（I）。前項之調整或終止，非補償相對人因此所受之財產上損失，不得為之（II）[34]。第一項之調整或終止及第二項補償之決定，應以書面敘明

由、或為避免公共利益重大危害、或人民或行政機關之一方基於情事變更原則；或基於法律的變更，可以終止或變更契約，甚至命當事人繼續履行契約，這使採用學理上所謂的：(A)公法契約；(B)王的行為；(C)私法自治；(D)契約自由原則。

[33] (B) 締結行政契約之人民，因締約機關所屬公法人之其他機關於契約關係外行使公權力，致其履行受不可預期之損失者，得請求補償。此項損失補償請求權應於知有損害時起，至遲何時內請求之？(A)六個月；(B)一年；(C)二年；(D)三年。

[34] (A) 依據行政程序法第 146 條規定，行政契約當事人之一方為人民者，行政機關為防止或除去對公益之重大危害，得於必要範圍內調整契約內容或終止契約。行政機關為調整或終止契約時，應如何處理始為合法？(A)補償相對人因此所受

理由為之（III）。相對人對第一項之調整難為履行者，得以書面敘明理由
終止契約（IV）。相對人對第二項補償金額不同意時，得向行政法院提起
給付訴訟（V）。」

(四) 情事變更調整或終止

行政程序法第 147 條：「行政契約締結後，因有情事重大變更，非當
時所得預料，而依原約定顯失公平者，當事人之一方得請求他方適當調整
契約內容[35]。如不能調整，得終止契約（I）[36]。前項情形，行政契約當事
人之一方為人民時，行政機關為維護公益[37]，得於補償相對人之損失後，
命其繼續履行原約定之義務（II）。第一項之請求調整或終止與第二項補
償之決定，應以書面敘明理由為之（III）。相對人對第二項補償金額不同
意時，得向行政法院提起給付訴訟（IV）。」

(五) 自願接受執行之約定

行政程序法第 148 條：「行政契約約定自願接受執行時，債務人不為
給付時，債權人得以該契約為強制執行之執行名義（I）。前項約定，締約
之一方為中央行政機關時，應經主管院、部或同等級機關之認可；締約之
一方為地方自治團體之行政機關時，應經該地方自治團體行政首長之認
可；契約內容涉及委辦事項者，並應經委辦機關之認可，始生效
力（II）。第一項強制執行，準用行政訴訟法有關強制執行之規定

之財產上損失；(B)公告契約內容；(C)舉行聽證會；(D)給予陳述意見之機
會。

[35] (D) 行政機關與人民締結行政契約後，發生情事變更，非當時所得預料，而依原約
定顯失公平者，當事人之一方得請求他方適當調整契約內容，此為何種原則之
適用？(A)比例原則；(B)平等原則；(C)信賴保護原則；(D)情事變更原則。

[36] (A) 行政契約締結後，因情事重大變更，非當時所得預料，而依原約定顯失公平
者，當事人之一方得請求他方：(A)終止契約；(B)解除契約；(C)撤銷契約；
(D)廢止契約。

[37] (C) 行政機關與人民締結行政契約後，發生情事變更，行政機關仍得於補償相對人
損失後，命其繼續履行義務，此係基於何種理由？(A)效能理由；(B)信賴保護
理由；(C)維護公益理由；(D)依法行政理由。

（III）[38] [39]。」

(六) 行政訴訟法之給付訴訟

　　行政訴訟法第 8 條：「人民與中央或地方機關間，因公法上原因發生財產上之給付或請求作成行政處分以外之其他非財產上之給付，得提起給付訴訟。因公法上契約發生之給付，亦同（I）。前項給付訴訟之裁判，以行政處分應否撤銷為據者，應於依第四條第一項或第三項提起撤銷訴訟時，併為請求。原告未為請求者，審判長應告以得為請求（II）。」

(七) 行為併行禁止原則

　　指行政機關不得於同一行政法律關係中，併用行政契約與行政處分，尤不得以行政處分終結或變更基於行政契約所生之權利義務關係。行為併用禁止原則顯然否定行政機關於同一法律關係中得併用行政契約與行政處分。主要理由如下：

1. 以單方性質之行政處分，終結或變更基於雙方當事人合意所成立之行政契約，法理上有相互矛盾之處。
2. 倘承認行政機關得以單方性之行政處分終結或變更行政契約法律關係，恐將損及締約一方當事人之人民對於行政契約之信賴，以至於不願或不敢採用行政契約之行為形式，從而將導致行政契約萎縮。

　　實務見解原則上肯認行政機關得併用行政契約與行政處分：

1. 最高行政法院 95 年 7 月份庭長法官聯席會議
　　本件決議認為，健保局對於與其有全民健康保險特約之醫事服務機

---

[38] (B) 依據行政程序法第 148 條第 3 項之規定，行政契約約定自願接受執行時，其嗣後之強制執行直接準用（或適用）以下哪一種規定？(A)行政執行法之強制執行規定；(B)行政訴訟法之強制執行規定；(C)強制執行法之規定；(D)行政程序法所就此自為之強制執行規定。

[39] (C) 行政契約約定自願接受執行時，債務人不為給付時，債權人得以該契約為強制執行之執行名義。其所指的「強制執行」是：(A)民事法上的強制執行法；(B)行政執行法；(C)行政訴訟法；(D)民事訴訟法。

構所為之停止特約，其性質乃基於健保局其管理保險醫事服務機構之公權力而發，應認為行政處分，而非僅屬履行合約內容之意思表示。由此可見本件決議肯認健保局於其與特約醫療院所之健保法律關係中，得併用行政契約與行政處分。

2. 最高行政法院 98 年 7 月份第 1 次庭長法官聯席會議決議

　　本件決議認為，公立學校之聘任為行政契約。而公立學校教師於聘任後，如予解聘、停聘或不續聘者，應係該公立學校依法律明文規定之要件、程序及法定方式，立於機關之地位，就公法上具體事件，所為得對外發生法律效果之單方行政行為，具有行政處分之性質。由此可見，本件決議同樣肯認公立學校於其與教師基於聘任之法律關係，得併用行政契約與行政處分。

第三節　行政契約之無效

一、行政契約之無效

(一) 行政程序法第 141 條：「行政契約準用民法規定之結果為無效者，無效（I）。行政契約違反第一百三十五條但書或第一百三十八條之規定者，無效（II）[40]。」

(二) 行政程序法第 142 條：「代替行政處分之行政契約，有下列各款情形之一者，無效：一、與其內容相同之行政處分為無效者。二、與其內容相同之行政處分，有得撤銷之違法原因，並為締約雙方所明知者。三、締結之和解契約，未符合第一百三十六條之規定者。四、締結之雙務契約，未符合第一百三十七條之規定者。」

---

[40] (A) 關於行政契約之無效，下列何者錯誤？(A)行政契約之一部無效者，其他部分仍為有效。但除去該無效部分，行政契約不能成立者，全部無效；(B)行政契約準用民法規定之結果為無效者，無效；(C)代替行政處分之行政契約，若與其內容相同之行政處分為無效者，則無效；(D)行政契約依其性質或法規規定不得締結，當事人仍締結者，無效。

(三) 行政程序法第 143 條：「行政契約之一部無效者，全部無效[41]。但如可認為欠缺該部分，締約雙方亦將締結契約者，其他部分仍為有效[42]。」

蓋行政契約無效之原因可分為一般原因及特殊原因，如下述：

1. 一般原因

(1) 行政契約準用民法規定之結果為無效者，無效[43]。

(2) 行政契約違反行政程序法第 135 條但書（依其性質不許締約或法規禁止締約之規定），或違反同法第 138 條之程序規定者（未公布競爭者之資格、未給予意見陳述之機會），無效。

2. 特殊原因

代替行政處分之行政契約，有下列情形之一者，無效：

(1) 與其內容相同之行政處分為無效者。

(2) 與其內容相同之行政處分，有得撤銷[44]之違法原因，並為締約雙方所明知者[45]。

---

[41] (D) 下列關於行政契約效力之敘述，何者正確？(A)行政契約依約定內容履行將侵害第三人之權利者，契約當然無效；(B)行政處分之作成，依法規之規定應經其他行政機關會同辦理者，代替該行政處分而締結之行政契約，未經該行政機關會同辦理者，當然無效；(C)無行政程序行為能力人和行政機關所締結之行政契約，契約當然無效；(D)行政契約之一部無效者，原則上全部無效。

[42] (C) 行政契約一部無效時，原則上全部無效，但如果認為欠缺該部分，締結契約的雙方亦將締結契約時，則其他部分：(A)仍為無效；(B)得撤銷；(C)仍為有效；(D)效力未定。

[43] (B) 行政契約準用民法規定之結果為無效者，其效力為：(A)得撤銷；(B)無效；(C)效力未定；(D)撤銷前依舊有效。

[44] (C) 下列何者不屬於行政契約無效之情形？(A)依法應以甄選或其他競爭方式決定契約相對人而未舉行；(B)雙務契約中人民之給付與行政機關之給付不具有正當合理之關聯；(C)契約相對人之意思表示錯誤；(D)與無效行政處分具有相同內容者。

[45] (C) 代替行政處分之行政契約，與其內容相同之行政處分，有得撤銷之違法原因，並為締約雙方所明知者，其效力：(A)得撤銷；(B)效力未定；(C)無效；(D)撤

(3) 締結之和解契約，未符合第 136 條之規定者。

(4) 締結之雙務契約，未符合第 137 條之規定者。

二、行政契約之一部無效

行政契約之一部無效者，全部無效。但如可認為欠缺該部分，締約雙方亦將締結契約者，其他部分仍為有效。

三、民法規定之準用

行政程序法第 149 條：「行政契約，本法未規定者，準用民法[46]相關之規定[47]。」

作者小叮嚀

> 　　本章命題焦點在於行政契約的要件、行政契約的締結方式；和解契約、雙務契約、行政契約的種類判斷、行政契約的程序要件、行政契約的締結必須以書面為之、行政契約發生無效的原因、實務上行政契約的類型。

銷前依舊有效。

[46] (A) 行政契約中之相關事項，行政程序法未規定者，準用哪部法律之相關規定？(A)民法；(B)民事訴訟法；(C)行政罰法；(D)刑法。

[47] (B) 有關行政法與其他法律的關係，下列敘述何者正確？(A)行政法是抽象化的憲法；(B)行政程序法規定：行政契約，本法未規定者，準用民法相關之規定；(C)稅捐稽徵機關得類推適用民法第 343 條免除規定，免除人民之租稅債務；(D)行政法與刑法之處罰，均以立法院制定的法律為限。

第十一章 事實行為

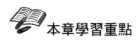**本章學習重點**

> 1. 事實行為的界定。　　3. 事實行為的救濟。
>
> 2. 事實行為的類型。

第一節 事實行為的概念

　　行政事實行為是與行政法之法律行為相對之行為，其作用非為產生、變更或消滅行政法之權利與義務關係（法律效果），而係為產生「事實效果」也。易言之，這種行政行為既非私法行為，而是屬於行政處分、行政契約、行政命令以外之行為。例如：長官對於屬官所為之職務分配、氣象局氣象報告[1]、行政機關內部單位間意見之交換、課稅處分確定稽徵機關收受稅款之繳納、拖吊違規車輛及保管[2]、農產品行情報導、節育宣傳、租用辦公大樓廣告[3]、設置高速公路照相測速器[4]等等均屬之。事實行為在概念上有幾個重點：

---

[1]　(C) 下列何者非行政法上所謂「事實行為」？(A)行政指導；(B)長官對於屬官所為之職務分配；(C)監督機關撤銷地方自治團體之自治行政行為；(D)氣象局氣象報告。

[2]　(D) 下列何者非屬行政機關之事實行為？(A)行政機關內部單位間意見之交換；(B)課稅處分確定稽徵機關收受稅款之繳納；(C)拖吊違規車輛及保管；(D)違規車輛之開立罰單。

[3]　(C) 下列何者不屬於事實行為？(A)農產品行情報導；(B)節育宣傳；(C)准許新藥上市；(D)租用辦公大樓廣告。

[4]　(A) 設置高速公路照相測速器之行政行為的法律性質為何？(A)行政事實行為；(B)行政規則；(C)對人之一般處分；(D)對物之一般處分。

一、事實行為與行政處分之差別

行政處分以直接發生法律上效果的行為，事實行為與行政處分不同在於「不發生法律效果」，事實行為範圍甚廣，如機關內部行為、對外的宣導、勸告、報導、建議等行政指導行為；或興建公共設施、教育訓練、實施物理上強制力的「執行行為」以及觀念通知，都屬於事實行為。

二、常見類型

行政事實行為常見之類型有：執行行為、行政指導、行政檢查、行政上強制措施等等。

三、受「法律保留」及「法律優位」原則支配

「法律保留」原則係指涉及人民權利義務事項，應保留給法律來規範，沒有法律授權行政機關即不能合法地作成行政行為。蓋憲法已將某些事項保留給立法機關，須由立法機關以法律加以規定；「法律優位」係指法律對於行政之優越地位，以法律指導、支配行政，其目的在防止行政行為違背法律。此處所稱之法律，不僅包括形式法所規範之憲法、法律、法規命令、自治規章及條約等成文法，亦包括實質法所規範之習慣法、判例、解釋、法理等不成文法，換言之，行政行為不僅不得違反法律，亦不得違反平等原則、比例原則等一般法律原則。法律優位原則係要求行政行為消極地不違背法律，故亦稱為消極之依法行政。行政行為或其他一切行政活動，均不得與法律相牴觸。即下位階法規範不可牴觸上位階法規範。其基本意義乃國家行政行為須受法之拘束，也即以法來支配、指導行政，行政行為不可牴觸法規範。此行政行為包括各種形式之行政行為，諸如行政處分、行政契約、法規命令、事實行為。此則憲法優位於法律、法律優位於命令及其他國家行為。是以，由此觀之，事實行為受「法律保留」及「法律優位」原則支配。

四、進行強制執行時，須有法律依據、遵守法定程序、不得逾必要程度

強制措施係指行政機關運用物理上之強制力，以實現行政處分之內容或逕行執行法令之行為。行政執行程序中之直接強制、即時強制、對違規車輛之拖吊及保管、拆除違章建築……等。在進行強制執行時，必須有法律之依據，並遵守法定程序且不得逾越必要程度。

第二節　事實行為種類

一、事實行為依性質可分為

(一) 內部行為

機關內部行為係指單位相互間交換意見、文書往返；或是上下級機關間的指示、請示、視察、主辦員工講習、訓練等均是。

(二) 通知行為（認知表示）與行政指導

通知行為係指常見的觀念通知，例如戶籍謄本之發給、向他機關提供資料、為他機關完成研究報告、外交部對於國內機關所發文件之認證、行政機關在「解釋令函資料檢索」網頁中以電子郵件方式回覆民眾對於法令疑義問題，此函覆之性質亦屬觀念通知[5]、行政機關告知申請人經辦事件之處理進度的通知[6]、經濟部智慧財產局告知專利權已屆期、處分機關告知處分解除條件已成就、行政契約締約機關告知他造契約期限已屆滿[7]

---

[5] (B) 行政機關在「解釋令函資料檢索」網頁中以電子郵件方式回覆民眾對於法令疑義問題。此函覆之性質為：(A)一般處分；(B)觀念通知；(C)法規命令；(D)行政處分。

[6] (C) 行政機關告知申請人經辦事件之處理進度的通知，其法律性質為：(A)行政處分；(B)行政契約；(C)觀念通知；(D)行政計畫。

[7] (C) 下列何者不屬於觀念通知？(A)經濟部智慧財產局告知專利權已屆期；(B)處分

等等。而行政指導則指行政機關對外所作之報導、勸告、警告、輔導、建議[8][9]、調解、資訊提供等行為,行政程序法第 165 條定有明文:「……行政機關在其職權或所掌事務範圍內,為實現一定之行政目的,以輔導、協助、勸告、建議或其他不具法律上強制力之方法,促請特定人為一定作為或不作為之行為[10]。」行政指導在論理上屬於事實行為[11][12],在性質上屬於行政事實行為[13]、任意性事實行為[14]。行政指導規定於行政程序法第 165 條以下。例如:農業主管機關為鼓勵農民發展有機農業,提供農民相關技術與知識諮詢[15]。行政指導遭相對人明確拒絕時,行政機關應立即停止行政指導[16]。

機關告知處分解除條件已成就;(C)受理申請之機關告知申請人限期補正,否則視為銷案;(D)行政契約締約機關告知他造契約期限已屆滿。

[8] (D) 交通部觀光局通知旅行業者不宜出團前往國外某地旅遊。該通知行為係:(A)行政命令;(B)行政處分;(C)行政計畫;(D)事實行為。

[9] (B) 行政程序法所稱行政指導,謂行政機關在其職權或所掌事務範圍內,為實現一定之行政目的,以下列何種方式或方法,促請特定人為一定作為或不作為之行為?(A)警告或處罰;(B)輔導或建議;(C)禁止或命令;(D)停權或停業。

[10] (B) 行政機關在其職權或所掌事務範圍內,為實現一定之行政目的,以輔導、協助、勸告、建議 或其他不具法律上強制力之方法,促請特定人為一定作為或不作為之行為,稱為:(A)陳情;(B)行政指導;(C)行政協力;(D)行政處分。

[11] (A) 行政指導在論理上屬於:(A)事實行為;(B)法律行為;(C)行政契約;(D)行政計畫。

[12] (C) 下列何者為事實行為?(A)法規命令;(B)行政處分;(C)行政指導;(D)行政契約。

[13] (A) 行政程序法所規範之「行政指導」,其性質上可歸類為哪一類型的行政行為?(A)行政事實行為;(B)行政處分;(C)行政計畫;(D)行政協定。

[14] (D) 行政程序法所為之行政指導,其性質為何?(A)課予人民作為或不作為之義務;(B)具法律上之強制力;(C)屬於公權力措施;(D)任意性事實行為。

[15] (B) 農業主管機關為鼓勵農民發展有機農業,提供農民相關技術與知識諮詢,此性質為:(A)行政契約;(B)行政指導;(C)行政處分;(D)法規命令。

[16] (B) 行政指導遭相對人明確拒絕時,行政機關應如何?(A)繼續指導;(B)立即停止;(C)據此對相對人為不利處置;(D)請求上級機關協助。

(三) 實施行為

屬單純的動作、工作的完成，通常是指實施行政處分或行政計畫之行為，如課稅處分確定後，稅捐稽徵機關收受稅款之繳納，都市計畫細部計畫核定實施後，豎立樁誌、座標、辦理測量、修築道路、收運垃圾、舉辦展覽、醫療行為等是。

(四) 強制措施

依行政執行法所為之直接強制、即時強制典型之強制措施，如對違法遊行且不服從解散命令者之強制驅離、強制拆除違章建築、違規車輛拖吊[17]即是。對運輸工具、場所、貨物或人身的檢查或搜索，是一種強制措施[18]。

二、行政檢查

(一) 概念

為達行政目的，依法對特定人、物、地進行訪視、查詢、檢驗，少數由主管機關以實力強制執行者，亦屬之。例如警察實施臨檢[19]。

(二) 功能

1. 單純蒐集資訊。
2. 預防違法行為或狀態。
3. 作成行政處分之準備行為。
4. 檢察機關作成決議事件前手續。

---

[17] (B) 對於違反集會遊行法的群眾強制驅離、將違規車輛拖吊、拆除違章建築等，常見的是行政執行程序中的「直接強制」或「即時強制」，性質上屬於：(A)行政處分；(B)事實行為；(C)私法契約；(D)行政契約。

[18] (B) 對運輸工具、場所、貨物或人身的檢查或搜索，是一種：(A)行政處分；(B)強制措施；(C)私法契約；(D)行政契約。

[19] (D) 下列何項行政行為為學理上之事實行為？(A)劃定道路禁止停車紅線；(B)消防局作成火場鑑定；(C)否准人民申請調閱資料；(D)警察實施臨檢。

(三) 執行方式

通常仰賴當事人配合，部分依法規可以「強制執行」行政檢查；可援引行政執行法間接強制與即時強制之規定。

第三節　事實行為之救濟途徑

作成違法行政事實行為之行政機關，在法律上有除去該事實行為所造成結果，以回復原狀之義務。其因行政機關違法行政事實行為，致自由權利受有損害之人民，即相應具有「結果除去請求權」及「回復原狀請求權」。有時人民並取得「損害賠償請求權」或「補償請求權」。事實行為之救濟，行政訴訟法修法前後有所不同，如下說明：

一、行政訴訟法修法前

(一) 無法提供行政救濟。
(二) 將事實行為前的預告或內部公文書視為行政處分。
(三) 拒絕免於執行的答覆為行政處分。
(四) 實施行為完成後發布公告，使其救援。

二、行政訴訟法修法後

(一) 行政訴訟法第 2 條（公法上之爭執）

行政訴訟法第 2 條：「公法上之爭議，除法律別有規定外，得依本法提起行政訴訟。」以確立對於人民權利救濟採概括權利保護的立場。

(二) 行政訴訟法第 8 條（一般給付訴訟）

行政訴訟法第 8 條：「人民與中央或地方機關間，因公法上原因發生財產上之給付或請求作成行政處分以外之其他非財產上之給付，得提起給付訴訟。因公法上契約發生之給付，亦同（I）。前項給付訴訟之裁判，以行政處分應否撤銷為據者，應於依第四條第一項或第三項提起撤銷訴訟

時，併為請求。原告未為請求者，審判長應告以得請求（II）。」

(三) 類推民法上結果除去請求權

所謂公法上結果除去請求權，係指對於因行政處分的執行或其他違法行政行為所直接產生之侵害，在該行政處分或行政行為被廢棄時，得請求予以排除損害使回復原狀的權利[20]。當排除行為的本身係事實行為，直接提起一般給付之訴；惟排除行為本身係行政處分時，則欲行使結果除去請求權時，必須先提起課予義務之訴；又若違法狀態係行政處分所生者，則應提起撤銷之訴，請求撤銷該行政處分。

(四) 行政執行法第 9 條（法律有明文，則依其規定）

行政執行法第 9 條：「義務人或利害關係人對執行命令、執行方法、應遵守之程序或其他侵害利益之情事，得於執行程序終結前，向執行機關聲明異議（I）。前項聲明異議，執行機關認其有理由者，應即停止執行，並撤銷或更正已為之執行行為；認其無理由者，應於十日內加具意見，送直接上級主管機關於三十日內決定之（II）。行政執行，除法律另有規定外，不因聲明異議而停止執行。但執行機關因必要情形，得依職權或申請停止之（III）。」行政訴訟法修法後，法律有明文，則依其規定。

作者小叮嚀

> 本章考題較少，重點在於事實行為的種類概念；行政機關內部行為、執行行為、實施行為、事實行為的救濟方式。

---

[20] (A) 對於因行政處分的執行或其他違法行政行為所直接產生之侵害，在該行政處分或行政行為被廢棄時，得請求予以排除損害使回復原狀的權利，稱之為：(A)公法上結果除去請求權；(B)損害賠償請求權；(C)補償請求權；(D)國家賠償。

第十二章　行政命令

　本章學習重點

1. 行政命令的區分。	3. 行政規則。
2. 法規命令。	4. 制定行政命令之程序。

第一節　行政命令的概念

一、行政命令之意義

　　行政命令是行政機關行使公權力而單方面所制定，其具有抽象及一般拘束力之規範。訂定命令屬於國家高權作用之一種，而命令係規定未來法律關係之行政作用，與法律同為抽象的規範，二者關係密切且都具有法規範效力。

二、訂定行政命令之理由

　　訂定行政命令之理由有減少國會時間之壓力、配合技術性之需要、符合變動性之需要、緊急權力之需要、立法制定之實驗及配合瑣碎事項之規定等[1]六項[2]，如下述：

---

[1] (D) 下列何者為訂定行政命令之理由？(A)減少國會時間之壓力；(B)符合變動性之需要；(C)配合技術性之需要；(D)以上皆是。

[2] (A) 有關行政機關要有訂定法規命令權限之敘述，下列何者錯誤？(A)國家之功能由積極轉向消極，立法機關之立法無法滿足行政之需要；(B)政府職能的專業化，不得不將行政立法之責，委由富有行政經驗之專家及技術人員完成；(C)國會通過之法律內容較為簡略，欲有效執行，必賴行政機關訂定法規補充；(D)授權行政機關以命令規定細節事項，以隨時適應客觀情勢的變遷。

(一) 減少國會時間之壓力

國家立法事項繁多，國會並無足夠的時間或人力對公共政策作較周延之考慮。

(二) 配合技術性之需要

立法的內容多半具有技術性，必須作充分的理解和討論，是以國會不得不授予行政機關運用各種專業知識或較科學之方式加以妥善的處理。

(三) 符合變動性之需要

立法事項會因社會環境之需要，有變動的現象，故授權行政機關允許其較大彈性，訂定較為廣泛之條款，來適應環境之變遷。

(四) 緊急權力之需要

行政立法權能對不可預見之非常情況作迅速之反應或處理，如須依議會制定法律反而不能切合時宜，例如戰爭、嚴重罷工、經濟危機等緊急狀態。

(五) 立法制定之實驗

在解決或改革社會、勞動之相關問題上，有需要經過實驗後再來制定法律，以免將來施行或修法時，遭遇到不必要的意見與抗爭，有需要授權行政機關以行政立法先做實驗而制定，如此將有所助益。

(六) 配合瑣碎事項之規定

瑣碎事項如皆由法律規定其有關事項，則其制定或修正程序較為嚴格、費時，必將妨礙行政機關適應政治、社會、經濟等現實環境變化之時效性。

三、名稱

(一) 法律之名稱

中央法規標準法第 2 條：「法律得定名為法、律、條例或通則[3]。」自治條例非屬行政程序法所定之行政規則，而係中央法規標準法所稱之法律[4]。

(二) 命令之名稱

中央法規標準法第 3 條：「各機關發布之命令，得依其性質，稱規程、規則、細則、辦法、綱要[5]、標準或準則[6][7][8]。」

(三) 行政規則名稱

1. 行政規則名稱有：須知、要點、注意事項[9]、規範、程序、守則、作業規定、基準……等。
2. 行政規則無須法律直接授權依據，不具法規命令之性質，實務上習稱之「行政規定」均屬之，裁量性行政規則常仿照法規命令定有名稱，惟其命名方式與法規命令不同，依其規範內容及性質，常用之名稱有「要點」、「注意事項」、「基準」、「須知」、「程序」、「原則」、「措

---

[3] (B) 下列何者非屬於中央法規標準法所定法律之名稱：(A)律；(B)綱要；(C)條例；(D)通則。

[4] (D) 下列何者非屬行政程序法所定之行政規則？(A)組織性行政規則；(B)自業性行政規則；(C)裁量基準；(D)自治條例。

[5] (A) 下列何者屬於中央法規標準法規定之命令名稱？(A)綱要；(B)通則；(C)基準；(D)注意事項。

[6] (A) 依中央法規標準法規定，何者不屬於行政法規命令之名稱？(A)要點；(B)綱要；(C)細則；(D)辦法。

[7] (A) 依據中央法規標準法第 3 條的規定，下列何者非各機關發布之命令所使用之名稱？(A)規定；(B)規程；(C)規則；(D)辦法。

[8] (A) 下列何者不屬於命令可使用之名稱？(A)通則；(B)規則；(C)細則；(D)辦法。

[9] (D) 下列何者不屬於行政規則所使用名稱：(A)須知；(B)要點；(C)注意事項；(D)通則。

施」、「範圍」……等[10]，此類具名稱之行政規則其格式亦常以條列方式處理，因與法規命令類似，因此實務上亦有以「類似法規」稱之者[11]。行政規則具有拘束訂定機關之下級機關及屬官之效力[12]。

四、法之位階

中央法規標準法第 11 條：「法律不得牴觸憲法，命令不得牴觸憲法或法律，下級機關訂定之命令不得牴觸上級機關之命令[13]。」是以，據條文規定得知，法規命令牴觸憲法、牴觸法律、牴觸上級機關之命令者，皆無效。總統發布之緊急命令屬行政命令，亦屬於憲法層次，但是非屬行政程序法上之法規命令[14]，而一般行政命令的位階是低於法律的[15]。

---

[10] (B) 下列何者非行政規則的類型？(A)作業要點；(B)自治條例；(C)解釋性規定；(D)處務規程。

[11] (D) 依據行政程序法之規定，定名為「須知、要點、注意事項」者，是：(A)行政處分；(B)觀念通知；(C)法規命令；(D)行政規則。

[12] (C) 依行政程序法之規定，行政規則有何效力？(A)具有拘束特定人民之效力；(B)具有拘束任何中華民國人民之效力；(C)具有拘束訂定機關之下級機關及屬官之效力；(D)具有拘束任何機關之效力。

[13] (D) 法規命令於下列何種情形者，無效？(A)牴觸憲法者；(B)牴觸法律者；(C)牴觸上級機關之命令者；(D)以上皆是。

[14] (A) 下列何者非屬於行政程序法上之法規命令？(A)總統發布之緊急命令；(B)公平交易法施行細則；(C)救護直昇機管理辦法；(D)土地登記規則。

[15] (A) 下列關於「行政命令」之敘述，何者正確？(A)除了「緊急命令」以外，一般行政命令位階是低於法律；(B)行政規則係指行政機關基於法律授權，對多數不特定人民就一般事項所做抽象之對外發生法律效果之規定；(C)法規命令以行政體系內部事項為內容，原則上無需法律授權，由行政機關依職權訂定。其規範對象為本機關、下級機關與所屬公務人員；(D)緊急命令發布後必須於三十日內送交立法院。

五、行政命令之種類

(一) 緊急命令

憲法增修條文第 2 條第 5 項:「總統於立法院通過對行政院院長之不信任案後十日內[16],經諮詢立法院院長後,得宣告解散立法院。但總統於戒嚴或緊急命令生效期間,不得解散立法院。立法院解散後,應於六十日內舉行立法委員選舉,並於選舉結果確認後十日內自行集會,其任期重新起算。」緊急命令,具有暫時替代或變更[17]法律之效力[18]。

(二) 法規命令

行政程序法第 150 條第 1 項:「本法所稱法規命令,係指行政機關基於法律授權,對多數不特定人民就一般事項所作抽象之對外發生法律效果之規定。」

(三) 行政規則

行政程序法第 159 條:「本法所稱行政規則,係指上級機關對下級機關,或長官對屬官,依其權限或職權為規範機關內部秩序及運作,所為非直接對外發生法規範效力之一般、抽象之規定(I)。行政規則包括下列各款之規定:一、關於機關內部之組織、事務之分配、業務處理方式、人事管理等一般性規定。二、為協助下級機關或屬官統一解釋法令、認定事實、及行使裁量權,而訂頒之解釋性規定及裁量基準(II)。」

---

[16] (A) 緊急命令的效力可能是替代法律或變更法律,甚至可能暫停憲法特定條文的效力。緊急命令發布後必須於幾日內送交立法院,如果立法院不予追認,即失其效力。(A)10 日;(B)15 日;(C)20 日;(D)30 日。

[17] (D) 下列關於緊急命令的敘述,何者有誤?(A)為了應付現行法規無法有效處理的緊急事故,有發布緊急命令的必要;(B)緊急命令發布後必須於十日內送交立法院;(C)緊急命令的效力可能是替代法律或變更法律;(D)緊急命令不能牴觸法律或憲法。

[18] (A) 下列何者命令,具有暫時替代或變更法律之效力?(A)緊急命令;(B)法規命令;(C)職權命令;(D)暫行條例。

(四) 授權命令

亦即得到立法院授權，由行政機關制定之行政命令。

(五) 職權命令

指行政機關基於職權，自行對多數不特定人民就一般事項所做抽象之對外發生法律效果之規定。

(六) 指令（職務命令）

指上級機關對下級機關或長官對其所屬人員，就具體個別事項所為的指示。

六、授權命令與職權命令

中央法規標準法第 7 條：「（命令之發布）各機關依其法定職權或基於法律授權訂定之命令，應視其性質分別下達或發布，並即送立法院[19][20][21]。」故在中央法規標準法之架構下，命令可分為「職權命令」與「授權命令」。行政程序法第 174 條之 1：「本法施行前，行政機關依中央法規標準法第七條訂定之命令，須以法律規定或以法律明列其授權依據者，應於本法施行後二年內，以法律規定或以法律明列其授權依據後修正或訂定；逾期失效。」

---

[19] (B) 關於行政命令之合法要件，下列何者正確？(A)內部單位可發布法規命令；(B)發布機關必須有權限；(C)法規命令必須下達；(D)行政規則無涉及人民權利事項，不受立法監督。

[20] (D) 司法院大法官解釋認為必須符合數個要件才可成為合法之授權命令，下列何者非屬於合法要件：(A)授權應有具體明確之目的、範圍與內容；(B)法律僅做概括授權時，命令不得違背母法；(C)內容僅能就母法有關的細節性及技術性事項加以規範；(D)雖然無明確授權來源，依據行政機關職權，即可訂定。

[21] (B) 依照中央法規標準法之規定，各機關依其法定職權或基於法律授權訂定之命令，應視其性質分別下達或發布，並即送何機關處理？(A)司法院；(B)立法院；(C)行政院；(D)上級監督機關。

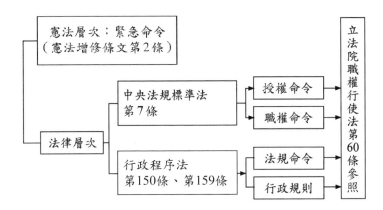

(一) 職權命令

　　關於職權命令之性質有不同之學說，如：執行命令說、替代法律之行政命令說、特別命令說及行政規則說。以上各說，應以行政規則[22]為通說，其理由為：

1. 職權命令就其規範之內容而言，係就行政主體內部之組織，作業之標準，或解釋性，裁量性之一般、抽象性之規範，與行政規則相同。

2. 職權命令與行政規則，二者均係非直接對外效力之規範，職權命令並不得涉及人民權義務事項，係對細節性、技術性事項之規定，與行政規則之效力相同（參釋字第 367、390、443、454、479、497 號解釋）。

(二) 授權命令

1. 係指行政機關基於法律的授權，就法律的特定部分或事項，自行制頒

---

[22] (C) 有關授權命令與職權命令之區別，下列敘述何者正確？(A)前者即是法規命令、後者即是行政規則；(B)前者與法律效力相同，即不生法律牴觸問題，後者則不能牴觸法律；(C)前者訂定之機關須為授權法律所明定之機關，後者，則屬其職權範圍之事項；(D)前者內容僅限於細節性事項，後者內容僅限於人民權利義務事項。

的規範性命令,亦即法規命令;因其係以法律為法源,且效力次於法律,故又稱「附屬立法」。

2. 具體言之,即行政機關依據立法機關的委任立法授權,所制定的行政規章,此種命令因係基於法律授權,故應視為其有合法的效力,故行政程序法 150 條之法規命令,亦即授權命令;但職權命令係不須法律授權,行政機關係依組織法規之職權所訂定之命令,其性質相當於行政規則。

3. 授權命令在授權目的、範圍及內容須具體明確,內容上只能就母法技術性、細節性、技術性事項規定,且須符合比例原則之要求[23]。

七、層級化法律保留原則

(一) 釋字第 443 號解釋(役男不能出國?)

「憲法第 10 條規定人民有居住及遷徙之自由,旨在保障人民有任意移居或旅行各地之權利。若欲對人民之自由權利加以限制,必須符合憲法第 23 條所定必要之程度,並以法律定之或經立法機關明確授權由行政機關以命令訂定。限制役男出境係對人民居住遷徙自由之重大限制,兵役法及兵役法施行法均未設規定,亦未明確授權以命令定之。行政院發布之徵兵規則,委由內政部訂定役男出境處理辦法,欠缺法律授權之依據[24],該辦法第 8 條規定限制事由,與前開憲法意旨不符,應自本解釋公布日起至遲於屆滿六個月時,失其效力。」

(二) 釋字第 443 號解釋(理由書:層級化法律保留)

1. 如以法律授權主管機關發布命令為補充規定時,其授權應符合具體明

---

[23] (D) 針對授權命令之概念,以下何者正確:(A)法律授權的目的、範圍及內容具體明確;(B)內容只能就母法技術性、細節性、技術性事項;(C)須符合比例原則;(D)以上皆是。

[24] (C) 關於釋字 443 號解釋兵役法施行細則合憲性的爭議,下列何者非屬該號解釋之意見?(A)性質上屬於限制人民遷徙自由之役男出境限制事項;(B)未設有任何具體明確授權行政機關訂定之明文;(C)無授權再委任制定之施行細則,得限制人民權利;(D)兵役法及兵役法施行細則並無任何限制役男出境之條款。

確之原則。

2. 若僅屬與執行法律之細節性、技術性次要事項，則得由主管機關發布命令為必要之規範，雖因而對人民產生不便或輕微影響，尚非憲法所不許。

(三) 層級化法律保留結構如下

1. 憲法保留：憲法第 8 條的部分內容。
2. 絕對法律保留：必須由法律自行規定，如剝奪人民生命或限制人身自由之事項。
3. 相對法律保留：由法律直接規範或由法律明確依據的行政命令加以規範。對象包括生命、身體之外之其他自由權利之限制，以及給付行政措施涉及公共利益之重大事項。
4. 非屬法律保留範圍：屬於執行法律之細節性、技術性次要事項，不在法律保留之列。

第二節　法規命令與行政規則

一、法規命令之定義

　　行政程序法第 150 條：「本法所稱法規命令，係指行政機關基於法律授權[25][26][27]（在母法授權範圍內，限制人民權利[28]），對多數不特定人

---

[25] (A) 下列何者應有法律之授權？(A)法規命令；(B)職權命令；(C)行政規則；(D)事實行為。

[26] (B) 下列何者非法規命令之特性？(A)應有法律之授權；(B)行政機關得依職權自行訂定；(C)未有法律授權而剝奪人民權利，應屬無效；(D)其訂定依法應經其他機關核准，未經核准者，無效。

[27] (D) 下列何種行政命令須得法律具體明確授權，通常亦涉及人民之權利義務？(A)辦事細則；(B)解釋令函；(C)事實認定準則；(D)法規命令。

[28] (B) 下列何者法規命令非屬於無效？(A)牴觸憲法、法律或上級機關命令；(B)在母法授權範圍內，限制人民權利；(C)其訂定應經其他機關核准而未核准；(D)無

民[29] [30]就一般事項所作抽象之對外[31]發生法律效果之規定（Ｉ）[32] [33] [34]。法規命令之內容應明列其法律授權之依據[35]，並不得逾越法律授權之範圍[36]與立法精神（Ⅱ）（授權明確性原則[37]、遵守禁止溯及既往、實體從舊程序

法律之授權而剝奪或限制人民自由、權利。

[29] (B) 依行政程序法之規定，下列何者對法規命令之敘述錯誤？(A)行政機關基於法律授權所為；(B)對多數得特定人民之規定；(C)抽象對外發生法律效果；(D)應明列其法律授權依據。

[30] (C) 依據行政程序法對於法規命令之規定，何者敘述有誤？(A)直接對外發生效力；(B)必須對外公布；(C)適用對象為機關內部、下屬或下級機關；(D)關於人民權利事項須法律明確授權。

[31] (C) 法規命令與行政規則之區別，從理論層次分析，下列何者正確？(A)法規命令以行政體系內部事項為內容，行政機關得依職權訂定；(B)行政規則適用之對象為一般人民，訂定後須經公布始生效力；(C)法規命令直接對外發生效力，行政規則則以對內生效為原則；(D)行政規則與人民權利義務有關，且通常應以法律授權為依據。

[32] (D) 行政機關基於法律授權，對多數不特定人民就一般事項所做抽象之對外發生法律效果之規定，稱為什麼？(A)行政處分；(B)行政契約；(C)行政規則；(D)法規命令。

[33] (A) 行政機關基於法律之授權所訂定之一般性、抽象性規範，稱為：(A)法規命令；(B)法律；(C)自治條例；(D)行政慣例。

[34] (B) 依行政程序法規定，下列何種行政命令得規定有關人民權利義務之事項？(A)職權命令；(B)法規命令；(C)特別規則；(D)行政規則。

[35] (B) 下列關於法規命令之敘述，何者正確？(A)係對不特定人民就具體事件所為之對外發生法律效果之規定；(B)法規命令之內容應明列其法律授權之依據；(C)法規命令之訂定不得由人民或團體提議為之；(D)行政機關訂定法規命令一律應舉行聽證。

[36] (B) 以下有關法規命令敘述，何者為非？(A)法規命令沒有法律授權不得自定行政處罰；(B)法規命令本身可以增加母法所未規定之限制；(C)法律授權行政機關訂定法規命令時，須在授權目的、內容、範圍上皆臻明；(D)以法規命令的規定作為行政處分之依據，仍然符合法律保留原則。

[37] (B) 立法者欲於法律中授權行政機關訂定法規命令時，其授權規定須符合下列哪一項原則？(A)誠實信用原則；(B)授權明確性原則；(C)信賴保護原則；(D)衡平

從新、符合信賴保護[38]）。」例如：下水道法施行細則[39]、縣市政府環保局依法授權公告指定清潔地區[40]、大學法施行細則[41]；而法規命令與法律最大的差別之處在於制定的機關與程序[42]。

二、行政規則之定義

(一) 意義

行政程序法第 159 條第 1 項：「本法所稱行政規則，係指上級機關對下級機關，或長官對屬官[43]，依其權限或職權為規範機關內部秩序及運作[44]，

原則。

[38] (D) 法規命令在適用上，亦必須遵守一般法律原則，下列何者屬之？(A)遵守禁止溯及既往；(B)實體從舊程序從新；(C)符合信賴保護；(D)以上皆是。

[39] (A) 下列何者為行政程序法第 150 條所規定之法規命令？(A)下水道法施行細則；(B)公文文式條例；(C)台北市溫泉標章規費收費標準；(D)民事保全程序事件處理要點。

[40] (A) 縣市政府環保局依法授權公告指定清潔地區，性質上係屬：(A)法規命令；(B)行政計畫；(C)行政契約；(D)行政指導。

[41] (D) 下列何者之法律性質屬「法規命令」？(A)行政院處務規程；(B)姓名條例；(C)立法院議事規則；(D)大學法施行細則。

[42] (D) 法規命令與法律最大的差別之處在於：(A)有無授權；(B)對象的普遍性與否；(C)有無法律效果；(D)制定的機關與程序。

[43] (C) 對於行政規則之敘述，下列何者為非：(A)通常為行政內部事項；(B)適用對象為本機關、下級機關及所屬公務員；(C)適用對象為一般人民；(D)以對內生效為原則。

[44] (D) 就行政程序法之規定，下列對行政規則之敘述，何者錯誤？(A)得為有關機關內部組織；(B)得為裁量基準；(C)得為解釋性規定；(D)亦可直接限制人民權利。

所為非直接對外發生法規範效力[45]之一般、抽象之規定[46]。」

(二) 種類

行政規則包括下列之規定[47]：

1. 關於機關內部之組織、事務之分配、業務處理方式、人事管理等一般性規定。

2. 為協助下級機關或屬官統一解釋法令[48]、認定事實及行使裁量權[49][50][51]，

---

[45] (C) 法規命令與行政規則之區別，從理論層次分析，下列何者正確？(A)法規命令以行政體系內部事項為內容，行政機關得依職權訂定；(B)行政規則適用之對象為一般人民，訂定後須經公布始生效力；(C)法規命令直接對外發生效力，行政規則則以對內生效為原則；(D)行政規則與人民權利義務有關，且通常應以法律授權為依據。

[46] (A) 上級機關對下級機關，或長官對屬官，依其權限或職權為規範機關內部秩序及運作，所為非直接對外發生法規範效力之一般、抽象之規定，稱為：(A)行政規則；(B)法規命令；(C)行政計畫；(D)行政指導。

[47] (C) 依行政程序法第 159 條第 2 項規定，下列何者不是行政規則？(A)裁量基準；(B)解釋性行政規則；(C)行政計畫；(D)業務處理方式之一般性規定。

[48] (B) 中央主管機關為下級機關闡明法規真意所為之解釋函令，性質上屬於：(A)法規命令；(B)行政規則；(C)行政契約；(D)行政指導。

[49] (D) 假設某縣政府制定違反就業服務法罰鍰案件裁量基準表，作為公務員行使裁量權之參考，此裁量基準表之性質為：(A)法規命令；(B)組織章程；(C)自治規章。(D)行政規則。

[50] (B) 財政部為協助下級機關或屬官統一行使裁量權，制頒之「稅務違章案件裁罰金額或倍數參考表」，法律性質屬於：(A)法規命令；(B)行政規則；(C)行政處分；(D)行政指導。

[51] (B) 警察局下令所屬就某類交通違規案件，處以法定罰鍰之上限，此一下令之法律性質為何？(A)組織性行政規則；(B)裁量性行政規則；(C)解釋性行政規則；(D)法規補充性行政規則。

而訂頒之解釋性規定[52][53][54][55]及裁量基準[56][57][58][59]。

(三) 程序與效力

行政規則在法律特性上不需要法律授權[60]，且不得直接限制人民權

---

[52] (D) 財政部對海關緝私條例所稱之「私運」或「管制」之解釋，其性質為何？
(A)行政處分；(B)行政計畫；(C)事實行為；(D)行政規則。

[53] (A) 為指導下級機關適用法律，行政機關常發佈用以解釋法律的令函。下列有關此等令函的敘述，何者錯誤？(A)這些法規釋示的令函可以直接拘束人民的權利義務；(B)這些法規釋示的令函即「行政規則」；(C)這些法規釋示的令函仍然不可逾越法律；(D)對這些法規釋示令函的適用仍然必須遵守行政法的一般原理原則。

[54] (C) 下列何種行政規則，依行政程序法之規定，應登載於政府公報發布之？(A)關於機關內部組織之行政規則；(B)關於事務分配之行政規則；(C)關於統一解釋法令之行政規則；(D)行政規則皆應登載於政府公報發布。

[55] (B) 依行政程序法第160條之規定，下列何種行政規則應由機關首長簽署，並刊登於政府公報發布之？(A)機關內部組織規章；(B)解釋性行政規則；(C)事務分配規則；(D)人事管理規則。

[56] (B) 財政部所發布之「稅務違章案件裁罰金額或倍數參考表」之法律性質為何？
(A)法規命令；(B)行政規則；(C)對人的一般處分；(D)對物的一般處分。

[57] (A) 下列何種行政規則，應由其首長簽署，並刊登在新聞公報？(A)裁量基準；
(B)組織事務規則；(C)事務分配規定；(D)人事管理規定。

[58] (C) 下列何項為須公告發布之行政規則？(A)行政院法規委員會與法務部業務協調聯繫事項；(B)內政部分層負責明細表；(C)商標近似審查基準；(D)公務員實施行政革新應注意事項。

[59] (A) 行政規則，除了下達外，並應由其首長簽署、並發布的方式以登載於政府公報者，以下何種正確：(A)「解釋性規則」或「裁量基準」；(B)「組織性規則」或「裁量基準」；(C)「解釋性規則」或「組織性規則」；(D)僅有「解釋性規則」。

[60] (B) 下列對行政規則之法律特性描述，何者錯誤？(A)非直接對外發生效力；(B)應有法律授權；(C)解釋性規則應刊登公報；(D)裁量基準性行政規則應刊登公報。

利[61]，而收取行政規費則不屬於行政規則之規範對象[62]。法規命令適用對
象是一般人民，行政規則適用對象則是行政機關所屬公務員[63]。

行政程序法第 160 條：「行政規則應下達下級機關或屬官（I）。行政
機關訂定前條第二項第二款之行政規則，應由其首長簽署，並登載於政府
公報發布之（II）[64]。」亦即對於解釋令函或裁量基準，由於涉及對法規
的解釋適用，雖不是直接適用於人民，故沒有直接對外效力，但卻會對人
民發生間接對外效力，故需要對外發布。

行政程序法第 161 條：「有效下達之行政規則，具有拘束訂定機關、
其下級機關及屬官之效力。」

三、法規命令與行政規則之區分

(一) 法規命令

1. 關於人民權利事項須法律明確授權。
2. 適用對象為一般人民。
3. 必須對外公布。
4. 直接對外發生效力。

(二) 行政規則

1. 通常為行政內部事項。

---

[61] (D) 就行政程序法之規定，下列對行政規則之敘述，何者錯誤？(A)得為有關機關
內部組織；(B)得為裁量基準；(C)得為解釋性規定；(D)亦可直接限制人民權
利。

[62] (B) 下列何者不屬於行政規則之規範對象？(A)機關業務處理方式；(B)收取行政規
費；(C)解釋性規則；(D)裁量基準。

[63] (B) 有關法規命令與行政規則之比較，下列之敘述何者正確？(A)前者由立法院發
布，後者由行政機關下達；(B)前者適用對象是一般人民，後者是行政機關所
屬公務員；(C)二者均須有法律明確授權之依據；(D)二者發布或下達後立即生
效，均不須送相關機關審查。

[64] (A) 下列何種行政規則，應由其首長簽署，並刊登在政府公報？(A)裁量基準；
(B)組織事務規則；(C)事務分配規定；(D)人事管理規定。

2. 適用對象為本機關、下級機關及所屬公務員。
3. 不需對外公布，但應發布下達。
4. 以對內生效為原則。

四、訂定法規命令應適用之程序

(一) 依據

行政程序法第 151 條：「行政機關訂定法規命令，除關於軍事、外交或其他重大事項而涉及國家機密或安全者外，應依本法所定程序為之。但法律另有規定者，從其規定（I）。法規命令之修正、廢止、停止或恢復適用，準用訂定程序之規定（II）。」

(二) 國會對法規命令的控制

德國國會對於授權立法的監督，主要有四種模式，一是同意權之保留，二是廢棄請求權之保留，三是國會聽證權之保留，四是課予單純送置義務。我國中央法規標準法第 7 條規定，行政機關制定行政命令後，應即送立法院。至於送到立法院後，立法院能如何處理，在以前立法院議事規則第 8 條有規定，立法院認為該行政命令有違反、變更或牴觸法律者，可以經過決議，通知原機關更正或廢止之。而學者認為該議事規則既非法律，且所謂「決議」並非正式的三讀程序，所以對於行政機關不具拘束力，頂多屬於德國法制下的單純課予送置義務而已。不過這樣的講法是否合理，也引起了學者的批評，認為立法權本來就屬立法院所有，立法院用議事規則來規定對行政命令的監督，算是國會自治的範圍，對行政機關當然具有拘束力。

不過現在關於立法院監督行政命令，規定於立法院職權行使法中，所以前述批評議事規則並非法律的質疑已經不具備，且在該法第 63 條規定，所謂議決，準用法律案的議決，所以應該也符合立法的三讀程序。故現在立法院基於立法院職權行使法而要求行政機關廢止或更政行政命令，應具有法律的拘束力，觀其內容，應屬於德國所謂的廢棄請求權之保留。

立法院職權行使法規定，所有的職權命令與授權命令，訂定後都要送到立法院，倘若立法院對於該行政命令認為有違反、變更或牴觸法律

者，或應以法律規定之事項而以命令定之者， 如有 15 人以上連署或附議，即交付有關委員會審查（第 60 條）。委員會應於三個月內完成審查，逾期未完成者，視為已經審查，但得要求延展一次（第 61 條）。若發現被審查的行政命令有違反、變更或牴觸法律者，或應以法律規定之事項而以命令定之者，應提報院會，經議決後，通知原訂頒機關更正或廢止之；該機關應於二個月內更正或廢止之，逾期未更正或廢止者，該命令失效（第 62 條）。

(三) 立法院職權行使法

1. 行政命令之審查

　　立法院職權行使法第 60 條：「各機關依其法定職權或基於法律授權訂定之命令送達立法院後，應提報立法院會議（I）[65]。出席委員對於前項命令，認為有違反、變更或牴觸法律者，或應以法律規定事項而以命令定之者，如有十五人以上連署或附議，即交付有關委員會審查（II）[66]。」

2. 行政命令審查之期限

　　立法院職權行使法第 61 條：「各委員會審查行政命令，應於院會交付審查後三個月內完成之[67]；逾期未完成者，視為已經審查。但有特殊情

---

[65] (C) 依據立法院職權行使法，關於行政命令之立法審查，何者有誤？(A)各委員會審查行政命令，應於院會交付審查後三個月內完成之；(B)基於法律授權訂定之命令送達立法院後，應提報立法院會議；(C)各機關依其法定職權所制定之行政規則，不受立法審查；(D)認為有違反、變更或抵觸法律者，或應以法律規定事項而以命令定之者，如有三十人以上連署或附議，即交付有關委員會審查。

[66] (A) 立法院對於行政命令之審查程序，下列敘述何者錯誤？(A)各機關依其法定職權或基於法律授權訂定之命令送達立法院後，應提報立法院會議；(B)出席委員認為有違反法律者，如有 15 人以上連署或附議，即交付有關委員會審查；(C)各委員會審查行政命令，原則上應於院會交付審查後 3 個月內完成之；逾期未完成者，視為已經審查；(D)行政命令經審查後，發現有違反法律者，應提報院會，議決更正或廢止之。

[67] (C) 依立法院職權行使法第 61 條之規定，各委員會審查行政命令，應於院會交付審查多久期間內完成之；逾期未完成者，視為已經審查：(A)1 個月；(B)2 個

形者，得經院會同意後展延；展延以一次為限（I）。前項期間，應扣除休會期日（II）。」

3. 行政命令違法之救濟程序

立法院職權行使法第 62 條：「行政命令經審查後，發現有違反、變更或牴觸法律者，或應以法律規定事項而以命令定之者，應提報院會，經議決後，通知原訂頒之機關更正或廢止之（I）。前條第一項視為已經審查或經審查無前項情形之行政命令，由委員會報請院會存查（II）。第一項經通知更正或廢止之命令，原訂頒機關應於二個月內更正或廢止；逾期未為更正或廢止者，該命令失效（III）[68]。」

4. 行政命令審查得準用之規定

立法院職權行使法第 63 條：「各委員會審查行政命令，本章未規定者，得準用法律案之審查規定。」

5. 自行草擬與人民提議

行政程序法第 152 條：「法規命令之訂定，除由行政機關自行草擬者外，並得由人民或團體提議為之（I）。前項提議，應以書面敘明法規命令訂定之目的、依據及理由，並附具相關資料（II）。」

6. 自行草擬與人民提議之處理

行政程序法第 153 條：「受理前條提議之行政機關，應依下列情形分別處理：一、非主管之事項，依第十七條之規定予以移送。二、依法不得以法規命令規定之事項，附述理由通知原提議者。三、無須訂定法規命令之事項，附述理由通知原提議者。四、有訂定法規命令之必要者，著手研擬草案[69]。」

月；(C)3 個月；(D)6 個月。

[68] (A) 立法院依立法院職權行使法第 62 條規定通知行政機關更正或廢止之命令，行政機關未於 2 個月內更正或廢止者，該命令如何？(A)無效；(B)不影響命令之效力；(C)由立法院決議撤銷之；(D)送行政院院會決定其效力。

[69] (C) 人民或團體提議法規命令之訂定時，受理提議之行政機關應如何處理？(A)應立即著手研擬草案；(B)依法不得以法規命令規定之事項，對原提議者建議改提法律案；(C)有訂定法規命令之必要者，著手研擬草案；(D)逕行予以駁回。

7. 擬定前公告

行政程序法第 154 條:「行政機關擬訂法規命令時,除情況急迫,顯然無法事先公告周知者外,應於政府公報或新聞紙公告[70],載明下列事項:一、訂定機關之名稱,其依法應由數機關會同訂定者,各該機關名稱。二、訂定之依據。三、草案全文或其主要內容。四、任何人得於所定期間內向指定機關陳述意見之意旨(I)。行政機關除為前項之公告外,並得以適當之方法,將公告內容廣泛周知(II)[71]。」

8. 聽證

行政程序法第 155 條:「行政機關訂定法規命令,得依職權[72]舉行聽證[73][74]。」行政程序法上,在作成行政處分程序時、訂定法規命令程序時及確定行政計畫程序時,明文規定得舉行聽證程序[75][76]。

---

[70] (A) 法規命令應如何發布?(A)刊載於公報或新聞紙;(B)刊載於網路上;(C)於廣播電視上播放;(D)以上皆非。

[71] (C) 行政機關擬定法規命令時,下列敘述何者正確?(A)應舉行聽證;(B)情況急迫時,亦須刊登新聞紙公告;(C)應將草案全文或主要內容公告,廣泛周知;(D)一律須經上級機關之核定。

[72] (A) 下列何者非屬法規命令的訂定程序?(A)皆應舉辦聽證,以求公開;(B)由行政機關自行草擬外,亦得由人民或團體提議;(C)除情況急迫,顯然無法事先公告周知者外,應於政府公報或新聞紙公告其訂定機關之名稱,使任何人得於所定期間內向指定機關陳述意見;(D)發布應刊登政府公報或新聞紙。

[73] (C) 行政機關擬定後需加以公告且得依職權舉行聽證,並對外發布、刊登於政府公報或新聞紙,屬於何種行政命令:(A)職權命令;(B)觀念通知;(C)法規命令;(D)行政規則。

[74] (C) 依行政程序法之規定,訂定法規命令時,下列何種程序,行政機關得依職權決定踐行與否?(A)研擬草案;(B)將草案對外公布;(C)舉行聽證;(D)刊登於政府公報或新聞紙發布。

[75] (D) 以下各種程序中,在行政程序法上關於舉行聽證,並無明文規定者為何?(A)作成行政處分程序;(B)訂定法規命令程序;(C)確定行政計畫程序;(D)締結行政契約程序。

[76] (C) 依行政程序法,下列何者行政行為,沒有「舉行聽證之必要」之規定?(A)行政處分;(B)行政計畫;(C)行政契約;(D)法規命令。

9. 聽證前之公告與內容

行政程序法第 156 條：「行政機關為訂定法規命令，依法舉行聽證者，應於政府公報或新聞紙公告，載明下列事項：一、訂定機關之名稱，其依法應由數機關會同訂定者，各該機關之名稱。二、訂定之依據。三、草案之全文或其主要內容。四、聽證之日期及場所。五、聽證之主要程序。」

10. 核定發布與無效

行政程序法第 157 條：「法規命令依法應經上級機關核定者，應於核定後始得發布（I）。數機關會同訂定之法規命令，依法應經上級機關或共同上級機關核定者，應於核定後始得會銜發布（II）。法規命令之發布，應刊登政府公報或新聞紙（III）[77] [78]。」

11. 法規命令之無效

行政程序法第 158 條：「法規命令，有下列情形之一者，無效：一、牴觸憲法、法律[79]或上級機關之命令者。二、無法律之授權而剝奪或限制人民之自由、權利者。三、其訂定依法應經其他機關核准，而未經核准

---

[77] (B) 就行政程序法之規定，下列對法規命令之敘述，何者錯誤？(A)行政機關自行訂定法規命令，如依法舉行聽證，須公告之；(B)法規命令之發布如為人民提議制定者，無須公告；(C)法規命令牴觸法律無效；(D)法規命令牴觸上級機關之法規命令者無效。

[78] (B) 法規命令之制定程序，不列何者有誤？(A)人民與團體對於制定法規命令可以提議；(B)原則上只須下達；(C)行政機關得依職權舉行聽證；(D)需對外發布、刊登於政府公報或新聞紙。

[79] (A) 依據行政程序法的規定，法規命令牴觸法律時：(A)無效；(B)得撤銷；(C)得廢止；(D)得撤回。

者（I）[80] [81] [82] [83]。法規命令之一部分無效者，其他部分仍為有效。但除去該無效部分，法規命令顯失規範目的者，全部無效（II）。」法規命令之無效不包括發布後未函送立法院之情形[84]。

12. 當然廢止

中央法規標準法第 23 條：「法規定有施行期限者，期滿當然廢止，不適用前條之規定。但應由主管機關公告之[85]。」

13. 生效日期

中央法規標準法第 13 條：「法規明定自公布或發布日施行者，自公布或發布之日起算至第三日起[86]發生效力。」

中央法規標準法第 14 條：「法規特定有施行日期，或以命令特定施

---

[80] (C) 法規命令之訂定依法應依其他機關核准，而未經核准者，其效力為何？(A)得撤銷；(B)效力未定；(C)無效；(D)不當。

[81] (B) 下列何者為法規命令無效之原因？(A)法規命令訂定前，未經預告程序者；(B)法規命令訂定前，依法應經其他機關核准而未經核准者；(C)法規命令訂定前，未徵詢民間團體之意見者；(D)法規命令訂定前，未經聽證程序者。

[82] (A) 法規命令其訂定依法應經其他機關核准，而未經核准者，其效力為：(A)無效；(B)經其他機關核准後即生效；(C)得撤銷；(D)效力未定。

[83] (C) 關於法律之效力規定，下列何者錯誤？(A)法規命令牴觸上級機關之命令者，無效；(B)法規命令無法律之授權而限制人民之權利者，無效；(C)法規命令之訂定依法應經其他機關核准，而未經核准者，得補正；(D)法規命令之一部分無效者，其他部分符合規範目的者，仍為有效。

[84] (A) 行政程序法第 158 條規定法規命令無效之情形，不包括下列何者？(A)法規命令發布後未函送立法院；(B)無法律之授權而剝奪人民之權利；(C)其訂定依法應經其他機關核准而未經其核准；(D)法規命令牴觸上位階法規範。

[85] (C) 中央法規標準法關於法規之廢止，下列之敘述何者正確？(A)法律之廢止，應經立法院通過並公布；(B)命令之廢止，由上級主管機關發布，並送立法院核准；(C)法規定有施行期限者，期滿當然廢止，但應由主管機關公告之；(D)廢止之法規，自公布或發布之當日即失效。

[86] (B) 中央法規標準法第 13 條規定，法規明定自公布或發布日施行者，其生效日期為自公布或發布之日起算第幾日？(A)當日；(B)第三日；(C)第五日；(D)第七日。

行日期者，自該特定日起發生效力。」

行政程序法第 159 條所提及之「解釋性規則」，其生效日期，原則上自法規生效日起發生效力[87][88]。

14. 行政規則之下達與發布

行政程序法第 160 條：「行政規則應下達下級機關或屬官（I）[89]。行政機關訂定前條第二項第二款之行政規則，應由其首長簽署，並登載於政府公報發布之（II）。」附帶一提，行政機關所訂定之解釋性規定[90]及裁量基準應由其首長簽署，並登載於政府公報發布之。有關機關內部之業務處理方式之一般性規定，則毋庸登載於政府公報發布[91]。

15. 行政規則之效力

行政程序法第 161 條：「有效下達之行政規則，具有拘束訂定機關、其下級機關及屬官之效力。」有效下達之行政規則，對上級機關[92]、一般

---

[87] (D) 財政部就所得稅法規定，認定公司全年所得二分之一以上來自證券交易者，即係以買賣有價證券為常業之營利事業，須繳納證券交易所得稅。本項函釋自何時生效？(A)解釋作成日；(B)解釋下達日；(C)解釋發布日；(D)法規生效日。

[88] (B) 以闡釋法規之涵義為主旨之行政規則（解釋性之行政規則），原則上自何時生效？(A)行政規則發布日起；(B)法規生效日起；(C)行政規則發布日起第三日；(D)法規公布日起。

[89] (B) 訂定行政規則之程序規定為何？(A)除由行政機關自行草擬外，並得由人民或團體提議為之；(B)行政規則應下達下級機關或屬官；(C)人事管理行政規則應由首長簽署，並刊登於政府公報發布；(D)規定業務處理方式之行政規則應由首長簽署，並刊登於政府公報發布。

[90] (D) 何種行政規則，應由其首長簽署，並登載於政府公報發布之？(A)機關內部之組織分配；(B)人事管理等一般性規則；(C)機關內部之事務之分配；(D)協助下級機關或屬官統一解釋法令之規則。

[91] (C) 下列哪一種類型之行政規則，依據行政程序法第 160 條第 2 項之規定，毋庸登載於政府公報發布之？(A)屬於協助下級機關行使裁量權之裁量基準；(B)有關統一認定事實之解釋性規定；(C)有關機關內部之業務處理方式之一般性規定；(D)協助屬官統一解釋法令之解釋性規定。

[92] (D) 行政規則經有效下達者，下列何者不受其效力拘束？(A)訂定機關；(B)下級機關；(C)屬官；(D)上級機關。

人民[93]無拘束之效力。

16. 行政規則之廢止

行政程序法第 162 條：「行政規則得由原發布機關[94] [95]廢止之（Ⅰ）。行政規則之廢止，適用第一百六十條規定（Ⅱ）。」

17. 相關大法官解釋

(1) 釋字第 287 號解釋（前後解釋不一致）：「行政主管機關就行政法規所為之釋示，係闡明法規之原意，固應自法規生效之日起有其適用。惟在後之釋示如與在前之釋示不一致時，在前之釋示並非當然錯誤，於後釋示發布前，依前釋示所為之行政處分已確定者，除前釋示確有違法之情形外，為維持法律秩序之安定，應不受後釋示之影響[96] [97]。財政部中華民國 75 年 3 月 21 日台財稅字第 7530447 號函說明四：『本函發布前之案件，已繳納營利事業所得稅確定者，不再變更；尚未確定或已確定而未繳納或未開徵之案件，應依本函規定予以補稅免罰』，符合上述意旨，與憲法並無牴觸。」行為後解釋性行政規則有變更，行政機關裁處時原則上溯及法律生效日起有解釋性行政規則適用，例外案件尚未確定，前

---

[93] (A) 有效下達之行政規則，對下列何者無拘束效力？(A)一般人民；(B)訂定機關；(C)訂定機關之下級機關；(D)訂定機關之屬官。

[94] (C) 行政規則得由何機關廢止之？(A)行政法院；(B)司法院大法官；(C)原發布機關；(D)執行機關。

[95] (B) 依行政程序法第 162 條之規定，行政規則得由何機關廢止之？(A)行政法院；(B)原發布機關；(C)訴願審議委員會；(D)立法院。

[96] (C) 行政主管機關就行政法規所為之釋示前後不一致時，如何確定其效力？(A)後釋示始具有效力；(B)前釋示仍為完全有效；(C)除前釋示確有違法之情形外，在前之釋示並非當然錯誤，依前釋示所為之行政處分已經確定者，應不受後釋示之影響；(D)其效力授權由處分機關依當事人之請求決定之。

[97] (B) 依據大法官釋字第 287 號解釋所指，行政主管機關就行政法規所為之釋示，係闡明法規之原意，固應自何時發生效力：(A)行政規則發布時；(B)溯及原闡明法規生效時；(C)向後生效；(D)依主管機關決定。

解釋規則有利於當事人,則適用有利者[98]。

(2) 釋字第 216 號解釋(法官不受行政命令拘束):「法官依據法律獨立審判,憲法第 80 條載有明文。各機關依其職掌就有關法規為釋示之行政命令,法官於審判案件時,固可予以引用,但仍得依據法律,表示適當之不同見解,並不受其拘束,本院釋字第 137 號解釋即係本此意旨;司法行政機關所發司法行政上之命令,如涉及審判上之法律見解,僅供法官參考,法官於審判案件時,亦不受其拘束。惟如經法官於裁判上引用者,當事人即得依司法院大法官會議法第 4 條第 1 項第 2 款之規定聲請解釋。」法規命令無法律之授權而剝奪或限制人民自由、權利時,法院對於該命令可拒絕適用[99]。

18. 法規之施行(中央法規標準法)

中央法規標準法第 12 條:「法規應規定施行日期,或授權以命令規定施行日期[100]。」

中央法規標準法第 13 條:「法規明定自公布或發布日施行者,自公布或發布之日起算至第三日起發生效力[101]。」

中央法規標準法第 14 條:「法規特定有施行日期,或以命令特定施行日期者,自該特定日起發生效力。」

中央法規標準法第 15 條:「法規定有施行區域或授權以命令規定施

---

[98] (D) 行為後解釋性行政規則有變更,行政機關裁處時應如何適用?(A)一律適用新的行政規則;(B)一律適用前解釋性行政規則;(C)程序從新、實體從舊;(D)原則上溯及法律生效日起有解釋性行政規則適用,例外案件尚未確定,前解釋規則有利於當事人,則適用有利者。

[99] (C) 法規命令無法律之授權而剝奪或限制人民自由、權利時,法院對於該命令:(A)可宣告其無效;(B)仍應適用;(C)可拒絕適用;(D)仍應遵守依法行政。

[100] (A) 行政規則生效之日期,下列何者有誤?(A)因不對外直接發生效力,行政機關擬定後,即日起生效;(B)解釋性行政規則從法規生效時起適用;(C)間接對外生效獨立性規則自公布日起算第三日發生效力;(D)純粹對內生效行政規則從下達日起生效。

[101] (C) 中央法規標準法對法規生效日期之計算,如法規明定自公布或發布日施行者,應自公布或發布之日起第幾日發生效力?(A)當日;(B)二;(C)三;(D)五。

行區域者，於該特定區域內發生效力。」

　　中央法規標準法第 24 條：「法律定有施行期限，主管機關認為需要延長者，應於期限屆滿一個月前送立法院審議。但其期限在立法院休會期內屆滿者，應於立法院休會一個月前送立法院（I）。命令定有施行期限，主管機關認為需要延長者，應於期限屆滿一個月前，由原發布機關發布之（II）[102]。」

作者小叮嚀

　　本章命題重點為：命令的法定名稱、法規命令與行政規則之區別、法規命令須有法律授權、再委任禁止、立法院的事後監督、構成命令無效的原因、制定行政命令的程序。

---

[102](C) 命令定有施行期限，主管機關認為需要延長者，應如何處理？(A)應於期限屆滿三個月前，由立法院同意後發布之；(B)應於期限屆滿三個月前，統一由行政院發布之；(C)應於期限屆滿一個月前，由原發布機關發布之；(D)應於期限屆滿三個月前，由行政法院發布之。

第十三章　行政計畫、行政指導、
陳情與請願

本章學習重點

1. 行政計畫。	3. 陳情與請願之區分。
2. 行政指導。	

第一節　行政計畫

　　所謂的行政計畫，係指行政機關為將來一定期限內達成特定之目的或實現一定之構想，事前就達成該目的或實現該構想有關的方法、步驟或措施等，所為之設計或規劃[1][2]。例如，各級政府的年度預算計畫或公債發行計畫、中小企業輔導計畫、產業升級計畫、行政院環境保護署所推動「垃圾全分類零廢棄」行動[3]、政府為提升觀光事業之品質，訂定「五年發展觀光方案」[4]，皆屬行政計畫。

---

[1] (A) 行政機關為將來一定期限內達成特定之目的或實現一定之構想，事前就達成該目的或實現該構想有關之方法、步驟或措施所為之設計與規劃稱之為：(A)行政計畫；(B)行政規則；(C)行政命令；(D)行政處分。

[2] (C) 行政機關為達特定行政目的，事前就達成該目的有關之方法、手段等所為之設計與規劃，稱為：(A)行政規則；(B)行政方針；(C)行政計畫；(D)行政命令。

[3] (A) 行政院環境保護署所推動「垃圾全分類零廢棄」行動，此行政行為在行政法上稱為：(A)行政計畫；(B)行政規則；(C)行政命令；(D)行政處分。

[4] (C) 政府為提升觀光事業之品質，訂定「五年發展觀光方案」，此行政行為為行政法上之：(A)行政處分；(B)行政契約；(C)行政計畫；(D)行政指導。

一、行政計畫之定義

行政程序法第 163 條規定：「本法所稱行政計畫，係指行政機關為將來一定期限內達成特定之目的或實現一定之構想，事前就達成該目的或實現該構想有關之方法、步驟或措施等所為之設計與規劃。」

二、行政計畫確定程序之適用範圍及程序

並不是所有的行政計畫的擬定，都需要開放給民眾參與。但若涉及重大公共建設或土地開發，則必須召開聽證會，允許人民參與發表意見。行政程序法第 164 條規定，行政計畫有關一定地區土地之特定利用，或重大公共設施之設置，涉及多數不同利益之人，及多數不同行政機關權限者，確定其計畫之裁決程序[5][6]，應經公開及聽證程序[7]，並得有集中事權之效果[8][9]。不過，這類行政計畫的擬定、確定、修訂及廢棄的程序，另由行政院制定之。

---

[5] (A) 行政計畫有關一定地區土地之特定利用或重大公共設施之設置，涉及多數不同利益之人及多數不同行政機關權限者，應經過何種程序？(A)確定計畫裁決程序；(B)公告程序；(C)言詞辯論程序；(D)表示意見程序。

[6] (D) 依行政程序法之規定，下列何者應經聽證程序始生效力？(A)作成行政處分；(B)訂定法規命令；(C)為行政指導；(D)行政計畫之裁決。

[7] (D) 依行政程序法之規定，何種情形「應」舉行公開聽證？(A)法規命令之訂定；(B)限制人民自由之行政處分；(C)重大行政契約之訂定；(D)設置重大公共設施之行政計畫，且涉及多數不同利益之人及不同行政機關權限者。

[8] (C) 依據行政程序法有關一定地區土地之特定利用或重大公共設施之設置，涉及多數不同利益之人及多數不同行政機關權限者，確定其計畫之裁決，應經公開及聽證程序，並得有何效果？(A)得提起訴願；(B)等同法律；(C)集中事權；(D)免為行政訴訟。

[9] (A) 行政計畫有關重大公共設施之設置，並涉及多數不同行政機關之權限者，確定其計畫之裁決，得有下列何種效果？(A)集中事權；(B)分層負責；(C)獨立作業；(D)互相制衡。

(一) 集中計畫裁決

行政程序法第 164 條：「行政計畫有關一定地區土地之特定利用或重大公共設施之設置，涉及多數不同利益之人及多數不同行政機關權限者，確定其計畫之裁決，應經公開及聽證程序，並得有集中事權之效果（I）。前項行政計畫之擬訂、確定、修訂及廢棄之程序，由行政院另定之（II）。」依釋字第 426 號解釋之意旨，行政計畫得作為收取特別公課之法律依據[10]。

(二) 行政計畫之救濟

1. **釋字第 156 號解釋（都市計畫之個別變更之救濟）**
   (1) 解釋文：「主管機關變更都市計畫，係公法上之單方行政行為，如直接限制一定區域內人民之權利、利益或增加其負擔，即具有行政處分之性質，其因而致特定人或可得確定之多數人之權益遭受不當或違法之損害者，自應許其提起訴願或行政訴訟以資救濟，本院釋字第 148 號解釋應予補充釋明。」
   (2) 解釋理由書（直接發生法律效果）：此項都市計畫之個別變更，與都市計畫之擬定、發布及擬定計畫機關依規定五年定期通盤檢討所作必要之變更（都市計畫法第 26 條參照），並非直接限制一定區域內人民之權益或增加其負擔者，有所不同。

2. **釋字第 742 號解釋（都市計畫定期通盤檢討變更之救濟）**
   都市計畫擬定計畫機關依規定所為定期通盤檢討，對原都市計畫作必要之變更，屬法規性質，並非行政處分。惟如其中具體項目有直接限制一定區域內特定人或可得確定多數人之權益或增加其負擔者，基於有權利即有救濟之憲法原則，應許其就該部分提起訴願或行政訴訟以資救濟，始符憲法第 16 條保障人民訴願權與訴訟權之意旨。本院釋字第 156 號解釋應予補充。

   都市計畫之訂定（含定期通盤檢討之變更），影響人民權益甚鉅。立

---

[10] (B) 依司法院大法官釋字第 426 號解釋之意旨，下列何者得作為收取特別公課之法律依據？(A)法規命令；(B)行政計畫；(C)職權命令；(D)行政規則。

法機關應於本解釋公布之日起二年內增訂相關規定，使人民得就違法之都市計畫，認為損害其權利或法律上利益者，提起訴訟以資救濟。如逾期未增訂，自本解釋公布之日起二年後發布之都市計畫（含定期通盤檢討之變更），其救濟應準用訴願法及行政訴訟法有關違法行政處分之救濟規定。

3. 釋字第 774 號解釋（都市計畫個別變更範圍外人民之救濟案）

爭點：都市計畫個別變更範圍外之人民，如因都市計畫個別變更致其權利或法律上利益受侵害，得否請求救濟？

解釋文：都市計畫個別變更範圍外之人民，如因都市計畫個別變更致其權利或法律上利益受侵害，基於有權利即有救濟之憲法原則，應許其提起行政訴訟以資救濟，始符憲法第 16 條保障人民訴訟權之意旨。本院釋字第 156 號解釋應予補充。

4. 行政訴訟法之都市計畫審查程序

大法官作成上開釋字第 742 號解釋和第 774 號解釋後，2020 年行政訴訟法修法，新增「都市計畫審查程序」。

行政訴訟法第 237 條之 18：「人民、地方自治團體或其他公法人認為行政機關依都市計畫法發布之都市計畫違法，而直接損害、因適用而損害或在可預見之時間內將損害其權利或法律上利益者，得依本章規定，以核定都市計畫之行政機關為被告，逕向管轄之高等行政法院提起訴訟，請求宣告該都市計畫無效（I）。前項情形，不得與非行本章程序之其他訴訟合併提起（II）。」

行政訴訟法第 237 條之 19：「前條訴訟，專屬都市計畫區所在地之高等行政法院管轄。」

行政訴訟法第 237 條之 20：「本章訴訟，應於都市計畫發布後一年之不變期間內提起。但都市計畫發布後始發生違法之原因者，應自原因發生時起算。」

第二節　行政指導

　　所謂的行政指導，係指行政機關在職權或所掌事務範圍內，為實現特定行政目的，以輔導、協助、勸告、建議或其他不具法律上強制力的方法，促請特定人[11]為一定作為或不作為的行為。例如：在腸病毒流行時，衛生署呼籲國人注重清潔衛生，以免感染，或農委會提供漁民外國領海資訊等。要注意的是，這類的行政指導，必須是不具制裁性的，如果是公布特定廠商產品檢驗不合格名單，這樣已經有對特定廠商造成不名譽的效果，已經算是一種行政罰而非行政指導了。

一、行政指導之定義

　　行政程序法第 165 條：「本法所稱行政指導，謂行政機關在其職權或所掌事務範圍內，為實現一定之行政目的，以輔導（例如農業主管機關為鼓勵農民發展有機農業，提供農民相關技術與知識諮詢[12]、行政院環境保護署依空氣污染防制法之規定，對特定事業進行輔導，以避免對環境造成不可回復之損害[13]、行政院青年輔導委員會提供青年就業訊息[14]）、協助（例如行政院農業委員會或外交部對漁民提供外國領海範圍資訊，以免漁民誤闖他國領海捕魚[15]）、勸告（國道高速公路管理局請民眾盡量在晚上

---

[11] (D) 下列關於行政指導之論述，何者錯誤？(A)行政指導應於該機關之職權或所掌事務範圍內為之；(B)行政指導係為實現一定之行政目的；(C)行政指導係以協助、勸告等不具強制力之方法為之；(D)行政指導促請不特定人為一定作為或不作為之行為。

[12] (B) 農業主管機關為鼓勵農民發展有機農業，提供農民相關技術與知識諮詢，此性質為：(A)行政契約；(B)行政指導；(C)行政處分；(D)法規命令。

[13] (A) 行政院環境保護署依空氣污染防制法之規定，對特定事業進行輔導，以避免對環境造成不可回復之損害，是何種行政行為？(A)行政指導；(B)行政處分；(C)行政計畫；(D)行政契約。

[14] (D) 行政院青年輔導委員會提供青年就業訊息，性質上屬：(A)行政計畫；(B)行政處分；(C)一般處分；(D)行政上事實行為。

[15] (D) 行政院農業委員會或外交部對漁民提供外國領海範圍資訊，以免漁民誤闖他國

十時至十二時的時段使用高速公路[16]、SARS 疫情嚴重，行政院聽取行政院衛生署之報告，遂公開勸導人民少去人多聚集之地方，以減少疫情擴散[17]、政府對於銀行道德勸說，籲請其支持政府經濟發展的目標，給在台灣本土發展的廠商優惠便利貸款[18]）、建議（例如交通部觀光局呼籲民眾以及業者不要前往 SARS 疫區國家進行旅遊活動[19]）或其他不具法律上強制力之方法，促請特定人為一定作為或不作為之行為[20]。」除以上述輔導、協助、勸告、建議或其他不具法律上強制力的方法，促請特定人為一定作為或不作為的行為外，「命令」[21]即非屬行政指導之形式。

二、行政指導之限制

行政程序法第 166 條：「行政機關為行政指導時，應注意有關法規規定之目的，不得濫用（Ⅰ）。相對人明確拒絕指導時，行政機關應即停

領海捕魚，此行為是屬於：(A)行政處分；(B)行政契約；(C)行政規則；(D)行政指導。

[16] (C) 國道高速公路管理局請民眾盡量在晚上十時至十二時的時段使用高速公路的行為是屬於：(A)行政處分；(B)行政立法；(C)行政指導；(D)行政強制。

[17] (B) 由於 SARS 疫情嚴重，行政院聽取行政院衛生署之報告，遂公開勸導人民少去人多聚集之地方，以減少疫情擴散，因而導致許多飲食業者生意一落千丈，此種勸導是屬於：(A)行政處分；(B)行政指導；(C)行政規則；(D)行政計畫。

[18] (B) 政府對於銀行道德勸說，籲請其支持政府經濟發展的目標，給在台灣本土發展的廠商優惠便利貸款者，稱為：(A)行政計畫；(B)行政指導；(C)行政契約；(D)行政命令。

[19] (C) 交通部觀光局呼籲民眾以及業者不要前往 SARS 疫區國家進行旅遊活動，此乃屬於行政法上的何種行為？(A)行政命令；(B)行政處分；(C)行政指導；(D)行政強制。

[20] (B) 行政機關在其職權或所掌事務範圍內，為實現一定之行政目的，以輔導、協助、勸告、建議或其他不具法律上強制力之方法，促請特定人為一定作為或不作為之行為，稱為：(A)陳情；(B)行政指導；(C)行政協力；(D)行政處分。

[21] (D) 下列何者非屬行政指導之形式？(A)輔導；(B)建議；(C)勸告；(D)命令。

止[22][23][24]，並不得據此對相對人為不利之處置（II）。」

三、行政指導之內容方式

行政程序法第 167 條：「行政機關對相對人為行政指導時，應明示行政指導之目的、內容、及負責指導者等事項（I）。前項明示，得以書面、言詞或其他方式為之。如相對人請求交付文書時[25]，除行政上有特別困難外，應以書面為之（II）。」

據上所述，行政機關在作行政指導時，必須注意有關法規的目的，不得濫用。若相對人明確拒絕其指導時，行政機關應立即停止，並不得據此對相對人為不利之處理。行政機關在對人民為指導時，要「明示」行政指導的目的、內容，及負責指導者等事項。由於指導的用意，是在輔導人民，具有應急性、簡便性、隱密性，沒有一定要求書面。但又怕若沒有書面，導致人民權益受害，所以當人民要求交付時，就必須提供書面。行政程序法所規範之行政指導在性質上可歸類為行政事實行為[26]。

---

[22] (B) 行政機關為行政指導時，應注意有關法規規定之目的，不得濫用。相對人明確拒絕指導時，行政機關應如何處理？(A)轉呈上級機關；(B)立即停止；(C)提起訴願；(D)提起行政訴訟。

[23] (B) 行政指導遭相對人明確拒絕時，行政機關應如何？(A)繼續指導；(B)立即停止；(C)據此對相對人為不利處置；(D)請求上級機關協助。

[24] (C) 下列關於「行政指導」之敘述，何者錯誤？(A)行政指導以不具法律上強制力之方法，促請特定人為一定作為或不作為之行為；(B)行政機關不得因相對人拒絕指導而對相對人為不利之處置；(C)行政機關為行政指導時，相對人明確拒絕指導時，行政機關得依相對人之申請而停止指導；(D)行政機關為行政指導時，應注意有關法規規定之目的，不得濫用。

[25] (C) 行政指導之方式應如何？(A)應以書面為之；(B)限於言詞為之；(C)不限方式，但相對人得請求交付文書；(D)不限方式，相對人亦不得請求交付文書。

[26] (B) 行政程序法所規範之「行政指導」，其性質上可歸類為那一類型的行政行為？(A)行政處分；(B)行政事實行為；(C)行政協定；(D)行政計畫。

第三節 陳情與請願

　　人民如依行政程序法，以書面或言詞等方式，對行政興革之建議、行政法令之查詢、行政違失之舉發或行政上權益之維護，向主管行政機關表達願望、陳述意見者，稱之為陳情[27]；惟人民向主管行政機關依請願法以書面方式就政策施政、法令規章、公共利益甚或個人權益之維護表達願望、陳述意見者，則稱為請願[28]。

一、陳情

　　行政程序法第 168 條：「人民對於行政興革之建議、行政法令之查詢、行政違失之舉發或行政上權益之維護，得向主管機關陳情。」

二、書面與言詞陳情

　　行政程序法第 169 條：「陳情得以書面或言詞為之[29] [30]；其以言詞為

---

[27] (C) 依據行政程序法的規定，人民對於行政興革之建議、行政法令之查詢、行政違失之舉發或行政上權益之維護，得向主管機關為何等行為？(A)告訴；(B)告發；(C)陳情；(D)訴願。

[28] (A) 人民向主管行政機關依法以書面方式就政策施政、法令規章、公共利益甚或個人權益之維護表達願望、陳述意見者，則稱為？(A)請願；(B)陳情；(C)訴願；(D)遊說。

[29] (B) 行政程序法有關陳情之規定，下列敘述何者錯誤？(A)人民對於行政違失之舉發，得向主管機關陳情；(B)人民之陳情限於書面為之；(C)人民陳情案未具真實姓名者，得不予處理；(D)人民之陳情應向其他機關為之者，受理機關應告知陳情人。

[30] (B) 關於陳情之敘述，何者錯誤？(A)人民對於行政興革之建議、行政法令之查詢、行政違失之舉發或行政上權益之維護，得向主管機關陳情；(B)陳情應以言詞為之，受理機關應作成紀錄，並向陳情人朗讀或閱覽後命其簽名或蓋章；(C)行政機關對人民之陳情，應訂定作業規定，指派人員迅速、確實處理之；(D)受理機關認為人民之陳情有理由者，應採取適當之措施；認為無理由者，應通知陳情人，並說明其意旨。

之者，受理機關應作成紀錄，並向陳情人朗讀或使閱覽後命其簽名或蓋章（I）[31]。陳情人對紀錄有異議者，應更正之（II）。」陳情可以用書面或口頭方式，用口頭陳情的話，行政機關要做成紀錄，讓當事人簽名，表示行政機關確實有收到人民陳情。

三、作業規定之制定與陳情內容之保密

行政程序法第 170 條：「行政機關對人民之陳情，應訂定作業規定，指派人員迅速、確實處理之（I）。人民之陳情有保密必要者，受理機關處理時，應不予公開（II）。」

行政機關對人民的陳情，應該訂定作業規定，指派人員迅速、確實處理。若陳情有保密必要，行政機關處理時不可公開。

四、陳情有無理由之處理與補陳

行政程序法第 171 條：「受理機關認為人民之陳情有理由者，應採取適當之措施；認為無理由者，應通知陳情人，並說明其意旨（I）。受理機關認為陳情之重要內容不明確或有疑義者，得通知陳情人補陳之（II）。」陳情不管有無理由，都應該通知陳情人，若有理由，則應該採取適當的措施。

五、陳情之移送與行政救濟途徑之告知

行政程序法第 172 條：「人民之陳情應向其他機關為之者，受理機關應告知陳情人。但受理機關認為適當時，應即移送其他機關處理，並通知陳情人（I）。陳情之事項，依法得提起訴願、訴訟或請求國家賠償者，受

---

[31] (B) 行政機關應如何處理陳情？(A)應訂定作業規定，委託具專業知識之民間團體迅速、確實處理之；(B)陳情以言詞為之時，受理機關應作成紀錄，並向陳情人朗讀或使閱讀後命其簽名或蓋章；(C)陳情內容係不滿行政政策時，應告知陳情人先依法提起訴願；(D)同一事由，經予適當處理，並已明確答覆後，仍一再陳情者，受理機關仍應確實處理之。

理機關應告知陳情人（II）[32]。」例如新北市市民張三駕車行經台北市羅斯福路時，因路燈不亮而該路又有巨大坑洞未修補，致車輛嚴重受損，右手骨折，張三向新北市政府陳情，新北市政府應將張三陳情案移送台北市政府處理？或是迅速指派人員確實處理？又或者告知張三依法得請求國家賠償[33]？

六、得不予處理之陳情

行政程序法第 173 條：「人民陳情案有下列情形之一者，得[34]不予處理：一、無具體之內容[35]或未具真實姓名[36]或住址者。二、同一事由，

---

[32] (A) 陳情之事項，依法得提起訴願、訴訟或請求國家賠償者，受理機關應如何處理？(A)應告知陳情人可提起訴願或行政訴訟；(B)應告知陳情人本機關無管轄權；(C)應告知陳情人陳情無理由；(D)應告知陳情人將觸犯誣告之罪。

[33] (C) 新北市民張三駕車行經台北市羅斯福路時，因路燈不亮而該路又有巨大坑洞未修補，致車輛嚴重受損，右手骨折，張三向新北市政府陳情，新北市政府之下列處理，何者錯誤？(A)將張三陳情案移送台北市政府；(B)迅速指派人員確實處理；(C)告知張三提起訴願；(D)告知張三請求國家賠償。

[34] (D) 關於行政程序法上的陳情規定，下列敘述，何者錯誤？(A)受理機關認為人民之陳情有理由者，應採取適當之措施；認為無理由者，應通知陳情人，並說明其意旨；(B)陳情以言詞為之者，受理機關應作成紀錄，並向陳情人朗讀或使閱覽後命其簽名或蓋章；陳情人對紀錄有異議者，應更正之；(C)行政機關對人民之陳情，應訂定作業規定，指派人員迅速、確實處理之；(D)人民陳情案，無具體之內容或未具真實姓名或住址，應一律不予受理。

[35] (B) 人民陳情之案件，下列何種情形，行政機關得不予處理？(A)陳情無理由者；(B)無具體之內容者；(C)對行政違失之舉發過於激烈者；(D)僅為自己行政上權益之維護考量者。

[36] (B) 某甲想要陳情，但因害怕姓名曝光有不利後果而未具真實姓名，此時受理該陳情之行政機關應如何處理？(A)應以該陳情為無理由而不處理；(B)視陳情內容如何，綜合各種事證判斷，而可能得不予處理；(C)既然有人民陳情，即使未具名仍應加以處理；(D)直接因為未具名而不受理。

經予適當處理，並已明確答覆後，而仍一再陳情者[37][38]。三、非主管陳情內容之機關，接獲陳情人以同一事由分向各機關陳情者。」

七、請願

(一) 得請願之事項及受理機關

請願法第 2 條：「人民對國家政策、公共利害或其權益之維護，得向職權所屬之民意機關[39]或主管行政機關請願[40]。」

(二) 請願事項不得牴觸憲法或干預審判

請願法第 3 條：「人民請願事項，不得牴觸憲法或干預審判。」

(三) 應提起訴訟或訴願事項不得請願

請願法第 4 條：「人民對於依法應提起訴訟或訴願之事項，不得請願[41]。」

(四) 請願書之應記載事項

請願法第 5 條：「人民請願應備具請願書，載明左列事項，由請願人或請願團體及其負責人簽章：一、請願人之姓名、性別、年齡、籍貫、職

---

[37] (B) 人民陳情案有下列情形者，得不予處理：(A)具體之內容或具真實姓名或住址者；(B)同一事由，經予適當處理，並已明確答覆後，而仍一再陳情者；(C)主管陳情內容之機關，接獲陳情人之陳情；(D)依法得提起訴願之案件。

[38] (C) 人民陳情案件屬同一事由，經予適當處理，並已明確答覆後，而仍一再陳情者，行政機關應如何處理？(A)進行行政調查；(B)經訴願程序處理；(C)得不予處理；(D)依請願程序處理。

[39] (A) 下列何機關為人民可請願之對象？(A)立法院；(B)行政法院；(C)地方法院；(D)最高法院。

[40] (A) 新社區的居民，可以向當地政府機關，要求設立新的國中，以方便就學，稱之為：(A)請願；(B)陳情；(C)訴願；(D)異議。

[41] (B) 小王要到戶政事務所改名，結果戶政事務所不准許改名，那小王可以向戶政事務所提出什麼？(A)請願；(B)訴願；(C)訴訟；(D)聲明異議。

業、住址；請願人為團體時，其團體之名稱、地址及其負責人。二、請願
所基之事實、理由及其願望。三、受理請願之機關。四、中華民國年、
月、日。」

(五) 集體請願之陳述應推代表為之

請願法第 6 條：「人民集體向各機關請願，面遞請願書，有所陳述
時，應推代表為之；其代表人數，不得逾十人[42]。」

(六) 受理機關得通知請願人前來答詢

請願法第 7 條：「各機關處理請願案件時，得通知請願人或請願人所
推代表前來，以備答詢；其代表人數，不得逾十人。」

(七) 請願案件之結果應通知請願人

請願法第 8 條：「各機關處理請願案件，應將其結果通知請願人；如
請願事項非其職掌，應將所當投遞之機關通知請願人。」

(八) 對請願人不得脅迫或歧視

請願法第 9 條：「受理請願機關或請願人所屬機關之首長，對於請願
人不得有脅迫行為或因其請願而有所歧視。」

(九) 民意機關代表請願時之準用規定

請願法第 10 條：「地方民意機關代表人民向有關民意機關請願時，
準用本法之規定。」

(十) 請願時不得有暴行等不法行為

請願法第 11 條：「人民請願時，不得有聚眾脅迫、妨害秩序、妨害公
務或其他不法情事；違者，除依法制止或處罰外，受理請願機關得不受理

---

[42] (B) 依據請願法第 6 條規定，人民集體向各機關請願，面遞請願書，有所陳述時，
所推派代表之人數：(A)不得超過九人；(B)不得超過十人；(C)十一人；(D)無
限制。

其請願。」

作者小叮嚀

　　本章需要瞭解行政計畫、行政指導與陳情的內涵，並瞭解一些實際案例。其中，必須注意確定計畫裁決之集中事權效果、行政指導的拘束力、陳情的概念與處理程序等。

第十四章　行政罰法

📖 **本章學習重點**

1. 行政罰的類型。	3. 行政罰的構成要件。
2. 行政罰之原則。	4. 行政罰與刑罰之競合。

第一節　行政秩序罰

一、行政罰之概念

　　行政罰法所稱之行政罰，就其性質而言係指行政秩序罰[1]。行政罰，是行政機關或法院，基於國家的一般統治權，對於違反行政法上的義務者，所科的制裁，以達行政的目的。行政罰又稱為秩序罰[2]，以違反行政法上的義務為前提，即因為違反行政法上義務的結果而受制裁，和刑罰係因為觸犯刑法法規而受制裁者不同。

二、行政秩序罰之性質

　　行政秩序罰一般係由行政機關單方作成，且針對相對人具體違法事件，發生處罰效果之公權力措施，故性質為一種行政處分[3]，除優先適用行政罰法外，如未規定，即可適用行政程序法。

---

[1] (A) 行政罰法所稱之行政罰，就其性質應係指下列何者？(A)行政秩序罰；(B)行政刑罰；(C)執行罰；(D)懲戒罰。

[2] (A) 行政罰又稱為：(A)秩序罰；(B)懲戒罰；(C)執行罰；(D)行政刑罰。

[3] (A) 行政機關對人民依法作成科處罰鍰之決定，其性質屬於什麼？(A)行政處分；(B)行政規則；(C)事實行為；(D)司法判決。

三、行政罰種類

　　行政秩序罰，是對於違反行政法上的義務者，科以刑法上刑名（主刑有：死刑、無期徒刑、有期徒刑、拘役、罰金[4]；從刑則為褫奪公權、沒收[5][6]、追徵追繳或抵償）以外的制裁，例如：社會秩序維護法上的拘留、罰鍰、申誡即屬之。行政刑罰的制裁，多半甚重；行政上的秩序罰則較輕。前者的處罰權，屬於法院；後者的處罰權，則屬於行政機關。行政秩序罰的處罰種類[7]有很多種，主要有：

(一) 拘留：人身自由之處罰，主要規定於社會秩序維護法（惟地方性之行政法規不得為之，例如高雄市之行政法規對其市民不得為拘留之處罰[8]）。

(二) 罰鍰：金錢罰。

(三) 沒入：處置物品之處罰。

(四) 其他裁罰性的不利處分。

　　其他裁罰性的不利處分，規定於行政罰法第 2 條，可以分為下述四類[9]：

---

[4] (C) 行政罰種類繁多，在許多行政法規中皆有規範，行政罰法將其分為數類，以下何種為非？(A)不利益處分；(B)沒入；(C)罰金；(D)罰鍰。

[5] (B) 下列何者非行政罰法上所規定之處罰種類？(A)罰鍰；(B)沒收；(C)警告；(D)命令歇業。

[6] (B) 下列何者並非行政罰法所規定之行政罰？(A)罰鍰；(B)沒收；(C)停業；(D)告誡。

[7] (B) 下列何者係行政罰法上所規定之處罰種類？(A)罰金；(B)沒入；(C)沒收；(D)追徵。

[8] (A) 高雄市之行政法規對其市民不得為以下何種處罰？(A)拘留；(B)勒令停工；(C)停止營業；(D)吊扣執照。

[9] (B) 下列何者不是裁罰性之不利處分？(A)因交通違規所實施之道路交通安全講習；(B)因逃漏稅所實施之限制納稅人義務人出境處分；(C)因未成年子女擔任賭博所侍應而公布父母姓名；(D)因違反社會秩序所實施之拘留處分。

1. 限制或禁止行為的處分

限制或停止營業、吊扣證照[10]、命令停工或停止使用[11]、禁止行駛、禁止出入港口、機場或特定場所、禁止製造、販賣、輸出入、禁止申請或其他限制或禁止為一定行為之處分[12]。

2. 剝奪或消滅資格、權利之處分

命令歇業[13]、命令解散、撤銷或廢止許可或登記、吊銷證照、強制拆除或其他剝奪或消滅一定資格或權利之處分[14]。

3. 影響名譽之處分

公布姓名或名稱、公布照片或其他相類似之處分[15]。

4. 警告性處分

警告、告誡、記點、記次、講習、輔導教育[16]或其他相類似之處分[17]。

---

[10] (A) 下列何者係行政罰法「剝奪或消滅資格、權利之處分」？(A)吊銷證照；(B)禁止製造；(C)命令停工；(D)命令歇業。

[11] (A) 行政秩序罰的處罰種類中包含其他裁罰性的不利處分，何者非屬之？(A)加徵利息；(B)限制或停止營業；(C)吊扣證照；(D)命令停工或停止使用。

[12] (A) 限制或停止營業、吊扣證照、命令停工或停止使用、禁止行駛、禁止出入港口、機場或特定場所、禁止製造、販賣、輸出入、禁止申請或其他限制或禁止為一定行為之處分，屬於下列何種裁罰性不利益處分？(A)限制或禁止行為之處分；(B)影響名譽之處分；(C)剝奪或消滅資格、權利之處分；(D)警告性處分。

[13] (D) 下列何者屬於行政罰？(A)罰鍰；(B)沒入；(C)命令歇業；(D)以上皆是。

[14] (C) 吊銷證照、強制拆除或其他剝奪或消滅一定資格或權利之處分，屬於下列何種裁罰性不利益處分？(A)限制或禁止行為之處分；(B)影響名譽之處分；(C)剝奪或消滅資格、權利之處分；(D)警告性處分。

[15] (B) 公布姓名或名稱、公布照片或其他相類似之處分，屬於下列何種裁罰性不利益處分？(A)限制或禁止行為之處分；(B)影響名譽之處分；(C)剝奪或消滅資格、權利之處分；(D)警告性處分。

[16] (D) 下列何者不屬行政罰之範圍？(A)下令強制拆除；(B)公布姓名或照片之處分；(C)予以輔導教育之處分；(D)處以怠金。

[17] (D) 記次、講習、輔導教育或其他相類似之處分，屬於下列何種裁罰性不利益處

四、行政罰與其他類別之處罰

(一) 行政罰

行政罰之裁處由行政機關裁處,非必須透過法院[18]。

(二) 行政刑罰

行政刑罰,是對於違反行政法上的義務者,科以刑法上所定刑名的制裁[19]。例如:妨害兵役治罪條例,對於各種妨害兵役行為,科處的有期徒刑。行政刑罰之裁處由法院判決。

(三) 行政執行罰

行政執行罰,對於違反行政法上的義務者,為督促其將來履行義務,由行政機關在執行時所科予之處置。例如:為使行政義務人屈服的手段,達到行政目的或特定法規執行的效果,使義務人產生心理上壓迫的金錢處罰,稱之為怠金[20]。怠金係屬行政執行罰裁罰之手段,而非屬其他裁罰性的不利處分[21]。

分?(A)限制或禁止行為之處分;(B)影響名譽之處分;(C)剝奪或消滅資格、權利之處分;(D)警告性處分。

[18] (B) 下列有關行政罰之敘述,何者錯誤?(A)行政罰為針對違反行政法義務者,依法所為之處罰;(B)行政罰之裁處必須透過法院為之;(C)行政罰之處罰對象可為一般民眾及行政機關;(D)對於行政罰,被處罰之行政機關可以提起行政爭訟。

[19] (A) 在行政法規中以「刑法」制裁為處罰效果,使違反義務者受到刑事訴追的處罰,一般稱為:(A)行政刑罰;(B)懲戒罰;(C)行政執行罰;(D)行政罰。

[20] (C) 為使行政義務人屈服的手段,達到行政目的或特定法規執行的效果,使義務人產生心理上壓迫的金錢處罰,稱為:(A)刑法;(B)懲戒罰;(C)行政執行罰;(D)行政罰。

[21] (A) 下列何者非行政罰法上之裁罰性之不利處分?(A)怠金;(B)命令歇業;(C)警告;(D)吊銷證照。

(四) 懲戒罰

以處罰對象之內外區分為懲戒罰與行政秩序罰。懲戒罰指公務員或從事專門職業之執業人員（例如律師、會計師等[22]），因為違背職務上義務之行為，所受之制裁。其與為一般人民違反行政上義務而設之行政罰不同。由主管長官或懲戒法院。

五、行政罰的立法原則

行政機關在對人民做出行政罰時，必須遵守下述幾項原則：

(一) 處罰法定原則

違反行政法上義務之處罰，以行為時之法律或自治條例有明文規定者為限。處罰法定主義須落實：行政罰不得溯及既往、禁止類推解釋、擴張適用，且基本上不允許空白處罰條款。

(二) 明確性原則

從處罰法定原則，可以推論出，處罰相關法規必須明確。

(三) 從新從輕原則

行為後法律或自治條例有變更者，適用行政機關最初裁定時之法律或自治條例。但裁處前之法律或自治條例有利於受處罰者，適用最有利於受處罰者之規定。

(四) 有責性原則

行為人如果不具備責任能力（年齡太小或精神喪失），且沒有故意或過失，就不應課以責任。

---

[22] (B) 針對公務員或專門職業技術人員，例如律師或會計師，因違反執業上倫理或職務上義務行為，所受的制裁，稱為：(A)刑法；(B)懲戒罰；(C)民事賠償；(D)行政罰。

(五) 一事不二罰原則

　　一個行為，不應該受兩次處罰，若同一個行為違反數個規定，則挑選最重的處罰就好。若同一個行為同時違反刑法和行政法上義務，則依照刑法處罰即可。

　　行政罰另須遵守比例原則（意即，裁處罰鍰，應審酌違反行政法上義務行為應受責難程度、所生影響及因違反行政法上義務所得之利益，並得考量受處罰者之資力。此即稱之為落實行政法上比例原則[23]）與正當法律程序，並採用「便宜主義」原則。「便宜主義」原則係指，原本符合法定處罰要件，就應該予以處罰，但是基於各種合理的考量，包括所違反法規的情節、行為人的經濟能力、處罰所須付出的社會成本等，認為以不處罰為適當，稱之[24]。例如：對於法定最高額新台幣三千元以下[25]罰鍰之處罰，其情節輕微，認以不處罰為適當者，得免予處罰[26]。

六、社會秩序維護法第 19 條

　　社會秩序維護法第 19 條規定[27]：「處罰之種類如左：一、拘留：一日

---

[23] (D) 裁處罰鍰，應審酌違反行政法上義務行為應受責難程度、所生影響及因違反行政法上義務所得之利益，並得考量受處罰者之資力。此乃落實行政法上何種原則？(A)處罰法定主義；(B)合法主義；(C)便宜主義；(D)比例原則。

[24] (C) 原本符合法定處罰要件，就應該予以處罰，但是基於各種合理的考量，包括所違反法規的情節、行為人的經濟能力、處罰所需付出的社會成本等，認為以不處罰為適當，稱為：(A)處罰法定主義；(B)合法主義；(C)行政罰便宜主義；(D)比例原則。

[25] (C) 違反行政法上義務應受罰鍰之處罰，其情節輕微，認以不處罰為適當者，得免予處罰。此時限於法定最高額新台幣多少元以下？(A)一千元；(B)二千元；(C)三千元；(D)五千元。

[26] (C) 行政罰法第 19 條規定，違反行政法上義務應受法定最高額新台幣三千元以下罰鍰之處罰，其情節輕微，認以不處罰為適當者，得免予處罰。此項規定乃是何種原則之體現？(A)處罰法定主意；(B)合法主義；(C)便宜主義；(D)有利原則。

[27] (A) 下列何者不屬於社會秩序維護法第 19 條所規定之處罰種類？(A)沒收；(B)罰

以上，三日以下；遇有依法加重時，合計不得逾五日。二、勒令歇業。三、停止營業：一日以上，二十日以下。四、罰鍰：新臺幣三百元以上，三萬元以下；遇有依法加重時，合計不得逾新臺幣六萬元。五、沒入。六、申誡：以書面或言詞為之（Ⅰ）。勒令歇業或停止營業之裁處，應符合比例原則（Ⅱ）。」拘留，對人民之基本權利侵害甚大，故較不適合作為行政秩序罰之類型[28]，且處罰主體為法院而非行政機關[29]。此外，關於罰鍰、申誡等裁處，在性質上則屬於行政罰[30]。

第二節　處罰主體及對象

一、處罰主體原則

行政秩序罰之處罰主體有：行政機關、地方自治團體、法院管轄及監察院[31]。

(一) 行政機關或法院

社會秩序維護法第 45 條規定：「第四十三條第一項所列各款以外之案件，警察機關於訊問後，應即移送該管簡易庭裁定（Ⅰ）。前項警察機關移請裁定之案件，該管簡易庭認為不應處罰或以不處拘留、勒令歇業、停

鍰；(C)申誡；(D)停止營業。

[28] (B) 下列何種處罰，由於對人民之基本權利侵害甚大，故較不適合作為行政秩序罰之類型？(A)罰鍰；(B)拘留；(C)沒入；(D)吊扣證照。

[29] (B) 下列何種行政罰之處罰主體為法院？(A)社會秩序維護法之罰鍰；(B)社會秩序維護法之拘留；(C)道路交通管理處罰條例之吊扣汽車牌照；(D)公務人員保障法之罰鍰。

[30] (C) 社會秩序維護法規定之罰鍰、申誡等，性質上係屬於：(A)怠金；(B)懲戒罰；(C)行政罰；(D)行政刑罰。

[31] (D) 行政機關或法院，基於國家的一般統治權，對於違反行政法上的義務者，所科的制裁，以達行政的目的，其所處罰之主體有：(A)行政機關；(B)地方自治團體；(C)監察院；(D)以上皆是。

止營業為適當者,得逕為不罰或其他處罰之裁定（II）。」社會秩序維護法上之停止營業（拘留、勒令停業等等），其處罰主體為法院（簡易庭）[32]。

(二) 處罰法定主義

行政罰法第 4 條規定：「違反行政法上義務之處罰,以行為時之法律或自治條例有明文規定者為限。」依據處罰法定主義之規範,行政規則即不得作為行政罰之依據[33]。

(三) 從新從輕原則

行政罰法第 5 條規定：「行為後法律或自治條例有變更者,適用裁處時之法律或自治條例。但裁處前之法律或自治條例有利於受處罰者,適用最有利於受處罰者之規定[34]。」比較中央法規標準法第 18 條（從新從優原則）,各機關受理人民聲請許可案件適用法規時,除依其性質應適用行為時之法規外,如在處理程序終結前,據以准許之法規有變更者,適用新法規[35]。但舊法規有利於當事人而新法規未廢除或禁止所聲請之事項者,適用舊法規[36]。

---

[32] (A) 下列何種行政秩序罰之處罰主體為法院？(A)社會秩序維護法上之停止營業；(B)公務人員財產申報法上之罰鍰；(C)道路交通管理處罰條例上之吊扣汽車牌照；(D)人民團體法上之廢止許可。

[33] (D) 行政罰法第 4 條明定「處罰法定主義」,下列何者不得作為行政罰之依據？(A)法律；(B)法律具體明確授權之法規命令；(C)自治條例；(D)行政規則。

[34] (A) 行政罰法第 5 條規定：「行為後法律或自治條例有變更者,適用行政機關最初裁處時之法律或自治條例。但裁處前之法律或自治條例有利於受處罰者,適用最有利於受處罰者之規定。」此立法採用：(A)從新從輕原則；(B)實體從舊,程序從新；(C)從舊從優原則；(D)實體從新,程序從舊。

[35] (D) 各機關受理人民聲請許可案件適用法規時,除依其性質應適用行為時之法規外,如在處理程序終結前,據以准許之法規有變更者,應如何適用法規？(A)實體規定依據新法規,程序規定適用舊法規；(B)可擇一適用新、舊法規；(C)仍應適用舊法規；(D)應適用新法規。

[36] (B) 中央法規標準法第18條規定：「各機關受理人民聲請許可案件適用法規時,除

二、處罰對象

行政秩序罰之處罰對象有：自然人、法人及其他（包含中央或地方行政機關、設有代表人或管理人之非法人團體、營利事業及人民團體等等）。

第三節　行政秩序罰之責任條件及能力

一、責任

(一) 責任條件

行政罰法第 7 條規定：「違反行政法上義務之行為非出於故意或過失者，不予處罰（Ⅰ）^{37 38 39}。法人、設有代表人或管理人之非法人團體、中央或地方機關或其他組織違反行政法上義務者，其代表人、管理人、其他有代表權之人或實際行為之職員、受僱人或從業人員之故意、過失，推

依其性質應適用行為時之法規外，如在處理程序終結前，據以准許之法規有變更者，適用新法規。但舊法規有利於當事人而新法規未廢除或禁止所聲請之事項者，適用舊法規。」是採用何種原則：(A)實體從舊、程序從新；(B)從新從優；(C)從舊從優；(D)從舊從輕。

[37] (A) 依據行政罰法對於法人與該法人執行業務之自然人要一併處罰時，應限於該行為人的何種行為？(A)故意或重大過失；(B)僅處罰故意；(C)僅處罰過失；(D)限於重大過失。

[38] (D) 依行政罰法第 7 條關於「責任條件」之規定，下列何者之說明係正確？(A)法人違反行政法上之義務者，其代表人之故意、過失，視為該等組織之故意、過失；(B)推定過失者，處罰減輕；(C)因輕過失違反行政法上義務之行為，較重過失者，處罰減半；(D)違反行政法上義務之行為非出於故意或過失者，不予處罰。

[39] (B) 依行政罰法規定之行政罰的主觀責任要件為何？(A)違反行政法上義務之行為即推定有過失而予以處罰；(B)違反行政法上義務之行為非出於故意或過失者，不予處罰；(C)違反行政法上義務之行為僅出於故意者，始得予以處罰；(D)違反行政法上義務之行為出於過失者，除非有明文規定，不予處罰。

定為該等組織之故意、過失（II）。」行政罰法所規定違反行政法上義務
之責任類型，係採過失責任（含故意及過失）原則[40]。也就是其主觀責任
要件為違反行政法上義務之行為非出於故意或過失者，不予處罰[41]。

釋字第 275 號解釋（故意過失、推定過失）

「人民違反法律上之義務而應受行政罰之行為，法律無特別規定
時，雖不以出於故意為必要，仍須以過失為其責任條件。但應受行政罰之
行為，僅須違反禁止規定或作為義務，而不以發生損害或危險為其要件
者，推定為有過失，於行為人不能舉證證明自己無過失時，即應受處罰。
行政法院 62 年度判字第 30 號判例謂：『行政罰不以故意或過失為責任條
件』，及同年度判字第 350 號判例謂：『行政犯行為之成立，不以故意為要
件，其所以導致偽報貨物品質價值之等級原因為何，應可不問』，其與上
開意旨不符部分，與憲法保障人民權利之本旨牴觸，應不再援用。」有關
我國行政罰法與司法院大法官釋字第 275 號解釋有關「責任條件」，司法
院大法官釋字第 275 號解釋採部分過失推定主義，而行政罰法則不採[42]。
過去我國實務見解認為，行政罰之處罰採「不以故意過失為必要」，現今
行政罰則改採[43]處罰必須限於故意或過失行為之原則。

---

[40] (C) 行政罰法所規定違反行政法上義務之責任類型，係採下列何種原則？(A)無過
失責任原則；(B)重大故意及故意責任原則；(C)過失責任（含故意及過失）原
則；(D)故意責任原則。

[41] (B) 依行政罰法規定之行政罰的主觀責任要件為何？(A)違反行政法上義務之行為
即推定有過失而予以處罰；(B)違反行政法上義務之行為非出於故意或過失
者，不予處罰；(C)違反行政法上義務之行為僅出於故意者，始得予以處罰；
(D)違反行政法上義務之行為出於過失者，除非有明文規定，不予處罰。

[42] (D) 下列有關我國行政罰法與司法院大法官第 275 號解釋有關「責任條件」之敘
述，何者正確？(A)二者皆採過失推定主義；(B)二者皆不採過失推定主義；(C)
行政罰法採過失推定主義，司法院大法官第 275 號解釋不採；(D)司法院大法
官第 275 號解釋採部分過失推定主義，行政罰法不採。

[43] (C) 過去我國實務見解認為，行政罰之處罰採「不以故意過失為必要」，現今行政
罰則改採何種原則？(A)重大過失原則；(B)限於處罰故意行為；(C)處罰必須
限於故意或過失行為；(D)僅處罰過失行為。

(二) 卸責藉口（法律錯誤）

行政罰法第 8 條規定：「不得因不知法規而免除行政處罰責任[44]。但按其情節，得減輕或免除其處罰。」例如：甲為 19 歲之自營商，不知菸酒管理法第 37 條規定，刊出酒類廣告未標示任何警語，且鼓勵喝金門高梁酒以消除啤酒肚，則依行政罰法第 8 條、第 9 條規定，不論甲是否成年或是否知法律，仍應處罰[45]。

(三) 責任能力與原因自由行為

行政罰法第 9 條規定：「未滿十四歲人之行為，不予處罰（I）[46][47]。十四歲以上未滿十八歲人之行為，得減輕處罰（II）[48]。行為時因精神障礙或其他心智缺陷，致不能辨識其行為違法或欠缺依其辨識而行為之能力者，不予處罰（III）。行為時因前項之原因，致其辨識行為違法或依其辨識而行為之能力，顯著減低者，得減輕處罰（IV）。前二項規定，於因故意或過失自行招致者，不適用之（V）。」

---

[44] (B) 行為人因不知法規而違反行政法上義務者，其法律效果為何？(A)阻卻責任；(B)不得免除行政處罰責任；(C)阻卻故意；(D)阻卻過失。

[45] (D) 甲為 19 歲之自營商，不知菸酒管理法第 37 條規定，刊出酒類廣告未標示任何警語，且鼓勵喝金門高梁酒以消除啤酒肚，則依行政罰法第 8、9 條規定應如何處置？(A)甲未成年，故不予處罰；(B)甲未成年，故減輕處罰；(C)甲不知法律，不予處罰；(D)不論甲是否成年或是否知法律，仍應處罰。

[46] (A) 依社會秩序維護法第 88 條規定，未經他人許可，釋放他人之動物者，處新臺幣 3000 元以下罰鍰，12 歲之甲，未經乙之許可，將乙之狗釋放，則依法應對甲如何處罰？(A)不予處罰；(B)裁處之罰鍰不得逾新臺幣 3000 元之二分之一；(C)裁處之罰鍰不得逾新臺幣 3000 元之三分之一；(D)裁處之罰鍰不得逾新臺幣 3000 元之四分之一。

[47] (A) 甲未經許可攜帶其子女赴大陸地區，經人檢舉，內政部查實後，除裁處甲罰鍰外，其子女因未滿 14 歲未予裁罰，係因其欠缺：(A)責任能力；(B)責任條件；(C)行為能力；(D)違法認識。

[48] (B) 關於「十四歲以上未滿十八歲人之行為」，行政罰法第 9 條第 2 項規定如何處理？(A)應不予處罰；(B)得減輕處罰；(C)得免除處罰；(D)應減輕處罰。

(四) 防止義務（不作為犯）

行政罰法第 10 條規定：「對於違反行政法上義務事實之發生，依法有防止之義務，能防止而不防止者，與因積極行為發生事實者同（I）。因自己行為致有發生違反行政法上義務事實之危險者，負防止其發生之義務（II）。」

(五) 是否處罰未遂犯？

1. 未規定

當違反秩序之行為人已著手實施行為，但尚未完成實行行為，或實行行為雖已完成，但尚未發生違反秩序之結果者，即屬未遂之狀態，若實行行為已完成或結果已發生，則違反秩序行為即已達到既遂階段。未遂行為在基本上並不構成犯罪，只有當法律有明文規定時，始構成未遂犯，並受到處罰，我國刑法第 25 條即有明文規定。

對於未遂行為之處罰，行政秩序罰上本來應與刑罰並無不同，應以法律有明文規定者為限，否則不在處罰之列。未遂行為尚未完全實現違反秩序之構成要件，其可非難性應較既遂輕微，且一般並不視為對被保護法益具有值得注意的危險。因此，若立法者認為未遂行為亦應加以處罰而有明文之規定時，由於其危險性較低，故對其所施加之處罰應可比照刑法第25 條之規定，按既遂行為之處罰減輕之。

2. 法院判決

在我國現行法中，罕有對違反秩序之未遂行為加以規定者，在社會秩序維護法中亦未有相關之規定。在行政法院裁判方面，最常引以下兩號判例：

(1) 行政法院 46 年判字第 50 號判例：「商人運貨物出口，依現行規章，其應辦手續，不止報關一端。凡以出口貨物進存碼頭聯鎖倉庫，預訂艙位及辦理簽證諸端，均屬運貨出口之手續。踐行此等手續，屬運貨出口行為之一部。縱令存倉貨物可以取回，預訂艙位及出口簽證亦均可取銷，亦僅係中途變計，不擬出口，而該等行為之為出口行為，初不因而改變其性質。銀元銀條為禁止出口之物，原告以之密藏於麥芽糖內，既已進存碼頭聯鎖倉庫，復已

預訂艙位，請得出口簽證，自應認為已著手實行私運貨物出口之行為，其尚未報關裝船出口，在刑事上固可發生未遂犯之問題，在行政犯之責任上，則無既遂未遂之分。至於原告以知悉事已販露，而取銷簽證，自尤不足解免其責任。被告官署依海關緝私條例第二十一條第四項之規定，將該項私運之銀元銀條處分沒收，原決定予以維持，均無不合。」

(2) 行政法院 46 年判字第 54 號判例：「海關緝私條例與有關金融措施辦法及其他關係法令之處罰規定，均係行政罰性質，而非刑罰。與妨害國家總動員懲罰暫行條例之屬於特別刑事法規，而有刑法總則關於既遂未遂規定之適用者，不可同日而語。」

3. 重要階段行為理論

　　學者吳庚教授認為實務上發展出「重要階段行為理論」，以作為判斷：著手實施且已達到重要階段之行為。「一個整體不法行為理論」將可能區分為不同階段之行為視為一個整體不法行為，參與其中一部分即屬成立而予以處罰。

(六) 阻卻違法

1. 依命令或依法令之行為

　　行政罰法第 11 條規定：「（依命令之行為）依法令之行為，不予處罰（Ⅰ）。依所屬上級公務員職務命令之行為，不予處罰。但明知職務命令違法，而未依法定程序向該上級公務員陳述意見者，不在此限（Ⅱ）。」

2. 正當防衛[49]

　　行政罰法第 12 條規定：「對於現在不法之侵害，而出於防衛自己或他人權利之行為，不予處罰[50]。但防衛行為過當者，得減輕或免除其處

---

[49] (C) 依據行政罰法之規定，下列關於行政罰「責任要件」之敘述，何者正確？(A)行政犯係狀態犯，無須考慮責任問題；(B)行政罰只處罰故意犯，過失犯則姑且不罰；(C)亦適用正當防衛與緊急避難之阻卻違法事由；(D)未滿 18 歲者，不罰。

[50] (B) 對於現在不法之侵害，而出於防衛自己或他人權利之行為，不予處罰。但防衛行為過當者，得減輕或免除其處罰。學理上稱為：(A)權利保護；(B)正當防

罰。」

3. 緊急避難

行政罰法第 13 條規定：「因避免自己或他人生命、身體、自由、名譽或財產之緊急危難而出於不得已之行為，不予處罰。但避難行為過當者，得減輕或免除其處罰。」

二、私法人與代表人之處罰

行政罰法第 15 條規定：「私法人之董事或其他有代表權之人，因執行其職務或為私法人之利益為行為，致使私法人違反行政法上義務應受處罰者，該行為人如有故意或重大過失時，除法律或自治條例另有規定外，應並受同一規定罰鍰之處罰（I）。私法人之職員、受僱人或從業人員，因執行其職務或為私法人之利益為行為，致使私法人違反行政法上義務應受處罰者，私法人之董事或其他有代表權之人，如對該行政法上義務之違反，因故意或重大過失，未盡其防止義務時，除法律或自治條例另有規定外，應並受同一規定罰鍰之處罰（II）[51]。依前二項並受同一規定處罰之罰鍰，不得逾新臺幣一百萬元。但其所得之利益逾新臺幣一百萬元者，得於其所得利益之範圍內裁處之（III）。」

三、非法人團體與行政機關

行政罰法第 16 條規定：「前條之規定，於設有代表人或管理人之非法人團體，或法人以外之其他私法組織，違反行政法上義務者，準用之。」

行政罰法第 17 條規定：「中央或地方機關或其他公法組織違反行政法上義務者，依各該法律或自治條例規定處罰之。」

衛；(C)緊急避難；(D)義務衝突。

[51] (D) 依行政罰法第 15 條之規定，某公司董事長因執行其職務之行為致使該公司受處罰者，則下列何者正確？(A)基於一行為不二罰原則，僅處罰該公司，不得處罰董事長；(B)處罰該公司，但如係董事長故意所為者，改罰董事長；(C)僅處罰董事長；(D)處罰該公司，但如董事長有重大過失時，併罰之。

第四節　罰金調整與沒入

一、罰鍰金額裁處之審酌與法定範圍及期間之準用

　　行政罰法第 18 條規定：「裁處罰鍰，應審酌違反行政法上義務行為應受責難程度、所生影響及因違反行政法上義務所得之利益，並得考量受處罰者之資力（I）。前項所得之利益超過法定罰鍰最高額者，得於所得利益之範圍內酌量加重，不受法定罰鍰最高額之限制（II）。依本法規定減輕處罰時，裁處之罰鍰不得逾法定罰鍰最高額之二分之一，亦不得低於法定罰鍰最低額之二分之一[52]；同時有免除處罰之規定者，不得逾法定罰鍰最高額之三分之一，亦不得低於法定罰鍰最低額之三分之一。但法律或自治條例另有規定者，不在此限（III）[53]。其他種類行政罰，其處罰定有期間者，準用前項之規定（IV）。」例如：張三超重載運貨物，違反裝載規定，法定處罰之罰鍰額度為新台幣三千元以上九千元以下，值勤之交通警察應予舉發，並審酌違反行政法上義務行為應受責難程度、所生影響及因違反行政法上義務所得之利益，並得考量受處罰者之資力，可以責令張三改正或禁止通行[54]。

---

[52] (B) 依據行政罰法規定可減輕處罰時，裁處之罰鍰不得逾法定罰鍰最高額亦不得低於法定罰鍰最低額多少？(A)三分之一；(B)二分之一；(C)四分之一；(D)五分之一。

[53] (C) 依行政罰法第 18 條第 3 項之規定，下列有關罰鍰額度加減之敘述何者正確？(A)依行政罰法規定減輕處罰時，裁處之罰鍰不得逾法定罰鍰最高額之三分之一；(B)依行政罰法規定減輕處罰時，裁處之罰鍰不得低於法定罰鍰最低額之三分之二；(C)同時有免除處罰之規定者，裁處之罰鍰不得逾法定罰鍰最高額之三分之一；(D)同時有免除處罰之規定者，裁處之罰鍰不得低於法定罰鍰最低額之三分之二。

[54] (A) 張三超重載運貨物，違反裝載規定，法定處罰之罰鍰額度為新台幣三千元以上九千元以下，試問值勤之交通警察應如何處置？(A)應予舉發，並責令改正或禁止通行；(B)認情節輕微以不處罰為適當者，得易以訓誡，不予舉發；(C)在所得利益範圍內定其罰鍰；(D)得連續處罰之。

二、沒入

(一) 沒入原則

行政罰法第 21 條規定：「沒入之物，除本法或其他法律另有規定者外，以屬於受處罰者所有為限。」

(二) 沒入例外

行政罰法第 22 條規定：「不屬於受處罰者所有之物，因所有人之故意或重大過失，致使該物成為違反行政法上義務行為之工具者，仍得裁處沒入（I）[55]。物之所有人明知該物得沒入，為規避沒入之裁處而取得所有權者，亦同（II）。」

(三) 沒入價額

行政罰法第 23 條規定：「得沒入之物，受處罰者或前條物之所有人於受裁處沒入前，予以處分、使用或以他法致不能裁處沒入者，得裁處沒入其物之價額；其致物之價值減損者，得裁處沒入其物及減損之差額（I）。得沒入之物，受處罰者或前條物之所有人於受裁處沒入後，予以處分、使用或以他法致不能執行沒入者，得追徵其物之價額；其致物之價值減損者，得另追徵其減損之差額（II）。前項追徵，由為裁處之主管機關[56]以行政處分為之（III）。」

---

[55] (C) 不屬於受處罰者所有之物，因所有人之故意或重大過失，致使該物成為違反行政法上義務行為之工具者，仍得裁處：(A)銷毀；(B)變賣；(C)沒入；(D)變價。

[56] (D) 依行政罰法規定，一行為違反數個行政法上義務，應受沒入或其他種類行政罰者，其管轄權如何定之？(A)由處理在先之機關管轄；(B)由各該機關協議定之；(C)由共同上級機關指定之；(D)由各該主管機關分別裁處。

第五節　行政秩序罰競合之處理

一、一個行為觸犯多個行政秩序法

　　行政罰法第 24 條規定：「一行為違反數個行政法上義務規定而應處罰鍰者，依法定罰鍰額最高之規定裁處[57][58]。但裁處之額度，不得低於各該規定之罰鍰最低額（I）[59]。前項違反行政法上義務行為，除應處罰鍰外，另有沒入或其他種類行政罰之處罰者，得依該規定併為裁處。但其處罰種類相同，如從一重處罰已足以達成行政目的者，不得重複裁處（II）[60]。一行為違反社會秩序維護法及其他行政法上義務規定而應受處罰，如已裁處拘留者，不再受罰鍰之處罰（III）。」關於不得重複裁處，亦即民主國家之基本原則——禁止重複處罰原則，例如違反作為義務之行為，同時構成漏稅行為之一部或係漏稅行為之方法而處罰種類相同者，如從其一重處罰已足達成行政目的時，即不得再就其他行為併予處罰為其適

---

[57] (D) 一行為違反數個行政法上義務而應處罰鍰，數機關均有管轄者，由那個機關具有管轄？(A)處理在先之機關；(B)各該機關協議定之；(C)由其共同上級機關指定；(D)由法定罰鍰額最高之主管機關。

[58] (B) 依行政罰法之規定，一行為違反數個行政法上義務規定而應處罰鍰者，行政機關應為如何之裁罰？(A)依各法規規定分別裁處；(B)依法定罰鍰額最高之規定裁處；(C)依法定罰鍰額最低之規定裁處；(D)依施行日期最後之規定裁處。

[59] (C) 依行政罰法第 24 條之規定，「一行為違反數個行政法上義務之規定而應處罰鍰者」，應如何處理？(A)依法定罰鍰額最高之規定裁處二倍。但裁處之額，不得低於各該規定之罰鍰最高額；(B)依法定罰鍰額最高之規定裁處二倍罰鍰，無罰鍰最低額限制；(C)依法定罰鍰額最高之規定裁處。但裁罰之額度，不得低於各該規定之罰鍰最低額；(D)依法定罰鍰額最高之規定裁處，無罰鍰最低額之限制。

[60] (B) 違反作為義務之行為，同時構成逃稅行為之一部，如從其一重處罰已足達成行政目的時，即不得再就其他行為併予處罰，此為民主法治國家何種基本原則？(A)類推禁止原則；(B)禁止重複處罰原則；(C)法律不溯及既往原則；(D)從新原則。

例[61]，又如行政執行人員於查封前，發見義務人之財產業經其他機關查封者，應不得再行查封[62]。

　　此等一行為觸犯數個行政秩序法之情形，其選擇標準有三，如下：

(一) 相競合之規定皆科處罰鍰，擇其金額較高者科處。

(二) 如另有沒入或其他種類行政罰者，以得併為處罰為原則。

(三) 如已裁處拘留者，不得再處罰。

二、相關大法官解釋與問題思考

(一) 釋字第 356 號解釋

　　「營業稅法第 49 條就營業人未依該法規定期限申報銷售額或統一發票明細表者，應加徵滯報金、怠報金之規定，旨在促使營業人履行其依法申報之義務，俾能確實掌握稅源資料，建立合理之查核制度。加徵滯報金、怠報金，係對營業人違反作為義務所為之制裁，其性質為行為罰，此與逃漏稅捐之漏稅罰乃屬兩事。上開規定，為增進公共利益所必要，與憲法並無牴觸。惟在營業人已繳納其應納稅款之情形下，行為罰仍依應納稅額固定之比例加徵滯報金與怠報金，又無合理最高額之限制，依本院大法官釋字第 327 號解釋意旨，主管機關應注意檢討修正，併此說明。」

　　（編按：營業稅法現已改為加值型及非加值型營業稅法，該釋字於民國 83 年 7 月 8 日公布，讀者請參照當時舊條文）

---

[61] (C) 下列有關行政罰法裁罰規定之敘述，何者正確？(A)一行為同時觸犯刑事法律及違反行政法上義務規定者，依刑事法律處罰之。但其行為應處以罰鍰者，亦得裁處之；(B)一行為違反數個行政法義務規定而應處罰鍰者，分別裁處之；(C)違反作為義務之行為，同時構成漏稅行為之一部或係漏稅行為之方法而處罰種類相同者，如從其一重處罰以足達成行政目的時，即不得再就其他行為併予處罰；(D)基於概括之犯意而連續違反同一行政法義務者，以一行為論，但得加重其處罰。

[62] (B) 行政執行人員於查封前，發見義務人之財產業經其他機關查封者，應如何處理？(A)會同其他機關共同查封；(B)不得再行查封；(C)報請共同上級機關決定由何機關查封；(D)請一物人決定由何機關查封。

(二) 釋字第 503 號解釋

「納稅義務人違反作為義務而被處行為罰，僅須其有違反作為義務之行為即應受處罰；而逃漏稅捐之被處漏稅罰者，則須具有處罰法定要件之漏稅事實方得為之。二者處罰目的及處罰要件雖不相同，惟其行為如同時符合行為罰及漏稅罰之處罰要件時，除處罰之性質與種類不同，必須採用不同之處罰方法或手段，以達行政目的所必要者外，不得重複處罰，乃現代民主法治國家之基本原則。是違反作為義務之行為，同時構成漏稅行為之一部或係漏稅行為之方法而處罰種類相同者，如從其一重處罰已足達成行政目的時，即不得再就其他行為併予處罰，始符憲法保障人民權利之意旨。本院釋字第 356 號解釋，應予補充。」

三、數行為之處置

行政罰法第 25 條規定：「數行為違反同一或不同行政法上義務之規定者，分別處罰之。」

(一) 說明

實務上常出現之問題，乃是有「按日連續處罰」、「案件連續處罰」等方式，對持續中的違法行為，切割為數行為，針對每一行為分別處罰之。關於此問題，釋字第 604 號解釋，認為可以人為地將連續行為分割為數行為。

(二) 釋字第 604 號解釋

「道路交通管理處罰條例係為加強道路交通管理，維護交通秩序，確保交通安全而制定。依中華民國 86 年 1 月 22 日增訂公布第 85 條之 1 規定，係對於汽車駕駛人違反同條例第 56 條第 1 項各款而為違規停車之行為，得為連續認定及通知其違規事件之規定，乃立法者對於違規事實一直存在之行為，考量該違規事實之存在對公益或公共秩序確有影響，除使主管機關得以強制執行之方法及時除去該違規事實外，並得藉舉發其違規事實之次數，作為認定其違規行為之次數，從而對此多次違規行為得予以多次處罰，並不生一行為二罰之問題，故與法治國家一行為不二罰之原

則，並無牴觸。

　　立法者固得以法律規定行政機關執法人員得以連續舉發及隨同多次處罰之遏阻作用以達成行政管制之目的，但仍須符合憲法第 23 條之比例原則及法律授權明確性原則。鑑於交通違規之動態與特性，則立法者欲藉連續舉發以警惕及遏阻違規行為人任由違規事實繼續存在者，得授權主管機關考量道路交通安全等相關因素，將連續舉發之條件及前後舉發之間隔及期間以命令為明確之規範。道路交通管理處罰條例第 85 條之 1 得為連續舉發之規定，就連續舉發時應依何種標準為之，並無原則性規定。雖主管機關依道路交通管理處罰條例第 92 條之授權，於 95 年 5 月 30 日修正發布『違反道路交通管理事件統一裁罰標準及處理細則』，其第 12 條第 4 項規定，以『每逾二小時』為連續舉發之標準，衡諸人民可能因而受處罰之次數及可能因此負擔累計罰鍰之金額，相對於維護交通秩序、確保交通安全之重大公益而言，尚未逾越必要之程度。惟有關連續舉發之授權，其目的與範圍仍以法律明定為宜。」

四、同時觸犯行政法與刑法（行政罰與刑罰之競合）

　　行政罰法第 26 條第 1 項：「一行為同時觸犯刑事法律及違反行政法上義務規定者，依刑事法律處罰之[63]。但其行為應處以其他種類行政罰或得沒入之物而未經法院宣告沒收者，亦得裁處之[64]。」

　　第 2 項：「前項行為如經不起訴處分、緩起訴處分確定或為無罪、免訴、不受理、不付審理、不付保護處分、免刑、緩刑之裁判確定者，得依

---

[63] (A) 一行為同時觸犯刑事法律及違反行政法上義務規定者，應如何處理？(A)依刑事法律處罰之；(B)依行政法律處罰之；(C)合併處罰；(D)依據較輕者處罰。

[64] (C) 一行為同時觸犯刑事法律及違反行政法上義務規定時，應如何處罰？(A)一律以刑事處罰為之；(B)一律以行政處罰為之；(C)以刑事處罰為原則，行政處罰為例外；(D)以行政處罰為原則，刑事處罰為例外。

違反行政法上義務規定裁處之[65][66]。」

　　第 3 項：「第一項行為經緩起訴處分或緩刑宣告確定且經命向公庫或指定之公益團體、地方自治團體、政府機關、政府機構、行政法人、社區或其他符合公益目的之機構或團體，支付一定之金額或提供義務勞務者，其所支付之金額或提供之勞務，應於依前項規定裁處之罰鍰內扣抵之。」

　　第 4 項：「前項勞務扣抵罰鍰之金額，按最初裁處時之每小時基本工資乘以義務勞務時數核算。」

　　第 5 項：「依第二項規定所為之裁處，有下列情形之一者，由主管機關依受處罰者之申請或依職權撤銷之，已收繳之罰鍰，無息退還：一、因緩起訴處分確定而為之裁處，其緩起訴處分經撤銷，並經判決有罪確定，且未受免刑或緩刑之宣告。二、因緩刑裁判確定而為之裁處，其緩刑宣告經撤銷確定。」

第六節　時效

一、裁處權時效之期間

　　行政罰法第 27 條規定：「行政罰之裁處權，因三年期間之經過而消

---

[65] (D) 下列關於數行為違反行政法上義務以及競合之敘述，何者正確？(A)數行為違反同一行政法上義務之規定者，加重處罰之；(B)數行為違反不同行政法上義務之規定者，加重處罰之；(C)一行為同時觸犯刑事法律及違反行政法上義務規定者，依刑事法律處罰之。得沒入之物而未經法院宣告沒收者，主管機關即不得裁處沒入；(D)一行為同時觸犯刑事法律及違反行政法上義務規定者，如經無罪、不受理之裁判確定者，仍得依違反行政法上義務規定裁處之。

[66] (C) 下列關於一行為同時觸犯行政法義務及刑事法律義務之處罰原則敘述，何者錯誤？(A)行為應同時處以罰鍰及罰金者，依刑事法律處罰之；(B)行為應處以罰鍰以外之行政罰者，除依刑事法律處罰外，亦得再處以行政罰；(C)行為經刑事法院不受理裁判確定者，不得再依行政法處以行政罰；(D)行為經刑事法院無罪裁判確定者，尚得依行政法處以行政罰。

滅（Ⅰ）[67]。前項期間，自違反行政法上義務之行為終了時起算。但行為
之結果發生在後者，自該結果發生時起算（Ⅱ）。前條第二項之情形，第
一項期間自不起訴處分、緩起訴處分確定或無罪、免訴、不受理、不付審
理、不付保護處分、免刑、緩刑之裁判確定日起算（Ⅲ）。行政罰之裁處
因訴願、行政訴訟或其他救濟程序經撤銷而須另為裁處者，第一項期間自
原裁處被撤銷確定之日起算（Ⅳ）[68]。」

二、裁處權時效之停止

行政罰法第 28 條規定：「裁處權時效，因天災、事變或依法律規定
不能開始或進行裁處時，停止其進行（Ⅰ）。前項時效停止，自停止原因消
滅之翌日起，與停止前已經過之期間一併計算（Ⅱ）。」

第七節　管轄機關

一、一般管轄

行政罰法第 29 條規定：「違反行政法上義務之行為，由行為地、結
果地、行為人之住所、居所或營業所、事務所或公務所所在地之主管
機關管轄（Ⅰ）[69]。在中華民國領域外之中華民國船艦或航空器內違反行
政法上義務者，得由船艦本籍地、航空器出發地或行為後在中華民國領域
內最初停泊地或降落地之主管機關管轄（Ⅱ）。在中華民國領域外之外國
船艦或航空器於依法得由中華民國行使管轄權之區域內違反行政法上義務

---

[67] (B) 行政罰之裁處權，因多久期間之經過而消滅？(A)2 年；(B)3 年；(C)5 年；
(D)6 年。

[68] (B) 行政罰之裁處因訴願、行政訴訟或其他救濟程序經撤銷而須另為裁處者，裁處
權時效之期間應自何時起算？(A)自違反行政法上義務之行為終了時起算；
(B)自原裁處被撤銷確定之日起算；(C)自原裁處被撤銷時起算；(D)自提起救
濟時起算。

[69] (D) 違反行政法上義務之行為，其管轄機關為何？(A)行為地之主管機關；(B)結果
地之主管機關；(C)事務所或公務所所在地之主管機關；(D)以上皆是。

者，得由行為後其船艦或航空器在中華民國領城內最初停泊地或降落地之主管機關管轄（III）。在中華民國領域外依法得由中華民國行使管轄權之區域內違反行政法上義務者，不能依前三項規定定其管轄機關時，得由行為人所在地之主管機關管轄（IV）。」原則上就是行政機關自己來處罰。

二、觸犯刑法時案件移送與通知之義務

行政罰法第 32 條規定：「一行為同時觸犯刑事法律及違反行政法上義務規定者，應將涉及刑事部分移送該管司法機關（I）。前項移送案件，司法機關就刑事案件為不起訴處分、緩起訴處分確定或為無罪、免訴、不受理、不付審理、不付保護處分、免刑、緩刑、撤銷緩刑之裁判確定，或撤銷緩起訴處分後經判決有罪確定者，應通知原移送之行政機關（II）。」

第八節　裁處程序

一、出示證件與告知法規

行政罰法第 33 條規定：「行政機關執行職務之人員，應向行為人出示有關執行職務之證明文件或顯示足資辨別之標誌，並告知其所違反之法規。」

二、行政機關當場的處置（現行犯之處置）

行政罰法第 34 條規定：「行政機關對現行違反行政法上義務之行為人，得為下列之處置：一、即時制止其行為。二、製作書面紀錄。三、為保全證據之措施。遇有抗拒保全證據之行為且情況急迫者，得使用強制力排除其抗拒。四、確認其身分。其拒絕或規避身分之查證，經勸導無效，致確實無法辨認其身分且情況急迫者，得令其隨同到指定處所查證身分；其不隨同到指定處所接受身分查證者，得會同警察人員強制為之（I）。前項強制，不得逾越保全證據或確認身分目的之必要程度（II）。」

三、行為人當場異議

行政罰法第 35 條規定：「行為人對於行政機關依前條所為之強制排除抗拒保全證據或強制到指定處所查證身分不服者，得向該行政機關執行職務之人員，當場陳述理由表示異議（I）。行政機關執行職務之人員，認前項異議有理由者，應停止或變更強制排除抗拒保全證據或強制到指定處所查證身分之處置；認無理由者，得繼續執行。經行為人請求者，應將其異議要旨製作紀錄交付之（II）。」

四、扣留

行政罰法第 36 條規定：「得沒入或可為證據之物，得扣留之（I）。前項可為證據之物之扣留範圍及期間，以供檢查、檢驗、鑑定或其他為保全證據之目的所必要者為限（II）。」

五、強制扣留

行政罰法第 37 條規定：「對於應扣留物之所有人、持有人或保管人，得要求其提出或交付；無正當理由拒絕提出、交付或抗拒扣留者，得用強制力扣留之。」

六、扣留之救濟程序（扣留之異議）

行政罰法第 41 條規定：「物之所有人、持有人、保管人或利害關係人對扣留不服者，得向扣留機關聲明異議（I）[70]。前項聲明異議，扣留機關認有理由者，應發還扣留物或變更扣留行為；認無理由者，應加具意見，送直接上級機關決定之（II）。對於直接上級機關之決定不服者，僅得於對裁處案件之實體決定聲明不服時一併聲明之。但第一項之人依法不得對裁處案件之實體決定聲明不服時，得單獨對第一項之扣留，逕行提起

---

[70] (A) 物之所有人、持有人、保管人或利害關係人對依行政罰法裁處之扣留不服者，應如何救濟？(A)得向扣留機關聲明異議；(B)直接向扣留機關之上級機關聲明異議；(C)向扣留機關以書面提起訴願；(D)直接提起行政訴訟。

行政訴訟（III）。第一項及前項但書情形，不影響扣留或裁處程序之進行
（IV）。」

七、給予陳述意見機會與例外

　　行政罰法第 42 條規定：「行政機關於裁處前，應給予受處罰者陳述
意見之機會。但有下列情形之一者，不在此限[71]：一、已依行政程序法第
三十九條規定[72]，通知受處罰者陳述意見。二、已依職權或依第四十三條
規定，舉行聽證。三、大量作成同種類之裁處。四、情況急迫，如給予陳
述意見之機會，顯然違背公益。五、受法定期間之限制，如給予陳述意見
之機會，顯然不能遵行。六、裁處所根據之事實，客觀上明白足以確
認[73]。七、法律有特別規定。」

八、舉行聽證與例外

　　行政罰法第 43 條規定：「行政機關為第二條第一款及第二款之裁處
前，應依受處罰者之申請，舉行聽證。但有下列情形之一者，不在此限：
一、有前條但書各款情形之一。二、影響自由或權利之內容及程度顯屬輕
微。三、經依行政程序法第一百零四條規定，通知受處罰者陳述意見，而

---

[71] (B) 行政機關於裁處前，應給予受處罰者陳述意見之機會。但例外依據法律有規定
　　時，不須給予陳述意見機會，下列何者非屬於不須給予陳述意見的情形？
　　(A)大量作成同種類之裁處；(B)以口頭形式所作成之處分；(C)裁處所根據之
　　事實，客觀上明白足以確認；(D)情況急迫，如給予陳述意見之機會，顯然違
　　背公益。

[72] (D) 下列關於行政罰之敘述，何者錯誤？(A)行政機關裁處行政罰時，應作成裁處
　　書；(B)行政罰法施行前之違反行政法上義務之行為，行政罰裁處權時效自行
　　政法施行之日起算；(C)行政機關於裁處前，除非法律另有規定，否則均應
　　給予受處罰者陳述意見之機會；(D)行政罰程序皆不適用行政程序法之規定。

[73] (C) 行政罰法有關違反行政法上義務行為之規定，下列敘述何者正確？(A)限於故
　　意者，始予處罰；(B)行政罰之裁處權，因二年期限之經過而消滅；(C)裁處所
　　根據之事實，客觀上明白足以確認，得不給予受處罰者陳述意見之機會；(D)
　　數行為違反同一或不同行政法上義務之規定者，從一重處法之。

未於期限內陳述意見。」

九、裁處書與送達

行政罰法第 44 條規定:「行政機關裁處行政罰時,應作成裁處書,並為送達。」

 作者小叮嚀

本章準備時必須熟讀行政罰法。命題焦點在於行政罰的概念,與懲戒罰、執行罰、刑罰的比較;行政罰立法的原則、行政罰的種類、行政罰的行為人、故意過失的責任條件、處罰的加重或減輕、一行為兩罰的問題、與刑罰或懲戒罰競合時的處理、行政罰裁處時應注意的程序。

第十五章　行政執行

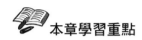**本章學習重點**

---

1. 行政執行的類型。
2. 執行的程序與異議。
3. 金錢給付義務與拘提管收。
4. 行為或不行為義務之間接強制與直接強制。
5. 即時強制。

第一節　行政執行之概念

一、行政執行之意義

　　行政執行，即行政上強制執行，是指行政機關以自己的強制方法，對不履行行政上義務的相對人，強迫其履行，使其實現與已履行義務同一狀態之行政權作用。依行政執行法第 2 條之規定，其強制方法，包括公法上金錢給付義務、行為或不行為義務之強制執行，以及即時強制[1]。

　　更進一步說，狹義的行政執行，主要是行政機關使人民履行其公法上義務的執行，包含了公法上金錢給付義務之執行，以及行為或不行為之執行。而廣義之行政執行，尚包括了無人有義務的「即時強制」在內。即時強制是指行政機關為即時除去目前急迫危難，無暇先課予人民義務，而直接執行的手段。

---

[1] (D) 下列何者不屬於行政執行法之執行類型？(A)公法上金錢給付義務；(B)公法上行為或不行為義務之強制執行；(C)即時強制；(D)假扣押。

二、行政執行之要點

行政上的強制執行，是在人民不履行行政法上的義務時，行政機關以強制手段，使他履行義務，或使他實現和履行義務相同狀態的手段[2]。它的要點有三，如下述：

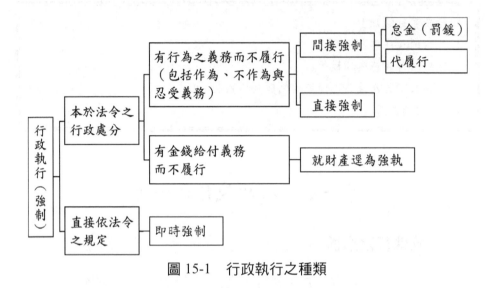

圖 15-1　行政執行之種類

(一) 它以特定的公法上義務已經成立，而義務人不履行其義務為前提，如果不負擔公法上義務，自無所謂強制執行；私法上金錢給付義務不屬之[3]。

(二) 它是行政權的作用，所以和司法上的強制執行不同（如犯罪人經判決確定，送入監獄執行，即為司法上的強制執行）。

(三) 它是以強制力促使義務人履行義務，所以和上述的行政罰，係對於義務人過去違反義務的處罰，亦有差異。

---

[2] (A) 行政主體對於不履行行政法上之義務者，以強制方法使其履行，或使其實現與履行有同一狀態之行政行為，稱之為何？(A)行政執行；(B)行政罰；(C)懲戒罰；(D)行政指導。

[3] (A) 下列何者不得作為行政執行之標的？(A)私法上金錢給付義務；(B)公法上行為或不行為義務；(C)即時執行；(D)公法上金錢給付義務。

第二節　行政執行之基本原則與規定

一、不得逾越必要程度（比例原則）

　　行政執行法第 3 條：「行政執行，應依公平合理之原則，兼顧公共利益與人民權益之維護，以適當之方法為之，不得逾達成執行目的之必要限度[4]。」此原則稱之為——比例原則。

二、行政執行機關[5]

　　行政執行法第 4 條：「行政執行，由原處分機關[6]或該管行政機關為之。但公法上金錢給付義務逾期不履行者，移送法務部行政執行署所屬行政執行處[7]執行之（I）。法務部行政執行署及其所屬行政執行處之組織，另以法律定之（II）。」例如某甲違規傾倒廢棄物於公有地，經直轄市環保局命為回復原狀之處分，某甲拒不遵從。依本條規定，該處分應由該管行政機關，也就是該環保局強制執行之[8]。又如人民逾期欠繳稅款時，由

---

[4]　(D) 依行政執行法第 3 條規定：「行政執行，應依公平合理之原則，兼顧公共利益與人民權益之維護，以適當之方法為之，不得逾達成執行目的之必要限度」，吾人稱此為何種原則？(A)法律保留原則；(B)法律優位原則；(C)信賴保護原則；(D)比例原則。

[5]　(D) 行政執行機關，依行政執行法規定，下列何者錯誤？(A)原處分機關；(B)該管行政機關；(C)法務部行政執行署所屬行政執行處；(D)地方法院民事執行處。

[6]　(C) 關於人民因行政處分所負之公法上行為義務的強制執行，依行政執行法之規定，原則上由下列那一個機關辦理？(A)行政法院；(B)行政執行署；(C)原處分機關；(D)行政執行處。

[7]　(B) 公法上金錢給付義務逾期不履行者，應如何執行？(A)移送法院所屬民事執行處執行之；(B)移送法務部行政執行署所屬行政執行處執行之；(C)主管機關自為執行；(D)移送行政法院執行之。

[8]　(C) 某甲違規傾倒廢棄物於公有地，經直轄市環保局命為回復原狀之處分，某甲拒不遵從。依行政執行法第 4 條規定，該處分應由下列何機關強制執行？(A)行政執行署；(B)行政執行處；(C)該環保局；(D)直轄市政府。

原處分機關會該管行政機關移送行政執行處強制執行[9]。

過去只能由民事執行處執行

1. 釋字第 16 號解釋

「強制執行法施行後,強制執行僅得由法院為之,行政官署依法科處之罰鍰,除依法移送法院辦理外,不得逕就抗不繳納者之財產而為強制執行,本院院解字第 3208 號解釋仍應適用。」

2. 釋字第 35 號解釋

「對人民財產為強制執行,非有強制執行法第 4 條所列之執行名義不得為之,行政機關依法科處罰鍰之公文書,如法律定有送由法院強制執行或得移送法院辦理者,自得認為同法第 4 條第 6 款所規定之執行名義,否則不能逕據以為強制執行。」

三、執行時間與出示證件

行政執行法第 5 條:「行政執行不得於夜間、星期日或其他休息日[10]為之。但執行機關認為情況急迫或徵得義務人同意者[11],不在此限(I)。日間已開始執行者,得繼續至夜間(II)。執行人員於執行時,應對義務人出示足以證明身分之文件;必要時得命義務人或利害關係人提出國民身分證或其他文件(III)[12]。」

---

[9] (C) 人民逾期欠繳稅款時,由原處分機關會該管行政機關移送下列何機關強制執行?(A)法院執行處;(B)國稅局;(C)行政執行處;(D)財政部。

[10] (B) 行政執行時間上有何限制?(A)夜間已開始執行者,得繼續至日間;(B)不得於休息日為之;(C)不得於工作時間為之;(D)不得於訴訟期間內為之。

[11] (C) 關於執行時間之規定,何者正確?(A)行政執行得於夜間、星期日或其他休息日為之;(B)日間已開始執行者,不得繼續至夜間;(C)執行機關認為情況急迫或徵得義務人同意者,得於夜間、星期日或其他假日為之;(D)即時強制不得於夜間、星期日或其他假日為之。

[12] (C) 下列何者不屬於行政執行時,行政機關須遵守之義務?(A)出示身分證明文件;(B)符合比例原則;(C)符合最大利益原則;(D)原則上不得於夜間、星期日或其他休息日。

四、執行時效

行政執行法第 7 條：「行政執行，自處分、裁定確定之日或其他依法令負有義務經通知限期履行之文書所定期間屆滿之日起，五年內[13]未經執行者，不再執行；其於五年期間屆滿前已開始執行者，仍得繼續執行。但自五年期間屆滿之日起已逾五年尚未執行終結者，不得再執行（I）。前項規定，法律有特別規定者，不適用之（II）。第一項所稱已開始執行，如已移送執行機關者，係指下列情形之一：一、通知義務人到場或自動清繳應納金額、報告其財產狀況或為其他必要之陳述。二、已開始調查程序（III）。」

五、執行程序的異議

行政執行法第 9 條：「義務人或利害關係人對執行命令、執行方法、應遵守之程序或其他侵害利益之情事，得於執行程序終結前，向執行機關聲明異議（I）[14][15][16][17][18]。前項聲明異議，執行機關認其有理由者，應

---

[13] (C) 行政程序法關於執行期間之規定為：(A)3 年；(B)4 年；(C)5 年；(D)6 年。

[14] (A) 義務人或利害關係人對於執行命令、執行方法、程序等不服時，應如何處理？(A)應向執行機關聲明異議；(B)應向執行機關提起訴願；(C)應向執行機關之上級機關提起訴願；(D)應向行政法院提起行政訴訟。

[15] (A) 依行政執行法第 9 條關於「聲明異議」之規定，下列何者之說明係正確？(A)向執行機關聲明異議；(B)利害關係人不得提出；(C)聲明異議後應立即停止執行；(D)得於執行程序終結後聲明異議

[16] (B) 行為人對於行政機關所為之強制排除抗拒保全證據不服者，依行政執行法之規定，得如何救濟？(A)直接提起訴願；(B)向該行政機關執行職務之人員，當場陳述理由表示異議；(C)直接提起行政訴訟；(D)直接拒絕之。

[17] (C) 下列對行政執行之敘述，何者有誤？(A)義務人對執行命令得於行政程序進行中，向執行機關聲明異議；(B)利害關係人對執行方法得於執行程序終結前，向執行機關聲明異議；(C)義務人對執行命令僅得於執行程序結束後，實體決定不服時，一併就此向執行機關聲明異議；(D)義務人對執行命令聲明異議，如執行機關認為有理由，應即停止執行。

[18] (B) 行政執行法第 9 條關於聲明異議之規定，下列之敘述何者正確？(A)利害關係

即停止執行,並撤銷或更正已為之執行行為;認其無理由者,應於十日內加具意見,送直接上級主管機關於三十日內決定之(II)[19]。行政執行,除法律另有規定外,不因聲明異議而停止執行。但執行機關因必要情形,得依職權或申請停止之(III)。」

六、國賠

行政執行法第 10 條:「行政執行,有國家賠償法所定國家應負賠償責任之情事者,受損害人得依該法請求損害賠償。」

第三節　公法上金錢給付義務

依照我國行政執行法規定,行政上的強制執行,可以分為間接強制、直接強制和即時強制。間接強制又可分為代履行和怠金。行政執行法第 2 條:「本法所稱行政執行,指公法上金錢給付義務、行為或不行為義務之強制執行及即時強制[20]。」

一、意義

行政執行法施行細則第 2 條:「本法第二條所稱公法上金錢給付義務

人不得提出;(B)得於執行程序終結前,向執行機關聲明異議;(C)行政執行無論任何情形,因聲明異議即應停止執行;(D)執行機關認為聲明異議無理由者,應逕予駁回。

[19] (D) 關於執行命令、執行方法、應遵守之程序或其他侵害利益之情事之救濟,何者正確?(A)提起申訴,執行機關認其有理由時,應即停止執行;(B)聲明異議,執行機關認其有理由時,不須停止執行;(C)得於執行程序終結後,向執行機關聲明異議;(D)聲明異議,執行機關認其無理由者,應於十日內加具意見,送直接上級主管機關於三十日內決定之。

[20] (B) 行政執行法第 2 條規定,本法所稱行政執行,指公法上金錢給付義務、行為或不行為義務之強制執行及即時強制。稱為:(A)司法解釋;(B)立法解釋;(C)行政解釋;(D)論理解釋。

如下：一、稅款、滯納金、滯報費、利息、滯報金、怠報金及短估金。二、罰鍰及怠金。三、代履行費用。四、其他公法上應給付金錢之義務。」原則上須已成立之公法金錢給付義務逾期不履行，且該金錢給付義務屬行政執行法適用範圍者，始得為行政強制執行；得依行政執行法強制執行之債務，限於義務人依法令或本於法令之處分或法院之裁定，所負有之公法上金錢給付義務。私法之金錢給付義務，以及基於行政契約所成立之公法金錢給付義務，皆不適用行政執行法之行政強制執行。惟法院依法律規定就公法上金錢給付義務為假扣押、假處分之裁定者，則亦得為行政強制執行。行政執行法施行細則第 2 條所稱之代履行費用或怠金，若逾期未繳納者，則可移送行政執行處依公法上金錢給付義務執行[21]。

(一) 空氣污染防制費是特別公課、受益費或規費

釋字第 426 號解釋

「空氣污染防制費收費辦法係主管機關根據空氣污染防制法第 10 條授權訂定，依此徵收之空氣污染防制費，性質上屬於特別公課，與稅捐有別。惟特別公課亦係對義務人課予繳納金錢之負擔，其徵收目的、對象、用途自應以法律定之，如由法律授權以命令訂定者，其授權符合具體明確之標準，亦為憲法之所許，上開法條之授權規定，就空氣污染防制法整體所表明之關聯性意義判斷，尚難謂有欠具體明確。又已開徵部分之費率類別，既由主管機關依預算法之規定，設置單位預算「空氣污染防制基金」加以列明，編入中央政府年度總預算，經立法院審議通過後實施，與憲法尚無違背。」空氣污染防制費性質上屬於──特別公課。

（編按：該釋字於民國 86 年 5 月 9 日所公布，請讀者參照民國 81 年 2 月 1 日公布之舊空氣污染防制法條文）

(二) 金錢給付義務之執行（類型與保全）

行政執行法第 11 條：「義務人依法令或本於法令之行政處分或法院之

---

[21] (D) 代履行費用或怠金，逾期未繳納者，可如何執行？(A)繼續處罰怠金；(B)科處罰鍰；(C)移送法院，加以執行；(D)移送行政執行處依公法上金錢給付義務執行。

裁定，負有公法上金錢給付義務，有下列情形之一，逾期不履行，經主管機關移送者，由行政執行處就義務人之財產執行之：一、其處分文書或裁定書定有履行期間或有法定履行期間者。二、其處分文書或裁定書未定履行期間，經以書面限期催告履行者[22]。三、依法令負有義務，經以書面通知限期履行者（Ⅰ）。法院依法律規定就公法上金錢給付義務為假扣押[23]、假處分之裁定經主管機關移送者，亦同（Ⅱ）。」

(三) 對遺產執行

行政執行法第 15 條規定：「義務人死亡遺有財產者，行政執行處得逕對其遺產強制執行。」

釋字第 621 號解釋：「行政執行法第 15 條規定：『義務人死亡遺有財產者，行政執行處得逕對其遺產強制執行』，係就負有公法上金錢給付義務之人死亡後，行政執行處應如何強制執行，所為之特別規定。罰鍰乃公法上金錢給付義務之一種，罰鍰之處分作成而具執行力後，義務人死亡並遺有財產者，依上開行政執行法第 15 條規定意旨，該基於罰鍰處分所發生之公法上金錢給付義務，得為強制執行，其執行標的限於義務人之遺產。」例如：甲因欠稅被科處罰鍰，氣憤而死，遺有財產，則對甲所欠罰鍰，可依行政執行法第 15 條直接對遺產強制執行。

(四) 對地方政府之強制執行

中央機關對地方機關就公法上金錢給付義務不履行，按行政執行法第 26 條規定：「關於本章之執行，除本法另有規定外，準用強制執行法之規定。」是以中央對地方機關就公法上金錢給付不履行，得準用強制執行

---

[22] (B) 義務人依法令或本於法令之行政處分或法院之裁定，負有公法上金錢給付義務，下列何種情形，不得直接由行政執行處就義務人之財產執行之：(A)其處分文書或裁定書定有履行期間；(B)其處分文書或裁定書未定履行期間，未經以書面限期催告履行者；(C)依法令負有義務，經以書面通知前履行者；(D)其處分文書或裁定書定有法定履行期間者。

[23] (A) 債權人為保全公法上金錢給付之強制執行，得向該管行政法院為何種聲請？(A)假扣押；(B)假處分；(C)假執行；(D)強制執行。

法之規定。

二、命提供擔保、限制住居

行政執行法第 17 條第 1 項:「義務人有下列情形之一者,行政執行處得命其提供相當擔保,限期履行,並得限制其住居:一、顯有履行義務之可能,故不履行。二、顯有逃匿之虞。三、就應供強制執行之財產有隱匿或處分之情事。四、於調查執行標的物時,對於執行人員拒絕陳述。五、經命其報告財產狀況,不為報告或為虛偽之報告。六、經合法通知,無正當理由而不到場[24]。」

三、拘提管收

(一) 釋字第 588 號解釋

1. 管收理由逾越必要程度

「立法機關基於重大之公益目的,藉由限制人民自由之強制措施,以貫徹其法定義務,於符合憲法上比例原則之範圍內,應為憲法之所許。行政執行法關於『管收』處分之規定,係在貫徹公法上金錢給付義務,於法定義務人確有履行之能力而不履行時,拘束其身體所為間接強制其履行之措施,尚非憲法所不許。惟行政執行法第 17 條第 2 項依同條第 1 項規定得聲請法院裁定管收之事由中,除第 1 項第 1、2、3 款規定:『顯有履行義務之可能,故不履行者』、『顯有逃匿之虞』、『就應供強制執行之財產有隱匿或處分之情事者』,難謂其已逾必要之程度外,其餘同項第 4、5、6 款事由:『於調查執行標的物時,對於執行人員拒絕陳述者』、『經命其報告財產狀況,不為報告或為虛偽之報告者』、『經合法通知,無正當理由而不到場者』,顯已逾越必要程度[25],與憲法第 23 條規定之意旨不能謂無

---

[24] (C) 下列何者不屬於執行機關得限制義務人居住之原因?(A)義務人顯有逃匿之虞;(B)義務人顯有履行義務之可能,故不履行者;(C)義務人故意增加債務者;(D)經合法通知,無正當理由而不到場者。

[25] (B) 下列何種關於行政執行法上管收之要件,經大法官解釋已逾越憲法第 23 條之必要程度?(A)顯然有逃匿之虞者;(B)經合法通知,無正當理由而不到場者;

違背。」

（編按：該釋字於民國 94 年 1 月 28 日公布，請讀者參照民國 87 年 10 月 22 日所公布之舊行政執行法條文）

2. 拘提理由逾越必要程度（續釋字第 588 號解釋）

「行政執行法第 17 條第 2 項依同條第 1 項得聲請拘提之各款事由中，除第 1 項第 2 款、第 6 款：『顯有逃匿之虞』、『經合法通知，無正當理由而不到場』之情形，可認其確係符合比例原則之必要條件外，其餘同項第 1 款、第 3 款、第 4 款、第 5 款：『顯有履行義務之可能，故不履行者』、『就應供強制執行之財產有隱匿或處分之情事者』、『於調查執行標的物時，對於執行人員拒絕陳述者』、『經命其報告財產狀況，不為報告或為虛偽之報告者』規定，顯已逾越必要程度，與前揭憲法第 23 條規定意旨亦有未符。」

3. 管收算是限制人身自由（續釋字第 588 號解釋）

「人身自由乃人民行使其憲法上各項自由權利所不可或缺之前提，憲法第 8 條第 1 項規定所稱『法定程序』，係指凡限制人民身體自由之處置，不問其是否屬於刑事被告之身分，除須有法律之依據外，尚須分別踐行必要之司法程序或其他正當法律程序，始得為之。此項程序固屬憲法保留之範疇，縱係立法機關亦不得制定法律而遽予剝奪；惟刑事被告與非刑事被告之人身自由限制，畢竟有其本質上之差異，是其必須踐行之司法程序或其他正當法律程序，自非均須同一不可。」

4. 管收應即時處理（續釋字第 588 號解釋）

「管收係於一定期間內拘束人民身體自由於一定之處所，亦屬憲法第 8 條第 1 項所規定之『拘禁』，其於決定管收之前，自應踐行必要之程序、即由中立、公正第三者之法院審問，並使法定義務人到場為程序之參與，除藉之以明管收之是否合乎法定要件暨有無管收之必要外，並使法定義務人得有防禦之機會，提出有利之相關抗辯以供法院調查，期以實現憲法對人身自由之保障。行政執行法關於管收之裁定，依同法第 17 條第 3

(C)就應供強制執行之財產有隱匿或處分之情事者；(D)顯有履行義務之可能，故不履行者。

項，法院對於管收之聲請應於五日內為之，亦即可於管收聲請後，不予即時審問，其於人權之保障顯有未週，該『五日內』裁定之規定難謂周全，應由有關機關檢討修正。」

5. 應先拘提到案，審問後才能管收（續釋字第 588 號解釋）

「又行政執行法第 17 條第 2 項：『義務人逾前項限期仍不履行，亦不提供擔保者，行政執行處得聲請該管法院裁定拘提管收之』、第 19 條第 1 項：『法院為拘提管收之裁定後，應將拘票及管收票交由行政執行處派執行員執行拘提並將被管收人逕送管收所』之規定，其於行政執行處合併為拘提且管收之聲請，法院亦為拘提管收之裁定時，該被裁定拘提管收之義務人既尚未拘提到場，自不可能踐行審問程序，乃法院竟得為管收之裁定，尤有違於前述正當法律程序之要求。另依行政執行法第 17 條第 2 項及同條第 1 項第 6 款：『經合法通知，無正當理由而不到場』之規定聲請管收者，該義務人既猶未到場，法院自亦不可能踐行審問程序，乃竟得為管收之裁定，亦有悖於前述正當法律程序之憲法意旨。」

6. 行政執行不必由警察（續釋字第 588 號解釋）

「憲法第 8 條第 1 項所稱『非經司法或警察機關依法定程序，不得逮捕、拘禁』之『警察機關』，並非僅指組織法上之形式『警察』之意，凡法律規定，以維持社會秩序或增進公共利益為目的，賦予其機關或人員得使用干預、取締之手段者均屬之，是以行政執行法第 19 條第 1 項關於拘提、管收交由行政執行處派執行員執行之規定，核與憲法前開規定之意旨尚無違背。」

(二) 拘提

行政執行法第 17 條：「……義務人經行政執行處依第一項規定命其提供相當擔保，限期履行，屆期不履行亦未提供相當擔保，有下列情形之一，而有強制其到場之必要者，行政執行處得聲請法院裁定拘提[26]之：

---

[26] (A) 義務人經行政執行處依規定命其提供相當擔保，限期履行，屆期不履行亦未提供相當擔保，有顯有逃匿之虞或經合法通知，無正當理由而不到場，而有強制其到場之必要者，行政執行處得聲請法院：(A)拘提；(B)羈押；(C)逮捕；(D)拘禁。

一、顯有逃匿之虞。二、經合法通知，無正當理由而不到場（III）。法院對於前項聲請，應於五日內裁定，其情況急迫者，應即時裁定（IV）。義務人經拘提到場，行政執行官應即訊問其人有無錯誤，並應命義務人據實報告其財產狀況或為其他必要調查（V）。……」

(三) 法院裁定管收

行政執行法第 17 條：「……行政執行官訊問義務人後，認有下列各款情形之一，而有管收必要者，行政執行處應自拘提時起二十四小時內，聲請法院裁定管收之[27]：一、顯有履行義務之可能，故不履行。二、顯有逃匿之虞。三、就應供強制執行之財產有隱匿或處分之情事。四、已發見之義務人財產不足清償其所負義務，於審酌義務人整體收入、財產狀況及工作能力，認有履行義務之可能，別無其他執行方法，而拒絕報告其財產狀況或為虛偽之報告（VI）。義務人經通知或自行到場，經行政執行官訊問後，認有前項各款情形之一，而有聲請管收必要者，行政執行處得將義務人暫予留置；其訊問及暫予留置時間合計不得逾二十四小時（VII）[28]。……」

(四) 管收的限制

行政執行法第 19 條第 4 項關於管收的期間限制規定，管收期限不得逾三個月。有管收新原因發生或停止管收原因消滅時，於義務人仍得聲請該管地方法院裁定再行管收。但以一次為限。

(五) 管收之禁止或停止

行政執行法第 21 條，義務人或其他依法得管收之人有下列情形之一

---

[27] (D) 依行政執行法之規定，義務人或其他依法得管收之人因一定事由不得管收，不包含下列何者：(A)因管收而其一家生計有難以維持之虞者；(B)懷胎五月以上或生產後二月未滿者；(C)現罹疾病，恐因管收而不能治療者；(D)尚未成年。

[28] (B) 義務人經通知或自行到場，經行政執行官訊問後，而有聲請管收必要者，行政執行處得將義務人暫予留置；其訊問及暫予留置時間合計不得逾：(A)12 小時；(B)24 小時；(C)36 小時；(D)48 小時。

者[29]，不得管收；其情形發生於管收後者，行政執行處應以書面通知管收所停止管收：

1. 因管收一家生計有難以維持之虞。
2. 懷胎五月以上或生產後二月未滿[30]。
3. 現罹疾病，恐因管收而不能治療。

(六) 管收的終止（被拘提或管收之人的釋放）

行政執行法第 22 條，有下列情形之一者，行政執行處應即以書面通知管收所釋放被管收人：

1. 義務已全部履行或執行完畢。
2. 行政處分或裁定經撤銷或變更確定致不得繼續執行[31]。
3. 管收期限屆滿。
4. 義務人就義務之履行已提供確實之擔保。

(七) 拘提、管收之抗告

行政執行法第 17 條：「……拘提、管收之聲請，應向行政執行處所在地之地方法院為之（VIII）。法院受理管收之聲請後，應即訊問義務人並為裁定，必要時得通知行政執行處指派執行人員到場為一定之陳述或補正（IX）。行政執行處或義務人不服法院關於拘提、管收之裁定者，得於十日內提起抗告[32]；其程序準用民事訴訟法有關抗告程序之規定（X）。抗

---

[29] (C) 下列情形何者不屬於義務人或其他依法得管收之人不得管收之事由：(A)懷胎五月以上或生產後二月未滿；(B)現罹疾病，恐因管收而不能治療；(C)因管收情緒狀況極不穩定者；(D)因管收一家生計有難以維持之虞。

[30] (A) 依行政執行法第 21 條規定，對懷胎幾月之義務人得予管收？(A)四月；(B)五月；(C)六月；(D)七月。

[31] (A) 下列何種情形，行政執行處即以書面通知管收所釋放被管收人？(A)行政處分或裁定經撤銷或變更確定致不得繼續執行者；(B)義務一部履行或執行完畢者；(C)管收期間尚未屆滿者；(D)義務人就義務之履行以提供部分之擔保者。

[32] (C) 下列關於拘提、管收聲請與裁定之敘述，何者正確？(A)拘提、管收之聲請，應向行政執行處所在地之高等行政法院為之；(B)義務人經通知或自行到場，經行政執行官訊問後，認有法定管收原因，且有聲請管收之必要者，行政執行

告不停止拘提或管收之執行。但准拘提或管收之原裁定經抗告法院裁定廢棄者，其執行應即停止，並將被拘提或管收人釋放（XI）。拘提、管收，除本法另有規定外，準用強制執行法、管收條例及刑事訴訟法有關訊問、拘提、羈押之規定（XII）。」

四、奢侈行為之禁止

行政執行法第 17 條之 1 第 1 項：「義務人為自然人，其滯欠合計達一定金額，已發現之財產不足清償其所負義務，且生活逾越一般人通常程度者，行政執行處得依職權或利害關係人之申請對其核發下列各款之禁止命令，並通知應予配合之第三人：一、禁止購買、租賃或使用一定金額以上之商品或服務。二、禁止搭乘特定之交通工具。三、禁止為特定之投資。四、禁止進入特定之高消費場所消費。五、禁止贈與或借貸他人一定金額以上之財物。六、禁止每月生活費用超過一定金額。七、其他必要之禁止命令。」

若違反上述奢侈行為禁止命令，行政執行法第 17 條之 1 第 6 項：「義務人無正當理由違反第一項之禁止命令者，行政執行處得限期命其清償適當之金額，或命其報告一定期間之財產狀況、收入及資金運用情形；義務人不為清償、不為報告或為虛偽之報告者，視為其顯有履行義務之可能而故不履行，行政執行處得依前條規定處理。」亦即包括使用拘提、管收等手段。

第四節　行為或不行為義務之強制

一、強制之前提

以行政強制手段貫徹公法上之義務，除有急迫之情形，得直接依據

處得將義務人暫予留置；暫予留置之時間不得逾二十四小時；(C)行政執行處不服法院關於拘提、管收之裁定者，得於十日內起抗告；(D)對於拘提、管收之裁定提起抗告時，原則上應停止拘提或管收之執行。

法令外，應以行政處分作為過渡（以法院裁定或行政契約情形較少），以之將義務人之義務內容，予以具體的確定，再據以執行，乃不致影響人民之權益過鉅。

行政執行法第 27 條：「依法令或本於法令之行政處分，負有行為或不行為義務，經於處分書或另以書面限定相當期間履行，逾期仍不履行者，由執行機關依間接強制或直接強制方法執行之（I）。前項文書，應載明不依限履行時將予強制執行之意旨（II）。」行政執行法第 33 條：「關於物之交付義務之強制執行，依本章之規定。」亦即在行政執行法中，有關物之交付義務的強制執行，應依有關行為或不行為義務之執行規定辦理[33]。

執行方法分為間接強制與直接強制兩種。所謂間接強制，根據行政執行法第 28 條第 1 項：「前條所稱之間接強制方法[34]如下：一、代履行[35][36]。二、怠金[37]。」

二、代履行

代履行的意思，就是義務人不肯履行義務時，行政機關替他代為應為的行為，或命第三人代為，而向他徵收費用的手段。

---

[33] (C) 在行政執行法中，有關物之交付義務的強制執行，應依何種方式辦理？(A)依有關即時強制之規定辦理；(B)依有關公法上金錢給付義務之執行規定辦理；(C)依有關行為或不行為義務之執行規定辦理；(D)在現行行政執行法中，就此尚未設有明文規定。

[34] (D) 下列何者非屬於行政執行中之強制方法？(A)怠金；(B)代履行；(C)收繳、註銷證照；(D)沒收。

[35] (D) 下列何者非屬行政執行之直接強制方法？(A)扣留、收取交付、解除占有、處置、使用或限制使用動產、不動產；(B)進入、封閉、拆除住宅、建築物或其他處所；(C)收繳、註銷證照；(D)代履行。

[36] (B) 下列何者為行政執行中之間接強制方法？(A)扣留動產；(B)代履行；(C)收繳證照；(D)斷絕水電能源。

[37] (C) 關於「怠金」之敘述，下列何者正確？(A)怠金不得重複處罰；(B)怠金為刑罰之一種；(C)怠金為行政強制執行方法之一，屬間接強制處分；(D)是民事強制執行之一種手段。

行政執行法第 29 條：「依法令或本於法令之行政處分，負有行為義務而不為，其行為能由他人代為履行者，執行機關得委託第三人或指定人員代履行之（I）[38][39]。前項代履行之費用，由執行機關估計其數額，命義務人繳納[40]；其繳納數額與實支不一致時，退還其餘額或追繳其差額（II）。」例如公職候選人張三之競選旗幟，於投票日七日後，經主管機關依法以書面通知限期拆除，張三逾期仍未拆除，主管機關乃委由民間公司代為拆除，此即為行政執行法上之代履行[41]。

三、怠金

(一) 怠金

怠金，也稱為執行罰，是以強制公法上義務的履行為目的，屬於間接強制處分。對於人民不履行義務時，而且無法由行政機關或第三人代為履行，這時只好科以一定罰款的告誡，來敦促其實現義務。所以怠金只施於無代替性的義務，例如：種痘的義務、健康診斷的義務、受行政機關召喚的義務[42]等是。再者，對於怠金、罰鍰與罰金之間的不同；怠金為間接強制之方法、罰鍰為行政秩序罰、罰金為行政刑罰或刑事罰，此外，要課怠金之前，必須先以書面告誡，而且課處之後若還是不肯履行，可以連續

---

[38] (A) 下列關於行為、不行為義務執行之敘述，何者正確？(A)代履行應由執行機關委託執行機關以外之第三人為之；(B)違反不行為之義務者應處以管收；(C)怠金不得連續科處；(D)科處怠金之最高限額為新台幣三十萬元。

[39] (B) 行政機關，對於負有作為義務而不履行其義務時，由行政機關本身或命第三人代為其行為，而向義務人徵收所需費用之執行手段，稱之為：(A)罰鍰；(B)代履行；(C)行政罰；(D)懲戒罰。

[40] (A) 依行政執行法之規定，有關代履行之費用，由何者繳納？(A)義務人；(B)執行機關；(C)執行機關之上級機關；(D)行政法院。

[41] (B) 公職候選人甲之競選旗幟，於投票日七日後，經主管機關依法以書面通知限期拆除，甲逾期仍未拆除，主管機關乃委由民間公司代為拆除，此為行政執行法上之何種執行方法？(A)直接強制；(B)代履行；(C)即時強制；(D)收取交付。

[42] (B) 人民違反接受調查為說明之作為義務，應先以下列何種手段強制執行？(A)直接強制；(B)科處怠金；(C)代履行；(D)即時強制。

處罰，而怠金之處罰係以義務不履行為前提之強制，以促其履行；而罰鍰或罰金則是對於過去或現在違反法律上義務之處罰[43]。

行政執行法第 30 條：「依法令或本於法令之行政處分，負有行為義務而不為，其行為不能由他人代為履行者[44][45][46]，依其情節輕重處新臺幣五千元以上三十萬元以下怠金（Ⅰ）[47]。依法令或本於法令之行政處分，負有不行為義務而為之者，亦同（Ⅱ）。」

(二) 連續處以怠金[48]

行政執行法第 31 條：「經依前條規定處以怠金，仍不履行其義務者，執行機關得連續處以怠金（Ⅰ）[49]。依前項規定，連續處以怠金前，

---

[43] (D) 下列對於怠金、罰鍰與罰金之敘述，何者正確？(A)怠金為間接強制之方法、罰鍰為行政秩序罰、罰金為行政刑罰或刑事罰；(B)怠金科處後仍不履行其義務者，得連續處以怠金；(C)怠金之處罰係以義務不履行為前提之強制，以促其履行；而罰鍰或罰金則是對於過去或現在違反法律上義務之處罰；(D)以上皆是。

[44] (C) 下列何項為依法令負有行為義務而不為，非行政機關或第三人所能代履行者，經告戒之後可重複科處一定金額之處罰？(A)罰鍰；(B)罰金；(C)怠金；(D)代金。

[45] (D) 不可代替行為及不行為義務之行政執行方法為：(A)對義務人之財產查封；(B)對義務人拘提管收；(C)代履行；(D)怠金。

[46] (B) 行政執行法規定，依法令或本於法令之行政處分，負有行為義務而不為，其行為不能由他人代為履行者，應如何處理？(A)處以罰鍰；(B)處以怠金；(C)予以金錢補償；(D)予以即時強制。

[47] (B) 依法令或本於法令之行政處分，負有行為義務而不為，其行為不能由他人代為履行者，依其情節輕重處：(A)新台幣五千元以上三十萬元以下罰鍰；(B)新台幣五千元以上三十萬元以下怠金；(C)新台幣五千元以上十萬元以下罰鍰；(D)新台幣五千元以上十萬元以下怠金。

[48] (D) 下列對於怠金之敘述，何者有誤？(A)怠金，又被稱為強制金；(B)負有不可替代之行為義務而不為者，得處以怠金；(C)負有不行為義務而為之行為者，得處以怠金；(D)怠金逾期未繳納者，續處以怠金促其繳納。

[49] (A) 行政執行法中「怠金」對不履行義務之人民，可否重複科處？(A)可以；(B)不可以；(C)依不履行之情況而定；(D)依義務之內容而定。

仍應依第二十七條之規定以書面限期履行。但法律另有特別規定者，不在
此限（II）。」依行政執行法第 30 條規定處以怠金，仍不履行其義務，執
行機關得連續處以怠金，已如前述，惟怠金逾期未繳納者，應移送行政執
行處依本法第二章（即公法上金錢給付義務之執行）之規定執行之，而不
能連續再處以怠金以促其繳納。

(三) 準用金錢給付義務之執行

行政執行法第 34 條：「代履行費用或怠金，逾期未繳納者，移送行
政執行處依第二章之規定執行之[50]。」

第五節　直接強制

當依法規規定或行政處分，命人民為某種義務，義務人不肯履行其
義務時，無法經由代履行或帶經達成執行目的，或因情況急迫，如果不及
時執行，顯難達成執行目的時，執行機關可以自己著手實現該義務，這就
稱為「直接強制」。例如：有物堵塞水路妨礙航行，航政機關命其所有人
將該物移置，於其不為移置時，若使航政機關不將該物移置，而將它爆炸
粉碎時，則為直接強制[51]。

(一) 直接強制之要件

行政執行法第 32 條：「經間接強制不能達成執行目的，或因情況急

---

[50] (B) 依行政執行法第 34 條規定，代履行費用或怠金，逾期未繳納者，應如何處
理？(A)立即限制出境；(B)移送行政執行處依第二章（公法上金錢給付義務之
執行）之規定執行之；(C)公告姓名；(D)由原行政機關依第四章（即時強制）
之規定執行之。

[51] (D) 以下何者屬直接強制？(A)有物堵塞水路妨礙航行，航政機關命其所有人將該
物移置，於其不為移置時，若使航政機關不將該物移置，而將它爆炸粉碎；
(B)甲之 KTV 遭勒令停業處分，經主管機關限期命其停業，並多次處以怠金，
甲均置之不理，照常營業，主管機關乃依行政執行法斷絕其營業必需之水電；
(C)警察對於不遵解散命令之群眾，採取噴水強制驅離之措施；(D)以上皆是。

迫，如不及時執行，顯難達成執行目的時，執行機關得依直接強制方法[52]執行之。」例如警察對於不遵解散命令之群眾，採取噴水強制驅離之措施，其法律性質即屬直接強制[53]。

(二) 直接強制方法

行政執行法第 28 條所稱之直接強制方法[54]如下：1.扣留、收取交付、解除占有、處置、使用或限制使用動產、不動產；2.進入、封閉、拆除住宅、建築物或其他處所；3.收繳、註銷證照；4.斷絕營業所必須之自來水、電力或其他能源[55]；5.其他以實力直接實現與履行義務同一內容狀態之方法。例如李四之 KTV 遭勒令停業處分，經主管機關限期命其停業，並多次處以怠金，李四均置之不理，照常營業，主管機關乃依行政執行法斷絕其營業必需之水電，此種斷水斷電措施即屬直接強制之行政執行方法[56]。

---

[52] (C) 經間接強制不能達成執行目的，或因情況急迫，如不及時執行，顯難達成執行目的時，執行機關得以何種方式為之：(A)即時強制；(B)緊急處分；(C)直接強制；(D)暫時處分。

[53] (A) 警察對於不遵解散命令之群眾，採取噴水強制驅離之措施，其法律性質為何？(A)直接強制；(B)間接強制；(C)代履行；(D)行政處分。

[54] (A) 下列何者不屬於行政執行之即時或直接強制之方法？(A)留置；(B)管束；(C)扣留；(D)斷水斷電。

[55] (A) 依行政執行法第 28 條之規定，斷絕營業所必需之自來水、電力或其他能源，是屬於何種行政執行方法？(A)直接強制；(B)間接強制；(C)即時強制；(D)公法上金錢給付義務之執行。

[56] (B) 甲之 KTV 遭勒令停業處分，經主管機關限期命其停業，並多次處以怠金，甲均置之不理，照常營業，主管機關乃依行政執行法斷絕其營業必需之水電。此種斷水斷電措施屬於何種行政執行方法？(A)間接強制；(B)直接強制；(C)代履行；(D)即時強制。

第六節　即時強制

　　行政機關在有當前緊急危害。不能等待行政處分作成[57]，再依一般程序予以執行之情形，立即在法定職權範圍內，該管行政機關[58]依法律規定採取必要之措施，則為所謂之「即時強制」。是以，據上所述，即時強制原則上不以有履行義務行政處分之存在為前提。行政執行法第 36 條第 1 項規定：「行政機關為阻止犯罪、危害之發生或避免急迫危險，而有即時處置之必要時，得為即時強制。」即時強制為一種簡化之緊急措施。

一、即時強制之要件與方法

　　行政執行法第 36 條：「行政機關為阻止犯罪、危害之發生或避免急迫危險，而有即時處置之必要時，得為即時強制（I）[59]。即時強制方法如下：一、對於人之管束[60]。二、對於物之扣留、使用、處置或限制其使用。三、對於住宅、建築物或其他處所之進入。四、其他依法定職權所為之必要處置（II）。」例如對於意圖自殺者之管束、為撲滅火災之必要摺倒房屋、對於軍器或凶器之扣留[61]、警察追捕槍擊要犯，情況緊急，故未持有搜索票即對私人住宅破門而入[62]、新北市政府環保人員執行環保稽查

---

[57] (D) 下列何種強制行為，原則上不以有履行義務行政處分之存在為前提？(A)直接強制；(B)代履行；(C)怠金；(D)即時強制。

[58] (A) 行政執行法上之即時強制，應由哪一機關實施？(A)該管行政機關；(B)高等行政法院；(C)檢察官；(D)法務部行政執行署所屬行政執行處。

[59] (C) 依行政執行法規定，行政機關為阻止犯罪、危害之發生或避免急迫危險，而有即時處置之必要時，得為：(A)即時避難；(B)即時命令；(C)即時強制；(D)即時防衛。

[60] (C) 依行政執行法之規定，對於人之管束，為何種強制執行方法？(A)直接強制；(B)間接強制；(C)即時強制；(D)假處分。

[61] (B) 下列何者非屬於即時強制？(A)對於意圖自殺者之管束；(B)為執行勒令歇業而對受處分之酒家斷水斷電；(C)為撲滅火災之必要摺倒房屋；(D)對於軍器或凶器之扣留。

[62] (D) 警察追捕槍擊要犯，情況緊急，故未持有搜索票即對私人住宅破門而入，此一

時，發現業者正進行排放污染物質之行為，依法所採之即時制止行為[63]等均屬即時強制；惟警察對於已發生危害或依客觀合理判斷易生危害之交通工具，得予以攔停，並檢查駕駛人或乘客之身體及攜帶之物[64]，又行政機關課予行為人義務，行為人逾期不履行[65]或處以怠金[66]、對於動產之拍賣[67]、留置[68]等等則非即時強制之適例。

二、對於人之管束

行政執行法第 37 條：「對於人之管束，以合於下列情形之一者為限：一、瘋狂或酗酒泥醉[69]，非管束[70]不能救護其生命、身體之危險，及

行為之性質為何？(A)間接強制；(B)直接強制；(C)行政處分；(D)即時強制。

[63] (D) 新北市政府環保人員執行環保稽查時，發現業者正進行排放污染物質之行為，依法得採下列何項措施？(A)聲請法院裁定假處分；(B)聲請法院假扣押；(C)移送行政執行；(D)即時制止行為。

[64] (C) 下列何者非警察職權行使法第 8 條所規定，警察對於已發生危害或依客觀合理判斷易生危害之交通工具，得予以攔停，並採行之措施？(A)要求駕駛人或乘客出示相關證件或查證其身分；(B)檢查引擎、車身號碼或其他足資識別之特徵；(C)檢查駕駛人或乘客之身體及攜帶之物；(D)要求駕駛人接受酒精濃度測試之檢定。

[65] (A) 下列何者非為警察即時強制之特徵？(A)行政機關課予行為人義務，行為人逾期不履行；(B)為排除目前急迫之危害，時間上來不及課予義務；(C)性質上雖課予義務亦難達成目的；(D)毋須經預為告知之程序。

[66] (C) 即時強制之方法，下列何者錯誤？(A)對於人之管束；(B)對於物之扣留；(C)處以怠金；(D)對於處所之進入。

[67] (D) 下列何者非即時強制之方法？(A)對人之管收；(B)對於物之扣留；(C)對於建築物之進入；(D)對於動產之拍賣。

[68] (A) 下列何者不屬於行政執行之即時或直接強制之方法？(A)留置；(B)管束；(C)扣留；(D)斷水斷電。

[69] (A) 警察路檢，攔下異狀車輛，發現駕駛已泥醉，乃對其加以管束，此行為性質為何？(A)即時強制；(B)間接強制；(C)直接強制；(D)行政處分。

[70] (D) 對於瘋狂或酗酒泥醉，非限制其人身自由不能救護其生命、身體之危險，及預防他人生命、身體之危險者，行政機關可加以：(A)管收；(B)逮捕；(C)拘

預防他人生命、身體之危險者。二、意圖自殺[71][72]，非管束不能救護其生命者。三、暴行或鬥毆，非管束不能預防其傷害者。四、其他認為必須救護或有害公共安全之虞，非管束不能救護或不能預防危害者（I）。前項管束，不得逾二十四小時（II）[73][74]。」附帶一提，對於人之管束並不包含對於人的羈押，因此對人的羈押並不屬即時強制之範疇[75]。

三、物之扣留

行政執行法第 38 條：「軍器、凶器及其他危險物[76][77]，為預防危害之必要，得扣留之（I）。扣留之物，除依法應沒收、沒入、毀棄或應變價發還者外，其扣留期間不得逾三十日[78]。但扣留之原因未消失時，得延長

禁；(D)管束。

[71] (C) 行政執行法規定，對有意圖自殺，非管束不能救護其生命者，所實施對於人之管束，係何種行政執行方法？(A)直接強制；(B)間接強制；(C)即時強制；(D)假扣押。

[72] (C) 員警對於意圖跳樓自殺，用盡各種方法都無法令其改變心意之人，不得已時得採取下列哪種方法以救護生命？(A)逮捕；(B)拘提；(C)管束；(D)管收。

[73] (A) 對於人之管束，最長不得超過：(A)24 小時；(B)36 小時；(C)48 小時；(D)72 小時。

[74] (D) 依行政執行法規定對人之管束，其期限不得超過：(A)六小時；(B)十二小時；(C)十八小時；(D)二十四小時。

[75] (B) 下列何者不屬於「即時強制」？(A)對於人之管束；(B)對於人的羈押；(C)對於物之扣留、使用、處置或限制其使用；(D)對於住宅、建築物或其他處所之進入。

[76] (A) 行政執行法第 38 條有關對物之扣留之規定，下列敘述何者正確？(A)扣留之對象包括軍器、凶器、及其他危險物品；(B)扣留期間不得逾二十日；(C)延長扣留期間不得逾一個月；(D)扣留之物無扣留之必要者，沒入國庫。

[77] (B) 下列何者係即時強制方法？(A)註銷證照；(B)扣留危險物；(C)代履行；(D)課徵強制金。

[78] (D) 依據行政執行法第 38 條規定，扣留之物，除依法應沒收、沒入、毀棄或應變價發還者外，其扣留期間最長不得逾幾日？(A)3 日；(B)10 日；(C)20 日；(D)30 日。

之，延長期間不得逾兩個月（II）[79][80]。扣留之物無繼續扣留必要者，應即發還；於一年內無人領取或無法發還者，其所有權歸屬國庫[81]；其應變價發還者，亦同（III）。」

四、直接強制與即時強制之區別

實施直接強制時，執行機關固然以實力加諸義務人其人或其物。惟在實施即時強制時，執行機關有時亦以實力加諸義務人或人或其物，亦即以直接強制為其實質內容，但程序較簡潔。「直接強制」以義務人原有義務存在而不履行為要件。直接強制與間接強制（代履行及怠金）同等併列，由執行機關依情況之緩急及目的之能否達成，選擇適用。直接強制亦須經告戒之程序。反之，在「即時強制」，亦稱「直接實行」，相對人原無義務存在，行政機關所以採取實力干涉，非在於強制其履行原有之義務，而在於排除急迫之危害。

五、物之處分、使用、限制

行政執行法第 39 條：「遇有天災、事變或交通上、衛生上或公共安全上有危害情形，非使用或處置其土地、住宅、建築物、物品或限制其使用，不能達防護之目的時，得使用、處置或限制其使用。」例如消防隊為防止火勢蔓燒，乃對尚未延燒之鄰屋予以部分拆除，以形成防火巷；此行為即屬於即時強制[82]。

---

[79] (D) 關於行政執行法中對於物的「扣留」期間，下列何者正確？(A)扣留期間不得逾十日；(B)扣留期間屆滿，即不得延長；(C)扣留之原因未消失時，得延長之，延長期間不得逾一個月；(D)扣留期間不得逾三十日，但扣留之原因未消失時，得延長兩個月。

[80] (D) 軍器、凶器及其他危險物，為預防危害之必要得予以扣留，扣留期間至長為多久？(A)十日；(B)二十日；(C)三十日；(D)六十日。

[81] (A) 扣留之物無繼續扣留必要者，於一年內無人領取或無法發還者：(A)所有權歸屬國庫；(B)所有權歸屬法院；(C)所有權歸屬沒收機關；(D)所有權歸屬行政執行處。

[82] (C) 消防隊為防止火勢蔓燒，乃對尚未延燒之鄰屋予以部分拆除，以形成防火巷；此

六、對於住宅、建築物或其他處所之進入

行政執行法第 40 條:「對於住宅、建築物或其他處所之進入,以人民之生命、身體、財產有迫切之危害,非進入不能救護者為限。」例如警察追捕槍擊要犯,該槍擊要犯躲入民宅,情況緊急,該住戶一家人之生命、身體、財產有迫切之危害,非進入不能救護,雖未持有搜索票即對私人住宅破門而入[83]。

七、即時強制的損失補償

行政執行法第 41 條:「人民因執行機關依法實施即時強制,致其生命、身體或財產遭受特別損失時,得請求補償[84][85]。但因可歸責於該人民之事由者,不在此限（I）。前項損失補償,應以金錢為之[86][87],並以補償實際所受之特別損失為限（II）。對於執行機關所為損失補償之決定不服者,得依法提起訴願及行政訴訟（III）[88]。損失補償,應於知有損失後,

---

行為屬於何種性質?(A)直接強制;(B)間接強制;(C)即時強制;(D)行政處分。

[83] (D) 警察追捕槍擊要犯,情況緊急,故未持有搜索票即對私人住宅破門而入,此一行為之性質為何?(A)間接強制;(B)直接強制;(C)行政處分;(D)即時強制。

[84] (B) 依行政執行法之規定,人民因執行機關依法實施即時強制,致其生命、身體或財產遭受特別損失時,得如何救濟?(A)請求賠償;(B)請求補償;(C)聲明異議;(D)請求回復原狀。

[85] (B) 人民因執行機關依法實施即時強制,致其生命、身體或財產遭受特別的損失時,得請求何種救濟?(A)賠償;(B)補償;(C)回復原狀;(D)由行政機關決定。

[86] (B) 因即時強制遭受特別損失之補償方法為何?(A)回復原狀;(B)以金錢補償;(C)回復原狀與金錢補償併用;(D)以為履行其他義務。

[87] (B) 依行政執行法第 41 條之規定,因即時強制而遭受特別損失之補償方法為何?(A)回復原狀;(B)金錢補償;(C)金錢補償與回復原狀擇一使用;(D)金錢補償與回復原狀併用。

[88] (B) 關於行政執行,下列何者不正確?(A)因執行機關行為致生損失補償情況時,應以金錢為之,並以補償實際所受之特別損失為限;(B)對於執行機關所為損失補償之決定不服者,只能提起訴願,不得提起行政訴訟;(C)損失補償,應於知有損失後,二年內向執行機關請求之;(D)損失補償,自損失發生後,經

二年內向執行機關請求之。但自損失發生後，經過五年[89]者，不得為之（Ⅳ）。」人民因執行機關依法實施之即時強制手段，而致其生命、身體或財產遭受特別損失時，得請求補償，例如消防隊於救火時，依其專業判斷，預先拆除未燃燒之房舍，以避免火勢之蔓延，屋主因此所受之特別損失，得請求損失補償，為其適例[90]。

 作者小叮嚀

　　本章學習必須熟讀行政執行法，也必須仔細區分各種行政執行之類型與差異。命題焦點在於行政執行的一般原則與程序規定、公法上金錢給付義務的執行、拘提管收的要件、行為或不行為義務的執行、直接強制和間接強制、怠金與代履行的概念、即時強制的類型等。

過五年者，不得為之。

[89] (D) 行政執行自處分、裁定確定之日起，幾年內未經執行者不得再執行？(A)二年；(B)三年；(D)四年；(D)五年。

[90] (D) 消防隊於救火時，依其專業判斷，預先拆除未燃燒之房舍，以避免火勢之蔓延，屋主因此所受之特別損失，得請求補償。此種補償之性質為：(A)國家賠償；(B)損害賠償；(C)人道補償；(D)損失補償。

第十六章　行政救濟概說與訴願概說

 **本章學習重點**

1. 行政救濟概念。	4. 提起訴願的時間與程序。
2. 各種救濟管道。	5. 訴願決定類型。
3. 訴願程序原則。	

　　行政機關違反各種行政法規而為行政行為時，不但它的上級機關可以將它撤銷變更，監察機關可以對相關公務員提出彈劾，人民也可以其違法為理由，向行政機關提起訴願，或向行政法院提起行政訴訟，請求撤銷變更。

第一節　行政救濟之基本概念

一、行政救濟之意義

　　行政救濟又稱「行政爭訟」，包括訴願及行政訴訟兩種程序。乃指一般人民因行政機關的違法不當行為，致其權利或利益受有損害時，依法請求國家予以救濟的方法或制度。

二、公權利與反射利益

(一) 人民之公權利

　　權利是否屬於公權利，關係到其效果、紛爭時之管轄權與審判權、判斷的實體與程序準據，甚至形成公權利之原因或方式方面，皆有關鍵性影響。經由法規之解釋，對行政主體課予義務之法規，其目的在於（至少在於）保護及承認特定個人之利益，即存在人民之公權利。

1. 公權利之要件

公權利係由公法授與一法律主體，使其得為達成自己之利益，而要求他人為特定行為之法律上力量，故須具備下列要件方成立人民對公行政之公權利：

(1) 須有使公行政負有作成特定行為義務之法規範

須以法律或法律授權之法規命令，始得對人民授與公權利及使之負相對之義務，行政規則不得設定人民之公權利。但配合憲法之平等原則，可透過行政自我拘束原則，產生人民之同等待遇請求權。

(2) 該法規範須在於達成個別人民之利益

因法律之執行而獲有利益，僅為反射利益，故人民並無「一般之法律執行請求權」。除考慮法律之規定外，亦須注意憲法對人民基本權利之保障。

(3) 須授與當事人貫徹其利益之法律力量

2. 人民公權利之分類

人民之公權利可分為三類（依權利之作用區分）：

(1) 請求權：要求特定相對人為一定行為（作為、不作為或容忍）之權利。例如，退稅之請求，公務員薪資請求，社會保險之給付請求。

(2) 形成權：直接對法律狀況產生影響，使法律關係發生、變更或消滅的權利。例如締結行政契約之人民撤銷行政契約，使權利義務消滅，或行使選舉權，公共團體之加入或退出。

(3) 支配權：在法律上限制內，得支配特定客體（物、人、智慧財產），對其產生影響以及排除妨礙之權利。例如，憲法上之基本權利、所有權。

(二) 反射利益

1. 意義

特定行政法規所設定之行政義務，如僅在於達成公共利益，個別人民雖因之間接獲得利益，則此一利益，稱之為「反射利益」。行政法規如僅為公共利益，設定行政主體之行為義務，人民因而獲有利益者，係反射

利益。因其利益並非法律之目的所在，或僅偶然發生者，則為反射利益。

2. 實例

下列情形，我國行政法院認為是反射利益，而非人民之公權利，人民不得提起行政爭訟。

(1) 公用道路之利用通行（行政法院 53 年裁字第 39 號）。

(2) 對於商標法審定商標，一般消費大眾或個人所受之利益（行政法院 79 年判字第 1083 號判決）。

(3) 政府賑災救濟，人民受救濟之利益（行政法院 57 年判字第 10 號）。

(三) 公權利與反射利益之區別

1. 保護規範理論

公法人對人民產生之利益，須出於法律有意之授與，始成立人民之公權利，否則為反射利益。原則上法律已明示其授與個人利益之目的者，自可據以認定人民之公權利。如法律欠缺此種明文規定，則應以解釋方法認定，各該有關法律之規定，是否在於保護人民之利益，以及保護何種利益，從而使人民具有該項公權利。因此在學說上便發展出「保護規範理論」，經由法律之解釋，探求其保護之目的，從而界定一項利益為反射利益或公權利。

釋字第 469 號解釋：「法律規定之內容非僅屬授予國家機關推行公共事務之權限，而其目的係為保護人民生命、身體及財產等法益，且法律對主管機關應執行職務行使公權力之事項規定明確，該管機關公務員依此規定對可得特定之人所負作為義務已無不作為之裁量餘地，猶因故意或過失怠於執行職務，致特定人之自由或權利遭受損害，被害人得依國家賠償法第 2 條第 2 項後段，向國家請求損害賠償。最高法院 72 年台上字第 704 號判例謂：『國家賠償法第 2 條第 2 項後段所謂公務員怠於執行職務，係指公務員對於被害人有應執行之職務而怠於執行者而言。換言之，被害人對於公務員為特定職務行為，有公法上請求權存在，經請求其執行而怠於執行，致自由或權利遭受損害者，始得依上開規定，請求國家負損害賠償責任。若公務員對於職務之執行，雖可使一般人民享有反射利益，人民對

於公務員仍不得請求為該職務之行為者，縱公務員怠於執行該職務，人民尚無公法上請求權可資行使，以資保護其利益，自不得依上開規定請求國家賠償損害。』對於符合一定要件，而有公法上請求權，經由法定程序請求公務員作為而怠於執行職務者，自有其適用，惟與首開意旨不符部分，則係對人民請求國家賠償增列法律所無之限制，有違憲法保障人民權利之意旨，應不予援用。」

2. **區分實益**

(1) 傳統上區分二者在於反射利益並不得提起爭訟救濟。反射利益不見得有公法上之請求權，而不得主張及請求實現，此主張對於撤銷訴訟上係有其作用。早期實務上認為道路之使用為反射利益（53 裁 39）、受鄰人建物影響之採光為反射利益（70 判 990）。

(2) 但近來之理論已推翻此墨守成規之二分法，釋字第 469 號解釋便以「保護規範理論」推翻最高法院 72 年台上字第 704 號判例所墨守之公權利與反射利益之二分法。

(四) 第三人之保護

行政法律關係涉及立於第三人地位之人民，例如受建造執照之核發干涉之相鄰人，以往該第三人不得提起行政爭訟，僅能依民法相鄰地及物上請求權之規定主張其權利。依今日之見解，基於憲法保障人民基本權利之精神，如有關之法律至少亦在於保護第三人利益時，則第三人亦具有公權利，得提起行政爭訟，請求保護其權利。

三、行政救濟之區分

行政救濟包括了行政爭訟、國家賠償（違法）及損失補償（合法）；而行政爭訟則包含訴願及行政訴訟二者。是以，行政救濟的範圍實屬最大。

```
行政救濟＝行政爭訟＋國家賠償（違法）＋損失補償（合法）
        ＝（訴願＋行政訴訟）＋國家賠償（違法）＋損失補償（合法）
```

圖 16-1　行政救濟範圍

(一) 行政爭訟流程

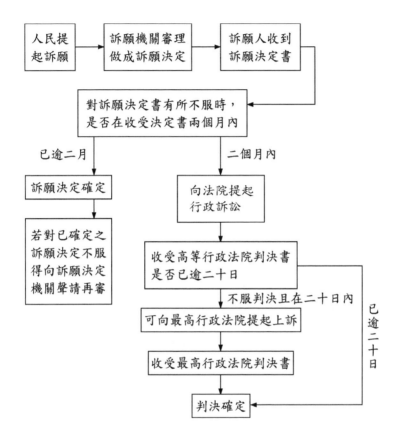

圖 16-2　行政爭訟流程

(二) 行政救濟之方法

　　在我國現行法制下，行政救濟之方法有正式及非正式途徑，非正式制度包括請願、陳情，正式制度除前述之行政爭訟外，尚有國家補償制度，包括國家賠償、損失補償等，如圖 16-3。

(三) 訴願與請願之不同

訴願與請願於當事人、標的、內容、時限、受理機關、拘束效力及性質均有所不同,今以表 16-1 加以說明之。

(四) 訴願與行政訴訟之不同

訴願與行政訴訟於受理機關、爭訟原因、程序、審理範圍、時間限制、審級及性質上均有所不同,今以表 16-2 加以說明之。

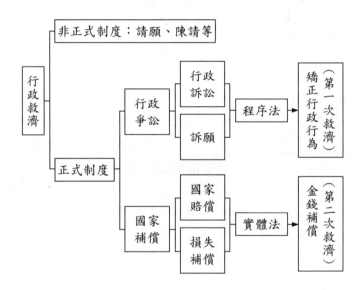

圖 16-3　行政救濟方式

表 16-1　訴願與請願之比較表

區別	訴願	請願
當事人不同	因行政處分,致權益受損害的人民始得提起	一般人民皆可提出請願
標的不同	以具體行政處分為標的,其標的具體特定	以國家政策、公共利益或私人權益向國家機關陳述願望,其標的範圍較廣

表 16-1 訴願與請願之比較表（續）

區別	訴願	請願
內容不同	對過去行政處分請求救濟，多於事後行之	已提出請求為主旨，多於事前行之
時限不同	次日起三十日內	無嚴格時間限制
受理機關不同	以法定管轄之行政機關為限	對主管行政機關或民意機關均可提出請願
拘束效力不同	受理機關負有受理及決定之效力	並無請求受理機關做成一定行政決定的權利
性質不同	人民與行政機關之行政爭訟法律關係	不足以構成一定法律關係

表 16-2 訴願與行政訴訟之比較表

區別	訴願	行政訴訟
受理機關	原處分機關之上級行政機關，或原處分之行政機關	僅能由行政法院受理
爭訟原因	行政處分違法或不當，損害人民權益	公法上爭議事件
程序不同	程序上較簡單	採司法程序，須經訴願程序才能提出
審理範圍	不得請求損害賠償	得合併提出損害賠償請求
時間限制	與處分書或決定書到達之次日起三十日為之	應於訴願決定書到達之次日起二個月內提出
審級不同	採一級制（訴願）	以二審為原則，僅在具有法定原因時始得提出再審
性質不同	係行政上之程序，屬於行政權作用	依司法程序處理，屬於司法權作用

　　訴願程序中可以審理行政處分的合法性與合目的性，但不可附帶請求損害賠償；行政訴訟中僅可審理行政處分之合法性[1]，可附帶請求損害

---

[1] (B) 下列有關訴願與行政訴訟關係的敘述，何者正確？(A)針對行政機關與人民締結之行政契約可提起訴願，方可提起行政訴訟；(B)訴願程序中可以審理行政處分約合法性與合目的性，但行政訴訟中僅可審理行政處分之合法性；(C)訴願與行政訴訟均屬司法救濟程序；(D)訴願與行政訴訟均有二級二審的程序。

賠償[2]。

四、典型的行政救濟

典型的行政救濟流程，須先向行政機關提出訴願，若不服訴願決定，於 30 日內[3]，向高等行政法院提出行政訴訟[4]，若有不服，再向最高行政法院上訴[5]。而行政處分之行政救濟流程為：訴願→行政訴訟→行政訴訟上訴[6]。但 2011 年修法在地方法院加入行政訴訟庭，2022 年修法改為地方行政法院（高等行政法院地方行政訴訟庭），部分小案件，則是先至地方行政法院進行行政訴訟，再至高等行政法院進行二審。

五、訴願先行程序

某些特別法中，會在訴願之前，還設計了一些內部救濟的制度，稱之為「訴願先行程序」。比較重要的訴願先行程序有：

(一) 稅務行政：復查

稅捐稽徵法上之復查程序，係提起訴願前應履行之先行程序[7][8]。納

---

[2] (B)「訴願與行政訴訟，何者可以附帶請求損害賠償？(A)訴願可以，行政訴訟不可以；(B)行政訴訟可以，訴願不可以；(C)兩者均可以；(D)兩者均不可以。

[3] (C) 採取行政救濟程序，須先向行政機關提出訴願，若不服訴願決定，於幾日內，向高等行政法院提出行政訴訟？(A)15 日；(B)20 日；(C)30 日；(D)60 日。

[4] (C) 不服尚未確定之訴願決定，其救濟方法為何？(A)提起再訴願；(B)依訴願法規定提起再審；(C)提起行政訴訟；(D)依法聲請重新審理。

[5] (B) 對於行政法院之判決欲上訴者，應以何法院為管轄法院？(A)高等行政法院；(B)最高行政法院；(C)司法院大法官會議；(D)司法院。

[6] (D) 我國現行行政處分之行政救濟流程為何？(A)請願→訴願→再訴願；(B)請願→訴願→行政訴訟；(C)請願→訴願→再審；(D)訴願→行政訴訟→行政訴訟上訴。

[7] (A) 下列何者非提起訴願前應履行之先行程序？(A)行政執行法上之聲明異議；(B)稅捐稽徵法上之復查；(C)全民健康保險法上之審議；(D)商標法上之異議。

[8] (B) 下列何者係人民於提起訴願之前依法應先踐行的程序（訴願先行程序）？(A)公務人員保障法之「復審」；(B)稅捐稽徵法之「復查」；(C)會計師法之

稅義務人不服課稅之處分，經過訴願前應履行之先行程序復查，得據以提起行政訴訟[9]，為免財產被查封執行，並得向國稅局申請停止課稅處分之執行[10]。

(二) 教育行政

1. 學生（申訴）：學生在提起訴願、行政訴訟前，應先使用校內的申訴管道。用過校內申訴途徑，未獲救濟者，得提起訴願及行政訴訟[11]（參照釋字第382號與釋字第684號解釋）。
2. 老師：申訴及再申訴：教師對於學校之措施（不限於行政處分之案件），認為違法或不當，致損其權益者，即可向學校申訴評議委員會提起申訴，如有不服，再向上級主管機關之申訴評議委員會提起再申訴。

(三) 經濟行政

1. 商標：異議。
2. 專利：再審查。

(四) 內政行政

1. 集會遊行：申復。
2. 兵役：複核。

「會計師懲戒覆審」；(D)道路交通管理處罰條例之「聲明異議」。

[9] (A) 下列公法上之爭議，何者得據以提起行政訴訟？(A)納稅義務人不服課稅之處分；(B)律師不服受到懲戒之處分；(C)駕駛人不服交通違規之裁罰；(D)公務人員不服長官工作上之指示。

[10] (B) 甲被台北下國稅局課徵所得稅新臺幣2億元甲認為有違法疑義為免財產被查封執行，則應採取下列何種行動最為適宜？(A)單純提出訴願，請求撤銷課稅處分；(B)提出復查並向台北市國稅局申請停止課稅處分之執行；(C)逕向行政法院聲請停止課稅處分之執行；(D)逕向行政法院提起確認課稅處分無效之訴訟。

[11] (A) 私立大學學生因學業成績不及格遭退學，經校內申訴後，仍維持退學處分，應先依下列何項程序救濟？(A)訴願；(B)復審；(C)民事訴訟；(D)行政訴訟。

六、取代訴願程序

行政機關作成行政處分後，法律已規定其他類似於訴願之行政自省程序者，自不能以名害實，要求再經訴願，始得提起行政訴訟，更不能以其非經訴願，而根本排除是類案件提起行政訴訟。

(一) 公務員復審程序[12]

懲處：改變身分者，向公務員保訓委員會提出復審，視同提起訴願，可直接提起行政訴訟（參照釋字第 243 號解釋）。

(二) 會計師覆審委員會之決議

釋字第 295 號解釋：「財政部會計師懲戒覆審委員會對會計師所為懲戒處分之覆審決議，實質上相當於最終之訴願決定，不得再對之提起訴願、再訴願。被懲戒人如因該項決議違法，認為損害其權利者，應許其逕行提起行政訴訟，以符憲法保障人民訴訟權之意旨。」

(三) 政府採購事件之招標、審標及決標爭議之審議

1. 採購程序事項：申訴審議，不服可提起行政訴訟。所以政府採購法之「申訴」，相當於「訴願程序」[13]。
2. 採購契約爭議：調解，提出民事訴訟。

(四) 聽證

經聽證後作成之行政處分[14]，而提起行政救濟程序，免除訴願及其先

---

[12] (C) 下列何種救濟係取代訴願程序之特別救濟制度？(A)專利法之再審查；(B)稅捐稽徵法之復查；(C)公務人員保障法之復審；(D)檢肅流氓條例之聲明異議。

[13] (A) 下列何者相當於「訴願程序」？(A)政府採購法之「申訴」；(B)律師法之「律師懲戒覆審」；(C)公務人員保障法之「申訴」；(D)公務人員懲戒法之「再審議」。

[14] (A) 不服下列何種行政處分而提起行政救濟程序，免除訴願及其先行程序？(A)經聽證後作成之行政處分；(B)經調查事實後作成之行政處分；(C)經當事人陳述意見後作成之行政處分；(D)經當事人提供證據資料後作成之行政處分。

行程序。

七、訴願前置主義

(一) 先提起訴願方能提起行政訴訟

在提起行政訴訟之前，某些行政訴訟的類型，必須先提起訴願。必須先提起訴願的有下列三種行政訴訟：

1. 撤銷訴訟

行政訴訟法第 4 條第 1 項：「人民……，經依訴願法提起訴願而不服其決定，或提起訴願逾三個月不為決定，或延長訴願決定期間逾二個月不為決定者，得向行政法院提起撤銷訴訟。」不過，如果在行政處分作成時，有舉行過聽證，因為聽證程序已經給與當事人較多的保障，故可不用提起訴願，而直接提起行政訴訟。行政程序法第 109 條：「不服依前條作成之行政處分者，其行政救濟程序，免除訴願及其先行程序[15]。」

2. 怠為處分之訴

行政訴訟法第 5 條第 1 項：「人民因中央或地方機關對其依法申請之案件，於法令所定期間內應作為而不作為，認為其權利或法律上利益受損害者，經依訴願程序後，得向行政法院提起請求該機關應為行政處分或應為特定內容之行政處分之訴訟。」

3. 拒絕申請之訴

行政訴訟法第 5 條第 2 項：「人民因中央或地方機關對其依法申請之案件，予以駁回，認為其權利或法律上利益受違法損害者，經依訴願程序後，得向行政法院提起請求該機關應為行政處分或應為特定內容之行政處分之訴訟。」

(二) 訴願前置主義之理由

在某類行政訴訟前，設置訴願之先行程序，賦予行政權自我省察之

---

[15] (A) 訴願為下列何種行政訴訟種類之先行程序？(A)撤銷訴訟；(B)確認處分無效之訴；(C)確認公法關係存在之訴；(D)一般給付訴訟。

機會,並也有檢討行政處分的不當或違法之機會,以尊重行政體系內部救濟機制。期能以較簡易之訴願程序解決爭執,此外亦可經由訴願程序將有關之法律及事實問題釐清,利於行政法院之審查。

八、非訴願處理對象

(一) 依道路交通安全處罰條例所開出:俗稱「罰單」之處分(釋字第 418 號解釋)。

(二) 選舉訴訟(釋字第 442 號解釋)。

(三) 國家賠償法:「拒絕賠償」、「不協議」、「協議不成立」。

(四) 律師懲戒事件(釋字第 378 號解釋)。

(五) 社會秩序維護法的裁罰。

(六) 冤獄賠償事件。

(七) 公務員保障事件(復審與申訴、再申訴)。

(八) 公務員懲戒事件(釋字第 396 號解釋)。

(九) 犯罪被害補償事件。

第二節　訴願之基本概念

一、訴願的意義及法院管轄恆定原則

(一) 訴願的意義

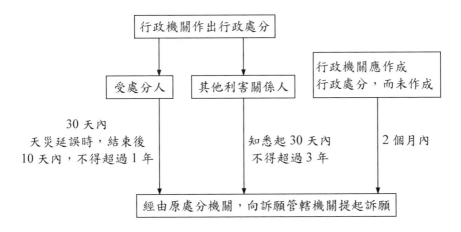

圖 16-6　提起訴願基本流程圖

　　依憲法規定，我國人民有請願與訴願之訴訟上之受益權[16]，所謂的訴願，就是針對行政機關所作的行政處分有所不服，因此開始尋求法律救濟，這個法律救濟的第一步，不是先到法院去告官，而是先對原本那個行政機關的上級單位，提出「訴願」。也就是說，當人民的權利或利益，受到行政機關違法或不當處分的侵害時，得在一定期間之內，向有管轄權之行政機關，提出撤銷或變更原處分的請求[17]，這時候如果訴願結果還是輸了，才可以到「行政法院」去控告那個行政機關，進行「行政訴訟」。

---

[16] (D) 依憲法規定，我國人民有請願與訴願之權利。此種權利是屬於：(A)司法上之受益權；(B)行政上之受益權；(C)裁判上之受益權；(D)訴訟上之受益權。

[17] (A) 人民的權利或利益，受行政機關違法或不當處分的侵害時，得在一定期間內，向有管轄權之行政機關，提出撤銷或變更原處分之請求者，屬於下列何種行為？(A)訴願；(B)請願；(C)訴訟；(D)自力救濟。

(二) 法院管轄恆定原則

指在訴訟繫屬中，即使法令變更或因其他事故，對於法院之管轄都不生影響（法院組織法第 7 條之 2 第 1 項），法院之管轄以起訴時為準（行政訴訟法§17）。

二、訴願類型

對於哪些行政機關的行為可以訴願呢？基本上，只要是法律所謂的「行政處分」，都可以對之提出訴願（但是對於行政機關的行政契約行為則不得依訴願法提起訴願[18]，須注意）。訴願法的訴願類型，基本上有兩種，一種是撤銷訴願，另一種則是課予義務訴願[19]，如下說明：

(一) 撤銷訴願

訴願法第 1 條第 1 項：「人民對於中央或地方機關之行政處分[20][21]，認為違法或不當，致損害其權利或利益者，得依本法提起訴願。但法律另有規定者，從其規定。」行政處分係訴願之客體[22]，且其於訴願審理程序中所認定之「原行政處分機關」，係以實施行政處分時之名義為準（參照訴願法§13）[23]，可提起訴願之情形諸如：不服主管機關拒絕核發

---

[18] (C) 對於行政機關的何種行為不得依訴願法提起訴願？(A)行政處分；(B)公物的設定行為；(C)行政契約；(D)公物之設定或變更。

[19] (B) 訴願法之訴願類型有哪些？(A)僅撤銷處分之訴願一種；(B)撤銷處分之訴願與課予義務之訴願；(C)撤銷處分之訴願與損害賠償之訴願；(D)僅課予義務訴願一種。

[20] (B) 人民對於行政機關之下列何種行為，得提起訴願？(A)行政契約；(B)行政處分；(C)行政命令；(D)行政指導。

[21] (B) 訴願權係人民針對政府下列何種行為不滿而提出救濟之權利？(A)重大政策；(B)行政處分；(C)立法結果；(D)司法判決。

[22] (D) 下列何者為訴願之客體？(A)行政契約；(B)行政命令；(C)行政指導；(D)行政處分。

[23] (A) 請問如何於訴願審理程序中認定「原行政處分機關」？(A)以實施行政處分時之名義為準；(B)以訴願審理機關為原行政處分機關；(C)以訴願審理機關之上

建造執照之決定[24]、不服主觀機關所為命停止營業之處分、不服行政機關
就申請提供政府資訊之案件怠為處置、認課稅有誤，損害財產權[25]……等
等不服行政處分之情形[26]，人民有提起訴願之必要[27]。而行政院衛生署發
函各直轄市政府與縣市政府衛生局，要求切實做好 SARS 防疫準備工作、
不服主管機關徵收土地未依期限發送補償費完竣等等，不得提起訴願[28]。
公務員對於公務人員保障暨培訓委員會所作成之再申訴決定，不得依法提
起訴願[29]。因為申訴、再申訴是公務員針對行政機關內部的管理措施或工
作條件之處置不當所提起，因此該決定並非行政處分之性質。

級機關為原行政處分機關；(D)以執行行政處分之機關為準。

[24] (D) 臺北市民甲對下列何種行政行為不服，得提起訴願？(A)交通部中央氣象局之
天氣預報；(B)玉山國家公園設置歷任總統銅像；(C)臺北市政府環境保護局推
動垃圾不落地政策；(D)臺北市建築管理處拒絕發給甲建造執照。

[25] (D) 對下列何事可提訴願？(A)台中市政府將中正路改為單行道；(B)認市政府標售
廢品不公；(C)抗議市政府未在辦公室裝設冷氣；(D)認課稅有誤，損害財產
權。

[26] (C) 人民提起訴願，必須依據訴願法的規定，通常提起訴願的要件為何？(A)對行
政契約不服；(B)對行政指導不服；(C)對行政處分不服；(D)對行政計畫不
服。

[27] (D) 下列何種情形，行政行為相對人無提起訴願之必要性？(A)不服主管機關拒絕
核發建造執照之決定；(B)不服主觀機關所為命停止營業之處分；(C)不服行政
機關就申請提供政府資訊之案件怠為處置；(D)不服主管機關徵收土地未依期
限發送補償費完竣。

[28] (C) 對於下列何種行為不得提起訴願？(A)台北市政府環保局對違規使用購物塑膠
袋之業者開出六萬元罰鍰之罰單；(B)人民因地方機關對於其依法申請之案
件，逾法定期間不為任何處理；(C)行政院衛生署發函各直轄市政府與縣市政
府衛生局，要求切實做好 SARS 防疫準備工作；(D)縣市政府依據社會救助法
否准遭受意外傷害致生活陷於困境者急難救助金之申請。

[29] (D) 對於下列何者不得依法提起訴願？(A)中央行政機關對於人民所為之行政處
分；(B)人民因地方機關對於其依法申請之案件，於法定期間內應作為而不作
為；(C)各級地方自治團體對上級監督機關所為之行政處分；(D)公務員對於公
務人員保障暨培訓委員會所作成之再申訴決定。

(二) 課予義務訴願

訴願法第 2 條:「人民因中央或地方機關對其依法申請之案件,於法定期間內應作為而不作為,認為損害其權利或利益者,亦得提起訴願(I)。前項期間,法令未規定者,自機關受理申請之日起為二個月(II)[30]。」課予義務訴願,又稱給付訴願,係前述訴願法第 2 條,准許人民對行政機關消極不作為,即拒絕處分,提起撤銷訴願,由訴願機關或行政法院撤銷違法之拒絕處分,命原處分機關另為適法之處分,並於決定或裁判理由中,就行政機關應否為一定處分作必要之說明或諭示,藉以達行政救濟之目的。又可依行政機關是否曾作成駁回處分,而將課予義務訴願分成:

1. 駁回處分之訴願(拒絕處分之訴願、拒絕申請之訴願)。
2. 怠為處分之訴願。

三、行政處分

訴願法第 3 條第 1 項規定:「本法所稱行政處分,係指中央或地方機關就公法上具體事件所為之決定或其他公權力措施而對外直接發生法律效果之單方行政行為。」依訴願法第 3 條第 2 項規定:「前項決定或措施之相對人雖非特定,而依一般性特徵可得確定其範圍者,亦為行政處分。有關公物之設定、變更、廢止或一般使用者,亦同。」學理上稱為一般處分[31]。

行政訴訟法第 6 條(提起確認訴訟之要件):「確認行政處分無效及確認公法上法律關係成立或不成立之訴訟,非原告有即受確認判決之法律上利益者,不得提起之。其確認已執行而無回復原狀可能之行政處分或已

---

[30] (B) 依訴願法規定,人民因中央或地方機關對其依法申請之案件,於法定期間內應作為而不作為,認為損害其權利或利益者,亦得提起訴願。此項期間,法令未規定者,自機關受理申請之日起為時多久?(A)一個月;(B)二個月;(C)三個月;(D)半年。

[31] (C) 依訴願法第 3 條第 2 項規定「前項決定或措施之相對人雖非特定,而依一般性特徵可得確定其範圍者,亦為行政處分」,學理上稱為:(A)教示處分;(B)大量作成同類型之處分;(C)一般處分;(D)用機器作成之處分。

消滅之行政處分為違法之訴訟，亦同（I）。確認行政處分無效之訴訟，須已向原處分機關請求確認其無效未被允許，或經請求後於三十日內不為確答者，始得提起之（II）。確認訴訟，於原告得提起或可得提起撤銷訴訟、課予義務訴訟或一般給付訴訟者，不得提起之。但確認行政處分無效之訴訟，不在此限（III）。應提起撤銷訴訟、課予義務訴訟，誤為提起確認行政處分無效之訴訟，其未經訴願程序者，行政法院應以裁定將該事件移送於訴願管轄機關，並以行政法院收受訴狀之時，視為提起訴願（IV）。」

第三節　訴願之期日期間

一、提起訴願之期間

訴願法第 14 條：「訴願之提起，應自行政處分達到或公告期滿之次日起三十日內為之（I）[32] [33]。利害關係人提起訴願者，前項期間自知悉時起算。但自行政處分達到或公告期滿後，已逾三年者[34]，不得提起（II）。」

---

[32] (C) 訴願之提起，應自行政處分達到或公告期滿次日起，幾日內為之？(A)十日；(B)十五日；(C)三十日；(D)六十日。

[33] (C) 提起訴願期間為何？(A)訴願之提起應自行政處分達到之次日起十日內為之；(B)訴願之提起應自行政處分達到之次日起二十日內為之；(C)訴願之提起應自行政處分達到之次日起三十日內為之；(D)訴願之提起應自行政處分達到之次日起六十日內為之。

[34] (D) 提起訴願應遵守法定訴願期間，原則上以三十日為法定不變期間。關於此種法定期間之計算，根據訴願法上之規定，下列之敘述何者錯誤？(A)行政處分已送達方式行之者，自達到之次日起算；(B)未以送達而以公告行之者，自張貼公告期滿之次日起算；(C)訴願若係由相對人以外之利害關係人提起者，其提起訴願之期間，應自知悉時起算；(D)利害關係人即使未知悉行政處分之存在，自行政處分送達或公告期滿後，已逾二年者，亦不得提起訴願。

二、遲誤訴願期間之申請回復原狀

訴願法第 15 條：「訴願人因天災或其他不應歸責於己之事由，致遲誤前條之訴願期間者，於其原因消滅後十日內，得以書面敘明理由向受理訴願機關申請回復原狀[35]。但遲誤訴願期間已逾一年者，不得為之（Ｉ）。申請回復原狀，應同時補行期間內應為之訴願行為（Ⅱ）。」

三、訴願書之補送與補正

訴願法第 57 條：「訴願人在第十四條第一項所定期間向訴願管轄機關或原行政處分機關作不服原行政處分之表示者，視為已在法定期間內提起訴願。但應於三十日內補送訴願書。」訴願法第 62 條：「受理訴願機關認為訴願書不合法定程式，而其情形可補正者，應通知訴願人於二十日內補正[36]。」

第四節　訴願之提起

一、訴願主體

訴願主體大抵可分為人民、公法人及行政機關，如下說明：

(一) 人民

訴願法第 18 條：「自然人、法人、非法人之團體或其他受行政處分之相對人及利害關係人得提起訴願。」所謂人民包括本國人及外國人[37]，

---

[35] (B) 訴願人因天災或其他不應歸責於己之事由，至遲誤訴願期間者，於其原因消滅後十日內，得以書面敘明理由向受理訴願機關申請：(A)時效中斷；(B)回復原狀；(C)時效不完成；(D)訴願延展。

[36] (B) 受理訴願機關認為訴願書不合法定程式，而其情形可補正者，應通知訴願人於多少時間內補正？(A)十日內；(B)二十日內；(C)三十日內；(D)六十日內。

[37] (C) 依訴願法規定，下列有關訴願主體之敘述，何者有誤？(A)不以自然人為限；(B)不以行政處分之相對人為限；(C)限於本國人始得提起訴願；(D)二人以上

除自然人之外，法人或非法人團體均得提起訴願。

(二) 公法人

地方自治團體直轄市、縣、市、鄉、鎮或縣轄市、農田水利會均為公法人。此外，行政法人國立中正文化中心亦為公法人。訴願法第 1 條第 2 項：「各級地方自治團體或其他公法人對上級監督機關之行政處分，認為違法或不當，致損害其權利或利益者，亦同。」

(三) 行政機關

實務上向來承認行政機關立於與私法人同一地位受處分而遭受侵害時之訴願主體資格。原則上訴願人之權利，包括了申請言詞辯論、申請鑑定及請求陳述意見，惟並不包括請求原處分機關委任代理人[38]。

二、訴願當事人

訴願當事人係指自然人、法人、非法人之團體或其他受行政處分之相對人及利害關係人得提起訴願。

(一) 訴願當事人能力

能獨立以法律行為負義務者，有訴願能力。

(二) 訴願行為能力

1. 能獨立以法律行為負義務者，有訴願能力。
2. 無訴願能力人應由其法定代理人代為訴願行為。
3. 地方自治團體、法人、非法人之團體應由其代表人或管理人為訴願行為。關於訴願之法定代理，依民法規定。

對於同一原因事實之行政處分，得共同提起訴願。

[38] (D) 訴願人之權利，不包括下列哪一事項？(A)申請言詞辯論；(B)申請鑑定；(C)請求陳述意見；(D)請求原處分機關委任代理人。

(三) 共同訴願

1. 訴願法第 21 條:「二人以上得對於同一原因事實之行政處分,共同提起訴願 (I)。前項訴願之提起,以同一機關管轄者為限 (II)。」
2. 共同提起訴願,得選定其中一人至三人為代表人。代表人經選定後,仍得更換或增減之。訴願法第 25 條 (代表人之更換或增減):「代表人經選定或指定後,仍得更換或增減之 (I) [39]。前項代表人之更換或增減,非以書面通知受理訴願機關,不生效力 (II)。」

(四) 訴願參加

1. 利害關係相同者

訴願法第 28 條 (與訴願人利害關係相同之人得參加訴訟):「與訴願人利害關係相同之人,經受理訴願機關允許,得為訴願人之利益[40]參加訴願。受理訴願機關認有必要時,亦得通知其參加訴願 (I)。訴願決定因撤銷或變更原處分,足以影響第三人權益者,受理訴願機關應於作成訴願決定之前,通知其參加訴願程序,表示意見 (II)。」

(1) 經訴願機關准予參加。
(2) 為訴願人之利益參加。

2. 必須參加

訴願法第 30 條:「通知參加訴願,應記載訴願意旨、通知參加之理由及不參加之法律效果,送達於參加人,並副知訴願人 (I)。受理訴願機關為前項之通知前,得通知訴願人或得參加訴願之第三人以書面陳述意見 (II)。」

---

[39] (B) 關於共同訴願制度,下列敘述何者正確?(A)共同訴願人得選定其中四至五名為代表人;(B)代表人經選定後,仍得更換或增減之;(C)若訴願人死亡,其代表人之代表權隨之消滅;(D)代表人可直接撤回訴願,無需經全體訴願人之書面同意。

[40] (C) 依訴願法第 28 條第 1 項之規定,下列有關與訴願人利害關係相同之人參加訴願之敘述,何者錯誤?(A)須經受理訴願機關之允許;(B)得為訴願人之利益參加訴願;(C)亦得為自己之利益參加訴願;(D)受理訴願機關亦得通知其參加訴願。

(五) 訴願代理人、輔佐人

訴願法第 32 條：「訴願人或參加人得委任代理人進行訴願。每一訴願人或參加人委任之訴願代理人不得超過三人[41]。」訴願法第 41 條：「訴願人、參加人或訴願代理人經受理訴願機關之許可，得於期日偕同輔佐人到場（I）。受理訴願機關認為必要時，亦得命訴願人、參加人或訴願代理人偕同輔佐人到場（II）[42]。前二項之輔佐人，受理訴願機關認為不適當時，得廢止其許可或禁止其續為輔佐（III）。」

三、書面

訴願法第 29 條：「申請參加訴願，應以書面[43]向受理訴願機關為之（I）。參加訴願應以書面記載左列事項：一、本訴願及訴願人。二、參加人與本訴願之利害關係。三、參加訴願之陳述（II）。」訴願法第 65 條：「受理訴願機關應依訴願人、參加人之申請或於必要時，得依職權通知訴願人、參加人或其代表人、訴願代理人、輔佐人及原行政處分機關派員於指定期日到達指定處所言詞辯論。」依訴願法第 29 條及第 65 條規定得知，訴願原則上採書面審理，例外採言詞辯論[44]。

---

[41] (B) 訴願人或參加人得委任代理人進行訴願，依訴願法規定，每一訴願人或參加人委任之訴願代理人不得超過：(A)二人；(B)三人；(C)四人；(D)五人。

[42] (C) 訴願人、參加人或訴願代理人經受理訴願機關之許可，得於期日偕同何人到場？(A)律師；(B)會計師；(C)輔佐人；(D)法定代理人。

[43] (C) 關於訴願人提起訴願之程序，下列敘述何者錯誤？(A)訴願人應經原處分機關向訴願管轄機關提出；(B)原處分機關應先行重新審查；(C)訴願人得以電話直接向受理訴願機關提起訴願；(D)訴願書不合法定程式時，受理訴願機關應通知訴願人於 20 日內補正。

[44] (D) 依訴願法規定，訴願審理：(A)一律採言詞辯論；(B)一律採書面審理；(C)原則上採言詞辯論，例外採書面審理；(D)原則上採書面審理，例外採言詞辯論。

四、訴願代理權

訴願法第 38 條：「訴願代理權不因訴願人本人死亡、破產或喪失訴願能力而消滅[45]。法定代理有變更、機關經裁撤、改組或公司、團體經解散、變更組織者，亦同。」

五、受理訴願機關

訴願須向有管轄權之機關提起。關於訴願管轄之規定，本有簡單原則可循，即向原處分機關之事務管轄直接上級機關訴願[46]，如原處分機關為國家最高機關時，則以原處分機關為受理訴願機關。可分為原則與例外：

(一) 原則

向上級監督機關[47]。例如不服新北市三重區公所處分所提起之訴願，其管轄機關為新北市政府[48]。如果不服兩個以上不同隸屬或不同層級之機關共為之行政處分，則應向其共同之上級機關提起訴願[49]。

---

[45] (C) 訴願代理權因訴願人本人死亡、破產或喪失訴願能力時；或法定代理有變更、機關經裁撤、改組或公司、團體經解散、變更組織者，其代理權：(A)當然停止；(B)溯及既往喪失；(C)不消滅；(D)需選定當事人。

[46] (B) 依現行訴願法規定，提起訴願，應繕具訴願書，循何程序提起？(A)直接向原處分機關提起；(B)經由原行政處分機關向訴願管轄機關提起；(C)直接向訴願管轄機關提起；(D)經由訴願管轄機關向原處分機關提起。

[47] (D) 有關鄉公所或農田水利會提起訴願之敘述，下列何者正確？(A)鄉公所為行使公權力之地方自治團體，僅能受理人民訴願，不得提起訴願；(B)農田水利會為公法人，非私法人或非法人團體，不得提起訴願；(C)鄉公所不得對於縣政府之行政處分提起訴願；(D)農田水利會得對上級監督機關之行政處分提起訴願。

[48] (B) 不服新北市三重區公所處分所提起之訴願，其管轄機關為何？(A)三重市公所；(B)新北市政府；(C)台北市政府；(D)台灣省政府。

[49] (B) 不服兩個以上不同隸屬或不同層級之機關共為之行政處分，應向何機關提起訴願？(A)其共同之上級機關所指定之機關；(B)其共同之上級機關；(C)層級較高之機關；(D)由訴願人自行選擇之機關。

(二) 例外

若處分機關就是最高機關，則向該處分機關提起訴願。例如不服總統府之行政處分，其訴願管轄機關為總統府[50]。

此外，數機關於管轄權有爭議時，應如何決定訴願之管轄，應由其共同之直接上級機關來確定之[51]。

六、訴願管轄機關及訴願審議委員會

(一) 基本管轄

原處分	受理訴願機關
鄉（鎮、市）公所	縣（市）政府[52][53]
縣（市）政府所屬各級機關	縣（市）政府[54]
縣（市）政府	中央主管部、會、屬、處、局
直轄市政府所屬各級機關	直轄市政府[55][56]

---

[50] (B) 不服總統府之行政處分，其訴願管轄機關為何？(A)總統府訴願委員會；(B)總統府；(C)監察院；(D)司法院。

[51] (C) 數機關於管轄權有爭議時，應如何決定訴願之管轄？(A)由高等行政法院確定；(B)由主管院之訴願審議委員會確定；(C)由其共同之直接上級機關確定；(D)由最先受理訴願之機關取得訴願管轄權。

[52] (B) 人民不服鄉、鎮、市公所所為之行政處分而提起訴願，其訴願管轄機關為何？(A)中央該管部、會；(B)縣、市政府；(C)原處分機關；(D)縣、市政府所屬機關。

[53] (A) 依據訴願法第4條之規定，人民對於鄉（鎮、市）公所之行政處分不服時所提起之訴願，其訴願管轄機關原則上為：(A)縣（市）政府；(B)鄉（鎮、市）公所；(C)縣（市）政府之民政局；(D)省政府。

[54] (A) 人民不服台南市稅捐稽徵處有關房屋稅之處分，其訴願管轄機關為：(A)台南市政府；(B)台灣省政府；(C)國稅局南區分局；(D)財政部。

[55] (B) 對於台北市政府環境保護局之行政處分不服提起訴願時，由何機關管轄？(A)行政院環境保護署；(B)台北市政府；(C)台北市政府環境保護局；(D)行政院。

[56] (C) 不服台北市各中等學校處分者，應以下列何者為訴願管轄機關？(A)行政院；(B)教育部；(C)台北市政府；(D)監察院。

原處分	受理訴願機關
直轄市政府	中央主管部、會、屬、處、局[57]
中央主管部、會、行、處、局、署所屬各級機關	各部、會、行、處、局、署[58] [59]
中央主管部、會、行、處、局、署	主管院[60] [61]
中央各院	原院（作成行政處分之機關）[62]

(二) 行政委託（委託管轄）

訴願法第 7 條：「無隸屬關係之機關辦理受託事件所為之行政處分，視為委託機關之行政處分，其訴願之管轄，比照第四條之規定，向原委託機關或其直接上級機關提起訴願[63]。」

行政程序法第 15 條第 2 項：「行政機關因業務上之需要，得依法規將其權限之一部分，委託不相隸之行政機關執行之。」此時訴願機關依訴願法第 7 條規定「視為委託機關之行政處分，比照第四條之規定，向原委託機關或其上級機關提起訴願」。則在權限委託的情形下，委託機關被訴

---

[57] (D) 人民對於台北市政府之行政處分認為違法或不當，致損害其權利時，應向何機關提起訴願？(A)台北市政府政風處；(B)監察院訴願審議委員會；(C)立法院法制委員會；(D)中央主管部、會、行、處、局、署。

[58] (C) 不服智慧財產局有關商標事件之處分，應向何機關提起訴願？(A)行政院公平交易委員會；(B)行政院；(C)經濟部；(D)財政部。

[59] (B) 不服行政院人事行政局之行政處分者，應以何者為訴願管轄機關？(A)行政院人事行政局；(B)行政院；(C)法務部；(D)總統府。

[60] (B) 某甲不服內政部之行政處分，應向下列何機關提起訴願？(A)內政部；(B)行政院；(C)監察院；(D)司法院。

[61] (C) 不服中央銀行處分所提起之訴願，其管轄機關為何？(A)中央銀行訴願委員會；(B)中央銀行；(C)行政院；(D)總統府。

[62] (D) 人民對於中央各院之行政處分如有不服時，應向何一機關提起訴願？(A)中央訴願委員會；(B)行政院；(C)司法院；(D)作成行政處分之機關。

[63] (B) 下列對訴願的論述，何者有誤？(A)訴願採不告不理原則；(B)權限委託之行政處分，訴願應向受委託機關提起；(C)訴願審議委員會之組成，其中社會公正人士與學者專家不得少於全體成員之二分之一；(D)應先程序審查，後實體審查。

願法第 7 條擬制為原處分機關，此時有兩種可能，並非當事人享有選擇空間，應視不同情況擇一行使：

1. 上級機關：委託機關非中央各院，而在委託機關被擬制成原處分機關下，依一般情形以其上級機關為訴願管轄機關。
2. 委託機關：此時委託機關為中央各院，依據訴願法第 4 條第 8 款之規定，應以原院（原委託機關）為訴願管轄機關。

(三) 委任管轄

訴願法第 8 條：「有隸屬關係之下級機關依法辦理上級機關委任事件所為之行政處分，為受委任機關[64]之行政處分，其訴願之管轄，比照第四條（基本管轄）之規定，向受委任機關或其直接上級機關提起訴願。」

(四) 委辦管轄

訴願法第 9 條：「直轄市政府、縣（市）政府或其所屬機關及鄉（鎮、市）公所依法辦理上級政府或其所屬機關委辦事件所為之行政處分，為受委辦機關之行政處分，其訴願之管轄，比照第四條（基本管轄）之規定，向受委辦機關之直接上級機關[65] [66] [67]提起訴願。」例如不服

---

[64] (B) 有隸屬關係之下級機關依法辦理上級機關委任事件所為之行政處分，為何機關之行政處分？(A)為委任機關之行政處分；(B)為受委任機關之行政處分；(C)為委任機關與受委任機關共同之行政處分；(D)由委任機關裁量決定之。

[65] (C) 下列對於訴願事件管轄之敘述，何者有誤？(A)對於二以上不同隸屬或不同層級之機關共為之行政處分，應向其共同之上級機關提起訴願；(B)對於不服無隸屬關係之被委託機關因辦理受委託事件所為之行政處分，向原委託機關或其直接上級機關提起訴願；(C)對於不服有隸屬關係之下級機關依法辦理上級機關委任事件所為之行政處分，向原委任機關或其直接上級機關提起訴願；(D)對於不服由依法受地方機關委託行使公權力之個人，以其個人名義所為之行政處分，其訴願之管轄，向原委託機關提起訴願。

[66] (D) 不服新莊市公所辦理新北市政府委辦事件所為之行政處分，其訴願管轄機關為何者？(A)台灣省政府；(B)中央主管部、會、行、處、局、署；(C)行政院；(D)新北市政府。

[67] (C) 不服鄉、鎮、市公所之行政處分，應向何機關提起訴願？(A)鄉、鎮、市公

縣市政府委辦鄉鎮公所所為之行政處分，其訴願管轄機關為縣市政府[68]。

(五) 委託人民行使公權力

訴願法第 10 條：「依法受中央或地方機關委託行使公權力之團體或個人，以其團體或個人名義所為之行政處分，其訴願之管轄，向原委託機關[69]提起訴願。」例如行政院大陸委員會委託財團法人海峽交流基金會為大陸文書、證明之認證，若不服財團法人海峽交流基金會所為認證結果之處分，應向行政院大陸委員會提起訴願[70]。

(六) 原行政處分機關之認定

訴願法第 13 條：「原行政處分機關之認定，以實施行政處分時之名義為準[71]。但上級機關本於法定職權所為之行政處分，交由下級機關執行者，以該上級機關[72]為原行政處分機關[73]。」而訴願提出時，須經由原行

所；(B)省政府；(C)縣（市）政府；(D)中央主管部會。

[68] (B) 不服縣市政府委辦鄉鎮公所，所為之行政處分，其訴願管轄機關為：(A) 鄉鎮公所；(B)縣市政府；(C)中央主管部會；(D)行政院。

[69] (C) 依訴願法之規定，依法受地方機關委託行使公權力之團體，以其團體名義所為之行政處分，其訴願之管轄，向下列何者提起訴願？(A)監察院；(B)內政部；(C)原委託機關；(D)原委託機關之上級機關。

[70] (B) 行政院大陸委員會委託財團法人海峽交流基金會為大陸文書、證明之認證，若不服財團法人海峽交流基金會所為認證結果之處分，應向何機關提起訴願？(A)財團法人海峽交流基金會；(B)行政院大陸委員會；(C)行政院；(D)總統。

[71] (A) 請問如何於訴願審理程序中認定「原行政處分機關」？(A)以實施行政處分時之名義為準；(B)以訴願審理機關為原行政處分機關；(C)以訴願審理機關之上級機關為原行政處分機關；(D)以執行行政處分之機關為準。

[72] (C) 下列關於訴願法規定的敘述，何者錯誤？(A)訴願之提起，應自行政處分達到或公告期滿之次日起 30 日內為之；(B)無訴願能力人應由其法定代理人代為訴願行為；(C)上級機關本於法定職權所為之行政處分，交由下級機關執行者，以該下級機關為原行政處分機關；(D)訴願人因天災或其他不應歸責於己之事由，致遲誤訴願期間者，於其原因消滅後 10 日內，得以書面敘明理由向受理訴願機關申請回復原狀。

[73] (D) 上級機關本於法定職權所為之行政處分，課以相對人行為不行為之義務，而交

政處分機關向訴願管轄機關為之[74]（參照訴願法§58I）。

(七) 訴願審議委員會

訴願法第 52 條：「各機關辦理訴願事件，應設訴願審議委員會，組成人員以具有法制專長者為原則（I）。訴願審議委員會委員，由本機關高級職員及遴聘社會公正人士、學者、專家擔任之；其中社會公正人士、學者、專家人數不得少於二分之一（II）[75]。訴願審議委員會組織規程及審議規則，由主管院定之（III）。」訴願管轄機關之訴願審議，原則包含了訴願決定合議制、職權調查及言詞辯論，惟不含禁止提出新證據資料[76]。

(八) 委員會會議決議

訴願法第 53 條：「訴願決定應經訴願審議委員會會議之決議，其決議以委員過半數之出席，出席委員過半數之同意行之[77]。」

(九) 製作審議紀錄附卷

訴願法第 54 條：「訴願審議委員會審議訴願事件，應指定人員製作審議紀錄附卷。委員於審議中所持與決議不同之意見，經其請求者，應列入紀錄（I）。訴願審議經言詞辯論者，應另行製作筆錄，編為前項紀錄之附件，並準用民事訴訟法第二百十二條至第二百十九條之規定（II）。」

由下級機關執行者，於行政強制執行時，以何者為執行機關？(A)該上級機關和下級機關；(B)行政執行處；(C)該下級機關；(D)該上級機關。

[74] (B) 訴願提出時，須經由何機關向訴願管轄機關為之？(A)上級機關；(B)原處分機關；(C)地方法院；(D)行政法院。

[75] (D) 訴願審議委員會中，社會公正人士、學者、專家之人數，不得少於總額之多少？(A)五分之一；(B)四分之一；(C)三分之一；(D)二分之一。

[76] (D) 下列何者不是訴願管轄機關之審議原則？(A)訴願決定合議制；(B)職權調查；(C)言詞辯論；(D)禁止提出新證據資料。

[77] (B) 訴願決定應經訴願審議委員會會議之議決，其決議：(A)以委員過半數之出席，出席委員三分之一之同意行之；(B)以委員過半數之出席，出席委員過半數之同意行之；(C)以委員過半數之出席，出席委員三分之二之同意行之；(D)以委員三分之二之出席，出席委員過半數之同意行之。

(十) 主任委員或委員之迴避

訴願法第 55 條：「訴願審議委員會主任委員或委員對於訴願事件有利害關係[78]者，應自行迴避[79]，不得參與審議。」

第五節　訴願審理程序

一、原處分機關答辯

(一) 原處分行政機關對於訴願應先行重新審查原處分是否合法妥當，其訴願為有理由者，得自行撤銷或變更原行政處分，並陳報訴願管轄機關。

(二) 原行政處分機關不依訴願人之請求撤銷或變更原行政處分者，應儘速附具答辯書，並將必要之關係文件，送於訴願管轄機關。也就是說，若認為訴願有理，則直接變更；若認為無理，則寫答辯書。

二、訴願書載明事項

訴願法第 56 條：「訴願應具訴願書，載明左列事項，由訴願人或代理人簽名或蓋章：一、訴願人之姓名、出生年月日、住、居所、身分證明文件字號。如係法人或其他設有管理人或代表人之團體，其名稱、事務所或營業所及管理人或代表人之姓名、出生年月日、住、居所。二、有訴願代理人者，其姓名、出生年月日、住、居所、身分證明文件字號。三、原行政處分機關。四、訴願請求事項。五、訴願之事實及理由。六、收受或

---

[78] (C) 依訴願法第 55 條規定，下列何者對於訴願事件應自行迴避，不得參與審議？(A)訴願管轄機關首長；(B)訴願審議委員會主任委員；(C)對於訴願事件有利害關係之訴願審議委員會委員；(D)訴願審議委員會之幕僚人員。

[79] (D) 以下對訴願審議委員會之說明，何者正確？(A)組成人員應皆具有法制專長；(B)社會公正人士、專家、學者人數不得少於三分之一；(C)訴願決定應經委員過半數出席，出席委員三分之二同意行之；(D)訴願審議委員對於訴願事件有利害關係者，應自行迴避。

知悉行政處分之年、月、日。七、受理訴願之機關。八、證據。其為文書者，應添具繕本或影本。九、年、月、日（I）。訴願應附原行政處分書影本（II）。依第二條第一項規定提起訴願者，第一項第三款、第六款所列事項，載明應為行政處分之機關、提出申請之年、月、日，並附原申請書之影本及受理申請機關收受證明（III）。」

三、提起訴願程序

訴願法第 58 條：「訴願人應繕具訴願書[80]經由原行政處分機關向訴願管轄機關提起訴願（I）。原行政處分機關對於前項訴願應先行重新審查原處分是否合法妥當，其認訴願為有理由者，得自行撤銷或變更原行政處分，並陳報訴願管轄機關（II）。原行政處分機關不依訴願人之請求撤銷或變更原行政處分者，應儘速附具答辯書，並將必要之關係文件，送於訴願管轄機關（III）。原行政處分機關檢卷答辯時，應將前項答辯書抄送訴願人（IV）。」收受訴願書之機關如認為訴願有不合管轄時，應移送有管轄權之機關依法處理[81]（參照訴願法§61）。訴願法第 59 條：「訴願人向受理訴願機關提起訴願者，受理訴願機關應將訴願書影本或副本送交原行政處分機關依前條第二項至第四項規定辦理[82]。」

---

[80] (C) 關於訴願人提起訴願之程序，下列敘述何者錯誤？(A)訴願人應經原處分機關向訴願管轄機關提出；(B)原處分機關應先行重新審查；(C)訴願人得以電話直接向受理訴願機關提起訴願；(D)訴願書不合法定程式時，受理訴願機關應通知訴願人於 20 日內補正。

[81] (D) 收受訴願書之機關認為訴願有不合管轄時，應如何處理？(A)逕以函復提起訴願之人；(B)逕以決定駁回；(C)移送行政法院認定；(D)移送有管轄權之機關依法處理。

[82] (A) 有關訴願提起之法定程序下列敘述中何者正確？(A)訴願人得逕向受理訴願機關提起訴願；(B)訴願人誤向無權受理訴願之機關作不服原行政處分之表示者，視為自始未提起訴願；(C)訴願書不合法定程式時，則雖依其情形尚可補正，受理訴願機關仍應逕為不受理之決定；(D)訴願一經提起，訴願人即不得再行撤回。

四、書面審查原則

訴願法第 63 條第 1 項規定：「訴願就書面審查[83]決定之。」受理訴願機關，原則上應就行政處分機關依訴願法第 58 條第 2 項送案之訴願書、關係文件及答辯書等審查決定。訴願管轄機關之審議原則除書面審查原則外，尚有不利益變更禁止原則、訴願決定合議制原則、職權調查、言詞辯論[84] [85]。

五、撤回訴願

訴願法第 60 條：「訴願提起後，於決定書送達前，訴願人得撤回之[86]。訴願經撤回後，不得復提起同一之訴願。」

六、得聽取陳述意見

訴願法第 64 條：「訴願審議委員會主任委員得指定委員聽取訴願人、參加人或利害關係人到場之陳述。」同法第 63 條第 2 項：「受理訴願機關必要時得通知訴願人、參加人或利害關係人到達指定處所陳述意見。」第 3 項：「訴願人或參加人請求陳述意見而有正當理由者，應予到達指定處所陳述意見之機會。」

七、必要時言詞辯論

訴願審議委員會認為有必要時，得依職權行言詞辯論。

---

[83] (B) 有關訴願之審議程序，下列敘述何者錯誤？(A)必要時得通知訴願人陳述意見；(B)訴願以公開審理為原則；(C)原則上採書面審理，例外得進行言詞審理；(D)訴願審議機關應訴願人之申請調查證據，但以有必要者為限。

[84] (B) 下列何項非訴願管轄機關之審議原則？(A)書面審理原則；(B)再開辯論原則；(C)不利益變更禁止原則；(D)訴願決定合議制原則。

[85] (D) 下列何者不是訴願管轄機關之審議原則？(A)訴願決定合議制；(B)職權調查；(C)言詞辯論；(D)禁止提出新證據資料。

[86] (C) 訴願提起後，最遲於何時之前，訴願人得撤回之？(A)言詞辯論前；(B)陳述意見前；(C)訴願決定書送達前；(D)訴願管轄機關審議前。

訴願法第 65 條：「受理訴願機關應依訴願人、參加人之申請或於必要時，得依職權通知訴願人、參加人或其代表人、訴願代理人、輔佐人及原行政處分機關派員於指定期日到達指定處所言詞辯論。」

八、職權調查證據

訴願法第 67 條：「受理訴願機關應依職權或囑託有關機關或人員，實施調查、檢驗或勘驗，不受訴願人主張之拘束（I）。受理訴願機關應依訴願人或參加人之申請，調查證據。但就其申請調查之證據中認為不必要者，不在此限（II）。受理訴願機關依職權或依申請調查證據之結果，非經賦予訴願人及參加人表示意見之機會，不得採為對之不利之訴願決定之基礎（III）。」

九、提出證據證物

訴願法第 68 條：「訴願人或參加人得提出證據書類或證物。但受理訴願機關限定於一定期間內提出者，應於該期間內提出。」

第六節　訴願決定

訴願決定其性質屬於行政權的作用[87]。分述如下：

一、訴願決定時間

訴願之決定，自收受訴願書之次日起，應於三個月內為之，必要時，得予延長，並通知訴願人及參加人。延長以一次為限，最長不得逾二個月[88]（參照訴願法§85）。

---

[87] (B) 訴願之決定，其性質屬於何種作用？(A)統治權；(B)行政權；(C)司法權；(D)監察權。

[88] (C) 訴願之決定，自收受訴願書之次日起，應於多少期間內為之？(A)一個月，必要時，得予延長，並通知訴願人及參加人。延長以一次為限，最長不得逾二個

二、訴願決定之種類[89][90]

(一) 駁回

可分為二種：
1. 程序上不合法之駁回。
2. 實體上無理由之駁回（有其他理由可維持原處分）。

例如訴願法第 79 條：「訴願無理由者，受理訴願機關應以決定駁回之（I）。原行政處分所憑理由雖屬不當，但依其他理由認為正當者，應以訴願為無理由（II）。訴願事件涉及地方自治團體之地方自治事務者，其受理訴願之上級機關僅就原行政處分之合法性進行審查決定（III）[91]。」

(二) 撤銷原處分

訴願有理由，決定撤銷原行政處分之全部或一部。未違反行政法義務而受罰鍰處分之人民，依法提起訴願時，受理訴願機關應撤銷原行政處分[92]。

(三) 變更原處分（自為決定）

訴願有理由，訴願機關得逕為變更之決定，即所謂「自為決定」。

月；(B)二個月，必要時，得予延長，並通知訴願人及參加人。延長以一次為限，最長不得逾二個月；(C)三個月，必要時，得予延長，並通知訴願人及參加人。延長以一次為限，最長不得逾二個月；(D)四個月，不得延長。

[89] (C) 下列有關訴願決定之種類，何者錯誤？(A)不受理、駁回訴願；(B)撤銷原處分；(C)移轉管轄；(D)情況決定。

[90] (B) 下列何者非屬訴願決定之種類？(A)駁回；(B)附帶損害賠償之決定；(C)撤銷原處分；(D)直接命機關為一定之處分。

[91] (B) 受理訴願機關針對有關地方自治事務之行政處分，得審查其：(A)妥當性；(B)合法性；(C)妥當性及合法性；(D)判斷餘地。

[92] (B) 未違反行政法義務而受罰鍰處分之人民，依法提起訴願時，受理訴願機關應如何處理？(A)移送高等行政法院裁判撤銷原行政處分；(B)撤銷原行政處分；(C)命原行政處分機關更正；(D)命原行政處分機關與訴願人進行賠償協議。

(四) 命為一定處分

對拒絕處分提起之訴願認為有理由者，應指定相當期間，命應作為之機關速為一定之處分。

(五) 情況決定

受理訴願機關發現原行政處分雖屬違法或不當，但其撤銷或變更於公益有重大損害，經斟酌訴願人所受損害、賠償程度、防止方法及其他一切情事，認原行政處分之撤銷或變更顯與公益相違背時，得駁回其訴願。但此種情形，訴願決定應於決定主文中載明原行政處分違法或不當。亦即，違法的狀態，因維持公益之關係，而須予以容忍。在情況決定的情形當中，必須具備許多之要件，但是訴願逾期並不屬之[93]。又在受理訴願機關為情況決定時，如前所述，得斟酌訴願人因違法或不當處分所受損害，並於決定理由中載明由原行政處分機關與訴願人進行協議，這樣的協議，與國家賠償法之協議具有同一效力[94]。

(六) 職權撤銷

按訴願人提起訴願逾法定期間者，依訴願法第 77 條第 2 款前段規定應為不受理之決定[95]，惟原行政處分顯屬違法或不當之情形，如仍任其存在，顯與依法行政之原則有違，故本法第 80 條第 1 項規定若非有但書所

---

[93] (D) 依訴願法規定，何者不屬於情況決定之要件？(A)行政處分有違法或不當情事；(B)撤銷對公益有重大損害；(C)斟酌訴願人所受損害、賠償程度；(D)訴願已逾期。

[94] (B) 受理訴願機關為情況決定時，得斟酌訴願人因違法或不當處分所受損害，於決定理由中載明由原行政處分機關與訴願人進行協議，此種協議，與何種法律之協議有同一效力？(A)民法；(B)國家賠償法；(C)行政訴訟法；(D)行政程序法。

[95] (A) 提起訴願後，下列何者屬不能補正之事項？(A)訴願提起已逾法定期限；(B)訴願書不合法定程式；(C)誤繕日期；(D)文字錯誤。

列之情形，原行政處分機關或其上級機關自得依職權撤銷[96] [97]或變更之。

(七) 不得為更不利益變更之限制（訴願決定應受之限制）

訴願法第 81 條第 1 項明定訴願決定得變更原處分，「但於訴願人表示不服之範圍內，不得為更不利益之變更或處分」[98] [99]，是為訴願法上之禁止不利益變更條款。所謂不利益變更係指使訴願人處於較原處分更不利之法律上地位，有利與否在理論上應就訴願決定之主文判斷。在解釋上仍須注意下列問題：

1. 不僅適用於自為變更之訴願決定，發回更為處分亦受其拘束。
2. 只限於處分相對人本身提起訴願之事件，如第三人不服行政處分而提起訴願時，相對人並不受此項保障，故鄰地所有人認為起造人所取得之建築許可損害其權益而提起訴願，審議結果以訴願為有理由，自不禁止對起造人作不利益之變更。

---

[96] (D) 關於訴願決定之內容與說明，下列敘述何者錯誤？(A)原行政處分所憑理由雖屬不當，但依其他理由認為正當者，應以訴願為無理由；(B)地方自治團體、法人、非法人之團體，未由代表人或管理人為訴願行為，經通知補正逾期不補正者，應以訴願不受理決定；(C)訴願事件涉及地方自治團體之地方自治事務者，其受理訴願之上級機關僅就原行政處分之合法性進行審查決定；(D)提起訴願因逾法定期間而為不受理決定時，原行政處分顯屬違法或不當者，原行政處分機關或其上級機關基於依法行政之要求，仍不得依職權撤銷或變更之。

[97] (B) 訴願雖屬逾期，如原處分顯然違法或不當，原處分機關或其上級機關仍得予以撤銷或變更，其支配原則為：(A)職權調查主義；(B)職權主義；(C)當事人進行主義；(D)先程序，後實體原則。

[98] (C) 有關受理訴願機關之訴願決定，下列何者不正確？(A)訴願無理由者，以決定駁回；(B)訴願有理由者，以決定撤銷行政處分之全部或一部；(C)訴願有理由者，不可逕為變更之決定；(D)訴願有理由者，可發回原行政處分機關另為處分。

[99] (D) 受理訴願機關於訴願有理由時，不得為下列何種處置？(A)撤銷原行政處分之一部或全部；(B)撤銷原行政處分並逕為變更之決定；(C)撤銷原行政處分並發回原行政處分機關另為處分；(D)撤銷原行政處分，並於訴願人表示不服之範圍內，逕為對訴願人更不利益之變更。

3. 必須屬於同一事件即原處分及訴願決定所限制者為同一事實關係，且為訴願人表示不服之範圍。

4. 受理訴願機關發現原處分從輕處置，確屬違法，亦僅能駁回訴願，而在理由中指明本應撤銷或變更原處分，但受此原則拘束，故作此決定。例如原處分引用法條錯誤，致最低可處漏稅額三倍罰鍰者，誤作一倍，訴願決定即不得逕行加重為三倍。

三、訴願程序處置不服及不受理

訴願法第 76 條：「訴願人或參加人對受理訴願機關於訴願程序進行中所為之程序上處置不服者，應併同訴願決定提起行政訴訟[100]。」訴願法第 77 條：「訴願事件有左列各款情形之一者，應為不受理之決定[101]：一、訴願書不合法定程式不能補正或經通知補正逾期不補正者。二、提起訴願逾法定期間[102]或未於第五十七條但書所定期間內補送訴願書者。三、訴願人不符合第十八條之規定者。四、訴願人無訴願能力而未由法定代理人代為訴願行為，經通知補正逾期不補正者。五、地方自治團體、法人、非法人之團體，未由代表人或管理人為訴願行為，經通知補正逾期不補正者。六、行政處分已不存在者。七、對已決定或已撤回之訴願事件重行提起訴願者。八、對於非行政處分[103]或其他依法不屬訴願救濟範圍內之事項提起訴願者[104]。」

---

[100] (C) 對於訴願程序中所為程序上處置不服者，依訴願法規定，應如何處理？(A)聲明異議；(B)再訴願；(C)併同訴願決定提起行政訴訟；(D)逕不遵守。

[101] (D) 下列何者屬於訴願「不受理」之事由？(A)行政處分已不存在者；(B)訴願書不合法定程式不能補正或經通知補正逾期不補正者；(C)訴願人無訴願能力而未由法定代理人代為訴願行為，經通知補正逾期不補正者；(D)以上皆是。

[102] (B) 逾越法定期間提起訴願之訴願事件，受理訴願機關應如何處理？(A)以無理由駁回；(B)為不受理之決定；(C)逕行擱置訴願請求；(D)撤銷原處分。

[103] (B) 對於非行政處分而提起訴願者，受理訴願機關應如何處理？(A)逕行實體審查；(B)為不受理之決定；(C)作成情況決定；(D)以訴願無理由駁回。

[104] (A) 甲與交通部締結行政契約，嗣後交通部不履行契約約定之金錢給付義務，甲遂向行政院提起訴願。試問行政院訴願審議委員會應如何處理？(A)應為不受理

四、訴願無理由駁回

訴願法第 79 條：「訴願無理由者，受理訴願機關應以決定駁回之（I）。原行政處分所憑理由雖屬不當，但依其他理由認為正當者[105]，應以訴願為無理由（II）。訴願事件涉及地方自治團體之地方自治事務者，其受理訴願之上級機關僅就原行政處分之合法性[106]進行審查決定（III）。」

五、訴願決定之效力

(一) 確定力

訴願一經確定，就同一事件不得再提起訴願或行政訴訟，是為「一事不再理原則」[107]。也就是訴願若確定了就不得再爭執。

(二) 拘束力

訴願法第 95 條：「訴願之決定確定後，就其事件，有拘束各關係機關[108]之效力；就其依第十條提起訴願之事件，對於受委託行使公權力之團體或個人，亦有拘束力。」也就是訴願確定後，拘束各機關。又訴願決定對於共同訴願人、訴願參加人、經受理訴願機關通知參加訴願而未參加

之決定；(B)應以訴願無理由駁回；(C)應命交通部速為一定之處分；(D)應移送台北地方法院審理。

[105] (D) 訴願事件有下列何種情形者，應為駁回之決定？(A)訴願書不合法定程式不能補正；(B)原處分已不存在；(C)原處分顯然違法，但已逾法定訴願期間；(D)原處分所憑理由雖不當，但依其他理由認為正當者。

[106] (B) 訴願事件涉及地方自治團體之地方自治事務者，其受理訴願之上級機關就原行政處分之何種範圍進行審查決定？(A)適當性；(B)合法性；(C)適當性與合法性。(D)合憲性。

[107] (B) 對已決定或撤回的訴願，重行提起訴願者，違反下列何原則？(A)誠實信用原則；(B)一事不再理原則；(C)既判力原則；(D)禁反言原則。

[108] (B) 訴願之決定確定後，就其事件對何機關有其拘束力？(A)當事人所涉機關；(B)各關係機關；(C)各權責機關；(D)被告或原告機關。

者，具有拘束力；而對於未申請或未獲通知參加訴願之利害關係人則不具拘束力[109]。

(三) 執行力

訴願決定維持原行政處分者，並無訴願決定本身之執行力問題。受理訴願機關撤銷原行政處分，並自為決定時，始有訴願決定執行力之問題（若自為決定，則訴願決定本身就有執行力）。惟依訴願法第 81 條，不得為更不利之變更決定。

七、原行政處分不因提起訴願停止

訴願法第 93 條：「原行政處分之執行，除法律另有規定外，不因提起訴願而停止（I）[110]。原行政處分之合法性顯有疑義者，或原行政處分之執行將發生難以回復之損害，且有急迫情事，並非為維護重大公共利益所必要者，受理訴願機關或原行政處分機關得依職權或依申請，就原行政處分之全部或一部，停止執行（II）。前項情形，行政法院亦得依聲請，停止執行（III）。」提起訴願後，原行政處分原則上不停止執行，但必要時得停止執行[111]，也就是說，行政處分之執行力，依我國現行規定，不停止執行為原則，停止為例外[112]。

---

[109] (D) 訴願決定對於下列何者不具有拘束力？(A)共同訴願人；(B)訴願參加人；(C)經受理訴願機關通知參加訴願而未參加者；(D)未申請或未獲通知參加訴願之利害關係人。

[110] (A) 下列有關訴願之敘述，何者為非？(A)原行政處分之執行，因提起訴願而停止；(B)訴願決定確定後，就其事件，有拘束各關係機關之效力；(C)訴願決定書之正本，應於決定後 15 日內送達訴願人、參加人及原處分機關；(D)訴願之再審，應於訴願決定確定後，30 日內提起。

[111] (C) 提起訴願後，原行政處分應如何執行？(A)不受影響，繼續執行；(B)立即停止執行；(C)原則上不停止執行，但必要時得停止執行；(D)原行政處分失其效力。

[112] (B) 行政處分之執行力是否因提起訴訟而停止，我國現行規定為何？(A)停止執行為原則，不停止為例外；(B)不停止執行為原則，停止為例外；(C)一律不停

第七節　訴願之承受

訴願法第 87 條：「訴願人死亡者，由其繼承人或其他依法得繼受原行政處分所涉權利或利益之人，承受其訴願（I）。法人因合併而消滅者，由因合併而另立或合併後存續之法人[113]，承受其訴願（II）。依前二項規定承受訴願者，應於事實發生之日起三十日內，向受理訴願機關檢送因死亡繼受權利或合併事實之證明文件（III）。」訴願法第 88 條：「受讓原行政處分所涉權利或利益之人，得檢具受讓證明文件，向受理訴願機關申請許其承受訴願。」

第八節　再審程序

訴願法第 97 條：「於有左列各款情形之一者，訴願人、參加人或其他利害關係人得對於確定訴願決定，向原訴願決定機關申請再審[114]。但訴願人、參加人或其他利害關係人已依行政訴訟主張其事由或知其事由而不為主張者，不在此限：一、適用法規顯有錯誤者。二、決定理由與主文顯有矛盾者。三、決定機關之組織不合法者。四、依法令應迴避之委員參與決定者。五、參與決定之委員關於該訴願違背職務，犯刑事上之罪者。六、訴願之代理人，關於該訴願有刑事上應罰之行為，影響於決定者。七、為決定基礎之證物，係偽造或變造者。八、證人、鑑定人或通譯就為決定基礎之證言、鑑定為虛偽陳述者。九、為決定基礎之民事、刑事或行政訴訟判決或行政處分已變更者。十、發現未經斟酌之證物或得使用該證物者（I）。前項聲請再審，應於三十日內提起（II）。前項期間，自訴願

止；(D)一律停止。

[113](D) 訴願人如為法人，且因合併而消滅者，由何權利主體承受其訴願？(A)訴願程序終止，無需承受訴願；(B)上級機關指定之；(C)該法人之負責人；(D)因合併而另立或合併後存續之法人。

[114](A) 對於確定訴願決定，訴願人得基於法定事由向原訴願決定機關為如何之行為？(A)申請再審；(B)申請再議；(C)提起再訴願；(D)提起申訴。

決定確定時起算。但再審之事由發生在後或知悉在後者，自知悉時起算（III）。」

作者小叮嚀

　　本章學習方式，除了必須瞭解各種奇怪的救濟管道外，則必須熟讀訴願法，才能瞭解其細部的規定。考題重點方面：訴願的要件、訴願機關的管轄，包括委託、委任、委辦事件與私人受委託行使公權力的管轄，訴願審議、訴願委員會的組成，訴願決定、情況決定、訴願與行政處分之停止執行。

第十七章　行政訴訟法

 本章學習重點

> 1. 行政訴訟的類型。　　　3. 行政訴訟的原理。
> 2. 提起行政訴訟的要件。

第一節　行政訴訟之概念

　　原則上，任何民眾想要「告官」的，都可以到行政法院去，以某行政機關為被告，提出行政訴訟。一般的行政救濟，通常是先向行政機關提出訴願，讓行政機關自己檢討改正，但若是行政機關一意孤行不肯改正，為了給人民一個機會，那麼人民就可以去行政法院控告該行政機關違法。

一、行政訴訟之意義

(一) 行政訴訟係指人民因行政機關的處分，利用行政機關以外的方法尋求救濟，而向行政法院提起訴訟，請求救濟的訴訟行為，亦稱為「行政外部救濟」[1]，係屬一種司法受益權[2]，在行政救濟法中，學理上所稱之「第一次權利保護」[3]。例如公務員因雙重國籍而遭解除職

---

[1]　(C) 利用行政機關以外的方法尋求救濟，稱為「行政外部救濟」，主要指：(A)訴願；(B)再訴願；(C)行政訴訟；(D)法律訴訟。

[2]　(B) 人民有依法定程序提起訴訟，受充分而有效公平審判之權利，其目的在維護人民之何種權利？(A)政治受益權；(B)司法受益權；(C)經濟受益權；(D)財產受益權。

[3]　(B) 在行政救濟法中，學理上所稱之「第一次權利保護」，一般而言，即指下列哪一種制度？(A)損失補償制度；(B)行政爭訟制度；(C)國家賠償制度；(D)民事

務，得向行政法院請求救濟[4]，又如甲不服徵兵機關所為兵役體位之判定[5]、現役軍官依有關規定請求繼續留營服務，未獲國防部准許者（釋字第 430 號解釋）[6]、大學學生遭開除學籍處分之爭議[7]，皆得循訴願、行政訴訟程序救濟。惟何種情形不得提起行政爭訟，例如：像是消費者對於仿冒商標者之仿冒行為不得提起行政爭訟，因為消費者對於仿冒商標者之仿冒行為，在法律上並不享有權利或法律上利益，僅為一種「反射利益」，因此欠缺提起訴訟之權利保護必要，或稱為「欠缺訴之利益」、「欠缺訴訟權能」[8]。

(二) 行政訴訟法除於第 2 條明文規定：「公法上之爭議，除法律別有規定外，得依本法提起行政訴訟[9]。」同法第 3 條並規定：「前條所稱之行政訴訟，指撤銷訴訟、確認訴訟及給付訴訟[10]。」再者，行政訴訟法

　訴訟制度。

[4]　(A) 公務員因雙重國籍而遭解除職務，得向下列何司法機關請求救濟？(A)行政法院；(B)公務員懲戒委員會；(C)普通法院；(D)司法院。

[5]　(A) 甲不服徵兵機關所為兵役體位之判定，得循下列何項程序救濟？(A)訴願、行政訴訟；(B)民事訴訟；(C)刑事訴訟；(D)軍事審判。

[6]　(A) 下列何者可以提起行政爭訟（包括訴願及行政訴訟）？(A)現役軍官依有關規定請求繼續留營服務，未獲國防部准許者；(B)學生遭學校記大過之處分者；(C)公務員遭記大過處分而未達免職程度者；(D)公務員對於上級機關所發布之職務命令有所不服者。

[7]　(C) 下列何者，可以行政訴訟救濟之？(A)立法院之內部選舉爭議；(B)公職人員之當選無效爭議；(C)大學學生遭開除學籍處分之爭議；(D)行政機關出售國有土地之爭議。

[8]　(A) 下列那一種情形不得提起行政爭訟？(A)消費者對於仿冒商標者之仿冒行為；(B)鄰人對於鄰界土地之建築許可；(C)居民對於主管機關急於取締任意焚燒物品，致產生惡臭氣體行為；(D)人民對於交通違規之罰鍰。

[9]　(B) 依司法院大法官釋字第 533 號解釋，中央健康保健局與各醫事服務機構，締結全民健康保險特約醫事服務機構合約，其爭議之解決途徑為何？(A)民事訴訟；(B)行政訴訟；(C)刑事爭訟；(D)自行協商。

[10]　(D) 下列何者不屬於行政訴訟之類型：(A)撤銷訴訟；(B)確認訴訟；(C)給付訴訟；(D)人事訴訟。

第 5 條所規定之課予義務訴訟，就內容而言，亦屬給付訴訟[11]。而在民國 87 年 10 月 2 日通過行政訴訟法修正條文，當時修正重點有：增加訴訟種類、增加暫時權利保護之規定、嚴格程序化及民事訴訟化[12]等等。行政訴訟之宗旨有確保行政權合法行使、增進司法功能、保障人民權益[13]。此外，其功能為保障人民權益、確保國家行政權之合法行使及增進司法之功能等等[14]。

二、行政訴訟與訴願之區別

(一) 相同點

皆屬憲法所賦予人民之基本權利，人民得主張該權利，作為對瑕疵行政處分救濟之方法。

(二) 相異點

1. 審理機關不同

訴願由原處分機關之上級機關，或該機關本身審理，行政訴訟則由行政法院審理。

2. 作用性質不同

訴願屬行政權作用；行政訴訟則屬於司法權作用。

(1) 爭訟原因不同：訴願係因行政處分違法或不當，致損害人民之權

---

[11] (A) 下列公法上之爭議，何者得據以提起行政訴訟？(A)納稅義務人不服課稅之處分；(B)律師不服受到懲戒之處分；(C)駕駛人不服交通違規之裁罰；(D)公務人員不服長官工作上之指示。

[12] (B) 民國 87 年 10 月 2 日通過行政訴訟法修正條文，下列何者不是其修正重點？(A)增加訴訟種類；(B)行政法院完全採書面審查制度；(C)增加暫時權利保護之規定；(D)嚴格程序化及民事訴訟化。

[13] (B) 以下何者，非屬行政訴訟之宗旨？(A)確保行政權合法行使；(B)提升行政效能；(C)增進司法功能；(D)保障人民權益。

[14] (D) 關於行政訴訟之功能，下列敘述何者不正確？(A)保障人民權益；(B)確保國家行政權之合法行使；(C)增進司法之功能；(D)以司法判決代替行政機關決定。

益；行政訴訟除撤銷訴訟限於行政處分違法外，其他訴訟則不必然以行政處分為限。

(2) 法定期間限制不同：訴願除法令有特別規定外，自行政處分書到達之次日起三十日內為之；行政訴訟則自訴願決定書到達之次日起兩個月內為之。

(3) 審級多寡不同：訴願僅有一級；行政訴訟則採三級二審。

(4) 審理範圍不同：訴願之審理範圍主要為行政處分之違法或不當，不得請求損害賠償；行政訴訟則為行政處分之違法及其他公法爭議，並得附帶請求損害賠償。

三、國賠與行政訴訟並行

行政訴訟法第 7 條規定：「提起行政訴訟，得於同一程序中，合併請求損害賠償或其他財產上給付。」我國現行行政訴訟與國家賠償制度，係處於國家賠償與行政訴訟並行之情形[15]。惟國家賠償訴訟並不屬於行政訴訟法規定之訴訟類型[16]。

第二節　行政訴訟裁判權

一、行政訴訟裁判制度

我國係採司法二元化制度，基於公法與私法之區分，就行政事件所生之公法上爭議，承認其異於民、刑事件之處理法則，並交由特設機關，即行政法院處理為原則。此有別於英美法系之國家及日本，實施司法一元化，凡屬爭訟事件，不論私法抑或公法性質，悉由普通法院審理。此外，

---

[15] (C) 行政訴訟法第 7 條規定：「提起行政訴訟，得於同一程序中，合併請求損害賠償或其他財產上給付。」因此，我國現行行政訴訟與國家賠償制度處於：(A)國家賠償先行請求原則；(B)行政訴訟優先原則；(C)國家賠償與行政訴訟並行；(D)國家賠償處於備位性。

[16] (C) 下列何種訴訟不屬於行政訴訟法規定之訴訟類型？(A)選舉罷免訴訟；(B)課予義務訴訟；(C)國家賠償訴訟；(D)撤銷訴訟。

附帶一提，有關裁判費部分，舊法行政訴訟法第 98 條採用不徵收裁判費用制度，民國 96 年 6 月修法後改採徵收費用制度。而訴訟費用指裁判費及其他進行訴訟之必要費用，由敗訴之當事人負擔[17]。

二、行政訴訟裁判權之範圍

我國行政法院係以掌理行政事件之公法上爭訟並擴大其訴訟範圍[18]為原則，但也有例外。即依據法律特別規定，以下行政事件爭訟之審判權，被劃歸由普通法院管轄：

1. 公職人員選舉罷免訴訟[19]（雖然行政訴訟法第 10 條設有選舉罷免訴訟，但總統副總統選舉罷免法及公職人員選舉罷免法另規定出普通法院管轄）。
2. 違反社會秩序維護法事件涉及人身自由之處罰（拘留）。
3. 國家賠償事件。
4. 冤獄賠償事件。

第三節　　行政訴訟之審級

一、三級二審制

依我國法制，行政訴訟由行政法院審理，係三級二審體制。

過去原本訴願是有兩級，但 89 年修法後，訴願只剩一級，而行政訴訟改成兩級。行政訴訟原採二級二審，第一審是到高等行政法院（高雄高

---

[17] (B) 下列何者正確？(A)行政訴訟不徵收裁判費；(B)行政訴訟之裁判費由敗訴之當事人負擔；(C)行政訴訟之裁判費由兩造當事人平均負擔；(D)行政訴訟之裁判費由被告負擔。

[18] (C) 下列何者關於行政救濟制度之說明是正確的？(A)人民接受法官公平審判之權利；(B)增加訴願層級是行政救濟之重心；(C)擴大行政訴訟範圍是訴訟權之具體保障；(D)審級制度無法發揮訴訟救濟之功能。

[19] (A) 依目前現制，選舉罷免事件之爭議，由何種法院審理？(A)普通法院；(B)行政法院；(C)憲法法院；(D)公務員懲戒委員會。

等行政法院、台中高等行政法院、台北高等行政法院），如果第一審敗訴之後，可以在 20 日內上訴到最高行政法院。最高行政法院的判決就是最終判決，除非有重新審理的理由或再審的事由，否則就確定了。

行政訴訟自 89 年 7 月 1 日起，改採二級二審制度，成立台北、台中、高雄三所高等行政法院及改制原行政法院為最高行政法院。惟掌理行政訴訟第一審之法院僅有三所，對於民眾訴訟並不便利。

民國 100 年 11 月 23 日立法院正式通過行政訴訟法修正，行政訴訟改採三級二審制，在地方法院設行政訴訟庭，簡易案件及交通裁決案件的一審，先至地方法院行政訴訟庭，再上訴至高等行政法院二審。通常案件則直接至高等行政法院一審，可上訴至最高行政法院二審。

民國 111 年再次修法，將地方法院行政訴訟庭之用語，改為地方行政法院（高等行政法院地方行政訴訟庭）。

(一) 地方行政法院

地方行政法院（高等行政法院地方行政訴訟庭），負責辦理部分第一審通常訴訟程序事件（訴訟標的金額 150 萬元以下者）、簡易訴訟程序事件（訴訟標的 50 萬元以下者）、交通裁決事件、收容聲請事件。

(二) 高等行政法院

目前設有台北高等行政法院、台中高等行政法院、高雄高等行政法院三所高等行政法院。負責通常訴訟程序事件的一審，以及不服地方行政法院判決而上訴的案件。

(三) 最高行政法院

行政訴訟之終審法院，其管轄事項如下述：

1. 不服高等行政法院裁判而上訴[20]（並不須以原判決不當為理由[21]）或抗

---

[20] (B) 對於行政法院之判決欲上訴者，應以何法院為管轄法院？(A)高等行政法院；(B)最高行政法院；(C)司法院大法官會議；(D)司法院。

[21] (B) 下列有關行政訴訟之上訴要件，何者錯誤？(A)須有上訴權人未喪失其上訴權；(B)須以原判決不當為理由；(C)須對原判決不服，且須未逾上訴期間；(D)

告之事件。

2. 其他依法律規定由最高行政法院管轄之事件。例如對於行政機關請求應為行政處分之訴訟，既須經訴願程序，故僅由最高行政法院審理。

第四節　行政訴訟之種類

行政訴訟的種類很多，不過最大宗的，是民眾針對不利的行政處分[22]提出訴願被駁回後，以原行政機關當作被告[23]，所提出的「撤銷訴訟」，但必須在訴願被駁後兩個月內，或者訴願機關超過三個月還不做出答覆，或者是訴願延長兩個月了還是不做出決定，就可以去行政法院告官（參照行政訴訟法§4）。行政訴訟之種類有撤銷之訴、確認之訴、給付之訴及其他特種訴訟[24] [25] [26]。如下說明之：

一、撤銷之訴

(一) 撤銷之訴之要件

行政訴訟法第 4 條規定：「人民因中央或地方機關之違法行政處分[27]，

須以得上訴之判決為對象，且須遵守上訴之程序。

[22] (A) 依據我國行政訴訟法之設計，訴願程序前置原則，基本上只適用於有關下列那一種行政行為的訴訟案件？(A)行政處分；(B)法規命令；(C)行政契約；(D)行政指導。

[23] (A) 經訴願審議機關駁回訴願後所提起之行政訴訟，其被告為那一機關？(A)原處分機關；(B)訴願審議機關；(C)行政院；(D)原處分機關之上級主管機關。

[24] (B) 下列何種訴訟不屬於行政訴訟法規定之訴訟類型？(A)選舉罷免訴訟；(B)課予義務訴訟；(C)國家賠償訴訟；(D)撤銷訴訟。

[25] (D) 下列何種訴訟類型非行政訴訟法第三條所規定者？(A)給付訴訟；(B)撤銷訴訟；(C)確認訴訟；(D)積極形成訴訟。

[26] (D) 依據行政訴訟法之規定，行政訴訟的種類不包括下列哪一種？(A)撤銷訴訟；(B)確認訴訟；(C)給付訴訟；(D)否認訴訟。

[27] (D) 對於違法之行政處分，處分相對人在訴訟中原則上應提起下列那種訴訟，請求

認為損害其權利或法律上之利益，經依訴願法提起訴願而不服其決定，或提起訴願逾三個月不為決定，或延長訴願決定期間逾二個月不為決定者，得向行政法院提起撤銷訴訟（I）。逾越權限或濫用權力之行政處分，以違法論（II）。訴願人以外之利害關係人，認為第一項訴願決定，損害其權利或法律上之利益者，得向行政法院提起撤銷訴訟（III）。」其要件如下：

1. 須有行政處分存在（例如公務員受免職處分，如有不服，應提起撤銷之訴[28]）。須注意者，不服確定行政計畫裁決者，得不經訴願或其他先行程序，逕行提起撤銷之訴，因為確定行政計畫的「裁決」本身亦為行政處分之一種，因裁決程序於行政程序法中規定「應」舉行聽證，因而經聽證程序之行政處分，可免除訴願或其他先行程序[29]。
2. 原告須主張行政處分違法並損害其權利或法律上利益。（須注意的是，提起訴願時可主張行政處分「違法或不當」，但提起行政訴訟時只可主張原處分「違法」，因行政法院對於原處分僅為「適法性」審查，而不及於原處分適當與否[30][31]）。
3. 須經訴願程序而未獲救濟[32][33]。

權利保護？(A)給付訴訟；(B)課予義務訴訟；(C)確認公法關係不存在之訴訟；(D)撤銷訴訟。

[28] (A) 公務員受免職處分，如有不服，應提起何種訴訟？(A)撤銷訴訟；(B)給付訴訟；(C)確認訴訟；(D)民眾訴訟。

[29] (A) 不服確定行政計畫裁決者，得不經訴願或其他先行程序，逕行提起何種行政訴訟？(A)撤銷訴訟；(B)給付訴訟；(C)確認訴訟；(D)民眾訴訟。

[30] (C) 下列有關行政訴訟法第 4 條撤銷訴訟受理條件之敘述，何者錯誤？(A)撤銷之標的為行政處分；(B)原告須對撤銷該行政處分有訴訟利益；(C)原告須主張欲撤銷之行政處分為違法或不當，且導致其權利或利益受有損害；(D)須經提起訴願，但未獲救濟。

[31] (A) 行政處分有下列何種情形時，受處分人不得向行法院提起撤銷訴訟？(A)不當；(B)違法；(C)逾越權限；(D)濫用權力。

[32] (A) 下列何種訴訟應先經訴願程序，始得向行政法院提起之？(A)撤銷訴訟；(B)一般確認訴訟；(C)一般給付訴訟；(D)公眾訴訟。

[33] (A) 下列何種行政訴訟類型有訴願前置主義之要求？(A)撤銷之訴；(B)一般給付之

4. 須於法定期間内提起：行政訴訟法第 4 條規定：「……經依訴願法提起訴願而不服其決定，或提起訴願逾三個月不為決定，或延長訴願決定期間逾二個月不為決定者，得向行政法院提起撤銷訴訟[34]。……」雖然撤銷訴訟在性質上屬於形成訴訟，由於行政訴訟法第 3 條僅明文規定撤銷、給付、確認訴訟，因此「形成」訴訟不屬於行政訴訟種類[35]，附帶說明之。

再者，當事人如有對於行政機關所為之「負擔處分」不服者，應於行政訴訟之程序中，提出撤銷之訴[36]。

(二) 提起撤銷訴訟之期間

行政訴訟法第 106 條規定：「第四條及第五條訴訟之提起，應於訴願決定書送達後二個月之不變期間内為之[37] [38]。但訴願人以外之利害關係人知悉在後者，自知悉時起算（I）。第四條及第五條之訴訟，自訴願決定書送達後，已逾三年者，不得提起（II）[39]。」

訴；(C)合併請求損害賠償之訴；(D)確認之訴。

[34] (D) 依據我國行政訴訟法之規定，下列提起行政訴訟之情形，何者有誤？(A)對於無效確認訴訟得向高等行政法院提起；(B)不服撤銷違法處分而提起訴願之決定，得向高等行政法院提起訴訟；(C)經依訴願法提起訴願逾三個月不為決定，得向高等行政法院提起訴訟；(D)經延長訴願決定期間最長逾三個月不為決定者，得向高等行政法院提起訴訟。

[35] (A) 下列何種訴訟不是「行政訴訟」的種類？(A)形成訴訟；(B)撤銷訴訟；(C)給付訴訟；(D)確認訴訟。

[36] (C) 當事人對於行政機關所為之「負擔處分」不服者，應於行政訴訟之程序中，提出何種訴訟？(A)形成之訴；(B)課予義務之訴；(C)撤銷之訴；(D)確認之訴。

[37] (A) 依行政訴訟法第 106 條之規定，提起撤銷訴訟，應於訴願決定書送達後多久內之期間為之：(A)二個月；(B)三個月；(C)六個月；(D)一年。

[38] (B) 下列哪一個行政訴訟類型應受二個月起訴期間之限制？(A)違法確認之訴；(B)撤銷訴訟；(C)一般給付訴訟；(D)法律關係確認之訴。

[39] (A) 撤銷訴訟，自訴願決定書送達後，逾幾年者，不得提起？(A)3 年；(B)4 年；(C)2 年；(D)無限期。

(三) 被告機關

行政訴訟法第 24 條規定:「經訴願程序之行政訴訟,其被告為下列機關:一、駁回訴願時之原處分機關[40]。二、撤銷或變更原處分時,為撤銷或變更之機關。」訴願逾期未為決定時之受理訴願機關,則非行政訴訟撤銷之訴之被告[41]。

(四) 參加訴訟

行政訴訟法第 41 條規定:「訴訟標的對於第三人及當事人一造必須合一確定者,行政法院應以裁定該第三人參加訴訟[42]。」

(五) 不服經聽證處分時救濟程序之簡化

行政程序法第 109 條規定:「不服依前條作成之行政處分者,其行政救濟程序,免除訴願及其先行程序。」不服經聽證程序作成之行政處分,直接向行政法院提起行政訴訟[43]。

二、確認之訴

有的時候法律關係不明確,也可以提起「確認訴訟」,包括向原處分機關請求確認行政處分無效之訴訟[44]。

---

[40] (A) 經訴願程序之行政訴訟,其被告為哪個機關?(A)駁回訴願時之原處分機關;(B)訴願管轄機關;(C)原處分之上級機關;(D)最高行政機關。

[41] (D) 下列何者非為行政訴訟撤銷之訴之被告?(A)駁回訴願時之原處分機關;(B)撤銷原處分時之撤銷機關;(C)變更原處分時之變更機關;(D)訴願逾期未為決定時之受理訴願機關。

[42] (B) 訴訟標的對於第三人及當事人一造必須合一確定者,行政法院應以裁定命該第三人:(A)出席訴訟程序表示意見;(B)參加訴訟;(C)成為輔助人;(D)成為訴訟代理人。

[43] (A) 依行政程序法第 109 條規定,人民不服經聽證程序作成之行政處分,應如何救濟?(A)直接向行政法院提起行政訴訟;(B)向原處分機關之上級機關提出異議;(C)向原處分機關提出異議;(D)向原處分機關之上級機關提起復審。

[44] (C) 確認行政處分無效之訴,應先經何種程序?(A)向原處分機關提起訴願;(B)向

行政訴訟法第 6 條第 1 項：「確認行政處分無效及確認公法上法律關係成立或不成立之訴訟，非原告有即受確認判決之法律上利益者，不得提起之[45]。其確認已執行而無回復原狀可能之行政處分或已消滅之行政處分為違法之訴訟，亦同[46]。」

第 6 條第 2 項：「確認行政處分無效之訴訟，須已向原處分機關請求確認其無效未被允許，或經請求後於三十日[47]內不為確答者，始得提起之[48]。」

但是，由於擔心人民原本該提起「撤銷訴訟」或「課予義務訴訟」，卻提起「確認訴訟」，故規定第 6 條第 3 項：「確認訴訟，於原告得提起或可得提起撤銷訴訟、課予義務訴訟或一般給付訴訟者，不得提起之。但確認行政處分無效之訴訟，不在此限[49]。」以及第 6 條第 4 項：「應提起撤銷訴訟、課予義務訴訟，誤為提起確認行政處分無效之訴訟，其未經訴願程序者，行政法院應以裁定將該事件移送於訴願管轄機關，並以行政法院收受訴狀之時，視為提起訴願[50]。」

原處分機關提起申訴；(C)向原處分機關請求確認其為無效；(D)無須踐行任何之先行規定。

[45] (D) 下列何者非行政訴訟法中明文規定之確認訴訟類型？(A)確認行政處分無效之訴訟；(B)確認已消滅行政處分違法之訴訟；(C)確認公法上法律關係成立或不成立之訴訟；(D)確認行政命令失效之訴訟。

[46] (B) 對已執行完畢之行政處分不服者，應提起何種訴訟？(A)撤銷訴訟；(B)確認訴訟；(C)課予義務訴訟；(D)給付訴訟。

[47] (B) 確認行政處分無效之訴訟，須先向原處分機關請求確認，最長須經多少日後不為確答者，始得提起？(A)十日；(B)三十日；(C)二個月；(D)三個月。

[48] (B) 下列何者為提起確認行政處分無效之訴訟要件？(A)須經訴願程序後始得提起；(B)須已向原處分機關請求確認其無效未被允許，始得提起；(C)須已向原處分機關之上級機關請求確認其無效未被允許，始得提起；(D)須已向原處分機關請求確認其無效未被允許，並提起訴願後始得提起。

[49] (A) 下列何者非行政訴訟法上「確認行政處分無效」之訴之要件？(A)須經訴願程序；(B)須有即受判決之法律上利益；(C)確認之對象須為行政處分；(D)當事人須有訴訟能力。

[50] (C) 若某案件依其性質原告本應提起撤銷訴訟，但其卻未經訴願程序逕行提起確認

行政訴訟法第 6 條第 3 項規定：「確認訴訟，於原告得提起或可得提起撤銷訴訟、課予義務訴訟或一般給付訴訟者，不得提起之。但確認行政處分無效之訴訟，不在此限。」稱為「確認訴訟之補充性」[51] [52]，也就是於原告得提起撤銷訴訟者，不得提起確認公法上法律關係成立或不成立之訴訟。

確認判決不具有創設、變更或撤銷之法律效果[53]，僅係在確認一當事人間法律關係之爭議狀況。其又分以下三種[54]：

(一) 無效確認之訴

無效確認之訴，指給予處分相對人，請求行政法院確認行政處分之自始無效。

(二) 追加確認之訴

追加確認之訴，指人民原提起撤銷訴訟，而於審理中，發現作為訴訟標的之行政處分為無效，或已執行完畢時，應轉換為請求確認其為無效或違法之追加訴訟。

行政處分無效之訴，則高等行政法院應如何處置？(A)以裁定駁回原告之訴；(B)以判決駁回原告之訴；(C)以裁定將本案移送訴願管轄機關；(D)以裁定將本案移送原處分機關。

[51] (D) 何謂確認訴訟之補充性？(A)於原告得提起確認行政處分無效訴訟者，不得提起確認公法上法律關係成立或不成立之訴訟；(B)於原告得提起撤銷訴訟者，不得提起確認行政處分不當之訴訟；(C)於原告得提起一般給付訴訟者，不得提起確認行政處分違法之訴訟；(D)於原告得提起撤銷訴訟者，不得提起確認公法上法律關係成立或不成立之訴訟。

[52] (C) 提起確認公法上關係成立或不成立之訴訟，有何限制？(A)於原告得提起給付訴訟者，不得提起；(B)於原告得提起國家賠償訴訟者，不得提起；(C)於原告得提起撤銷訴訟者，不得提起；(D)於原告得提起課予義務訴訟者，不得提起。

[53] (D) 確認判決不具有何種法律效果？(A)創設；(B)變更；(C)撤銷；(D)以上皆是。

[54] (D) 確認判決不具有創設、變更或撤銷之法律效果，僅係在確認一當事人間法律關係之爭議狀況，可分為哪幾種狀況？(A)無效確認之訴；(B)追加確認之訴；(C)一般確認之訴；(D)以上皆是。

(三) 一般確認之訴

　　一般確認之訴，指確認公法上法律關係成立與不成立之訴訟。

三、給付之訴

(一) 課予義務之訴

　　課予義務訴訟可分為二種，一為「怠為處分之訴」，二為「拒絕申請之訴」。分述如下：

1. 怠為處分之訴

　　行政訴訟法第 5 條第 1 項：「人民因中央或地方機關對其依法申請之案件，於法令所定期間內應作為而不作為，認為其權利或法律上利益受損害者，經依訴願程序後，得向行政法院提起請求該機關應為行政處分或應為特定內容之行政處分之訴訟[55][56]。」例如某甲所有土地一筆經編列為公共設施保留地，某甲申請主管機關辦理徵收，該機關因經費無著遲未作處理，經訴願遭駁回後，某甲可提起怠為處分訴訟，也稱之為課予義務之訴[57]。

　　(1) 原告所申請作為者，須屬行政處分或特定內容之行政處分。

　　(2) 須該管機關於法定期間內應作為而不作為。

---

[55] (B) 人民因中央或地方機關對其依法申請之案件，於法令所定期間內應作為而不作為，認為其權利或法律上利益受損害者，經依訴願程序後，得向高等行政法院提起請求該機關應為行政處分或應為特定內容之行政處分之訴訟，為何種訴訟類型？(A)撤銷訴訟；(B)課予義務訴訟；(C)確認訴訟；(D)拒為處分之訴訟。

[56] (D) 人民請求行政機關為特定行政處分，應提起何種訴訟？(A)撤銷訴訟；(B)確認訴訟；(C)一般給付訴訟；(D)課予義務訴訟。

[57] (B) 某甲所有土地一筆經編列為公共設施保留地，某甲申請主管機關辦理徵收，該機關因經費無著遲未作處理，經訴願遭駁回後，某甲可提起何種行政訴訟？(A)撤銷訴訟；(B)怠為處分訴訟；(C)拒絕申請訴訟；(D)給付訴訟。

(3) 須先經訴願程序[58][59]。

(4) 原告須主張損害其權利或法律上利益。

(5) 須未逾越起訴之期間。

2. 拒絕申請之訴

行政訴訟法第 5 條第 2 項:「人民因中央或地方機關對其依法申請之案件,予以駁回,認為其權利或法律上利益受違法損害者,經依訴願程序後,得向行政法院提起請求該機關應為行政處分或應為特定內容之行政處分之訴訟[60]。」

拒絕申請之訴與怠為處分之訴實體判決要件之差別,僅在起訴前該管行政機關有無處分行為而已,其餘之要件與怠為處分之訴相同。

(二) 一般給付之訴

係指基於公法上原因,請求行政法院命對造為一定作為、不作為或容忍給付之訴訟,以積極實現其請求權或消極排除違法狀況。其要件如下:須因公法上原因發生之給付:有基於法規規定、基於公法契約之約定或因事實行為而生者,其發生之原因不一;須限於財產上之給付或請求作成行政處分以外之其他非財產上之給付;須主張給付義務之違反損害原告之權利;須不屬於得在撤銷訴訟中併為請求之給付。

1. 法規

行政訴訟法第 8 條第 1 項:「人民與中央或地方機關間,因公法上原

---

[58] (A) 人民在向行政法院提起下列何種訴訟類型時,須先經訴願程序?(A)課予義務訴訟;(B)確認訴訟;(C)給付訴訟;(D)公益訴訟。

[59] (C) 下列何者為應經過訴願前置程序之行政訴訟類型?(A)確認行政處分違法之訴訟;(B)因行政契約而提起之一般給付訴訟;(C)課予義務訴訟;(D)損害賠償訴訟。

[60] (C) 行政訴訟法第 5 條所規定之兩種訴訟類型,在訴訟法學理中,通常合稱為:(A)一般給付訴訟;(B)無名訴訟;(C)課予義務訴訟;(D)機關訴訟。

因發生財產上之給付[61] [62]或請求作成行政處分以外之其他非財產上之給付，得提起給付訴訟。因公法上契約發生之給付，亦同。」由於這類案件，並不是因為行政處分而引起的，所以不必先經過訴願[63]，可以直接提起行政訴訟。

2. **請求類型**

(1) 財產上給付訴訟：係指基於公法債權關係，所產生之公法上財產給付請求權。包括金錢或物品之交付，例如公保、勞保等。

(2) 非財產上給付訴訟：係指不屬於行政處分之其他高權性質之作為或不作為而言。非財產上給付訴訟又可分為下列幾種：

　　A. 請求積極作為之給付訴訟：諸如人民訴請締結公法契約（像是公費生甲與教育部簽訂契約出國留學，嗣後因個人因素未履行返國服務義務，教育部擬向甲請求返還已領取之公費，則應提起行政訴訟[64]）、請求有關機關提供資訊（人民向有關機關請求提供必要資訊而被拒絕時，應提出一般給付訴訟來主張救濟[65]）、服務紀錄之塗銷、忠誠資料之塗銷；請求行政

---

[61] (C) 貨櫃業者向海關立具保結，繳納保證金，於貨品退運後，請求返還保證金遭拒，得提起下列何項行政訴訟？(A)撤銷訴訟；(B)確認訴訟；(C)給付訴訟；(D)課予義務訴訟。

[62] (A) A 主張行政機關違法沒入其飼養之犬，A 欲要求行政機關返還該犬，A 應提起何類型之訴訟以求救濟？(A)一般給付之訴；(B)確認之訴；(C)課以義務之訴；(D)撤銷之訴。

[63] (B) 下列有關行政訴訟法中所規定之課予義務訴訟與一般給付訴訟之敘述，何者錯誤？(A)課予義務訴訟係請求作成行政處分之訴訟；一般給付訴訟係請求作成事實行為之訴訟；(B)課予義務訴訟與一般給付訴訟均須經訴願前置程序；(C)課予義務訴訟與一般給付訴訟均屬行政訴訟法第三條所稱之給付訴訟；(D)課予義務訴訟係請求作成行政處分之訴訟；一般給付訴訟係請求基於公法上原因所生金錢給付之訴訟。

[64] (B) 公費生甲與教育部簽訂契約出國留學，嗣後因個人因素未履行返國服務義務，教育部擬向甲請求返還已領取之公費，則應提起下列何項爭訟？(A)民事訴訟；(B)行政訴訟；(C)訴願；(D)刑事訴訟。

[65] (C) 人民向有關機關請求提供必要資訊而被拒絕時，應提出何種訴訟來主張救濟？

機關提供資訊、容許閱覽卷宗、對請願或陳情為處置;請求
行政機關為公法上回復名譽之表示;請求發還違法吊銷之駕
駛執照或行車執照[66][67]。

B. 請求消極不作為之給付訴訟:對於行政機關透過新聞媒體報
導不利消息之行為,請求不得再為之。

C. 公法上契約之給付訴訟:公法上契約即行政程序法第 135 條
以下所稱之行政契約。得依行政契約請求給付[68]者,包括請求
行政機關締結行政契約之權,以及因公法上契約所發生之給
付者,均得提起給付訴訟。

D. 公法上不法結果除去訴訟:係指對於因違法行政處分之執行
或其他行政行為所直接產生侵害,在該行政處分或行政行為
被廢棄時,得請求予以排除損害,使其回復原狀之權利,此
種權利係屬公法上權利。

E. 預防的不作為訴訟:係指人民訴請行政法院,判命行政機關
未來不得對之作成可能損害其權益之行政處分或其他高權行
為(職務行為)。例如環保署擬在某處興建垃圾掩埋場,一旦
該案(經公聽會或核准)許可後,處於該垃圾場之地主之土
地必然被徵收或設於該地點旁之遊樂場生意必將大受影響,
則將來再事爭執,已屬為時已晚,而有不可回復之損害,故
允許該地主可以提起預防的不作為訴訟。

(A)公益訴訟;(B)課予義務訴訟;(C)一般給付訴訟;(D)確認訴訟。

[66] (A) 下列何種情形提起訴願未獲救濟,依行政訴訟法得提起課予義務訴訟?(A)請
求發給建築執照;(B)請求行政院衛生署停止透過媒體宣布美國牛肉有害健康
之訊息;(C)依行政機關所作成之補償特定金額之行政處分請求給予徵收補償
費;(D)地震受災戶請求發給救濟物品。

[67] (B) 人民向行政機關申請執照,被拒絕時,若訴願無結果,應提起何種訴訟?
(A)確認;(B)一般給付;(C)課予義務;(D)撤銷。

[68] (D) 人民對於行政契約締結後發生情事變更,不服行政機關之補償金額時,得提起
何種訴訟?(A)確認行政契約無效之訴;(B)請求解除行政契約之訴;(C)請求
終止行政契約之訴;(D)給付訴訟。

（三）合併請求財產上給付之訴

行政訴訟法第 7 條：「提起行政訴訟，得於同一程序中，合併請求損害賠償或其他財產上給付。」

四、其他特種訴訟

(一) 公眾訴訟

人民為了維護公益，發現行政機關有違法行為，跟自己權利或法律上利益無關的事情，也可以提起訴訟，稱為「維護公益之特種訴訟」。但這必須法律有特別規定才能提起。

行政訴訟法第 9 條規定：「人民為維護公益，就無關自己權利及法律上利益之事項，對於行政機關之違法行為，得提起行政訴訟。但以法律有特別規定為限[69][70]。」

所謂法律有特別規定者，現行法制中，多集中在環保法規上，例如空氣污染防制法第 81 條、土壤及地下水污染整治法第 49 條等。

(二) 選舉訴訟

選舉罷免事件，本質上係公法關係之事件。應屬行政訴訟，但現行法制將之列為普通法院職權，係因台灣公法法制最初的建置不健全，故由普通法院審理。

行政訴訟法第 10 條規定：「選舉罷免事件之爭議，除法律別有規定

---

[69] (C) 人民為維護公益，就無關自己權利及法律上利益之事項，對於行政機關之違法行為，得否提起行政訴訟？(A)依公益原則，得任意提起行政訴訟；(B)與自己權益無關，不符權利保護要件，故不得提起；(C)法律有特別規定允許者，始可提起；(D)須獲行政法院許可，始可提起。

[70] (B) 行政訴訟法第 9 條規定，人民對於無關自己權利之事項亦得提起行政訴訟，下列敘述，何者錯誤？(A)依法此種訴訟之提起，乃以維護公益為前提，故又稱為公益訴訟；(B)此類訴訟，包括針對行政機關之不當行政行為所提起之訴訟；(C)此類訴訟僅以法律有特別規定者為限；(D)現行法中明定之公益訴訟，多集中在環保法規。

外,得依本法提起行政訴訟。」似有意思漸漸將本質上公法案件之選舉罷免事件回歸正常法制之意。此之法律別有規定,指公職人員選舉罷免法、總統副總統選舉罷免法之相關規定。是以,在選罷法未修正前,此類案件仍由普通法院審理[71]。

(三) 都市計畫審查(2020 年新增,§237-18~§237-31)

行政訴訟法第 237 條之 18 第 1 項:「人民、地方自治團體或其他公法人認為行政機關依都市計畫法發布之都市計畫違法,而直接損害、因適用而損害或在可預見之時間內將損害其權利或法律上利益者,得依本章規定,以核定都市計畫之行政機關為被告,逕向管轄之高等行政法院提起訴訟,請求宣告該都市計畫無效。」

行政訴訟法第 237 條之 19:「前條訴訟,專屬都市計畫區所在地之高等行政法院管轄。」

第五節　當事人與訴訟行為能力

一、當事人

(一) 當事人能力

行政訴訟法第 22 條規定:「自然人、法人、中央及地方機關、非法人之團體,有當事人能力。」行政機關之內部單位無行政訴訟之能力[72]。

(二) 當事人範圍

行政訴訟法第 23 條規定:「訴訟當事人謂原告、被告及依第四十一

---

[71] (C) 有關公職人員選舉無效之訴訟,係屬於:(A)憲法訴訟;(B)行政訴訟;(C)民事訴訟;(D)刑事訴訟。

[72] (D) 下列何者無行政訴訟之能力?(A)能獨立以法律行為負擔義務者;(B)法人;(C)中央或地方機關;(D)行政機關之內部單位。

條與第四十二條參加訴訟之人[73][74][75]。」

(三) 被告機關

行政訴訟法第 24 條規定：「經訴願程序之行政訴訟，其被告為下列機關：一、駁回訴願時之原處分機關。二、撤銷或變更原處分時，為撤銷或變更之機關。」

(四) 受託團體或個人

行政訴訟法第 25 條規定：「人民與受委託行使公權力之團體或個人，因受託事件涉訟者，以受託之團體[76]或個人為被告。」

(五) 直接上級機關

行政訴訟法第 26 條規定：「被告機關經裁撤或改組者，以承受其業務之機關為被告機關；無承受其業務之機關者，以其直接上級機關為被告機關。」

二、訴訟能力

(一) 訴訟能力

行政訴訟法第 27 條規定：「能獨立以法律行為負義務者，有訴訟能力（Ⅰ）[77]。法人、中央及地方機關、非法人之團體，應由其代表人或管

---

[73] (A) 依行政訴訟法第 23 條之規定，行政訴訟之當事人不包括下列何者？(A)輔助參加人；(B)普通參加人；(C)必要參加人；(D)被告機關。

[74] (D) 依行政訴訟法之規定，訴訟當事人之範圍，不包含下列何者？(A)原告；(B)被告；(C)參加人；(D)檢察官。

[75] (B) 下列何者非行政訴訟之當事人範圍？(A)原告與被告；(B)輔佐人；(C)訴訟參加人；(D)輔助參加訴訟之行政機關。

[76] (D) 人民與受委託行使公權力之團體，因受託事件之爭議兩提起行政訴訟時，應以誰為被告？(A)原委託機關；(B)訴願審議機關；(C)原委託機關之上級機關；(D)該受託團體。

[77] (D) 依行政訴訟法之規定，能獨立以法律行為負擔義務者，係指有下列何者能力？

理人為訴訟行為（II）。前項規定於依法令得為訴訟上行為之代理人準用之（III）。」

(二) 當事人與訴訟行為能力於民訴法之準用

行政訴訟法第 28 條規定：「民事訴訟法第四十六條至第四十九條、第五十一條之規定，於本節準用之。」

(三) 訴訟代理人

行政訴訟法第 49 條規定：「當事人得委任代理人為訴訟行為。但每一當事人委任之訴訟代理人不得逾三人（I）。行政訴訟應以律師為訴訟代理人。非律師具有下列情形之一者，亦得為訴訟代理人：一、稅務行政事件，具備會計師資格者。二、專利行政事件，具備專利師資格或依法得為專利代理人者[78]。三、當事人為公法人、中央或地方機關、公法上之非法人團體時，其所屬專任人員辦理法制、法務、訴願業務或與訴訟事件相關業務者。四、交通裁決事件，原告為自然人時，其配偶、三親等內之血親或二親等內之姻親；原告為法人或非法人團體時，其所屬人員辦理與訴訟事件相關業務（II）。委任前項之非律師為訴訟代理人者，應得審判長許可（III）。第二項之非律師為訴訟代理人，審判長許其為本案訴訟行為者，視為已有前項之許可（IV）。前二項之許可，審判長得隨時以裁定撤銷之，並應送達於為訴訟委任之人（V）。訴訟代理人委任複代理人者，不得逾一人。前四項之規定，於複代理人適用之（VI）。」

三、言詞辯論主義

若所有基本的訴訟要件都具備，那麼法院就可以將原告的訴訟狀送

(A)當事人能力；(B)行為能力；(C)證據能力；(D)訴訟能力。

[78] (B) 行政訴訟應以律師為訴訟代理人。非律師具有下列情形者，亦得為訴訟代理人：(A)當事人為公法人、中央或地方機關、公法上之非法人團體時，其所屬專任人員辦理行政相關業務者；(B)專利行政事件，具備專利師資格或依法得為專利代理人者；(C)土地稅務行政事件，具備土地代書資格者；(D)交通行政事件，具備專門職業駕駛執照者。

達給對方，並要求被告提出答辯狀。如果雙方的意見都已經很清楚了，法官就可以指定一個開庭日，正式開庭，讓原告、被告在法庭上進行言詞辯論。

行政訴訟法第 188 條規定：「行政訴訟除別有規定外，應本於言詞辯論而為裁判（Ⅰ）[79]。法官非參與裁判基礎之辯論者，不得參與裁判（Ⅱ）。裁定得不經言詞辯論為之（Ⅲ）。裁定前不行言詞辯論者，除別有規定外，得命關係人以書狀或言詞為陳述（Ⅳ）。」

四、書狀

行政訴訟法第 57 條第 1 項規定：「當事人書狀，除別有規定外，應記載下列各款事項：一、當事人姓名及住所或居所；當事人為法人、機關或其他團體者，其名稱及所在地、事務所或營業所。二、有法定代理人、代表人或管理人者，其姓名及住所或居所。三、有訴訟代理人者，其姓名及住所或居所。四、應為之聲明。五、事實上及法律上之陳述。六、供證明或釋明用之證據。七、附屬文件及其件數。八、行政法院。九、年、月、日。」

五、期日

行政訴訟法第 87 條規定：「期日，以朗讀案由[80]為始（Ⅰ）。期日，如有重大理由，得變更或延展之（Ⅱ）。變更或延展期日，除別有規定外，由審判長裁定之（Ⅲ）。」

六、訴訟參加

行政訴訟法第 41 條規定：「訴訟標的對於第三人及當事人一造必須合一確定者，行政法院應以裁定命該第三人參加訴訟。」

---

[79] (A) 下列何種行政訴訟程序，應進行言詞辯論，絕無例外？(A)第一審通常程序；(B)第一審簡易程序；(C)上訴審判決程序；(D)裁定程序。

[80] (C) 行政法院所訂之期日，於何時開始？(A)當事人進行言詞辯論時；(B)至現場堪驗時；(C)朗讀案由；(D)日曆所定時間到達時。

行政訴訟法第 42 條規定：「行政法院認為撤銷訴訟之結果，第三人之權利或法律上利益將受損害者，得依職權命其獨立參加訴訟，並得因該第三人之聲請，裁定允許其參加（I）。前項參加，準用第三十九條第三款之規定。參加人並得提出獨立之攻擊或防禦方法（II）。前二項規定，於其他訴訟準用之（III）。訴願人已向行政法院提起撤銷訴訟，利害關係人就同一事件再行起訴者，視為第一項之參加（IV）。」

行政訴訟法第 47 條規定：「判決對於經行政法院依第四十一條及第四十二條規定，裁定命其參加或許其參加而未為參加者，亦有效力[81][82]。」

七、迴避

行政訴訟法第 19 條規定：「法官有下列情形之一者，應自行迴避，不得執行職務：一、有民事訴訟法第三十二條第一款至第六款情形之一。二、曾在中央或地方機關參與該訴訟事件之行政處分或訴願決定[83]。三、曾參與該訴訟事件相牽涉之民刑事裁判。四、曾參與該訴訟事件相牽涉之法官、檢察官或公務員懲戒事件議決或裁決。五、曾參與該訴訟事件之前審裁判。六、曾參與該訴訟事件再審前之裁判。但其迴避以一次為限。」

---

[81] (A) 依行政訴訟法第 41 條以下關於「訴訟參加」之規定，下列何者係正確？(A)訴訟標的對於第三人及當事人一造必須合一確定者，行政法院應以裁定命該第三人參加訴訟；(B)第三人聲請參加訴訟者，應向原處分機關提出參加書狀；(C)行政法院認為撤銷訴訟之結果，第三人之權利或法律上利益將受損害者，該第三人無聲請參加權；(D)判決對於經行政法院裁定命其參加而未為參加者，並無效力。

[82] (C) 訴訟標的對於第三人及當事人一造有何情形，行政法院應以裁定命該第三人參加訴訟？(A)事實上利益共同；(B)法律上利益共同；(C)必須合一確定；(D)相牽連。

[83] (C) 行政法院法官在擔任法官之前，曾任職中央或地方機關，並參與該訴訟事件之行政處分者：(A)可直接參與審判；(B)向上級報告；(C)應自行迴避；(D)應符合公務員服務規範。

第六節　情況判決制度

一、情況判決之意義

　　情況判決，係指因公益而允許違法處分存續，行政法院不予撤銷或變更[84]違法處分，以保護公益[85]之裁判制度[86]。

二、情況判決之要件

(一) 限於撤銷訴訟，發現原處分或決定違法。

(二) 原處分或決定之撤銷或變更於公益有更重大損害。

(三) 經斟酌原告所受損害、賠償程度、防止方法及其他一切情事，得駁回原告之訴，以免撤銷或變更原處分致與公益相違背。

　　行政訴訟法第 198 條規定：「行政法院受理撤銷訴訟，發現原處分或決定雖屬違法，但其撤銷或變更於公益有重大損害，經斟酌原告所受損害、賠償程度、防止方法及其他一切情事，認原處分或決定之撤銷或變更顯與公益相違背時，得駁回原告之訴（I）[87]。前項情形，應於判決主文中諭知原處分或決定違法（II）。」

---

[84] (A) 以下關於情況決定之敘述，何者錯誤？(A)為撤銷其訴願之決定；(B)於主文中載明原行政處分違法或不當；(C)為考量公益之制度；(D)原則上與法治主義有違，適用時應從嚴認定。

[85] (A) 行政訴訟法上的「情況判決」是基於下列何種行政法原則的考量？(A)公益原則；(B)比例原則；(C)信賴保護原則；(D)明確性原則。

[86] (A) 行政法院在審理撤銷之訴之際，發現原處分雖屬違法，但若撤銷該處分將對公益造成重大之損害時，行政法院得進行利益衡量而例外駁回原告之訴，此種判決稱為：(A)情況判決；(B)情形判決；(C)公益判決；(D)緊急判決。

[87] (D) 下列何者非情況判決的正確敘述？(A)原處分雖違法，但其撤銷或變更於公益有重大損害；(B)原處分違法，但經斟酌原告所受損害、賠償程度、防止方法及其他一切情事，認原處分之撤銷顯與公益相違背時，得駁回原告之訴；(C)行政法院為情況判決時，應於判決主文中諭知原處分違法；(D)行政法院受理撤銷訴訟，認原處分之撤銷顯與公益相違背時，得轉換為課予義務之訴。

三、情況判決之效力

應依原告之聲明，命被告機關賠償原告因違法處分或決定所受之損害。

第七節　簡易訴訟程序和特殊事件程序

一、簡易訴訟

所謂的簡易訴訟，根據行政訴訟法第 229 條（適用簡易程序之行政訴訟事件）：「適用簡易訴訟程序之事件，以地方法院行政訴訟庭為第一審管轄法院（I）。下列各款行政訴訟事件，除本法別有規定外，適用本章所定之簡易程序：一、關於稅捐課徵事件涉訟，所核課之稅額在新臺幣五十萬元以下者。二、因不服行政機關所為新臺幣五十萬元以下罰鍰處分而涉訟者[88]。三、其他關於公法上財產關係之訴訟，其標的之金額或價額在新臺幣五十萬元以下者。四、因不服行政機關所為告誡、警告、記點、記次、講習、輔導教育或其他相類之輕微處分而涉訟者。五、關於內政部移民署（以下簡稱移民署）之行政收容事件涉訟，或合併請求損害賠償或其他財產上給付者。六、依法律之規定應適用簡易訴訟程序者（II）。前項所定數額，司法院得因情勢需要，以命令減為新臺幣二十五萬元或增至新臺幣七十五萬元（III）。第二項第五款之事件，由受收容人受收容或曾受收容所在地之地方行政法院管轄，不適用第十三條之規定。但未曾受收容者，由被告機關所在地之地方行政法院管轄（IV）。」

二、交通裁決事件（2011 年新增，§237-1～§237-9）

此次修正將過去由普通法院負責的交通裁決事件，一併規定由地方法院的行政訴訟庭負責審理。

新增行政訴訟法第 237 條之 1：「本法所稱交通裁決事件如下：一、

---

[88] (D) 不服行政機關所為新台幣多少元以下罰鍰處分而涉訟者，適用行政訴訟法規定之簡易訴訟程序？(A)二十萬元；(B)十萬元；(C)五萬元；(D)五十萬元。

不服道路交通管理處罰條例第八條及第三十七條第六項之裁決，而提起之撤銷訴訟、確認訴訟。二、合併請求返還與前款裁決相關之已繳納罰鍰或已繳送之駕駛執照、計程車駕駛人執業登記證、汽車牌照（I）。合併提起前項以外之訴訟者，應適用簡易訴訟程序或通常訴訟程序之規定（II）。第二百三十七條之二、第二百三十七條之三、第二百三十七條之四第一項及第二項規定，於前項情形準用之（III）。」

新增第 237 條之 2：「交通裁決事件，得由原告住所地、居所地、所在地或違規行為地之地方行政法院管轄。」

三、收容聲請事件（2014 年新增，§237-10～§237-17）

第 237 條之 10：「本法所稱收容聲請事件如下：一、依入出國及移民法、臺灣地區與大陸地區人民關係條例及香港澳門關係條例提起收容異議、聲請續予收容及延長收容事件。二、依本法聲請停止收容事件。」

第 237 條之 11：「收容聲請事件，以地方行政法院為第一審管轄法院（I）。前項事件，由受收容人所在地之地方行政法院管轄，不適用第十三條之規定（II）。」

第八節　停止執行

訴願法第 93 條第 1 項：「原行政處分之執行，除法律另有規定外，不因提起訴願而停止。」行政訴訟法第 116 條第 1 項：「原處分或決定之執行，除法律另有規定外，不因提起行政訴訟而停止。」

訴願法第 93 條第 2 項、第 3 項：「原行政處分之合法性顯有疑義者，或原行政處分之執行將發生難以回復之損害，且有急迫情事，並非為維護重大公共利益所必要者，受理訴願機關或原行政處分機關得依職權或依申請，就原行政處分之全部或一部，停止執行（II）。前項情形，行政法院亦得依聲請，停止執行（III）。」行政訴訟法第 116 條第 2 項、第 3 項：「行政訴訟繫屬中，行政法院認為原處分或決定之執行，將發生難於回復之損害，且有急迫情事者，得依職權或依聲請裁定停止執行。但於公益有重大影響，或原告之訴在法律上顯無理由者，不得為之（II）。於行

政訴訟起訴前,如原處分或決定之執行將發生難於回復之損害,且有急迫情事者,行政法院亦得依受處分人或訴願人之聲請,裁定停止執行。但於公益有重大影響者,不在此限（III）。」

作者小叮嚀

　　本章非常繁雜,必須閱讀行政訴訟法重要條文,也明確瞭解各種訴訟類型的區分。命題重點為:各種行政訴訟類型與要件、行政法院的管轄與審判權、簡易訴訟程序與其他特殊程序、情況判決、停止執行。

第十八章　國家賠償與補償

📖 **本章學習重點**

> 1. 國家賠償法。
> 2. 補償與信賴利益保護。
> 3. 徵收補償的程序。

第一節　國家責任之概念

一、意義

　　國家責任，指國家對人民所負之法律責任。而「責任」，即指國家所承擔之各種以彌補所失為目的之給付義務。依憲法第 24 條規定：「凡公務員違法侵害人民之自由或權利者，除依法律受懲戒外，應負刑事及民事責任。被害人民就其所受損害，並得依法律向國家請求賠償。」此外，又依據憲法第 15 條，「人民之財產權應予保障」之精神，國家亦有損失補償及其他財產權受侵害之填補責任，一併構成國家責任。

二、損害賠償與損失補償

(一) 損害賠償之意義

　　所謂行政上的損害賠償，係指人民因行政機關的「違法行為」，致使其權益受到損害，由受害人向國家請求賠償，從而使國家對其負擔損害賠償的責任而言。

(二) 損失補償之意義

所謂行政上的損失補償，係指人民因行政機關行使職權所作「適法行為」，致使其權益受到損害，由受害人向國家請求救濟，從而使國家對其所受損失設法予以補償；或由主管機關主動本於職權對其提供補償而言。

第二節　國家賠償

一、國家賠償之法源

國家賠償之法源係依據憲法第 24 條所制定。憲法第 24 條規定：「凡公務員違法侵害人民之自由或權利者，除依法律受懲戒外，應負刑事及民事責任，被害人民就其所受損害，並得依法律向國家請求賠償。」這就是國家賠償的依據。而所謂「國家賠償責任」者，其實就是國家或其他公法人向人民所負之公法上侵權行為之責任[1]。

附帶一提，民法第 186 條第 1 項規定：「公務員因故意違背對於第三人應執行之職務，致第三人受損害者，負賠償責任。其因過失者，以被害人不能依他項方法受賠償時為限，負其責任。」不過，在國家賠償法制定之後，原則上若要向國家請求賠償，直接依國家賠償法的條文即可。

二、國家賠償之理論基礎

國家對違法行使公權力之賠償責任，大體而言，可分為「國家無責任論」「國家代位責任論」及「國家自己責任論」（又稱為危險責任說或無過失責任說）三種理論。在理論之形成發展上，雖有時間先後，但除「國家無責任」理論已遭摒棄外，其餘之「國家代位責任」及「國家自己責任論」理論，在現行法制內，已見諸實踐。

---

[1] (C) 所謂「國家賠償責任」者，其實就是國家或其他公法人向人民所負之何種責任？(A)公法上之契約責任；(B)公法上無因管理之責任；(C)公法上侵權行為之責任；(D)公法上不當得利之責任。

我國國家賠償法依前述採取綜合之立場如下：

(一) 採「國家代位責任論」者：國家賠償法第 2 條第 2 項及第 3 項公務員違法行為之責任。

(二) 採「國家自己責任論」之「無過失責任主義」者：國家賠償法第 3 條公共設施瑕疵之責任。

此外，在「權利侵害救濟」方面，原則上人民權利受侵害時應優先尋求「排除侵害」，這即是所謂的「第一次」（首要）權利保護優先原則，但是在國家賠償請求權上，並不要求人民權利受侵害時若未曾尋求「排除侵害」，則其將不得主張國家賠償請求權[2]。

三、第一次權利保護優先原則

「行政爭訟」與「國家賠償」，二者雖皆以保障人民權益為目的，然亦有本末先後之分。「行政爭訟」可稱為「第一次權利保護」，而「國家賠償」則可相應稱為「第二次權利保護」。人民受到國家侵害時，若該侵害有行政爭訟途徑可使用，應依規定提起行政爭訟，請求權利保護，實為首要之事項。如人民不能經由行政爭訟撤銷該違法行政處分，而仍受有損害時，自應予以賠償。

所謂的「第一次權利保護優先原則」，意指怠於或遲誤請求「第一次權利保護」之受害人，應不得再請求「第二次權利保護」。否則，違法行政處分之受害人，不經行政爭訟，亦皆得於國家賠償法第 8 條第 1 項之兩年或五年消滅時效期間內，請求國家賠償，則提起行政爭訟之期間限制將形同虛設，且勢必迫使民事法院審查行政處分之違法性，有僭越行政法院審判權之處。

---

[2] (B) 下列有關「權利侵害救濟制度」之敘述，何者錯誤？(A)人民權利受侵害時應優先尋求「排除侵害」，這即是所謂的「第一次（首要）權利保護優先原則」；(B)人民權利受侵害時若未曾尋求「排除侵害」，則其將不得主張國家賠償請求權；(C)普通法院於審理國家賠償案件時，應尊重行政爭訟機關有關系爭行政行為違法性之判斷；(D)被害人主張行政處分違法侵害其權利、並向普通法院提起國家賠償訴訟，若被害人針對系爭行政處分另行提起行政爭訟，則依據行政訴訟法第 12 條第 2 項之規定，普通法院應停止審判程序。

　　但因違法行政處分而受損害之人民，雖未依期限請求法律救濟，以致該行政處分發生存續力，不得再為爭訟，但其非出於故意或過失者，如亦以其未經行政爭訟，不容許提起損害賠償訴訟，即不符合所要求第一次權利保護優先之法律精神。因此，以此種情形，應仍得提起損害賠償訴訟。民事法院在此雖亦就行政處分為審查，但某著眼點在於以該行政處分為行政機關行為之結果，審查其是否違法，而非審查行政處分之法律效力，尚不至於侵犯行政法院審判權。

四、國家賠償法

　　我國國家賠償法主要可區分為「公務員違法行為責任」及「公共設施瑕疵責任」二大類，分述如下：

(一) 公務員違法有責行為之責任

1. 公務員定義

　　國家賠償法第 2 條第 1 項規定：「本法所稱公務員者，謂依法令從事於公務之人員[3]。」此外，受委託行使公權力的人民或團體，也視同公務員。

2. 積極作為與故意過失

　　國家賠償法第 2 條第 2 項前段：「公務員於執行職務行使公權力時，因故意或過失不法侵害人民之自由或權利[4]者，國家應負損害賠償責任。」這條可以看出，必須是公務員，在行使公權力時，因為：(1)無法律或法規命令之依據；(2)違背職務的行為，例如：逾越權限或濫用權力，違背對第三人應執行的職務，且該公務員有故意過失，人民的自由或權利受到損害，就可以請求國家賠償；(3)具有故意或過失[5]。例如甲因衛

---

[3]　(A) 何種法律所規定之公務員，採取最廣義之公務員？(A)國家賠償法；(B)公務人員保障法；(C)公務員服務法；(D)公務人員任用法。

[4]　(B) 國家賠償責任係因公務員何種行為而發生？(A)適法行為；(B)違法執行職務，行使公權力之行為；(C)不當之職務行為；(D)個人之違法行為。

[5]　(B) 依國家賠償法第 2 條第 2 項規定公務員違法有責行為之國家賠償責任，公務員必須是：(A)故意為唯一要件；(B)故意或過失；(C)過失為唯一要件；(D)明知

生主管機關誤發布其產品含致癌物質致營業受損，得依國家賠償法請求國家賠償[6]。

3. 怠於執行職務

國家賠償法第 2 條第 2 項後段：「公務員怠於執行職務，致人民自由或權利遭受損害亦同。」法條的意思，是說公務員在其職務上本來應該有義務去做一些事，卻沒有做，而對人民造成損害，這時候國家也要負賠償責任（採用保護規範理論），並參閱釋字第 469 號解釋[7]。例如主管機關測知特定建築物受輻射污染而怠於告知住戶致受健康之損害，這時候國家也要負賠償責任[8]。

釋字第 469 號解釋：「法律規定之內容非僅屬授予國家機關推行公共事務之權限，而其目的係為保護人民生命、身體及財產等法益，且法律對主管機關應執行職務行使公權力之事項規定明確，該管機關公務員依此規定對可得特定之人所負作為義務已無不作為之裁量餘地，猶因故意或過失怠於執行職務，致特定人之自由或權利遭受損害，被害人得依國家賠償法第 2 條第 2 項後段，向國家請求損害賠償。最高法院 72 年台上字第 704

為唯一要件。

[6] (B) 下列何項事由得依國家賠償法請求國家賠償？(A)甲因冤獄請求入獄期間之損失；(B)甲因衛生主管機關誤發布其產品含致癌物質致營業受損；(C)甲因國軍火炮誤射致漁船沉沒；(D)甲因地政機關登記錯誤致受損害。

[7] (A) 有關行政機關不作為的國家賠償責任之概念，請依司法院大法官釋字第 469 號解釋，判斷下列何者為正確？(A)法律對主管機關應執行職務行使公權力之事項規定明確，該管機關公務員對可得特定之人所負作為義務已無不作為之裁量餘地，猶因故意或過失怠於執行職務，致特定人之自由或權利遭受損害，被害人得向國家請求損害賠償；(B)法律規定之內容僅屬授予國家機關推行公共事務之權限，公務員違反此種法律之規定，即應負國家賠償責任；(C)受損害之人民，如果沒有事先請求公務員作為，無國家賠償責任問題；(D)公務員急於執行職務，係以被害人對於公務員為特定職務行為，有公法上請求權存在，經請求其執行而怠於執行者為限。

[8] (C) 下列何種行為有國家賠償法之適用？(A)交通警察怠於取締違規行車；(B)稅務人員怠於查稅致產生逃漏稅事件；(C)主管機關測知特定建築物受輻射污染而怠於告知住戶致受健康之損害；(D)地方政府未依都市計畫開闢道路。

號判例謂：『國家賠償法第 2 條第 2 項後段所謂公務員怠於執行職務，係指公務員對於被害人有應執行之職務而怠於執行者而言。換言之，被害人對於公務員為特定職務行為，有公法上請求權存在，經請求其執行而怠於執行，致自由或權利遭受損害者，始得依上開規定，請求國家負損害賠償責任。若公務員對於職務之執行，雖可使一般人民享有反射利益，人民對於公務員仍不得請求為該職務之行為者，縱公務員怠於執行該職務，人民尚無公法上請求權可資行使，以資保護其利益，自不得依上開規定請求國家賠償損害。』對於符合一定要件，而有公法上請求權，經由法定程序請求公務員作為而怠於執行職務者，自有其適用，惟與首開意旨不符部分，則係對人民請求國家賠償增列法律所無之限制，有違憲法保障人民權利之意旨，應不予援用。」

(二) 公共設施責任

國家賠償法第 3 條規定：「公共設施因設置或管理有欠缺[9][10]，致人民生命、身體、人身自由或財產受損害者，國家應負損害賠償責任（I）。前項設施委託民間團體或個人管理時，因管理欠缺致人民生命、身體、人身自由或財產受損害者，國家應負損害賠償責任（II）。前二項情形，於開放之山域、水域等自然公物，經管理機關、受委託管理之民間團體或個人已就使用該公物為適當之警告或標示，而人民仍從事冒險或具危險性活動，國家不負損害賠償責任（III）。第一項及第二項情形，於開放之山域、水域等自然公物內之設施，經管理機關、受委託管理之民間團體或個人已就使用該設施為適當之警告或標示，而人民仍從事冒險或具危險性活動，得減輕或免除國家應負之損害賠償責任（IV）。第一項、第二項及前

---

[9] (B) 台北市政府辦理台北市中學運動會，因台北市立體育場整修，故租用新北市立體育場舉行，於鉛球項目進行中，在鉛球投擲場護網後整理器材之某甲，遭到某乙因技術不佳而將鉛球從護網破洞飛出而擊傷，某甲應向何機關請求國家賠償？(A)台北市政府；(B)新北市政府；(C)某乙所屬之學校；(D)教育部。

[10] (A) 某甲開車經過台北市十字路口，突然遭位於路口上方脫落之紅綠燈砸中車頂，甲應如何求償？(A)向台北市政府請求國家賠償；(B)向管理紅綠燈之公務員求償；(C)向承包紅綠燈設置工程之包商求償；(D)此為生活中之風險，無法求償。

項情形，就損害原因有應負責任之人時，賠償義務機關對之有求償權（V）。」

1. 須公共設施

公共設施指供公共目的使用之物件或設備而言，舉凡道路[11]、橋梁、公園、停車場、飛機場、政府機關之辦公房舍等均屬之。

(1) 公共設施以專供公眾使用者為限，例如禁止公眾使用之軍事設施造成損害者，或尚未驗收啟用之高速道路，則無本條之適用[12]。

(2) 公共設施不限於歸國家或其他公法人所有，即各級機關或營造物管領之公共設施亦包括在內。

(3) 至於私法人組織之公營事業所有之設施，如台灣電力公司之輸電設施則非公共設施[13][14]，其損害賠償應適用民法之規定。

2. 須設置或管理有欠缺

公共設施之瑕疵自設置之初即存在者，或因事後保管不良而生者，均屬此之所謂欠缺，人民遭受損害係因公共設施之瑕疵而致，不問管領之機關或公務員有無過失、是否已盡善良管理之責，均不得作為免責之理由，故與民法第191條工作物所有人責任之規定不同，工作物所有人得主張「防止損害之發生已盡相當注意」，而免除賠償責任。一般解釋上認為國家賠償法第3條之規定為「無過失責任」[15]。

---

[11] (C) 下列何者屬於國家賠償責任？(A)台灣郵政股份有限公司將寄送的包裹遺失；(B)台灣鐵路局火車出軌翻覆導致重傷；(C)國道高速公路出現坑洞導致車禍死亡；(D)中國石油股份有限公司所屬直營加油站失火導致市民車輛被焚毀。

[12] (D) 下列何者不屬於國家賠償法所稱之「公共設施」？(A)公園；(B)公立小學遊戲設施；(C)行政機關內之電梯；(D)未驗收啟用之高速公路。

[13] (A) 下列何者非屬國家賠償法所稱之「公共設施」？(A)台灣電力公司之輸電設施；(B)鐵路平交道；(C)高速公路；(D)軍用飛機場。

[14] (B) 下列何種設施的設置與管理欠缺所造成的損害，非由國家負擔損害賠償責任？(A)市政府內的天花板掉落；(B)台灣電力公司架設之高壓電塔倒塌；(C)公立學校內的遊戲設施毀損；(D)行政機關管理道路的護欄毀損。

[15] (A) 因公共設施之設置或管理欠缺所生之國家賠償責任，屬於：(A)無過失責任；(B)過失責任；(C)重大過失責任；(D)故意責任。

3. 須人民之生命、身體、人身自由或財產遭受損害

損害之法益限於生命、身體、人身自由或財產四項，與第 2 條之泛指自由或權利者顯有不同，蓋物之瑕疵所造成之損害，通常亦多屬致人於死亡、身體受傷或財產之毀壞[16]。

4. 須公共設施之瑕疵與損害發生之間有相當因果關係

若損害之發生係出於天災地變等不可抗力者，即與公共設施之瑕疵無因果關係可言。

(三) 執法濫權責任（有審判職務公務員侵害人民權利）

國家賠償法第 13 條規定：「有審判[17]或追訴職務之公務員，因執行職務侵害人民自由或權利，就其參與審判或追訴案件犯職務上之罪，經判決有罪確定者，適用本法規定。」例如檢察官因執行職務，侵害人民之自由或權利者，仍須符合就其所追訴之案件犯職務上之罪，經有罪判決確定之要件，受侵害之人民始得請求國家賠償[18]。由條文上觀之，有審判或追訴職務之公務員，其責任之成立事實上受到相當大的限制[19]。

---

[16] (C) 公共設施因設置或管理有欠缺，致人民何者受損害時，國家應負損害賠償責任？(A)身體、健康或財產；(B)健康、自由或財產；(C)生命、身體或財產；(D)生命、自由或財產。

[17] (A) 下列哪一種人員，其執行職務行使公權力而侵害人民自由或權利，僅於同時因此犯職務上之罪，並經判決有罪確定時，始有國家賠償法之適用？(A)法官；(B)立法委員；(C)總統；(D)監察委員。

[18] (A) 檢察官因執行職務，侵害人民之自由或權利者，仍須符合何種要件，受侵害之人民始得請求國家賠償？(A)就其所追訴之案件犯職務上之罪，經有罪判決確定者；(B)就其所追訴之案件犯職務上之罪，該案已繫屬於法院者；(C)就其所追訴之案件犯職務上之罪，經被害人提出告訴者；(D)就其所追訴之案件犯職務上之罪，該案已進入偵查程序。

[19] (D) 依據國家賠償法第 13 條之規定，下列哪一種公務員所引發之國家賠償責任，其責任之成立事實上受到相當大的限制？(A)駐外使節；(B)政務官；(C)稅務人員；(D)檢察官。

(四) 私人受委託行使公權力（視同公務員）

國家賠償法第 4 條規定：「受委託行使公權力之團體，其執行職務之人於行使公權力時，視同委託機關之公務員[20] [21]。受委託行使公權力之個人，於執行職務行使公權力時亦同（Ⅰ）。前項執行職務之人有故意或重大過失時，賠償義務機關[22] [23] [24]對受委託之團體或個人有求償權（Ⅱ）[25]。」

(五) 賠償義務機關

國家賠償法第 9 條規定：「依第二條第二項請求損害賠償者，以該公

---

[20] (A) 於國家賠償法中受委託行使公權力之私人，其執行職務之人於行使公權力時，可視為何者？(A)委託機關之公務員；(B)受託人之個人行為；(C)委託機關之代理人；(D)委託機關之經紀人。

[21] (A) 受委託行使公權力之民間團體，其執行職務之人於行使公權力時，若有故意或過失不法侵害人民自由與權利者，國家是否應負損害賠償責任？(A)是；(B)否；(C)視其所締結之契約中是否有明文約定而定；(D)限於該執行職務之人故意所為之侵權行為，國家才須負賠償責任。

[22] (A) 倘若行政院陸委會委託海基會從事某項公權力之行為人民若因海基會該項行為而受有損害時，應向何者請求國家賠償？(A)行政院陸委會；(B)海基會；(C)財政部；(D)行政院。

[23] (B) 受委託行使公權力之個人，於執行委託之公權力造成人民權利受損害時，應由何人承擔直接之損害賠償責任？(A)受委託行使公權力之個人自己；(B)委託機關；(C)受委託行使公權力之個人與委託機關共同負擔損害賠償責任；(D)應視受委託行使公權力之個人有無重大過失而定。

[24] (B) 受委託行使公權力之私人，執行職務行使公權力不法侵害人民權利者，賠償義務機關為：(A)受委託私人；(B)委託機關；(C)委託機關之上級機關；(D)由受委託私人與委託機關連帶負責。

[25] (D) 受委託行使公權力之團體，其執行職務之人有故意或重大過失時，賠償義務機關於賠償後對受委託之團體或個人有何種請求權？(A)損害賠償權；(B)損失補償權；(C)抗辯權；(D)求償權。

務員所屬機關為賠償義務機關（I）[26] [27]。依第三條第一項請求損害賠償者，以該公共設施之設置或管理機關為賠償義務機關；依第三條第二項請求損害賠償者，以委託機關為賠償義務機關（II）。前二項賠償義務機關經裁撤或改組者，以承受其業務之機關為賠償義務機關。無承受其業務之機關者，以其上級機關為賠償義務機關（III）。不能依前三項確定賠償義務機關，或於賠償義務機關有爭議時，得請求其上級機關確定之。其上級機關自被請求之日起逾二十日不為確定者，得逕以該上級機關為賠償義務機關（IV）。」例如某鄉公所職員因執行職務行使公權力不法侵害人民之權利，人民欲起訴請求國家賠償，此時被告應為該公務員所屬機關，也就是該鄉公所[28]。

(六) 國家求償權（代位責任）

公務員違法侵害人民之自由或權利，依照憲法所定意旨及本法規定，國家固須負賠償責任，但公務員有故意或重大過失之情形時[29]，如對其免於求償，易起違法濫權之心，實非人民之福。故本法明文規定，賠償義務機關對其有求償權。公共設施有欠缺致人之生命、身體、人身自由或財產受損害者，就損害原因有應負責任之人時，賠償義務機關對之有求償權。又受委託之團體或個人，其執行職務者有故意或重大過失時，賠償義

---

[26] (B) 依國家賠償法之規定，公務員於執行職務行使公權力時，因故意或過失不法侵害人民自由或權利者，國家應負損害賠償責任。此時賠償義務機關為何？(A)該公務員個人；(B)該公務員所屬機關；(C)該公務員之主管長官；(D)該公務員所執行職務之主管監督機關。

[27] (C) 台中市政府委託經由內政部指定之中華民國電梯協會檢查甲公司建築內之昇降設備。因電梯協會之檢查人員收受甲公司之紅包，未認真檢查，致乙在使用甲公司之昇降設備時摔傷殘廢。本案乙提國家賠償時，應以下列何者為賠償義務機關？(A)中華民國電梯協會；(B)內政部；(C)台中市政府；(D)甲公司。

[28] (D) 某鄉公所職員因執行職務行使公權力不法侵害人民之權利，人民欲起訴請求國家賠償，此時被告應為：(A)該職員；(B)國家；(C)所屬之上級縣政府；(D)該鄉公所。

[29] (A) 下列何者符合國家對公務員行使求償權之責任要求？(A)重大過失責任；(B)輕過失責任；(C)無過失責任；(D)不可抗力責任。

務機關對之亦有求償權。如下說明：

1. 公務員故意過失侵權

國家賠償法第 2 條第 3 項規定：「前項情形，公務員有故意或重大過失時，賠償義務機關對之有求償權[30][31][32]。」

2. 公共設施責任

國家賠償法第 3 條第 5 項規定：「第一項、第二項及前項情形，就損害原因有應負責任之人時，賠償義務機關對之有求償權。」

3. 私人受委託行使公權力

國家賠償法第 4 條第 2 項規定：「前項執行職務之人有故意或重大過失時，賠償義務機關對受委託之團體或個人有求償權。」

4. 求償權時效

國家賠償法第 8 條第 2 項規定：「第二條第三項、第三條第五項及第四條第二項之求償權，自支付賠償金或回復原狀之日起，因二年間不行使而消滅。」

(七) 國家賠償之方法、範圍及時效

要請求國家賠償，有消滅時效的限制，知有損害發生起兩年內，或自損害發生五年內，必須求償。求償的時候，要以書面方式為之，先向負責的行政機關求償，若行政機關願意理賠，就達成協議，該協議書可以作

---

[30] (C) 公務員所生之國家賠償責任，下列之敘述何者正確？(A)公務員與所屬機關平均分擔賠償責任；(B)完全由國家負責，公務員免責；(C)公務員有故意或重大過失時，賠償義務機關對之有求償權；(D)無論公務員是否有故意或重大過失，完全由公務員負責。

[31] (B) 公務員所生之國家賠償責任，公務員是否應負賠償責任，下列之敘述何者正確？(A)完全由國家負責，公務員免責；(B)公務員有故意或重大過失時，賠償義務機關對之有求償權；(C)不問公務員是否有故意或重大過失，完全由公務員負責；(D)公務員與所屬機關平均分擔賠償責任。

[32] (A) 公務員怠於執行職務導致國家賠償責任成立，賠償義務機關於何種情形得對該公務員求償？(A)公務員有故意或重大過失時始得求償；(B)公務員有故意或過失即得求償；(C)僅公務員有故意時始得求償；(D)皆不得對公務員求償。

為執行名義（直接可以執行）；若不能達成協議，人民就要向民事法院提起訴訟。賠償方法上，以金錢賠償為原則，回復原狀為例外[33]，賠償範圍包括所受損害與所失利益。

1. 賠償方法

國家賠償法第 7 條規定：「國家負損害賠償責任者，應以金錢為之。但以回復原狀為適當者，得依請求，回復損害發生前原狀（I）。前項賠償所需經費，應由各級政府[34]編列預算支應之（II）。」

2. 請求權時效二年

國家賠償法第 8 條第 1 項規定：「賠償請求權，自請求權人知有損害時起，因二年間[35]不行使而消滅；自損害發生時起，逾五年者亦同[36]。」

3. 書面請求及協議書

國家賠償法第 10 條規定：「依本法請求損害賠償時，應先以書面[37][38][39]向賠償義務機關請求之（I）[40]。賠償義務機關對於前項請求，應

---

[33] (C) 國家賠償之方法為何？(A)只採金錢賠償；(B)只採回復原狀；(C)兼採金錢賠償與回復原狀；(D)以上皆非。

[34] (A) 國家賠償所需經費，應由下列何機關編列預算支應？(A)各級政府；(B)財政部；(C)審計部；(D)行政院主計處。

[35] (C) 國家賠償請求權，自請求權人知有損害時起，因下列何種期間不行使而消滅？(A)六個月；(B)一年；(C)二年；(D)三年。

[36] (B) 國家賠償請求權自損害發生時起最長幾年內不行使即消滅？(A)二年；(B)五年；(C)六年；(D)十年。

[37] (B) 依國家賠償法之規定，下列敘述何者錯誤？(A)國家賠償責任是以金錢賠償為原則；(B)請求損害賠償時，得以書面或言詞方式為之；(C)民事訴訟法為國家賠償法之補充法；(D)請求國家賠償應先協議。

[38] (C) 下列何者係國家賠償之程序？(A)行政法院管轄國家賠償訴訟；(B)訴訟先行主義；(C)先行書面請求協議；(D)協議專屬行政院管轄。

[39] (C) 依國家賠償法請求損害賠償時，應先以下列何種方式向賠償義務機關請求之？(A)口頭；(B)言詞；(C)書面；(D)以上皆是。

[40] (C) 人民申請國家賠償時，下列何者為正確之程序？(A)可直接向民事法院提起國家賠償之訴；(B)其範圍限為積極損害；(C)應先向賠償義務機關請求賠償；(D)

即與請求權人協議[41]。協議成立時，應作成協議書，該項協議書得為執行名義（II）。」

4. 提起民事訴訟（行政訴訟法可附帶請求賠償）

國家賠償法第 11 條規定：「賠償義務機關拒絕賠償，或自提出請求之日起逾三十日不開始協議[42]，或自開始協議之日起逾六十日[43][44]協議不成立時[45]，請求權人得提起損害賠償之訴。[46]但已依行政訴訟法規定，附帶請求損害賠償者，就同一原事實，不得更行起訴（I）。依本法請求損害賠償時，法院得依聲請為假處分[47]，命賠償義務機關暫先支付醫療費或喪葬費（II）。」

應同時向公務員與賠償義務機關請求連帶賠償。

[41] (D) 依據國家賠償法第 10 條之規定，在國家賠償請求程序中，賠償義務機關首先應與請求權人進行之程序，稱為：(A)訴訟程序；(B)請願程序；(C)訴願程序；(D)協議程序。

[42] (A) 國家賠償程序中，賠償義務機關與請求賠償之人協議，逾多久不開始協議時，該人民即得提起訴訟？(A)30 日；(B)40 日；(C)50 日；(D)60 日。

[43] (B) 負國家賠償義務之行政機關拒絕賠償，或自提出請求之日超逾三十日不開始協議，或自開始協議之日超逾多少時間協議不成立時，請求權人得提起損害賠償之訴：(A)三十日；(B)六十日；(C)三個月；(D)一年。

[44] (B) 依國家賠償法之規定，賠償義務機關自開始協議之日起，超過多久協議不成立時，請求權人得提起損害賠償之訴？(A)二十日；(B)六十日；(C)四個月；(D)一年。

[45] (D) 張三以書面向嘉義縣政府請求國家賠償之協議，但遭拒絕，則張三自何時起得向法院提起損害賠償之訴？(A)自第十日起；(B)自第二十日起；(C)自第三十日起；(D)自被拒絕之日起。

[46] (C) 根據國家賠償法之規定，請求國家賠償之程序為何？(A)直接提起行政訴訟；(B)直接向普通法院提起損害賠償之訴訟；(C)應先以書面向賠償義務機關請求，經協議不成始得向普通法院提起損害賠償訴訟；(D)應先提起行政訴訟請求與行政機關締結協議契約。

[47] (D) 依國家賠償法請求損害賠償時，法院得依聲請為何種保全處分，命賠償義務機關暫先支付醫療費或喪葬費？(A)假查封；(B)假扣押；(C)假執行；(D)假處分。

5. 適用民事訴訟

國家賠償法第 12 條規定：「損害賠償之訴，除依本法規定外，適用民事訴訟法[48]之規定。」國家賠償法之特別法為刑事補償法（100 年 9 月 1 日施行）[49]。

第三節　損失補償

行政上的損失補償，指國家因公務員合法的行使公權力，致人民在經濟上遭受特別犧牲，從整體公平負擔的觀點，由國家補償其損失。例如消防隊於救火時，依其專業判斷，預先拆除未燃燒之房舍，以避免火勢之蔓延，屋主因此所受之特別損失，得請求損失補償[50]、將私人建築物指定為古蹟、撲殺感染口蹄疫之豬隻、鐵路沿線限制房舍之興建、將私有林劃編為保安林等等[51]。憲法第 15 條：「人民之……財產權應予保障。」一般認為，若國家為了公益需要，而向人民徵收，或特別管制某些人的財產，造成某一小部分人民的「特別犧牲」，那麼國家就需要給予補償[52]。

---

[48] (B) 關於國家損害賠償之相關事項，除了依國家賠償法之規定外，應適用何種法律規定？(A)刑法；(B)民事訴訟法；(C)強制執行法；(D)公務員懲戒法。

[49] (B) 下列何者係國家賠償法之特別法？(A)土地徵收條例；(B)刑事補償法；(C)災害防救法；(D)消費者保護法。

[50] (D) 消防隊於救火時，依其專業判斷，預先拆除未燃燒之房舍，以避免火勢之蔓延，屋主因此所受之特別損失，得請求補償。此種補償之性質為：(A)國家賠償；(B)損害賠償；(C)人道補償；(D)損失補償。

[51] (C) 下列何者非應予以補償之事項？(A)將私人建築物指定為古蹟；(B)撲殺感染口蹄疫之豬隻；(C)保安林之禁止砍伐；(D)鐵路沿線限制房舍之興建。

[52] (A) 行政機關基於公共利益，合法實施即時強制，人民因而所生損失，若已構成特別犧牲，應以下列何種措施處理？(A)應以金錢補償人民實際所受特別損失；(B)應以金錢賠償人民所受所有損害；(C)應委託相關機關回復原狀；(D)應委託相關業者回復原狀。

一、行政上的損失補償之成立要件

(一) 共同要件[53]

1. 屬於行使公權力之行為。
2. 對於財產或其他權利造成侵害。
3. 侵害須達嚴重程度或特別犧牲。

　　人民的財產權，並不是沒有限制，我們有很多法律都會限制人民的財產行使。但若是國家為了公共利益，只針對某一小部分人，限制他們的財產，甚至剝奪他們的財產，這時就要給予補償。例如：在機場周圍，國家會規定建築物不能太高，因此，對機場周圍特定小部分人的限制，這時候國家就會給予補償。另外，若國家為了蓋鐵路而要徵收某些人的土地，這時候國家也應該按照公告地價給予補償（國家要徵收人民土地，有幾個要件：(1)徵收必須有法律依據；(2)徵收是基於公益上必要；(3)徵收須給予相當的補償）。

4. 相對人或利害關係人有值得保護之利益。
5. 須基於公益之必要性。
6. 須為合法行為。
7. 補償義務須有法規依據始得請求。
8. 損失之發生與適法行為間有因果關係。

(二) 特別成立要件：各該法規內所規定之成立要件

　　例如：大眾捷運法第 19 條；二二八事件處理及賠償條例；文化資產保存法第 31 條、第 32 條。

二、補償種類

　　我國法制對於損失補償措施，並無一般性統一規定，其有關依據，

---

[53] (D) 下列對於損失補償共同成立要件之敘述，何者有誤？(A)須屬於行使公權力之行為所造成之損失；(B)須對於財產或其他權利之侵害；(C)須侵害達到非一般社會所需忍受之特別犧牲；(D)不論合法或違法之行政行為所造成。

分別散見於各種法規之中。補償種類約可分為公益徵收、有徵收效力之侵害、合法授益處分廢止之損失補償（信賴利益受損）以及衡平補償，如下述：

(一) 公益徵收

公益徵收，又稱公用徵收，即對人民財產或具有財產價值之其他權利（例如專利權、土地徵收[54]）以徵收方式將之剝奪，並轉為公用。

釋字第 516 號解釋（拖延不給補償金該徵收無效）

「國家因公用或其他公益目的之必要，雖得依法徵收人民之財產，但應給予合理之補償。此項補償乃因財產之徵收，對被徵收財產之所有人而言，係為公共利益所受之特別犧牲，國家自應予以補償，以填補其財產權被剝奪或其權能受限制之損失。故補償不僅需相當，更應儘速發給，方符憲法第 15 條規定，人民財產權應予保障之意旨。準此，土地法第 233 條明定，徵收土地補償之地價及其他補償費，應於『公告期滿後十五日內』發給。此項法定期間，雖或因對徵收補償有異議，由該管地政機關提交評定或評議而得展延，然補償費額經評定或評議後，主管地政機關仍應即行通知需用土地人，並限期繳交轉發土地所有權人，其期限亦不得超過土地法上述規定之 15 日（本院院字第 270 號、釋字第 110 號解釋參照）。倘若應增加補償之數額過於龐大，應動支預備金，或有其他特殊情事，致未能於 15 日內發給者，仍應於評定或評議結果確定之日起於相當之期限內儘速發給之，否則徵收土地核准案，即應失其效力。行政法院 85 年 1 月 17 日庭長評事聯席會議決議略謂：司法院釋字第 110 號解釋第 3 項，固謂徵收土地補償費額經標準地價評議委員會評定後，主管機關通知並轉發土地所有權人，不得超過土地法第 233 條所規定之 15 日期限，然縱已逾 15 日期限，無從使已確定之徵收處分溯及發生失其效力之結果云云，其與本解釋意旨不符部分，於憲法保障人民財產權之旨意有違，應不予適用。」

---

[54] (C) 人民於下列何種情形之下得請求損失補償？(A)被違規警車撞傷；(B)因為臺灣鐵路局之火車出軌而受傷；(C)土地被徵收；(D)因為陷入馬路坑洞而受傷。

(二) 有徵收效力之侵害

即以社會公益為目的，限制私有財產之使用、收益，此雖非如前述公益徵收以剝奪權利手段，而以限制權利行使之手段，亦會造成與徵收相同之侵害（未徵收，但限制過多，構成特別犧牲），若該侵害是超出一般可忍受之程度，非當事人所情願，且附隨該合法行政行為而來，此時政府有依法補償之責，例如依森林法，將私有林劃編為保安林。

1. 釋字第 400 號解釋（既成道路）

「憲法第 15 條關於人民財產權應予保障之規定，旨在確保個人依財產之存續狀態行使其自由使用、收益及處分之權能，並免於遭受公權力或第三人之侵害，俾能實現個人自由、發展人格及維護尊嚴。如因公用或其他公益目的之必要，國家機關雖得依法徵收人民之財產，但應給予相當之補償，方符憲法保障財產權之意旨。既成道路符合一定要件而成立公用地役關係者，其所有權人對土地既已無從自由使用收益，形成因公益而特別犧牲其財產上之利益，國家自應依法律之規定辦理徵收給予補償[55]，各級政府如因經費困難，不能對上述道路全面徵收補償，有關機關亦應訂定期限籌措財源逐年辦理或以他法補償。若在某一道路範圍內之私有土地均辦理徵收，僅因既成道路有公用地役關係[56]而以命令規定繼續使用，毋庸同時徵收補償，顯與平等原則相違。至於因地理環境或人文狀況改變，既成道路喪失其原有功能者，則應隨時檢討並予廢止。行政院中華民國 67 年 7 月 14 日台 67 內字第 6201 號函及同院 69 年 2 月 23 日臺 69 內字第 2072 號函與前述意旨不符部分，應不再援用。」

2. 釋字第 440 號解釋（埋設地下物）

「人民之財產權應予保障，憲法第 15 條設有明文。國家機關依法行

---

[55] (A) 既成道路符合一定要件而成立公用地役關係者，依大法官釋字第 400 號解釋見解，國家對於土地所有權人應如何處理？(A)依法律之規定辦理徵收給予補償；(B)給予請求國家賠償之權利；(C)應照市價予以收買；(D)訂立租約，定期給付租金。

[56] (A) 既成道路是位在私人土地上而形成何種法律關係？(A)公用地役權；(B)抵押權；(C)地上權；(D)公用典權。

使公權力致人民之財產遭受損失，若逾其社會責任所應忍受之範圍，形成個人之特別犧牲者，國家應予合理補償[57]。主管機關對於既成道路或都市計畫道路用地，在依法徵收或價購以前埋設地下設施物妨礙土地權利人對其權利之行使，致生損失，形成其個人特別之犧牲，自應享有受相當補償之權利。台北市政府於中華民國 64 年 8 月 22 日發布之台北市市區道路管理規則第 15 條規定：『既成道路或都市計畫道路用地，在不妨礙其原有使用及安全之原則下，主管機關埋設地下設施物時，得不徵購其用地，但損壞地上物應予補償[58]。』其中對使用該地下部分，既不徵購又未設補償規定，與上開意旨不符者，應不再援用。至既成道路或都市計畫道路用地之徵收或購買，應依本院釋字第 400 號解釋及都市計畫法第 48 條之規定辦理，併此指明。」

(三) 合法授益處分廢止之損失補償（信賴利益受損）

依行政程序法第 120 條規定，針對合法授益處分之廢止，以及違法授益處分之撤銷，皆屬行政上合法行為，相對人若有值得保護之信賴，因該處分致財產權受有侵害，應予補償。

(四) 衡平補償

對不符一般行政損失補償要件之事項，尤其與公權力行使無關之事項，法律亦基於衡平或政策之考量，明文規定對自由或財產受損害之人民給予補償稱之。

1. 犯罪被害人補償

犯罪行為之被害人或其家屬，所蒙受身心或財產之損害，縱非因國家之疏於維護治安，但為保障人民權益，促進社會安全，由國家在一定範

---

[57] (B) A 加油站得到設立許可，欲開始營業時，主管機關因當地民眾之抗爭，乃以加油站鄰近小學，會影響該校之安寧及師生之安全為由，廢止 A 加油站之設立許可。請問 A 加油站對於因信賴處分致遭受財產上之損失，可為下列何種請求？(A)國家賠償；(B)合理補償；(C)停止原處分之執行；(D)假處分。

[58] (C) 公共設施必須穿越私有土地上空或地下，應給予相當代價，此項代價係：(A)行政賠償；(B)國家賠償；(C)行政補償；(D)民事賠償。

圍內予以補償，則切合社會國家之思想。例如犯罪被害人保護法之規定。

2. 政治受難者之補償

對以往政治事件，為撫平歷史傷痛，促進社會祥和，對事件受難者或其家屬，基於法律之特別規定，予以補償。例如，依民國 84 年 4 月 7 日公布施行之「二二八事件處理及補償條例」所為之補償。

3. 警察職權之損失補償

(1) 損害賠償：警察職權行使法第 30 條規定：「警察違法行使職權，有國家賠償法所定國家負賠償責任之情事者，人民得依法請求損害賠償。」

(2) 損失補償：警察職權行使法第 31 條規定：「警察依法行使職權，因人民特別犧牲，致其生命、身體或財產遭受損失時，人民得請求補償。但人民有可歸責之事由時，法院得減免其金額（I）。前項損失補償，應以金錢為之，並以補償實際所受之特別損失為限（II）。對於警察機關所為損失補償之決定不服者，得依法提起訴願及行政訴訟（III）[59][60]。損失補償，應於知有損失後，二年內向警察機關請求之。但自損失發生後，經過五年者，不得為之（IV）。」因為犯罪被害人，除了用刑法對犯罪者制裁外，也可以用民法，對加害人請求損害賠償。但有時因為不知道加害者是誰，或者加害者沒錢，這時候，國家就會給予一些補償。

---

[59] (C) 依警察職權行使法第 31 條之規定，警察依法行使職權，因人民特別犧牲，致其生命、身體或財產遭受損失時，人民得請求補償，下列相關之敘述何者錯誤？(A)損失補償，應以金錢為之；(B)人民有可歸責之事由時，法院得減免其金額；(C)人民對於警察機關所為損失補償之決定不服者，不得提起訴願及行政訴訟；(D)人民應於知有損失後，二年內向警察機關請求之。

[60] (D) 警察依法行使職權，因人民特別犧牲，致其生命、身體或財產遭受損失時，依警察職權行使法第 31 條之規定，下列相關之敘述何者正確？(A)人民應於知有損失後，二年內向警察機關請求之，但自損失發生後，經過五年者，不得為之；(B)人民有可歸責之事由時，法院得減免其金額；(C)人民對於警察機關所為損失補償之決定不服者，得提起訴願及行政訴訟；(D)以上皆是。

作者小叮嚀

　　本章學習只需熟讀國家賠償法，以及幾個重要的大法官解釋。命題焦點包括：國家賠償與損失補償概念之比較，特別犧牲、公用地役關係，國家賠償法公務員的概念、受委託行使公權力的私人，公務員積極作為的國家賠償責任、怠於執行職務之賠償責任，規範保護理論，公共設施瑕疵責任，賠償程序、範圍、金額、方式、請求權時效等規定。

附　錄

1. 下列法規範何者之位階最高？
    (A)法規命令；(B)自治條例；(C)自治規則；(D)自律規則

2. 依司法院大法官解釋，主管機關依公職人員利益衝突迴避法規定，一律處以新臺幣 1 百萬元以上之罰鍰，可能造成個案處罰顯然過苛而有情輕法重之情形，係牴觸下列何項法律原則？
    (A)信賴保護原則；(B)法律明確原則；(C)比例原則；(D)法律不溯及既往原則

3. 下列何者未牴觸行政法之不當連結禁止原則？
    (A) 汽車行車執照之換發，要求汽車所有人須先繳清罰鍰
    (B) 以撤銷不適任之清除處理技術員合格證書為手段，以落實廢棄物清除處理
    (C) 為求行車安全，依廢棄物清理法之規定將廣告看板認定成廢棄物，進而予以拆除
    (D) 於換發國民身分證前，要求申請者提供報稅資料，以其精確辨識個人身分

4. 關於行政機關訂定裁量基準，下列敘述何者錯誤？
    (A) 須能實踐具體個案正義
    (B) 須顧及法律適用之一致性及符合平等原則
    (C) 須遵循法律授予裁量權之目的及範圍
    (D) 須有授權訂定裁量基準之法律規定

5. 行政機關代表國庫出售或出租公有財產之行為，其法律性質為：
    (A)私法契約；(B)行政處分；(C)行政契約；(D)和解契約

6. 甲服軍職役滿退伍後，因優惠存款利息，與臺灣銀行發生給付金額之爭議。其救濟程序，下列敘述何者正確？
   (A) 臺灣銀行係受委託行使公權力而做成給付金額認定之行政處分，甲應先提起訴願
   (B) 甲與臺灣銀行訂立之優惠存款契約，性質屬私法契約，甲應向普通法院提起訴訟
   (C) 甲與臺灣銀行訂立之優惠存款契約，性質屬行政契約，甲應向行政法院提起訴訟
   (D) 優惠存款制度已因軍人年金改革而修正，甲得逕行向大法庭合議庭聲請裁判

7. 有關行政法人制度之敘述，下列何者錯誤？
   (A) 其執行之公共事務，所涉公權力行使程度較低
   (B) 適合政府機關辦理之公共事務，得設行政法人為之
   (C) 其執行之公共事務，具有專業需求或須強化成本效益及經營效能
   (D) 其為國家及地方自治團體以外，由中央目的事業主管機關，為執行特定公共事務，依法律設立之公法人

8. 行政機關，係指代表國家、地方自治團體或其他行政主體表示意思，從事公共事務，具有單獨法定地位之組織。下列何者非屬判斷「單獨法定地位之組織」之依據？
   (A) 中央或地方立法機關設置該組織之計畫
   (B) 中央或地方立法機關設置該組織之通則
   (C) 中央或地方立法機關設置該組織之條例
   (D) 中央或地方立法機關設置該組織之法律

9. 下列何者非屬地方自治團體？
   (A)直轄市山地原住民區；(B)縣轄市；(C)鄉；(D)村

10. 關於行政機關管轄之敘述，下列何者正確？
    (A) 管轄權非依法規不得設定或變更
    (B) 行政機關得將其權限委託所屬下級機關執行之
    (C) 行政機關因法規變更而喪失管轄權時，應將案件移送有管轄權之

　　機關，無須通知當事人

(D) 同一事件，數行政機關均有管轄權者，逕由各該機關協議定管轄權

11. 甲縣政府環保局委由乙機車行為民眾進行機車廢氣排放檢驗，其性質為下列何者？

(A)委辦關係；(B)公權力委託行使；(C)機關協助；(D)行政助手

12. 依公務員服務法規定，關於公務員對於長官所發命令之應對，下列敘述何者錯誤？

(A) 公務員對於直接上級及更上級長官同時所發命令，以直接上級長官之命令為準

(B) 長官就其監督範圍以外事項所發命令，屬官仍有服從之義務

(C) 屬官對於長官所發命令，如有意見，得隨時陳述

(D) 主管長官與兼管長官同時所發命令，以主管長官之命令為準

13. 關於公務員懲戒處分之敘述，下列何者正確？

(A) 撤職，撤其現職，並於一定期間停止任用

(B) 休職，休其現職，停發俸給，但得申請退休

(C) 減俸，依受懲戒人現職之月俸減 10%至 30%支給

(D) 罰款，其金額為新臺幣 2 萬元以上、2 百萬元以下

14. 關於公務人員保障事件之再審議，下列敘述何者正確？

(A) 申請再審議應於 20 日之不變期間內為之

(B) 再審議之申請，自復審決定或再申訴決定確定時起，如逾 5 年者，不得提起

(C) 再審議無理由者，應為不受理之決定

(D) 再審議之申請，於作成再審議決定前不得撤回

15. 關於公務人員對於服務機關所為之行政處分，認為違法或顯然不當，致損害其權利或利益之救濟，下列敘述何者正確？

(A) 應向原處分機關之直接上級機關提起復審

(B) 提起復審應於收受行政處分書之次日起 2 個月內提起

(C) 復審人如不服復審決定，得於決定書送達之次日起 30 日內，向保

訓會提起訴願

(D) 原行政處分不因依公務人員保障法所進行之各項程序而停止執行

16. 依公務人員任用法任用為公務人員之情事，下列何者錯誤？
(A)褫奪公權尚未復權；(B)犯詐欺取財罪，受緩刑宣告；(C)曾受免除職務懲戒處分；(D)受監護或輔助宣告，尚未撤銷

17. 關於公務員服務法就公務員離職後利益迴避之旋轉門條款規定，下列敘述何者錯誤？
(A) 適用之對象包括政務人員在內
(B) 公務員受此條款限制之期間為離職後 3 年內
(C) 不得擔任與其離職前 5 年內之職務直接相關之非營利事業董事、監察人
(D) 違反此規定者應受刑事處罰

18. 關於公物與公共設施之敘述，下列何者錯誤？
(A) 由行政機關管理且直接供公共或公務目的使用者，屬於公共設施
(B) 公共設施亦得屬於私人所有
(C) 地方議會之議場具有行政使用公物之性質，直接供一般公共使用
(D) 地方議會非屬學理上所稱之營造物

19. 關於行政規則之敘述，下列何者錯誤？
(A) 行政機關訂定之公務員加班時數之限制，屬行政規則，須登載於政府公報
(B) 行政規則須下達下級機關或屬官
(C) 行政規則對行政法院無拘束力
(D) 行政規則之廢止得由發布機關為之

20. 關於法規命令之敘述，下列何者錯誤？
(A) 其內容應明列法律授權之依據
(B) 行政法院應受法規命令之拘束，無審查權限
(C) 除由行政機關自行草擬者外，其訂定並得由人民或團體提議為之
(D) 其發布應刊登政府公報或新聞紙

21. 行政機關作成行政處分時，關於附款之附加，下列敘述何者正確？
    (A) 在環境影響評估下，系爭開發案對環境有重大影響而依法應駁回時，亦得以附條件之方式通過環評審查
    (B) 行政機關對於處分之作成無裁量權，但為確保行政處分法定要件之履行，而以該要件為附款內容
    (C) 在環境影響評估下，以要求開發單位應興建商場促進在地經濟發展為條件，通過環評審查
    (D) 行政機關作成授益處分而附加負擔，於授益處分內容實現時，該負擔始生效力

22. 下列何者非屬行政處分？
    (A) 交通警察以手勢指揮車輛
    (B) 以電腦等自動化裝置核定之稅額通知書
    (C) 限制車輛與行人通行之交通號誌
    (D) 解聘或停聘公立學校教師

23. 行政機關作成限制人民權利之行政處分前，應給予當事人陳述意見機會，下列敘述何者正確？
    (A) 當事人不得以言詞代替陳述書
    (B) 陳述意見應由本人為之，不得委任代理人
    (C) 限制義務人出境避免其潛逃，仍應給予義務人陳述意見機會
    (D) 製作大量同種類限制權利之行政處分，無須給予陳述意見機會

24. 關於具有瑕疵行政處分之效力，下列敘述何者錯誤？
    (A) 若具有重大明顯之瑕疵，該處分無效
    (B) 有瑕疵之行政處分若可補正，經補正後即治癒其瑕疵
    (C) 行政處分有誤寫、誤繕之顯然錯誤者，不影響處分之效力
    (D) 教示錯誤之瑕疵，屬於得撤銷之行政處分

25. 行政機關選擇與人民以合意之方式，相互負擔各自不同之權利義務，以完成行政任務。該合意行為，稱為：
    (A)行政命令；(B)行政處分；(C)意思通知；(D)行政契約

26. 下列何者非屬公法上契約關係？
    (A) 衛生福利部中央健康保險署與各醫事服務機構所締結全民健康保險特約
    (B) 土地徵收需用土地人與土地所有權人依規定進行協議價購之約定
    (C) 經濟部依其所訂定之作業要點與離岸風電開發業者簽訂之契約
    (D) 台灣電力公司跟再生能源發電公司締結之購電契約

27. 行政機關對人民作成附負擔之許可處分，若人民未履行負擔，行政機關擬使該許可失效，應為下列何種行為？
    (A)授益處分之撤銷；(B)非授益處分之撤銷；(C)授益處分之廢止；(D)非授益處分之廢止

28. 關於行政罰之成立要件，下列敘述何者正確？
    (A) 甲明知劃有紅線處，不得暫停，仍將車輛停於紅線處，應推論具有故意
    (B) A 遛狗時，不清理狗排洩物，乙視若無睹，乙已構成行政罰上之違反秩序行為
    (C) 丙依習俗於街道上搭設帳棚進行喪禮法事，構成阻卻違法事由
    (D) 丁於自己之土地傾倒廢土，後將土地所有權移轉給戊，戊不承受丁之狀態責任

29. 甲於公告禁止設攤之某騎樓擺攤販售蔬果，遭警察以妨礙交通為由處罰，下列敘述何者正確？
    (A) 甲得騎樓所有權人同意設攤，不應處罰
    (B) 警察未處罰其他騎樓攤販，違反平等原則
    (C) 如甲取得市政府核發得於該騎樓擺攤之營業許可，不罰
    (D) 騎樓供人行走非車輛行駛道路，無妨礙車輛交通，不應處罰

30. 環境主管機關抽檢 A 公司放流水，發現未符合標準，爰裁處 A 罰鍰，同時要求 1 個月內改善後再行檢查，下列敘述何者正確？
    (A) A 得以事後改善已符合標準為由，請求撤銷原罰鍰之處罰
    (B) A 得主張無故意過失，故既不得裁處罰鍰，亦不得命其限期改善
    (C) A 得主張主管機關既裁處罰鍰，基於一事不二罰法理，不應再命

其限期改善

(D) A 得請求主管機關指導建議合法放流水處置方法與程序

31. 甲違反行政法上義務應受處罰，乙因該行為受有財產上利益而未受處罰時，主管機關對於乙所受財產上利益價值，得如何處置？
(A)追徵；(B)追繳；(C)沒入；(D)沒收

32. 甲因欠繳稅款致名下房屋遭行政執行分署查封，甲不服，依實務見解如何處理？
(A) 甲聲明異議未果後，不得續行救濟
(B) 甲聲明異議未果後，應踐行訴願程序，始得提起行政訴訟
(C) 甲聲明異議未果後，得直接提起行政訴訟
(D) 甲直接向普通法院請求救濟

33. 下列何者非屬即時強制措施？
(A) 主管機關對於意圖自殺之甲予以管束，否則不能達到救護其生命之目的
(B) 乙家中之違章建築，經主管機關命拆除而不拆除，主管機關乃委請丙予以拆除
(C) 主管機關為預防危害之必要，將丁所有之武士刀予以扣留
(D) 消防人員為撲滅戊家中火災，以破壞剪切除己住處大門，以利由己住處頂樓對戊家中噴水救火

34. 依行政執行法規定扣留之物，其扣留期間不得逾 30 日。但扣留之原因未消失時，得延長之，延長之期間最長不得逾多久？
(A)20 日；(B)1 個月；(C)30 日；(D)2 個月

35. 下列何種行政行為適用行政程序法之程序規定？
(A)不起訴處分；(B)學生成績之評定；(C)交通違規之記點決定；(D)對公務員之申誡決定

36. 依政府資訊公開法規定，下列何者非屬應主動公開之政府資訊？
(A)政府機關首長之電子信箱帳號；(B)政府採購契約書；(C)年度決算書；(D)赴國外考察報告書

37. 關於行政程序法中聽證程序之敘述，下列何者錯誤？
   (A) 舉行聽證應作成聽證紀錄
   (B) 作成限制或剝奪自由之行政處分前應經聽證程序
   (C) 對經聽證程序作行政處分不服者依法免除訴願及其先行程序
   (D) 行政機關舉行聽證前應以書面通知當事人及其他已知利害關係人

38. 關於政府資訊公開之敘述，下列何者錯誤？
   (A) 政府資訊中若有含限制公開事項且可得分割者，應就其他部分提供之
   (B) 政府機關就人民申請提供、更正或補充政府資訊所為之行政決定，其性質為事實行為
   (C) 政府資訊公開有侵害個人隱私者，經當事人同意仍得公開
   (D) 政府資訊之公開若有礙於犯罪之偵查者，行政機關應拒絕公開

39. 有關訴願法之敘述，下列何者錯誤？
   (A) 地方自治團體、法人、非法人團體應由其代表人或管理人為訴願行為
   (B) 無訴願能力人應由其委託代理人代為訴願行為
   (C) 能獨立以法律行為負義務者，有訴願能力
   (D) 自然人、法人、非法人團體或其他受行政處分之相對人及利害關係人得提起訴願

40. 關於訴願法第 93 條之停止執行規定，下列敘述何者錯誤？
   (A) 本條規定屬於暫時性之權利保護措施
   (B) 本條規定源自於憲法第 16 條訴願權保障
   (C) 本條規定與有效之權利救濟有關
   (D) 本條規定乃專為保障人民財產權而設

41. 關於訴願之審理，下列敘述何者錯誤？
   (A) 訴願無理由者，受理訴願機關應以決定駁回之
   (B) 原行政處分所憑理由雖屬不當，但依其他理由認為正當者，應以訴願人為無理由
   (C) 對已決定或已撤回之訴願事件重行提起訴願者，受理訴願機關應

　　以無理由決定駁回之

(D) 訴願事件涉及地方自治團體之自治事務者，受理訴願之上級機關僅就原處分之合法性進行審查

42. 下列何者非為相當於訴願之程序？

(A) 公務人員保障法規定之復審程序

(B) 教師法規定之再申訴程序

(C) 對具行政處分性質之執行命令提出聲明異議程序

(D) 全民健康保險法規定之爭議審議程序

43. 下列何者非屬行政訴訟法中之執行名義？

(A) 命債務人應為一定金錢給付之確定判決

(B) 依行政訴訟法成立之訴訟和解

(C) 行政法院作成合併損害賠償之判決

(D) 命違章建築所有權人自行拆除之行政處分

44. 關於行政訴訟法都市計畫審查程序之起訴，下列敘述何者正確？

(A) 得起訴者限於人民及私法人，不包含公法人

(B) 為維持法律安定性，至遲須於都市計畫發布後 6 個月內起訴

(C) 為便利訴訟實施，得向都市計畫區所在地或原告住居所地之高等行政法院起訴

(D) 對於依都市計畫法發布之違法都市計畫，可提起訴訟，請求宣告該都市計畫無效

45. 有關我國現行行政法院組織，下列敘述何者正確？

(A) 行政法院全國僅設一所，採一級一審制度

(B) 行政法院採二級二審，所有案件均以高等行政法院為第一審，最高行政法院為終審

(C) 行政法院採三級三審，以最高行政法院為終審

(D) 行政法院採三級二審，簡易訴訟案件原則上以高等行政法院為終審

46. 關於向訴訟代理人或送達代收人進行送達，下列敘述何者錯誤？
    (A) 除非訴訟代理人之受送達權限受有限制，且無其他必須送達當事人本人之情事，送達應向該代理人為之
    (B) 送達代收人經指定且陳明於行政法院後，除當事人或代理人另行陳明，日後如提起上訴無須重行指定
    (C) 經指定送達代收人並向受訴行政法院陳明後，不得再向當事人本人為送達
    (D) 當事人於國內無住居所、事務所及營業所，又未指定送達代收人，行政法院得以掛號郵寄方式送達

47. 關於國家賠償之敘述，下列何者正確？
    (A) 賠償請求權，自損害發生時起，逾 5 年不行使而消滅
    (B) 國家負損害賠償責任者，應以回復原狀為原則
    (C) 公務員有故意或過失時，賠償義務機關對之有求償權
    (D) 損害賠償之訴，除依本法規定外，適用行政訴訟法之規定

48. 關於損失補償之敘述，下列何者錯誤？
    (A) 須人民之權利遭受特別犧牲
    (B) 須基於公益之必要性
    (C) 須為違法行為
    (D) 受損害之權利包括人格權及財產權

49. 甲違法經營工廠，主管機關查獲後對甲為勒令停工之處分，甲雖配合停工，但擬提起行政救濟，下列敘述何者正確？
    (A) 甲對該停工處分應提起確認之訴，並於本案合併請求因停工之損害賠償
    (B) 甲對該停工處分應提起確認之訴，並於勝訴確定後提起國家賠償訴訟
    (C) 甲對該停工處分應提起撤銷之訴，並於本案合併請求因停工之損害賠償
    (D) 甲未對該停工處分提起行政訴訟時，不得提起國家賠償訴訟

50. 下列何者非屬國家賠償責任之範疇？
    (A) 由國家機關管理之公有公共設施
    (B) 委託個人管理之公共設施
    (C) 開放之山域經管理機關為適當之警告而人民仍從事冒險活動
    (D) 私人所有而由行政機關管理，且存在公用地役關係之土地

解答：
1.～10.　ACBDABBADA　　11.～20.　BBABDBCCAB
21.～30.　B#DDDDCACD　　31.～40.　BCBDCABBBD
41.～50.　CDDDDCACCC

國家圖書館出版品預行編目資料

行政法概要 / 陳意著；— 三版.
—臺北市：五南圖書出版股份有限公司, 2022.08
　面；　公分.
ISBN: 978-626-343-066-2（平裝）

1. CST: 行政法

588　　　　　　　　　111011037

1QH1

行政法概要

作　　者 — 陳意（317.3）

發 行 人 — 楊榮川

總 經 理 — 楊士清

總 編 輯 — 楊秀麗

副總編輯 — 劉靜芬

責任編輯 — 呂伊真

封面設計 — 王麗娟

出 版 者 — 五南圖書出版股份有限公司

地　　址：106 台北市大安區和平東路二段 339 號 4 樓

電　　話：(02)2705-5066　　傳　　真：(02)2706-6100

網　　址：https://www.wunan.com.tw

電子郵件：wunan@wunan.com.tw

劃撥帳號：01068953

戶　　名：五南圖書出版股份有限公司

法律顧問　林勝安律師事務所　林勝安律師

出版日期　2010 年 6 月初版一刷
　　　　　2013 年 5 月二版一刷
　　　　　2022 年 8 月三版一刷

定　　價　新臺幣 480 元

※版權所有‧欲利用本書內容，必須徵求本公司同意※

全新官方臉書

五南讀書趣

WUNAN Books

since 1966

Facebook 按讚

👍 1秒變文青

五南讀書趣 Wunan Books

★ 專業實用有趣
★ 搶先書籍開箱
★ 獨家優惠好康

不定期舉辦抽
贈書活動喔！！

經典永恆・名著常在

五十週年的獻禮 —— 經典名著文庫

五南，五十年了，半個世紀，人生旅程的一大半，走過來了。

思索著，邁向百年的未來歷程，能為知識界、文化學術界作些什麼？

在速食文化的生態下，有什麼值得讓人雋永品味的？

歷代經典・當今名著，經過時間的洗禮，千錘百鍊，流傳至今，光芒耀人；

不僅使我們能領悟前人的智慧，同時也增深加廣我們思考的深度與視野。

我們決心投入巨資，有計畫的系統梳選，成立「經典名著文庫」，

希望收入古今中外思想性的、充滿睿智與獨見的經典、名著。

這是一項理想性的、永續性的巨大出版工程。

不在意讀者的眾寡，只考慮它的學術價值，力求完整展現先哲思想的軌跡；

為知識界開啟一片智慧之窗，營造一座百花綻放的世界文明公園，

任君遨遊、取菁吸蜜、嘉惠學子！